Andrzej Moszczyński jest autorem 23 książek, 34 wykładów oraz 3 kursów. Pasjonuje go zdobywanie wiedzy z obszaru psychologii osobowości i psychologii pozytywnej.

Ponad 700 razy wystąpił jako prelegent podczas seminariów, konferencji czy kongresów mających charakter społeczny i charytatywny.

Regularnie się dokształca i korzysta ze szkoleń takich organizacji edukacyjnych jak: Harvard Business Review, Ernst & Young, Gallup Institute, PwC.

Jego zainteresowania obejmują następujące tematy: potencjał człowieka, poczucie własnej wartości, szczęście, kluczowe cechy osobowości, w tym między innymi odwaga, wytrwałość, wnikliwość, entuzjazm, wiara w siebie, realizm. Obszar jego zainteresowań stanowią również umiejętności wspierające bycie zadowolonym człowiekiem, między innymi: uczenie się, wyznaczanie celów, planowanie, asertywność, podejmowanie decyzji, inicjatywa, priorytety. Zajmuje się też czynnikami wpływającymi na dobre relacje między ludźmi (należą do nich np. miłość, motywacja, pozytywna postawa, wewnętrzny spokój, zaufanie, mądrość).

Od ponad 30 lat jest przedsiębiorcą. W latach dziewięćdziesiątych był przez dziesięć lat prezesem spółki działającej w branży reklamowej i obejmującej zasięgiem cały kraj. Od 2005 r. do 2015 r. był prezesem spółki inwestycyjnej, która komercjalizowała biurowce, hotele, osiedla mieszkaniowe, galerie handlowe.

W latach 2009-2018 był akcjonariuszem strategicznym oraz przewodniczącym rady nadzorczej fabryki urządzeń okrętowych Expom SA. W 2014 r. utworzył w USA spółkę wydawniczą. Od 2019 r. skupia się przede wszystkim na jej rozwoju.

Inaczej o dobrym i mądrym życiu to książka o umiejętności stosowania strategii osiągania wartościowych celów. Autor opisuje 22 aspekty, które prowadzą do bycia mądrym. W jakim znaczeniu mądrym?

Mądry człowiek jest skupiony na działaniu ukierunkowanym na podnoszenie jakości życia, zarówno swojego, jak i innych. O tym jest ta książka: o byciu szczęśliwym, o poznaniu siebie, by zajmować się tym, w czym mamy największy potencjał, o rozwinięciu poczucia własnej wartości, które jest podstawowym czynnikiem utrzymywania dobrych relacji z samym sobą i innymi ludźmi, o byciu odważnym, wytrwałym, wnikliwym, entuzjastycznym, posiadającym optymalną wiarę w siebie, a także o byciu realistą.

Mądrość to umiejętność czynienia tego, co szlachetne. Z takiego podejścia rodzą się następujące czyny: nie osądzamy, jesteśmy tolerancyjni, życzliwi, pokorni, skromni, umiejący przebaczać. Mądry człowiek to osoba asertywna, wyznaczająca sobie pozytywne cele, ustalająca priorytety, planująca swoje działania, podejmująca decyzje i przyjmująca za nie odpowiedzialność. Mądrość to też zaufanie do siebie i innych, bycie zmotywowanym i posiadającym jasne wartości nadrzędne (do których najczęściej należą: miłość, szczęście, dobro, prawda, wolność).

Autor książki opisuje proces budowania mentalności bycia mądrym. Wszechobecna indoktrynacja jest przeszkodą na tej drodze. Jeśli jakaś grupa nie uczy tolerancji, przekazuje fałszywy obraz bycia zadowolonym człowiekiem, to czy można mówić o uczeniu się mądrości? Zdaniem autora potrzebujemy mądrości niemal jak powietrza czy czystej wody. W tej książce będziesz wielokrotnie zachęcany do bycia mądrym, co w rezultacie prowadzi też do bycia szczęśliwym i spełnionym.

Szczegóły dostępne na stronie:
www.andrewmoszczynski.com

Andrzej Moszczyński

SUKCESY SAMOUKÓW

KRÓLOWIE WIELKIEGO BIZNESU

2021

© Andrzej Moszczyński, 2021

Redaktor prowadzący:
Alicja Kaszyńska

Zespół redakcyjny:
Anna Imbiorkiewicz, Karolina Kruk, Ewa Ossowska, Barbara Strojnowska,
Krystyna Stroynowska, Dorota Śrutowska, Robert Ważyński

Redakcja wydawnicza, korekta językowa oraz skład i łamanie:
Wydawnictwo Online
www.wydawnictwo-online.pl

Projekt okładki:
Mateusz Rossowiecki

Wydanie I

ISBN 978-83-65873-59-0

Wydawca:

ANDREW MOSZCZYNSKI
INSTITUTE

Andrew Moszczynski Institute LLC
1521 Concord Pike STE 303
Wilmington, DE 19803, USA
www.andrewmoszczynski.com

Licencja na Polskę:
Andrew Moszczynski Group sp. z o.o.
ul. Grunwaldzka 411, 80-309 Gdańsk
www.andrewmoszczynskigroup.com

Licencję wyłączną na Polskę ma Andrew Moszczynski Group sp. z o.o. Objęta jest nią cała działalność wydawnicza i szkoleniowa Andrew Moszczynski Institute. Bez pisemnego zezwolenia Andrew Moszczynski Group sp. z o.o. zabrania się kopiowania i rozpowszechniania w jakiejkolwiek formie tekstów, elementów graficznych, materiałów szkoleniowych oraz autorskich pomysłów sygnowanych znakiem firmowym Andrew Moszczynski Group.

Ukochanym córkom
Mai i Oli

„Nie ma rzeczy niemożliwych,
są tylko trudniejsze do wykonania".

Aleksander Wielki

Spis treści

Wstęp 9
Karl Albrecht 17
Isak Andić 29
Giorgio Armani 37
Mary Kay Ash 45
Tomasz Bata 53
Albert-René Biotteau 65
Jean-Claude Bourrelier 79
Richard Charles Nicholas Branson 89
Ettore Bugatti 101
Andrew Carnegie 115
Gabrielle Bonheur Chanel 123
Natan Darty 131
Jean-Claude Decaux 139
John Paul DeJoria 151
Walt Disney (Walter Elias Disney) 161
Jack Dorsey 175
Henry Ford 193
Amancio Ortega Gaona 209
William (Bill) Henry Gates III 219
Amadeo Peter Giannini 233
Hyman Golden 241
William Thomas Grant 251
David Green 261
Joyce Clyde Hall 273

Keneth A. Ken Hendricks 285
Milton Snavely Hershey. 293
Sōichirō Honda. 301
Steve Jobs. 311
Henry John Kaiser 325
Ingvar Kamprad 335
Kerkor „Kirk" Kerkorian. 347
Rajmund Albert (Ray) Kroc 359
Carl Lindner Jr 371
Marcus Loew. 381
Konosuke Matsushita. 399
Werner Arthur Arnold Otto 413
Wolfgang Puck 431
Yves Rocher. 441
John Davison Rockefeller 449
Anita Roddick. 461
Henry Royce 469
Helena Rubinstein 479
Sonia Rykiel. 493
Vidal Sassoon 505
Richard M. Schulze 517
Rex David „Dave" Thomas 527
Hans Otto Wilhelm Wilsdorf. 537
Charles Kemmons Wilson 551
Anna Wintour. 563
Reinhold Wurth 579
Zakończenie 589
O autorze 593
Dodatek. Inspirujące cytaty 597

Wstęp

Edukacja, szkoła, kształcenie – wielu z nas ma niezbyt dobre skojarzenia związane z tymi pojęciami. Dlaczego, skoro pedagodzy i psychologowie zgodnie twierdzą, że dzieci posiadają naturalną chęć uczenia się? Gdzie się ta chęć podziewa? Badania przeprowadzone w jednym z państw dowiodły, że wśród dzieci pięcioletnich jest 98% geniuszy, zaś wśród piętnastoletniej młodzieży – zaledwie 10%. Wygląda na to, że kreatywność, radość odkrywania i tworzenia gubią się gdzieś w trakcie nauczania szkolnego. Jak to się dzieje? Prawdopodobnie jest to przede wszystkim wynik systemów nauczania, które panują w dużej części świata, opartych na oświeceniowym przekonaniu, że rodzący się człowiek to *tabula rasa* (czysta tablica), którą można dowolnie zapisać. Na tej bazie powstała koncepcja szkoły publicznej, darmowej i obowiązkowej, którą charakteryzowały dyscyplina, posłuszeństwo i autorytaryzm. Panujący zaczęli zdawać sobie sprawę, że inwestycja w oświatę – jak dziś byśmy powiedzieli – opłaca się. Zrozumieli, że poprzez wpajanie wybranych idei można doprowadzić do tego, by naród był potulny, bez szemrania wykonywał polecenia i z chęcią szedł na wojnę. A wszystko to pod pozorem równości. System tego typu najpełniej rozwinął się w dziewiętnastowiecznych Niemczech Bismarcka i został przejęty przez niemal cały cywilizowany świat. Przypominał trochę taśmę produkcyjną, bo zakładał, że wszystkie dzieci w tym samym czasie powinny opanować ten sam materiał określony programem, do którego wytyczne układali nie pedagodzy, lecz... urzędnicy. Celem bowiem nie było szczęście jednostki i jej rozwój, ale wyprodukowanie posłusznych obywateli, którzy nie będą się buntować, tylko grzecznie realizować cele państwa.

Czy taka szkoła się sprawdziła? Z dzisiejszego punktu widzenia można powiedzieć: i tak, i nie. Tak, bo mamy za sobą całe pokolenia ludzi, którzy zdobyli jednak jakąś, często nawet sporą, wiedzę, a których nie byłoby stać na opłacenie nauki nawet tak podstawowych umiejętności jak czytanie, pisanie i liczenie. Nie, bo w wyniku wyznaczonych przez szkołę sztywnych ram cywilizacja została pozbawiona całej masy twórców, wynalazców i przedsiębiorców, którzy nie mieli szansy odkrycia swoich talentów, bo myśleli inaczej, niż zakładały to programy szkolne. Młodzi ludzie wychowywani i kształceni w środowisku, w którym stale słyszeli, że są niewystarczająco dobrzy, nie próbowali nawet wytyczyć własnych celów. Fabryka posłusznych obywateli zabrała wielu z nich także coś jeszcze bardziej istotnego: wiarę w siebie i radość życia.

Zawsze jednak byli tacy, którzy zdołali albo wyłamać się z systemu i pójść własną drogą, albo – zostawiwszy na boku system – odnaleźć swoje miejsce w zupełnie innej branży niż ta, do której się kształcili. **To samoucy.** Warto przyjrzeć się ich drogom życiowym. Inspirujące biografie ludzi przeróżnych profesji mogą pomóc każdemu z nas bez względu na aktualną pozycję zawodową, wiek i stan majątkowy znaleźć w sobie motywację do przełamywania stereotypów i osiągania celów wbrew niesprzyjającym okolicznościom, wbrew negatywnym ocenom i prześmiewczym opiniom.

Zaczynam od przedstawienia samouków przedsiębiorców. Dlaczego właśnie od ludzi biznesu? Pierwszym powodem jest mój przykład. Sam od 30 lat jako samouk zajmuję się

Wstęp

biznesem. Od kiedy pamiętam, interesowały mnie życiorysy podobnych do mnie ludzi. Wydaje mi się, że do biznesu miałem pociąg już od mniej więcej 7-8 roku życia. Marzeniem moim było uruchomienie już w wieku 18 lat pierwszej firmy. Nawet nie wiem, kiedy upłynęło 30 lat mojej wspaniałej drogi biznesowej.

Jest i drugi powód zgłębienia życia samouków przedsiębiorców. Otóż nauczanie przedsiębiorczości w systemie szkolnym prawie nie istnieje. Szkoła przygotowuje nas – celowo – raczej do roli odbiorców i konsumentów niż twórców. Przygotowuje do szukania roboty, a nie rozwijania pasji w taki sposób, żeby stała się jednocześnie źródłem zarobku. Efekt? Miliony ludzi, którzy z przykrością wstają do pracy i z ulgą z niej wracają, tracąc jedną trzecią życia na zajęciu niesprawiającym im żadnej przyjemności.

Samoucy przedsiębiorcy to bardzo szeroka grupa ludzi. Znacznie liczniejsza niż 50 osób, których biogramy są opisane w niniejszej książce. Większość spośród opisywanych przedsiębiorców samouków to ludzie od dziecka mierzący się z trudnościami. Niektórzy, jak Andrew Carnegie, Walt Disney czy John Davison Rockefeller, pochodzili z ubogich rodzin. W przypadku Natana Darty'ego, Kerkora Kerkoriana „Kirka" oraz wielu innych były to dodatkowo rodziny emigrantów zmuszonych do opuszczenia ojczyzny w poszukiwaniu lepszego losu bądź uciekający przed prześladowaniami. Dzieci z takich rodzin często porzucały szkołę. W przeważającej liczbie przypadków nie miały na nią czasu, bo w godzinach wolnych od zajęć, zamiast odrabiać lekcje, zarabiały na potrzeby rodziny. Pracować musiał Jean-Claude Bourrelier – twórca Bricoramy, Milton Hershey – potentat czekoladowy czy Henry Royce, którego nazwisko na zawsze będzie związane z luksusowymi samochodami. Tylko nieliczni, jak Bill

Gates czy Anna Wintour, nie zaznali w dzieciństwie biedy. Jednak szkoła żadnej z tych grup przyszłych miliarderów nie miała zbyt wiele do zaoferowania, bo nie odpowiadała ich potrzebom. Uczyła teorii, a nie praktyki. Dlatego przedsiębiorczości, znajomości branży czy tajników handlu uczyli się od pierwszych pracodawców albo – chyba nawet częściej – na własnych błędach.

Mimo różnic w pochodzeniu, stopniu zamożności czy miejscu zamieszkania wszystkie te postacie łączy nastawienie do życia, a przede wszystkim: determinacja w osiąganiu celów, entuzjazm, kreatywność, śmiałe marzenia. Karl Albrecht (twórca sieci sklepów ALDI) mówił: „Zawsze wierzyłem w swoje pomysły i konsekwentnie je realizowałem. To było tak oczywiste, tak łatwe, że każdy mógłby to zrobić". Mery Kay Ash, twórczyni firmy kosmetycznej działającej w systemie sprzedaży bezpośredniej, doradzała: „Nie ograniczaj się. Wielu ludzi ogranicza się do tego, co wydaje im się, że mogą zrobić. Nie wiedzą, że mogą zajść tak daleko, jak daleko pozwala im na to wyobraźnia. Pamiętaj, jeśli w coś wierzysz – możesz to osiągnąć".

Sukces materialny nie oznaczał jednak automatycznie odczuwania satysfakcji z życia, bo w pojęciu tym mieści się jeszcze cała sfera duchowości, szczęśliwa rodzina, grono oddanych przyjaciół i ludzki szacunek. Niektórym przedsiębiorcom samoukom takie pojęcia, jak wydajność, pomnażanie pieniędzy czy sukces materialny, przesłoniły to, co najważniejsze. Potrafili być bezwzględni i nadmiernie wymagający, zarówno od siebie, jak i od innych. Tomasz Bata, Czech, którego buty zna cały świat, swoje życie podporządkował celom zawodowym. Uważał, że „rzeczywistości nie można ulegać, należy ją umiejętnie wykorzystywać do swoich celów". Zerwał więc ze swoją narzeczoną, gdy się okazało, że nie będzie mogła mieć dzieci, zaś pracownikom przy fabryce zorganizował miasteczko, w którym zapewnił im nawet rozrywki, a zrobił to, by byli efektywniejsi w pracy. Annę Wintour z powodu jej bezwzględności współpracownicy nazywali „nuklearną", a Steve Jobs potrafił niszczyć słabszych psychicznie, jeśli uznał ich za mało przydatnych. Czy koszt zdobytego majątku nie był zbyt duży? Mogli sobie pozwolić na wszystko, ale zapłacili za to osamotnieniem, rozpadem związków, konfliktami z dziećmi, chorobami lub brakiem akceptacji otoczenia. Takie są skutki nierównowagi między życiem zawodowym, osobistym i rodzinnym.

Niektórzy z bohaterów, których opisuję, doskonale rozumieli, że pieniądze to wyłącznie narzędzie. Wspominany już Kerkor Krekorian „Kirk" napisał tak: „Były czasy, gdy moim celem było sto tysięcy dolarów. Potem pomyślałem, że osiągnę swoje cele, gdy zarobię milion. Teraz wiem, że nie chodzi o pieniądze". Poza rozwijaniem swojego biznesu pasjonował się lataniem i nigdy nie zapomniał o rodakach z Armenii, którym pomagał finansowo.

David Green, twórca największej na świecie sieci sklepów z artykułami artystycznymi i rzemieślniczymi wyposażenia wnętrz, od zawsze był wierny wartościom, z których za nadrzędne uznał Boga i rodzinę. Już jako nastolatek wyznaczył sobie trzy cele: szczęśliwa rodzina, wychowanie dzieci tak, by były zdrowe i żyły zgodnie z przykazaniami boskimi, a także sukces w biznesie. Gdy już to wszystko osiągnął, dołożył czwarty cel: głoszenie Słowa Bożego i dawanie świadectwa Chrystusa wobec jak największej liczby ludzi. Wiarę i rodzinę na pierwszym miejscu stawiała także Mary Kay Ash. Carl Lindner, założyciel Metro-Goldwyn-Mayer, zawsze stosował się do przykazania „kochaj bliźniego swego jak siebie samego", a do tego cenił rodzinę i bardzo lubił spędzać czas w towarzystwie żony i synów. Andrew Carnegie wierzył, że to nie biznes daje satysfakcję, a pieniądze, które się dzięki niemu zdobywa, trzeba wykorzystać na działania dla innych. Stąd jego działalność charytatywna skierowana głównie do młodych ludzi. Zostawił nam zresztą nieocenioną radę: „Spędź pierwszą część życia, ucząc się, ile tylko możesz. Spędź kolejną część życia, zdobywając tak dużo pieniędzy, jak tylko możesz. Spędź trzecią część, oddając wszystko, co masz, na wartościowe cele".

Samouków biznesmenów, którzy postępowali w ten sposób, było wielu. Ives Rocher, twórca firmy handlującej kosmetykami naturalnymi, w rodzinnej wsi uruchomił fabrykę swoich produktów, dzięki czemu wielu jego ziomków miało z czego żyć. Roślin do produkcji dostarczali okoliczni farmerzy. Milton Snavely Hershey założył szkołę dla sierot, fundował stypendia dla najbiedniejszych, a w czasach Wielkiego Kryzysu bardzo dbał o to, żeby nikt z jego pracowników nie stracił pracy. Mawiał, że „można być szczęśliwym tylko w takim stopniu, w jakim uczyniło się innych szczęśliwymi". Ludzi tego pokroju bez względu na wielkość ich majątku cechowała niezwykła skromność i pokora. Keneth A. Hendriks, przedsiębiorca budowlany, człowiek, który znalazł się na liście 400 najbogatszych Amerykanów magazynu Forbes, uważał, że jego rolą jest dzielenie się tym, co osiągnął, i wskazywanie drogi następnym pokoleniom.

Warto, czytając niezwykłe historie 50 samouków biznesmenów, znajdować w nich to, co najcenniejsze. Wzmacniać w sobie wiarę w siebie i swoje marzenia. Nauczyć się od nich formułowania celów oraz entuzjazmu i determinacji w ich realizowaniu. Poznać, jak patrzyli na świat i co uznawali za największą wartość. Moim zdaniem, powinniśmy jednak przyglądać się tym historiom także krytycznie, a niektóre potraktować jak ostrzeżenie. Życie bowiem, jeśli jego największą wartością jest pieniądz, nie przyniesie szczęścia i nie będzie prawdziwym sukcesem, bo jak mówi John Paul DeJoria: „Aby odnieść sukces, musisz kochać ludzi, kochać swój produkt i kochać to, co robisz", zaś Amando Ortega Gaona, twórca marki odzieżowej Zara, wyznający tradycyjne wartości: wiarę i rodzinę, konkluduje: „Doszedłem do takich pieniędzy, ponieważ pieniądze nigdy nie były dla mnie celem".

Karl Albrecht

(1920-2014)

niemiecki przedsiębiorca, współzałożyciel i współwłaściciel sieci supermarketów spożywczych Aldi

Karl patrzył na znajomy budynek z czerwonej cegły przy ul. Huestrasse 89 w Schonnebeck, górniczej dzielnicy Essen. Po powrocie z niewoli wojennej pierwsze kroki skierował właśnie tam, pod sklep matki, by sprawdzić, czy kamienica nadal istnieje. Przed oczami przewijały mu się obrazy z dzieciństwa: choroba ojca, smutek w oczach mamy, on z młodszym bratem codziennie rano ciągnący brukowanymi ulicami miasta drewniany wózek wypełniony świeżymi bułkami. Sprzedawali je, by pomóc rodzicom w piekarni i niewielkim sklepiku z artykułami spożywczymi…

Ojciec Karla Albrechta był górnikiem, ale praca w trudnych warunkach miała zgubny wpływ na jego zdrowie. Chory na rozedmę płuc, w 1913 roku musiał porzucić kopalnię i podjąć źle opłacaną pracę w piekarni. Nieco później matka chłopców Anna, by podreperować rodzinny budżet, w czteropiętrowej kamienicy otworzyła mały sklepik spożywczy. Rodzice okazali się urodzonymi sklepikarzami, a Karl i dwa lata młodszy Theo dorastali wśród półek ciasno zastawionych produktami spożywczymi. Już jako dzieci zaczęli pomagać w prowadzeniu rodzinnego biznesu. Sprzątali sklep, wystawiali towary na półki, dostarczali większe zakupy klientom. To była prawdziwa nauka bez szkoły. Praktyka handlowa połączona z kształceniem wytrwałości i odpowiedzialności za to, co się robi, choćby to było tylko utrzymywanie sklepu w czystości.

Tak zdobyte doświadczenie jednak nie wystarczyło Karlowi. W latach 1934-36, po zakończeniu nauki w konserwatywnej katolickiej szkole podstawowej, odbył staż w znanym wówczas w całym Essen sklepie delikatesowym Mathiasa Weilera. Praktyka w zawodzie sprzedawcy stała się szkołą życia dla młodego Karla Albrechta. Skromny i niezwykle skryty chłopiec zyskał tam nieporównywalne z żadną wiedzą teoretyczną umiejętności. Nauczył się dbałości o dobrą jakość i świeżość sprzedawanych produktów, rozwinął komunikatywność i umiejętność radzenia sobie w konfliktowych sytuacjach z trudnymi klientami tak, by nie zniechęcić ich do ponownych zakupów. Dowiedział się także, jak radzić sobie ze stresem i trudnymi emocjami, a równocześnie zachować w sobie entuzjazm do tej niełatwej profesji. Rozwinięcie takich cech osobowości okazało się bardzo przydatne rodzinnej firmie. Kilkunastoletni Karl skutecznie radził sobie nie tylko z handlem, lecz także z odzyskiwaniem pieniędzy od ludzi, którzy zbyt długo nie chcieli zapłacić za kupione towary. Konsekwencja, upór, a przede wszystkim zdolności negocjacyjne okazały się skutecznym remedium na dłużników.

Karl bardzo cenił rodzinę, a szczególnie matkę, która była silną osobowością i autorytetem dla chłopca. Dzięki niej sklep się rozwijał, a życie Albrechtów mimo codziennych trudności toczyło się pomyślnie. Był też bardzo blisko związany z młodszym bratem. Przyjaźń i wzajemne zrozumienie przynajmniej częściowo wynikały ze wspólnych obowiązków, które na nich ciążyły. Jednym z trudniejszych było transportowanie towarów do Berchtesgaden. Służył do tego specjalnie skonstruowany pojazd powstały z połączenia ze sobą dwóch rowerów. Podróż w tę i z powrotem trwała 3 tygodnie i dawała braciom ogromne doświadczenie wspólnego wysiłku, pokonywania problemów oraz… niecałe 20 marek dochodu. Dla obu od początku było oczywiste, że ich rodzinna firma z czasem stanie się siecią sklepów spożywczych. Było to ich marzenie, do którego realizacji stale dążyli. Na przeszkodzie stanęła jednak wojna. Karl trafił do Wehrmachtu. W czasie walk frontowych pod Moskwą został ciężko rany i cudem uniknął amputacji nóg, ale dostał się do niewoli, podobnie jak nieco wcześniej w Tunezji Theo, żołnierz Korpusu Afrykańskiego.

Wkrótce po zakończeniu II wojny światowej Karl znów stanął za ladą rodzinnego sklepu. Pamiętał o dawnym marzeniu i spoglądał daleko w przyszłość. Największym celem obu braci, którzy w 1946 roku przejęli sklep matki, stało się odbudowanie rodzinnej firmy. Czy już wtedy przypuszczali, że to zalążek światowego imperium handlowego? Początki rozwoju przypadły na trudny okres, gdy zmęczone światowym konfliktem Niemcy Zachodnie cierpiały straszliwą biedę. Kraj dotknięty kryzysem potrzebował tanich produktów i tanich sklepów. To stworzyło przestrzeń do realizacji planów Albrechtów. Motorem napędowym była ogromna ambicja Karla, spore doświadczenie handlowe oraz znajomość nawyków zakupowych Niemców. Karl jak nikt znał ich potrzeby i pragnienia i potrafił z tej wiedzy skorzystać. Ideą rozwoju firmy stało się wykształcenie w klientach przekonania, że to, czego potrzebują, najtaniej dostaną w sklepach Albrechtów. Tylko jak to zrobić?

Karl nie liczył na szczęście. W oparciu o wiedzę poprzedzoną dokładną analizą potrzeb klientów wykreował cały proces rozwoju firmy, rozpisując realne zadania na małych karteczkach tworzących z czasem pajęczą sieć drogi do sukcesu.

Okazał się wielkim znawcą marketingu, co wydaje się oczywiste, skoro studia w tej dziedzinie rozpoczął jako dziecko za ladą sklepu matki. Orientacja na działanie, determinacja i nastawienie na osiągnięcie celu miały wkrótce przynieść efekty. Najpierw jednak należało dostrzec i pokonać trudności.

Najwięcej kłopotów przysparzała rosnąca konkurencja okolicznych sklepów. Karl zastanawiał się, co zrobić. Nadal obserwował klientów i wysnuwał wnioski z ich zachowań zakupowych. Sposobem, żeby przyciągnąć jak najwięcej ludzi do swojego sklepu, okazały się atrakcyjne ceny i ograniczona, ale równocześnie zaspokajająca potrzeby odbiorców oferta, w której znalazły się wyłącznie podstawowe produkty. Karl był bystrym obserwatorem i szybko się uczył. Zauważył, że wystrój sklepu miał dla kupujących znaczenie drugorzędne, więc postanowił na tym zaoszczędzić, a dzięki temu mieć ceny niższe niż konkurenci. Ograniczenie do minimum wszelkich dodatków towarzyszących procesowi sprzedaży stało się podstawową zasadą braci Albrecht. Początkowo w ich sklepach nie było nawet regałów, a towar sprowadzany w ilościach hurtowych sprzedawano prosto z palet. Wnętrza sklepów oświetlane przez gołe jarzeniówki nie wyglądały przyjaźnie, mimo to klientów skuszonych atrakcyjnymi cenami wciąż przybywało. Produkty były tanie, ale asortyment sprawiał wrażenie bogatego. Wypełnione po brzegi regały dawały poczucie, że klient znajdzie tu wszystko, czego potrzebuje. Można było kupić podstawowe produkty spożywcze: chleb, mleko, masło oraz wyroby suche lub konserwowane po bardzo niskich cenach (czasem nawet 20% taniej niż u konkurencji). Oferta taka wychodziła naprzeciw oczekiwaniom walczących ze skutkami wojny i z kryzysem gospodarczym Niemców.

Pod koniec 1946 roku bracia zaczęli otwierać kolejne sklepy wokół miasta. Już cztery lata później rozwinęli sieć sprzedaży do 13 punktów handlowych. Do 1955 roku było ich ponad 100 w górę i w dół biegu Renu, początkowo w typowo przemysłowej części Zagłębia Ruhry. Kolejne pojawiały się jak grzyby po deszczu. Co powodowało taką popularność? Przede wszystkim to, że sprzedawano w nich podstawowe produkty, które były tanie, a równocześnie świeże i dobrej jakości.

Karl wykorzystał wiedzę, którą posiadł już dawno, podczas praktyki w przedwojennych delikatesach: żeby klient chciał kupować towar, trzeba mu zaoferować najlepszy, jaki tylko się da, za cenę najniższą, jaką można skalkulować.

Bracia Albrecht nie podążali za nowinkami technicznymi, bo zwiększało to koszty własne. Doświadczenie podpowiadało im, że w ich branży można się bez tego obyć. Jednak cały czas obserwowali rynek, żeby na bieżąco poznawać jego reakcje. W końcu kasy fiskalne czy chłodnie pojawiły się też w popularnych „aldikach". To, że Albrechtowie nie spieszyli się z wdrażaniem innowacji, nie oznaczało, że nie eksperymentowali. Zastanawiali się, jak jeszcze zmniejszyć koszty sprzedaży. Stopniowo zwiększali samoobsługę w swoich sklepach, obserwując, w jaki sposób wpływa to na kupujących. Kolejnym krokiem stało się konsekwentne wprowadzenie profilu dyskontowego, czyli proponowanie nie więcej niż 350 produktów na początku w każdym nowo otwartym sklepie. Zauważyli też, że o ile w centrach miast sklepów jest dużo, o tyle mieszkańcy dzielnic peryferyjnych mają kłopoty ze zrobieniem zakupów. Zaczęli otwierać dyskonty na przedmieściach miast i po raz kolejny odnieśli sukces. Nauka poprzez obserwację i chęć rozumienia potrzeb klienta okazała się skutecznym sposobem na rozwój.

Od 1962 roku dyskonty zaczęły funkcjonować pod nazwą Aldi. Wmyślił ją Theo, łącząc pierwsze litery wyrazów **Albrecht Discont**. Rok wcześniej bracia Albrecht podzielili firmę między siebie: Karl przejął dochodowe sklepy na południu Niemiec oraz w Wielkiej Brytanii, Australii i Stanach Zjednoczonych, a jego brat w północnych Niemczech i reszcie Europy. W ten sposób powstały Aldi Süd i Aldi Nord rozwijające się odtąd niezależnie od siebie.

Praca w sieci Aldi nie należała do łatwych. Sprzedawczynie były równocześnie magazynierkami i sprzątaczkami. Znały na pamięć ceny artykułów i obsługiwały klientów w bardzo szybkim tempie, by zapobiec długim kolejkom do kasy. Jednak wysiłek i kompetencje Karl Albrecht nagradzał uczciwie. Wiedział, że warto inwestować w ludzi, gdyż odpłacą się uczciwością i efektywną pracą, dlatego w sieci Aldi Süd pracownicy zarabiali średnio 30% więcej niż w innych podobnych. Karl zanany był też z tego, że ufał ludziom, których zatrudniał i sam cieszył się ich szacunkiem.

W 1990 roku Karl Albrecht był właścicielem ponad 300 sklepów. Interesujące jest to, że sklepy reklamowały się same, nie prowadzono żadnej zorganizowanej kampanii reklamowej, a adresy dyskontów nie znajdowały się nawet w książce telefonicznej. W czym tkwi tajemnica sukcesu Karla Albrechta? Niewątpliwie był mistrzem sprzedaży. Związany z handlem od dziecka czuł jego puls. Każdy etap rozwoju stawał się okazją do nauki i punktem wyjścia do następnego. Na bazie stale pogłębianej wiedzy praktycznej wymyślił na przykład „metodę Aldiego", która do dzisiaj wskazuje kierunek rozwoju sklepom dyskontowym. Polega na zamawianiu towarów w dużych ilościach, bo to gwarantuje utrzymanie takich samych cen przez długi czas, co sprawia, że można sprzedawać taniej niż konkurencja. Karl bardzo szybko zrozumiał też, że w handlu ważna jest sprawna organizacja, jak najmniej złożony proces sprzedaży i ograniczona liczba towarów. Oczywiście z czasem zakres sprzedawanych produktów rozszerzał się, ale zasady funkcjonowania nie stały się mniej pragmatyczne.

Karl uważany był za twardego, ale uczciwego i rzetelnego negocjatora oraz wnikliwego obserwatora. Nieustannie śledził rynek, modę oraz zachcianki Niemców. Był otwarty na zmiany i potrafił przystosowywać asortyment do zmieniających się potrzeb klientów. Często rozmawiał z nimi, by sprawdzić, co można poprawić w funkcjonowaniu sklepów. Do późnej starości odwiedzał położony najbliżej domu sklep Aldi. Już w połowie lat trzydziestych wprowadził w swoje życie zasadę, że do biura udawał się tylko rano, a resztę dnia spędzał w domu. Zawsze miał czas dla rodziny, którą uważał ogromne wsparcie. Dużo czytał. Codziennie poświęcał czas na śledzenie bieżących wydarzeń w prasie oraz czytanie biografii sławnych ludzi. Najważniejsze decyzje dotyczące firmy podejmował w domu. Twierdził, że potrzebuje czasu i dystansu, by spojrzeć z odpowiedniej perspektywy na sprawy zawodowe. Dom uważał za najlepsze do tego miejsce.

Karl Albrecht zmienił oblicze branży spożywczej, a marka Aldi do dzisiaj jest liderem na rynku dyskonterów. Aldi Süd należy do najnowocześniejszych sieci sklepów spożywczych na świecie. Twórcą tego sukcesu był człowiek, który uwierzył w to, że mały sklepik spożywczy może stać się początkiem światowego imperium. U Karla Albrechta pewność przekonań była równie silna, co otwartość na możliwości samorozwoju i wiedzę, która pochodziła przede wszystkim z osobistych doświadczeń i obserwacji.

Nieśmiały chłopiec z konserwatywnej rodziny podążył drogą nieustannego poznawania świata i ludzi, a także mechanizmów rządzących potrzebami człowieka. Swoje obserwacje, doświadczenia zdobywane w branży spożywczej, ciągłe poszukiwania sposobów poprawienia efektywności poparł zdolnościami negocjacji i zarządzania oraz umiejętnie wykorzystał, budując światowe imperium spożywcze. Czy zdawał sobie sprawę z jego wielkości? Do końca życia ceniony i podziwiany przez konkurencję, a przy tym niezwykle skromny zwykł mawiać, że bogactwo nic dla niego nie znaczyło, ale dobrobyt dał mu poczucie wolności i niezależności, dlatego warto było podjąć trud zdobycia go.

KALENDARIUM:

20 lutego 1920 – narodziny Karla Albrechta w Essen
1934-1936 – praktyka zawodowa w Delikatessenhändler Mathiasa Weilera w Essen-Bredeney
1939-1945 – służba wojskowa w Wehrmachcie
1946 – przejęcie przez braci Karla i Theo Albrechtów rodzinnego sklepu z rąk matki
1961 – podział firmy na Aldi Süd i Aldi Nord
1962 – początki posługiwania się nazwą Aldi (skrót od Albrecht Discont)
1967 – otwarcie pierwszego supermarketu poza granicami Niemiec, w Austrii
19 października 1973 – założenie Fundacji Siepmann (nazwisko panieńskie matki) z siedzibą w Eichenau w Bawarii i przekazanie jej większości aktywów firmy
1976 – otwarcie pierwszego sklepu Aldi w Stanach Zjednoczonych, w stanie Iowa
1994 – wycofanie się z operatywnego kierowania siecią Aldi Süd
2012 – wystąpienie z rady nadzorczej
16 lipca 2014 – śmierć Karla Albrechta w Essen

CIEKAWOSTKI:

- Zainteresowania Karla to hodowla storczyków, kolekcjonowanie starych maszyn do pisania, a przede wszystkim sport. Był wielkim fanem golfa. Posiadał prywatne pole golfowe w Donaueschingen. Raz w tygodniu, we wtorki rano, udawał się tam i spędzał czas na samotnej grze. W pobliżu pola golfowego miał mały własny domek połączony z polem golfowym za pomocą tunelu, by zapewnić sobie prywatność. Dbał o kondycję fizyczną, codziennie biegał, prowadził zdyscyplinowany i ascetyczny tryb życia.
- Podział firmy Aldi między braci nastąpił prawdopodobnie z powodu sporu o papierosy. Karl chciał je sprzedawać, a Theo nie. W Aldi Süd można więc było kupić papierosy, a w Aldi Nord był większy wybór słodyczy i alkoholi.
- Karl Albrecht do końca życia polował na okazje u Aldiego. Do końca życia pozostał też wierny manii oszczędzania, na przykład prowadził korespondencję na papierze firmowym opatrzonym dawnym czterocyfrowym kodem do czasu, aż wyczerpał jego zapasy.
- Karl był bardzo tajemniczy i skryty. Najbogatszy człowiek w Niemczech nigdy nie wystąpił publicznie, nie udzielił wywiadu, unikał zdjęć. Konsekwentnie odmawiał przyjmowania wyróżnień i nagród oraz stronił od świata polityki. Jego dom w Bredeney – prestiżowej willowej dzielnicy Essen nie rzucał się w oczy. Miał niewielkie grono przyjaciół, głównie partnerów do gry w golfa, których rzadko zapraszał do domu. Najbardziej związany był z żoną, z którą dzielił życie przez 67 lat. W 1987 roku magazyn „Forbes" wynajął fotografa, który przez dwa tygodnie śledził obu braci Albrecht i ich domy. Wynikiem są dwa rozmazane zdjęcia, ostatnie, jakie udało się im zrobić.

- Karl Albrecht przez wiele lat słynął ze skąpstwa. To się zmieniło w 1971 roku po porwaniu jego brata Theo, który został uwolniony po kilkunastu dniach. Połowę ceny okupu, czyli 3,5 mln marek zapłacił wówczas Karl.

INFORMACJE:

- Sieć Aldi sud prowadzona przez starszego z braci – Karla Albrechta obecnie posiada 4600 sklepów w 9 krajach, w tym 1200 w 32 stanach USA. Osobna część sieci prowadzona przez Teo Albrechta posiada 4800 sklepów w całej Europie. 87% Niemców robi regularnie zakupy w sklepach Aldi.
- Plany rozwoju przewidują zwiększenie liczby sklepów o 50% w ciągu 5 lat w USA przy jednoczesnej ekspansji w Australii.
- Firma osiągnęła 50,54 mld dolarów przychodu w 2013 roku.
- Karl Albecht był jednym z najbogatszych Niemców. Magazyn „Forbes" szacował jego majątek na 17,2 mld euro, co dawało Karlowi 23 miejsce wśród najbogatszych ludzi na świecie w 2014 roku.

CYTATY:

„Naszym największym problemem, gdy pracujemy nad ceną produktu, jest to, jak tanio można go sprzedać".

„Zawsze wierzyłem w swoje pomysły i konsekwentnie je realizowałem. To było tak oczywiste, tak łatwe, że każdy mógłby to zrobić".

„Bardzo cenię go jako człowieka. Jego dobroć i pokora zawsze robiły na mnie wrażenie. Dla niego klient ze swoimi życzeniami i potrzebami był zawsze najważniejszy" (Heinrich Deichmann o Karlu Albrechcie).

ŹRÓDŁA I INSPIRACJE:

Dennis Hevesi, Jack Eving, *Karl Albrecht, a Founder of Aldi Stores, Dies at 94*, „New York Times", https://www.nytimes.com/2014/07/22/business/karl-albrecht-a-reclusive-founder-of-aldi-dies-at-94.html.

Andrzej Pawlak, *Drugi z „braci Aldi" nie żyje*, „Deutsche Welle", http://www.dw.com/pl/drugi-z-braci-aldi-nie-%C5%BCyje/a-17798605.

Mathias Müller von Blumencron, *Ich habe Glück gehabt*, „Frankfurter Allgemeine Zeitung", http://www.faz.net/aktuell/wirtschaft/menschen-wirtschaft/ein-besuch-bei-aldi-gruender-karl-albrecht-13057122.html.

Karl Albrecht, Kto jest kim w biznesie?, „Forbes", http://ktojestkim.forbes.pl/karl-albrecht,sylwetka,143125,1,1.html.

Mathias Muller von Blumencorn, *Aldi-Mitgründer Karl Albrecht gestorben*, „Frankfurter Allgemeine Zeitung", http://www.faz.net/aktuell/wirtschaft/menschen-wirtschaft/aldi-mitgruender-karl-albrecht-gestorben-13056764.html.

Brigitte Koch, *Karl AlbrechtRevolutionär des Einkaufens*, „Frankfurter Allgemeine Zeitung", http://www.faz.net/aktuell/wirtschaft/menschen-wirtschaft/aldi-gruender-karl-albrecht-gestorben-revolutionaer-des-einkaufens-13056922.html.

Chloe Sorvino, Karl Albrecht, *German Grocer And Reclusive Billionaire Behind Aldi Supermarkets, Dies At 94*, „Forbes", http://

www.forbes.com/sites/chloesorvino/2014/07/21/richest-man-in-germany-grocery-king-dies-at-age-94.

David de Jong, *Karl Albrecht, Billionaire Co-Founder of Aldi, Dies at 94*, „Bloomberg", http://www.bloomberg.com/news/articles/2014-07-21/karl-albrecht-billionaire-co-founder-of-aldi-stores-dies-at-94.

Tony Paterson, *The story of Karl Albrecht, the man who destroyed Tesco*, „The Independent", http://www.independent.co.uk/news/people/the-story-of-karl-albrecht-the-man-who-destroyed--tesco-9621946.html.

Scott Campbell, *Karl Albrecht, Aldi's mysterious billionaire founder, dies Germany's second-richest man, who co-founded the discounter with his late brother, dies aged 94*, „The Telegraph", http://www.telegraph.co.uk/finance/newsbysector/retailandconsumer/10980389/Karl-Albrecht-Aldis-mysterious-billionaire-founder-dies.html.

Brigitte Koch, *Reaktionen auf den TodDer Lidl-Chef lobt den Aldi--Gründer*, „Frankfurter Allgemeine Zeitung", http://www.faz.net/aktuell/wirtschaft/menschen-wirtschaft/lidl-chef-klaus-gehrig-lobt-aldi-gruender-karl-albrecht-13057393.html.

Isak Andić

(ur. 1953)

hiszpański przedsiębiorca żydowsko-tureckiego pochodzenia, właściciel marki odzieżowej Mango

Jako 17-latek przerwał studia i zajął się sprzedażą ręcznie haftowanych koszul na straganie w Barcelonie. 10 lat później otworzył swój pierwszy sklep, który dał początek jednej z największych na świecie sieci sklepów handlujących odzieżą – Mango, która obecnie posiada ponad 2700 placówek handlowych w ponad 100 krajach. W 2016 roku Andić znalazł się na czwartym miejscu na liście najbogatszych Hiszpanów z majątkiem 3,3 mld dolarów. Swój sukces zawdzięcza przede wszystkim silnemu charakterowi, który nawet w najtrudniejszych momentach nie pozwalał mu się poddać. Wierzy w możliwości człowieka poparte dyscypliną i ciężką pracą. „Jeśli ciężko pracujesz, możesz być niezwyciężony" – mawia. Jest perfekcjonistą. Każdy jego projekt jest dopracowywany w najdrobniejszych szczegółach. Swoim dzieciom, a ma ich troje, daje taką radę: „Jeśli coś robisz, rób to dobrze".

Isak Andić urodził się w żydowskiej rodzinie w Stambule, w Turcji. Gdy miał 14 lat, wraz z rodzicami i bratem Nahmanem przeprowadził się do Barcelony w Hiszpanii, gdzie rodzice poszukiwali lepszego życia. Rozpoczął nawet studia na jednej z uczelni, ale przerwał je dla handlu. Pierwsze pieniądze zarobił, sprzedając na ulicy ręcznie haftowane koszule, które sprowadzał z Turcji. Andić kupował je za 450 pesos, a sprzedawał za 900. To był zarobek nie do pogardzenia dla chłopaka, który nie mógł liczyć na pomoc finansową rodziców. Isak szybko zorientował się, że handel w branży odzieżowej jest tym, co chce robić. Uczelnia dostarczała mu tylko teoretyczną, według młodego chłopaka często nieprzydatną wiedzę, a życie stawiało przed nim codzienne, praktyczne zadania, które musiał szybko rozwiązać. Dlatego w wielu 17 lat zdecydował się na przerwanie nauki i całkowicie poświęcił się rozwijaniu firmy.

Gdy miał 18 lat, za zarobione pieniądze kupił swój pierwszy samochód, ale nie po to, by dać upust młodzieńczej fantazji, lecz by uruchomić handel obwoźny. Załadował swoje nowe auto po dach koszulami, a rodzinie i znajomym zapowiedział, że nie wróci, dopóki nie sprzeda całego towaru.

Wrócił... pustym samochodem! Czuł, że to jest właściwy moment, by ostro ruszyć do przodu. Wraz z bratem zaczął sprowadzać ręcznie haftowane płaszcze z Afganistanu, które sprzedawały się jak ciepłe bułeczki. Handlował butami, tak zwanymi drewniakami. Jak sam przyznaje, nie miał wtedy żadnej strategii rozwoju swojej firmy. „Moją jedyną strategią była walka. Walka nie tylko z konkurencją, ale też z samym sobą, aby nie schodzić z kursu" – wspomina po latach. Akademickie strategie i wykształcenie biznesowe zastąpił talentem handlowym i ciężką pracą. Pierwszy sklepik otwarty wraz z bratem na pchlim targu miał powierzchnię 16 m2 i tak dobrze prosperował, że bracia nie nadążali z uzupełnianiem towaru. Potrzebny był dodatkowy magazyn.

Ważną przyczyną sukcesu przedsięwzięcia braci Andić był ich stosunek do ludzi odwiedzających sklepik. Zawsze odnosili się do klientów z szacunkiem i życzliwością, byli pomocni i uśmiechnięci. Po prostu lubili swoją pracę. W 1984 roku bracia, wraz z poznanym rok wcześniej innym zapaleńcem handlu w branży odzieżowej Enrikiem Cusi, otworzyli w Barcelonie pierwszy sklep o nazwie Mango. Wybrali tę nazwę z dwóch powodów. Po pierwsze, lubili smak tego owocu, a po drugie, być może ważniejsze, wyraz ten pisze się tak samo we wszystkich językach świata. Już wtedy młodzi biznesmeni snuli wielkie plany światowej ekspansji marki. Postanowili więc uszyć własną, niepowtarzalną kolekcję ubrań i sprzedawać ją w swoich sklepach. W ciągu roku otworzyli pięć placówek: cztery w Barcelonie i jedną w Walencji. Ich receptą na sukces było połączenie ciekawych wizualnie projektów z materiałami o bardzo dobrej jakości. Nie chcieli mieć nic wspólnego z tanią i sztampową produkcją dostępną w wielu innych sklepach. Całą kolejną dekadę pracowali ciężko na swój sukces w Hiszpanii. Dopiero gdy osiągnęli liczbę 100 sklepów w swoim kraju, stwierdzili, że są przygotowani do działania poza granicami.

W 1992 roku z sukcesem otworzyli swoje pierwsze sklepy w Portugalii. W kolejnych 24 latach, do 2016 roku, uruchomili w sumie 2700 sklepów w 105 krajach na pięciu kontynentach! Rozbudowując sieć sprzedaży, Andić postawił na system franczyzy, czyli sprzedaży licencji na prowadzenie salonów odzieżowych Mango zewnętrznym przedsiębiorcom. Przez lata nauczył się, w jaki sposób inspirować do działania innych. Wiedział, że o wiele bardziej motywujące dla ludzi jest rozwijanie swojego biznesu, a tak należy rozumieć franczyzę, niż praca najemna w salonach firmy. Sieć szybko rozrastała się, miedzy innymi dzięki wsparciu ze strony centrali w Hiszpanii.

Andić słuchał uwag franczyzobiorców i po konsultacjach z nimi stworzył innowacyjny system dostaw towaru do sklepów Mango. Pozwalał on firmie szybko i sprawnie zaopatrywać sklepy znajdujące się w najdalszych zakątkach świata. Isac chętnie uczył się nowych rzeczy i starał się je wykorzystywać w biznesie. Gdy tylko pojawiła się możliwość sprzedaży przez Internet, zainwestował w rozwój tego kanału. Wiedział, że handel w sieci to przyszłość, a on zawsze planował swoje działania kilka kroków naprzód. Nie bał się przy tym zaryzykować i popełniać błędy. „Ryzyko wliczone jest w prowadzenie biznesu, a błędy są naturalną drogą do sukcesu. Gdyby nie błędy, nie byłoby mnie tutaj, gdzie jestem" – mówi Andić. Nie wyobraża sobie prowadzenia biznesu bez pozytywnego nastawienia. Dla niego to kluczowa cecha ludzi sukcesu. „Dzięki optymizmowi wszystko idzie znacznie łatwiej" – stwierdza z charakterystyczną dla siebie prostolinijnością. Prywatnie Isak Andić jest człowiekiem bardzo skromnym. Zawsze unikał kontaktów z prasą. Być może trudno to sobie wyobrazić, lecz do 2006 roku nie było w mediach żadnych oficjalnych fotografii hiszpańskiego biznesmena! Andić obecnie żyje samotnie. Po dwudziestu latach małżeństwa rozwiódł się z Neus Raig Tarrago. Para pobrała się bardzo młodo. Oboje mieli zaledwie po 20 lat. Owocem ich związku jest troje dzieci. Dwoje starszych: Jonathan i Judith, pracuje już w rodzinnej firmie. Jonathan jest wiceprezesem, a Judith nadzoruje dział projektantów. Najmłodsza, nastoletnia jeszcze Sara studiuje. Decyzję o rozstaniu Isak i Neus podjęli wspólnie. Isak nie związał się od tamtej pory na dłużej z żadną kobietą.

Andić ma dwie pasje: żeglarstwo i narty. Jest właścicielem wspaniałego ponad 50-metrowego jachtu o nazwie „Nirvana". Na narty do kurortu Baquiera-Beret lata prywatnym odrzutowcem. Jednak bogactwo go nie zmieniło. Pamięta bowiem drogę, jaką przeszedł: od sprzedawcy koszul na straganie w Barcelonie do właściciela jednej z największych na świecie sieci sklepów odzieżowych.

KALENDARIUM:

1953 – narodziny Andicia w Stambule, w Turcji
1967 – przyjazd rodziny Andiciów do Barcelony w Hiszpanii
1970 – Isak rezygnuje ze studiów i rozpoczyna przygodę z handlem, sprzedając ręcznie haftowane koszule na pchlim targu w Barcelonie
1973 – otwiera swój pierwszy sklep, gdzie oprócz koszul, sprzedaje ręcznie haftowane płaszcze sprowadzane z Afganistanu, a także obuwie
ok. 1980 – ślub z Neus Raig Tarragó, z którą obecnie ma troje dzieci: Jonathana, Judith i Sarę
1982 – narodziny pierwszego syna – Jonathana
1984 – w Barcelonie na Paseo de Gracia powstaje pierwszy sklep o nazwie Mango; Andić otwiera go wraz z bratem Nahmanem oraz kolegą Enrikiem Cusi
1985 – narodziny córki – Judith
1985 – otwarcie pierwszego sklepu w Walencji
1988 – wprowadzenie innowacyjnego systemu szybkiej dystrybucji Just In Time
1992 – Mango ma 100 sklepów w Hiszpanii i otwiera pierwsze placówki w Portugalii
1995 – rusza strona internetowa mango.com
1997 – po raz pierwszy dochody z sklepów Mango za granicą były wyższe od krajowych
1998 – na świat przychodzi najmłodsza córka Andicia – Sarah
ok. 2000 – Andić i Neus Raig Tarrago rozwodzą się
2002 – Mango ma 630 sklepów w 80 krajach i wchodzi m.in. na rynki australijski i chiński
2006 – rusza organizowany co roku konkurs dla młodych projektantów Mango Fashion Awards

2007 – otwarcie El Hangar Design Center, największego w Europie centrum projektowania odzieży
2013 – Jonathan Andić zostaje wiceprezesem spółki Mango, a jego siostra Judith szefową działu projektów
2016 – Mango ma ponad 2700 sklepów w 100 krajach na pięciu kontynentach

CIEKAWOSTKI:

- Andić nie boi się podejmowania trudnych lub ryzykownych decyzji. W 2007 roku Andić otworzył pod Barceloną największe w Europie centrum projektowania odzieży – El Hangar Design Center. Na 14 tys. m2 pracuje tam 600 projektantów. Jak sam przyznaje, przed podjęciem decyzji o tej wielomilionowej inwestycji miał wiele nieprzespanych nocy. Postanowił jednak zaryzykować. Mimo zawirowań w gospodarce światowej spowodowanej kryzysem 2008 roku pomysł okazał się sukcesem. Kolejnym w jego życiu.
- Andić traktuje modę nie tylko jak biznes, lecz przede wszystkim jako sztukę. Pieniądze są ważne, ale nie najważniejsze. Poszukuje, a później pomaga rozwijać się młodym talentom projektowania. Co roku najlepsi projektanci z całej Europy otrzymują nagrody Fashion Mango Awards. Przyznaje je jury składające się z największych sław świata mody. Laureaci otrzymują propozycję pracy w dziale projektów Mango! W ten innowacyjny sposób Andić przyciąga do siebie najzdolniejszych projektantów młodego pokolenia.

CYTATY:

„Jeśli o czymś mocno marzysz, masz ogromne szanse na realizację".

„Gdy ciężko pracujesz, możesz być niezwyciężony".

ŹRÓDŁA ORAZ INSPIRACJE:

Profil Andicia na internetowej stronie magazynu „Forbes": http://www.forbes.com/profile/isak-andic.
Kim jest Jonathan Andić, spadkobierca Mango, „Mujerjoy", http://www.mujerhoy.com/corazon/paparazzi/jonathan-andik-heredero-mango-708702012013.html.
Internetowa biografia Isaka Andicia: http://www.biografiasyvidas.com/biografia/a/andic.htm.
Sylwetka Isaka Andicia na portalu internetowym Lua Nueva Espana: http://www.lne.es/siglo-xxi/2009/09/15/isak-andic-telar-banca/807743.html.
Oficjalna strona firmy Mango: http://shop.mango.com/iframe.faces?state=she_060_PL.

❋

Giorgio Armani

(ur. 1934)

włoski projektant, założyciel modowego imperium sygnowanego własnym nazwiskiem

Niewątpliwie wielu ludzi, myśląc o modzie włoskiej, kojarzy ją z nazwiskiem Giorgia Armaniego. Jego obecna pozycja to nie dzieło przypadku, lecz efekt ciężkiej pracy i wielu lat inwestowania w siebie.

Giorgio Armani urodził się 11 czerwca 1934 roku w miejscowości Piacenza, na południe od Mediolanu. Był środkowym z trójki dzieci Marii Raimondi i Ugo Armaniego. Jego dzieciństwo przypadło na ciężki okres II wojny światowej. Traumatycznym wydarzeniem dla kilkuletniego Giorgia była śmierć jego przyjaciół w wyniku bombardowań. Jedyną odskocznią od gorzkiej wojennej rzeczywistości było kino, nazywane przez niego „miejscem marzeń". Armani spędzał całe godziny na sali kinowej, oglądając wielokrotnie znane sobie filmy, w których gwiazdy ekranu zawsze wyglądały olśniewająco. Chłopiec zakochał się w idealizowanym przez siebie świecie Hollywoodu, jeszcze nawet nie przypuszczając, że za kilka lat to on będzie ubierał aktorów występujących na dużym ekranie.

Nie tylko kinematografia była jego wielką pasją. Od najmłodszych lat przejawiał zainteresowanie anatomią. Znana jest anegdota o tym, jak kilkuletni Giorgio napełniał lalki błotem z ukrytym w środku ziarnem kawy. Zainteresowanie pchnęło go do podjęcia studiów medycznych w Mediolanie. Studia, które niewątpliwie poszerzyły jego horyzonty, nie wydały mu się jednak na tyle pasjonujące, żeby dnie i noce spędzać nad książkami, przygotowując się do ciężkich egzaminów. Z ulgą więc po trzech latach nauki zrobił sobie przerwę na odbycie obowiązkowej służby wojskowej. Nigdy więcej nie powrócił na uczelnię. Nie można jednak powiedzieć, że kilka semestrów studiów okazało się bezużyteczne. To właśnie tam Armani dowiedział się wiele o proporcjach ludzkiego ciała, co przydało mu się w późniejszej karierze projektanta. Na uniwersytecie nauczył się również ciężkiej i systematycznej pracy koniecznej nie tylko do zaliczania egzaminów, ale również do prowadzenia własnego przedsiębiorstwa.

Po zakończeniu służby wojskowej w 1955 roku Giorgio rozpoczął pracę w prestiżowym domu handlowym La Rinascente w Mediolanie. Chociaż początkowo do jego obowiązków należało jedynie dekorowanie witryn sklepowych czy pomoc fotografowi, to właśnie dzięki tej pracy zetknął się ze światem mody i mógł na żywo oglądać kreacje widywane przez niego do tej pory jedynie na kinowym ekranie. Siedem lat przepracowanych w La Rinascente okazało się niezbędne w jego dalszej karierze. To właśnie tam zdobył wiedzę związaną z przemysłem tekstylnym i projektowaniem, jak również doświadczenie w marketingu, kiedy awansowano go na sprzedawcę mody męskiej.

Armani swoje obowiązki zawsze wykonywał z należytą starannością, a jego przełożeni doceniali również jego wielką kreatywność dającą się zauważyć w proponowanych przez niego aranżacjach witryn i sesji fotograficznych, co sprawiło, że szybko dołączył jako projektant do załogi stylisty Nina

Cerrutiego. Przed tym jednak odbył kilkutygodniowe szkolenie w jego fabrykach, gdzie zdobył wiedzę z zakresu produkcji oraz technik krawiectwa przemysłowego. Już wtedy myślał o założeniu własnej firmy modowej i by osiągnąć ten cel, nie stronił od projektowania również dla innych firm. Zainteresowanie jego pracami bardzo go cieszyło oraz motywowało do dalszej pracy. Rozumiał, że stroje wykonane na zamówienie słanych przedsiębiorstw odzieżowych zaowocują w przyszłości bazą klientów jego własnej firmy, co już na początku ustawi go w lepszej pozycji niż wielu jego konkurentów. Rywalizacja na rynku modowym we Włoszech – państwie, które kojarzy się przecież ze świetnej jakości konfekcją – zawsze była bardzo duża, a dodatkowym utrudnieniem dla Armaniego był też fakt, że nie pochodził, w przeciwieństwie do wielu swoich rywali, z rodziny związanej z przemysłem tekstylnym.

Marzenia o własnej firmie były jednak silniejsze niż strach przed porażką, więc na początku lat siedemdziesiątych za namową wieloletniego przyjaciela Sergia Galeottiego Giorgio Armani zdecydował się na otwarcie pierwszego biura projektowego. Już wtedy cieszył się popularnością na włoskim rynku, ponieważ od zawsze dbał, by każdy zaprojektowany przez niego garnitur wyróżniał się elegancją i niepowtarzalnym stylem. Otrzymywał wiele zleceń od najlepszych domów mody. Projektowanie dla znamienitych, ale i wymagających klientów przynosiło mu zawodową satysfakcję, szansę na podnoszenie własnych kwalifikacji oraz rozgłos nie tylko w krajowej, lecz również europejskiej prasie. Miał wszystko, czego młody projektant mógłby potrzebować przed rozpoczęciem działalności pod własnym nazwiskiem. Dzięki temu szybko, bo już w 1974 roku mógł wystartować z własną firmą i pierwszą męską kolekcją ubrań na sezon wiosna-lato. Rozpoczęcie własnej działalności, tak jak każde wielkie przedsięwzięcie, wymagało wielu poświęceń. Armani nie tylko przez wiele lat oszczędzał pieniądze z myślą o tej chwili, ale finalnie zmuszony był również sprzedać swojego ukochanego błękitnego Volkswagena.

Giorgio wcześnie poznał zasady rządzące wolnym rynkiem i doskonale rozumiał, że aby odnieść sukces w przemyśle modowym, nie wystarczy jedynie renoma marki i projektant z głową pełną doskonałych pomysłów. Przede wszystkim liczy się wszechstronność i umiejętność zaspokajania potrzeb klientów. I tak, pomimo początkowego zainteresowania jedynie modą męską, projektant zajął się innymi działami mody. Tym razem zaczął myśleć, czego mogą oczekiwać kobiety i postanowił im to zaoferować. Dlatego w 1979 roku powstała Giorgio Armani Corporation oferująca już nie tylko idealnie skrojone męskie garnitury, lecz również akcesoria dla kobiet, bieliznę czy kostiumy kąpielowe, a wraz z pojawianiem się kolejnych trendów nawet ubrania dżinsowe czy specjalną linię Emporio Armani, w której znalazły się stylowe artykuły w przystępnych cenach. Armani dbał o to, żeby wszystkie produkty oferowane przez jego firmę cechowała elegancja, unikatowość i styl – fundamenty, na których opierał swój sukces.

Po stworzeniu Emporio Armani – linii, która z racji niższych cen adresowana była już nie tylko do najbogatszych elit, lecz także do zamożniejszej klasy średniej – Armani stanął przed problemem skutecznego zareklamowania swoich towarów. Projektant po raz kolejny wykorzystał wiedzę marketingową zdobytą podczas pracy w La Rinascente i jego firma jako jedna z pierwszych postawiła na spoty emitowane w telewizji oraz gazetki reklamowe wysyłane wprost do potencjalnych klientów. Niezbędnego rozgłosu dostarczyło również zaprojektowanie strojów, w których Richard Gere pojawił się w filmie *Amerykański żigolak*. Tym wydarzeniem Armani spełnił również swoje wielkie marzenie jakim była praca dla branży filmowej. Wieloletni związek z Hollywood zaowocował zaprojektowaniem kostiumów do ponad stu filmów, w tym do tak znanych tytułów jak *Batman*, *Marsjanie atakują* czy *Pulp Fiction*.

Przyglądając się sylwetce projektanta, nie sposób nie zgodzić się, że jest on przykładem idealnego biznesmena – człowieka, który z jednej strony posiada wiedzę teoretyczną z zakresu zarządzania i marketingu niezbędną do prowadzenia rentownego przedsiębiorstwa, a z drugiej nigdy nie zatracił swoich artystycznych aspiracji, dzięki czemu każda jego kolekcja jest nie tylko ważnym wydarzeniem w świecie mody, lecz również zyskownym przedsięwzięciem. Na szczególny szacunek i podziw zasługuje odwaga, którą wykazał się, rezygnując ze stabilnego zawodu lekarza na rzecz niepewnej kariery w świecie mody. Armani szybko zrozumiał, że nie warto podążać raz obraną ścieżką, jeśli nie daje ona satysfakcji i spełnienia. Ciężko uwierzyć, że człowiek ten nigdy nie skończył studiów marketingowych, a wszystko, do czego doszedł, zawdzięcza wierze w sukces, własnej ciężkiej pracy oraz nauce od podstaw jedynie (albo aż) przez doświadczenie.

KALENDARIUM:

11 czerwca 1934 – narodziny Giorgia Armaniego
1951 – rozpoczęcie studiów medycznych na uniwersytecie w Mediolanie
1953 – przerwanie studiów i obowiązkowa służba wojskowa
1955 – praca w domu handlowym La Rinascente
1962 – rozpoczęcie pracy u Nina Cerrutiego

1973 – otwarcie własnego biura projektowego
1975 – rozpoczęcie pracy pod własnym nazwiskiem
1979 – powstanie Giorgio Armani Corporation
1980 – zaprojektowanie kostiumów do filmu *Amerykański żigolak*; początek współpracy z Hollywood
1981 – powstaje pierwszy sklep Emporio Armani w Mediolanie
1985 – śmierć przyjaciela i partnera w biznesie Sergia Galeottiego
1989 – otwarcie pierwszej restauracji sygnowanej nazwiskiem Armaniego
1997 – otwarcie dwóch butików Emporio Armani w Nowym Jorku
1998 – otwarcie pierwszego sklepu w Chinach
2005 – debiut pierwszej limitowanej kolekcji haute couture
2010 – otwarcie pierwszego hotelu sygnowanego nazwiskiem Armaniego w Dubaju

CIEKAWOSTKI:

- Giorgio Armani dwa razy zaprojektował stroje dla angielskiej drużyny narodowej w piłce nożnej.
- Armani zaprojektował kostiumy do ponad 100 hollywoodzkich filmów, między innymi: *Ocean's 13*, *Bękarty wojny*, *Wilk z Wall Street*.
- Armani był pierwszym projektantem, który w swoich pokazach mody nie pozwolił brać udziału modelkom o indeksie masy ciała (BMI) niższym niż 18.
- Jeden z najsłynniejszych projektów Armaniego, tak zwany bomber jacket był wzorowany na kurtkach pilotów z czasów pierwszej wojny światowej.
- Obecnie Armani jest jedynym udziałowcem swojej firmy.
- Giorgio Armani wciąż mieszka w Mediolanie.

CYTATY:

„Elegancja nie polega na byciu zauważonym, lecz zapamiętanym".

„Dzięki pracy wciąż czuję się młody".

„Różnica między stylem a modą to jakość".

ŹRÓDŁA I INSPIRACJE:

John Potvin, *Giorgio Armani: empire of senses*, Ashgate Publishing, 2013.

Giorgio Armani Biography, Biography, http://www.biography.com/people/giorgio-armani-9188652.

Lauren Cochrane, *Giorgio Armani at 80: eight things you didn't know about the fashion designer*, „The Guardian", https://www.theguardian.com/fashion/fashion-blog/2014/jul/10/giorgio-armani-80-eight-facts-fashion-designer.

Michał Kędziora, *Giorgio Armani. Człowiek, który odformalizował garnitur*, http://mrvintage.pl/2014/06/giorgio-armani-czlowiek-ktory-zdeformalizowal-garnitur.html.

Mary Kay Ash

(1918-2001)

amerykańska bizneswoman, założycielka marki kosmetycznej Mary Kay Cosmetics

Dla wielu kobiet na całym świecie kosmetyki firmy Mary Kay Cosmetics są synonimem świetnej jakości produktów do pielęgnacji i makijażu. Jednak nie każda z klientek tej firmy ma świadomość, że jej założycielka Mary Kay Ash uczyniła wiele nie tylko dla urody kobiet. Przede wszystkim udowodniła własnym przykładem, że kobieta w kwiecie wieku, wychowująca dzieci może jeszcze wiele się nauczyć, realizować zawodowo i podążać za marzeniami.

Historia życia Mary Kay Ash pokazuje, że sukces nie jest dziełem przypadku i na wszystko trzeba sobie zapracować. Założycielka znanej firmy kosmetycznej urodziła się 12 maja 1918 roku w Hot Wells w Teksasie jako najmłodsza z czwórki rodzeństwa. Jej matka Lula Wagner, chociaż z wykształcenia była pielęgniarką, większość życia pracowała w restauracji w Huston. To właśnie ona była dla Mary pierwszym autorytetem, gdyż od najmłodszych lat uczyła ją, że kobieta musi poradzić sobie w życiu bez względu na okoliczności. Sama była najlepszym przykładem, że jeśli człowiek chce, to może posiąść każdą umiejętność, której potrzebuje. To od niej Mary codziennie słyszała magiczne słowa: „You can do it" (Dasz sobie radę). Mary Kay Ash przez całe życie przekonywała się, że to zdanie nie jest zwykłym frazesem, a szczerą prawdą.

Gdy Mary Kay miała zaledwie kilka lat, jej ojciec zachorował na ciężką infekcję płuc. Matka przez całe dnie pracowała na utrzymanie rodziny, dlatego dziewczynka, zamiast bawić się z rówieśnikami, wzięła na siebie obowiązki związane ze sprzątaniem, gotowaniem i opieką nad chorym rodzicem. Szybko się tego nauczyła.

Jak można sobie łatwo wyobrazić, zaspokojenie potrzeb sześciu osób z jednej pensji nie było wcale łatwym zadaniem, więc Wagnerowie żyli bardzo skromnie. Mimo to Mary chodziła do szkoły. Po ukończeniu w 1934 roku Reagan High School w Huston Mary Kay rozpoczęła studia na tamtejszym uniwersytecie. Chociaż była ambitną i pilną studentką dającą się zauważyć szczególnie podczas debat i dyskusji, nie stać jej było na kontynuowanie nauki. Porzuciła więc studia i już rok później jako zaledwie siedemnastoletnia dziewczyna wyszła za mąż.

Chociaż związkowi z Benem Rogersem Mary zawdzięcza wspaniałe dzieci, nie było to udane małżeństwo. Dlatego też, gdy 1945 roku Ben powrócił z frontu II wojny światowej, razem postanowili żyć w separacji, a krótko potem rozwiedli się. Mary, już podczas wojennej nieobecności męża, tak samo jak wcześniej jej matka, musiała sama „dać sobie radę" i zacząć zarabiać. W czasach, gdy niewiele kobiet decydowało się na pracę poza domem, Mary Kay Ash była wyjątkiem. Zajmowała się sprzedażą bezpośrednią, rozprowadzając po domach książki i akcesoria dedykowane gospodyniom domowym. Była energiczna, szybko się uczyła tajników nowego zawodu. Dzięki temu, że miała wrodzoną łatwość nawiązywania kontaktów z ludźmi, prezentacje produktów, które organizowała w prywatnych domach, cieszyły się wielką popularnością.

Mary lubiła swoją pracę i była w niej coraz lepsza, dlatego w 1952 roku przeszła do firmy World Gift Company, gdzie zaoferowano jej lepsze warunki.

Obok wielu zalet – niezwykłej ambicji, oddaniu pracy i świetnych wyników sprzedaży – Mary miała też wadę: była kobietą, więc traktowano ją jak pracownika mniej wartościowego i pomijano przy premiach i awansach. W tamtym czasie w społeczeństwie (pomimo powoli budzącego się feminizmu) istniało ciche przyzwolenie na gorsze traktowanie kobiet. Mimo że kobiety miały już prawa wyborcze, gdy porównało się ich zarobki z zarobkami mężczyzn, stawało się jasne, że wciąż są obywatelkami drugiej kategorii. Mary Kay nie chciała zgodzić się na taki stan rzeczy. Kiedy kolejny mężczyzna, którego osobiście wyszkoliła, przekazując mu wszystko to, czego sama nauczyła się wcześniej, dostał awans szybciej niż ona, sfrustrowana postanowiła zwolnić się z pracy.

Wierząc w swoją determinację i kreatywność, po raz kolejny chciała udowodnić wszystkim, że „da sobie radę". Wiedziała, że to możliwe, bo zdobyła już potrzebne doświadczenie, a jeśli trzeba będzie nauczyć się czegoś nowego, zrobi to jak wiele razy wcześniej. Po odejściu z World Gift Company postanowiła napisać książkę – poradnik dla kobiet chcących stawiać swoje pierwsze kroki w biznesie. Nawet zaczęła to robić. Siedząc przy stole kuchennym, sporządziła dwie listy: na pierwszej wypisała to, co jej dotychczasowi pracodawcy robili dobrze, a na drugiej to, co można było zrobić lepiej. Jednak na bazie tych notatek zamiast książki powstał biznesplan jej firmy marzeń. Latem 1963 roku Mary Kay wraz z drugim mężem Georgem A. Hallenbeckiem postanowiła otworzyć firmę Mary Kay Cosmetic.

Niestety, mylą się ci, którzy sądzą, że od tej pory wszystko szło gładko. Miesiąc przed zaplanowanym początkiem działalności George zmarł na atak serca. Mary Kay pogrążona w żałobie po mężu znowu została sama. Dzięki ogromnemu samozaparciu, pasji, chęci poznawania nowych obszarów wiedzy oraz pomocy synów 13 września 1963 roku otworzyła pierwszy niewielki sklep w Dallas. Wkład początkowy wniesiony przez starszego syna wynosił 5000 dolarów i wystarczył na wyprodukowanie linii dziewięciu kosmetyków (dumnie prezentowanych na najtańszym modelu półki zakupionym w dyskoncie) i zatrudnienie dziewięciu sprzedawczyń--konsultantek. Obserwując tak skromne początki, trudno uwierzyć, że dzisiaj firma Mary Kay Cosmetics zatrudnia ponad 2,5 miliona kobiet na całym świecie. I tym razem słowa matki okazały się prorocze – Mary Kay Ash „dała sobie radę".

Firma Mary Kay Cosmetics od samego początku cieszyła się dużym szacunkiem i zaufaniem klientek, a wszystko to dzięki „złotej zasadzie" stworzonej przez założycielkę: „Traktuj innych tak, jak sam chciałbyś być traktowany". Mary Ash konsekwentnie wcielała ją w życie. Produkty, które sprzedawała, były znakomitej jakości, a podjęte przez nią działania doprowadziły do zdobycia rzeszy zadowolonych klientek oraz wielu zmotywowanych, dobrze wynagradzanych konsultantek.

Dlaczego Mary Kay Ash oparła swoją firmę na konsultantkach, a nie konsultantach? Było kilka powodów. Po pierwsze, zdawała sobie sprawę, że kobieta jako sprzedawca kosmetyków będzie znacznie bardziej wiarygodna niż mężczyzna. Po drugie, zobaczyła duży potencjał w kobietach, które w tamtym czasie w Stanach Zjednoczonych po wyjściu za mąż rezygnowały ze swoich aspiracji i ograniczały się do roli gospodyni domowej. Po trzecie, wiedziała z obserwacji i własnego doświadczenia, że kobiety powinny być samodzielne i niezależne, by mogły – podobnie jak ona – dać sobie radę w najtrudniejszej nawet sytuacji. Jej marzeniem było pomóc im to osiągnąć. Ogłosiła, że poszukuje energicznych i pełnych pomysłów kobiet na stanowiska konsultantek. Wkrótce zgłosiło się mnóstwo kandydatek gotowych sprawdzić swoje możliwości. Mary Kay Ash pokazała im drogę do samodzielności poprzez zdobywanie nowych umiejętności, stawianie sobie celów i uparte dążenie do ich realizacji. Te, które podążyły wskazaną drogą, osiągnęły sukces, a potem szkoliły następne, i następne.

Mary Kay Ash, kierując się „złotą zasadą", doceniała swoje pracownice. Polityka motywacyjna jej firmy zawsze stała na najwyższym poziomie i była spełnieniem marzeń niejednego zatrudnionego. Najlepsze konsultantki w nagrodę za wyniki sprzedaży mogły liczyć na wakacje w pięciogwiazdkowych kurortach, diamentową biżuterię, a nawet różowe cadillaki, które bardzo szybko stały się znakiem rozpoznawczym firmy. Pierwszym jeździła oczywiście sama Mary Kay, która namówiła dealera tej marki, by przemalował go na różowo. Miał pasować do palety kosmetyków używanych przez nią do makijażu. W 1969 roku takimi samymi pojazdami nagrodziła pierwszych pięć niezależnych dyrektorek sprzedaży.

Osiągnięcia Mary Kay Ash szybko zostały zauważone w całych Stanach Zjednoczonych. Została uhonorowana wieloma prestiżowymi nagrodami. Między innymi w 1983 roku znalazła się na liście stu najważniejszych kobiet w Ameryce, a w 2000 roku została uznana za najwybitniejszą kobietę w biznesie XX wieku. Jednak sukces zawodowy stawiała dopiero na trzecim miejscu. Za najważniejsze wartości w życiu uważała wiarę i rodzinę.

W 1987 roku Mary postanowiła przejść na emeryturę i poświęcić się działalności charytatywnej. Fundacja Mary Kay od 1996 roku zajmuje się finansowaniem diagnostyki nowotworów kobiecych oraz otacza opieką ofiary przemocy domowej.

Mary Kay Ash zmarła 22 października 2001 roku. Została pochowana w Dallas, w mieście, z którym była związana przez całe życie. Wiele konsultantek, które miały szczęście u niej pracować, pisało w internetowych komentarzach, że dała im znacznie więcej niż pracę: wiarę we własne siły, pewność siebie i odwagę realizacji własnego pomysłu na życie. Często ta kobieta, która do swojej pozycji w znacznej mierze doszła dzięki chęci ciągłego rozwoju, nazywana jest mentorką w biznesie, co definitywnie potwierdza prawdziwość słów wypowiadanych przez jej matkę Lulę Wagner. Mary Kay Ash „dała sobie radę".

KALENDARIUM:

12 maja 1918 – narodziny Mary Kay Ash
1934 – ukończenie Reagan High School
1935 – ślub z Benem Rogersem
1946 – rozwód z Benem Rogersem
1952– rozpoczęcie pracy w World Gifts Company
czerwiec 1963 – ślub z Georgem Hallenbeckiem
13 września 1963 – otwarcie pierwszego sklepu z kosmetykami w Dallas
1966 – ślub z Melem Ashem
1971 – otwarcie pierwszej filii zagranicznej w Australii
1976 – wejście Mary Kay Cosmetics na giełdę nowojorską
1980 – nagroda Golden Plate od American Academy of Achievement dla Mary Kay Ash
1981 – ukazuje się autobiografia Mary Kay Ash
1983 – Mary Kay Ash zostaje wymieniona w zestawieniu „100 najważniejszych kobiet w Ameryce"
1984 – ukazuje się bestseler *Mary Kay on People Menagment*
1987 – przejście na emeryturę

1996 – powstaje fundacja charytatywna Mary Kay
2000 – tytuł „najwybitniejszej kobiety w biznesie XX wieku" od Lifetime TV dla Mary Kay Ash
22 października 2001 – śmierć Mary Kay Ash
2004 – pośmiertna Nagroda Róży za Dobroczynność od Pałacu Kensington w Londynie
2007 – produkty Mary Kay sprzedawane są w ponad 35 krajach świata
2012 – przekroczenie liczby miliona fanów na Facebooku w Stanach Zjednoczonych przez firmę Mary Kay Cosmetics

CIEKAWOSTKI:

- Mary Kay Ash jest autorką trzech książek, w tym autobiografii o tytule *Mary Kay*. Wszystkie jej książki były bestsellerami.
- Do 1994 roku firma Mary Kay Ash sprezentowała swoim pracownicom 7000 różowych samochodów wartych ponad 100 milionów dolarów.
- Książka Mary Kay Ash *Mary Kay on People Magament* została włączona do spisu lektur na kursie biznesowym w Harvard Business School.
- Firma Mary Kay Cosmetics jest uznawana za jedno z dziesięciu najlepszych miejsc pracy dla kobiet.

CYTATY:

„Krytykuj czyny, nie osoby".

„Energia lidera jest energią drużyny".

„Każdy chce być docenianym, więc jeśli kogoś doceniasz– nie trzymaj tego w sekrecie".

„Nie ograniczaj się. Wielu ludzi ogranicza się do tego, co wydaje im się, że mogą zrobić. Nie wiedzą, że mogą zajść tak daleko, jak daleko pozwala im na to wyobraźnia. Pamiętaj, jeśli w coś wierzysz– możesz to osiągnąć".

ŹRÓDŁA I INSPIRACJE:

Mary Kay Ash, *Mary Kay*, 1981.
Mary Kay Ash Biography Cosmetics, https://www.youtube.com/watch?v=_I6TsbSaDY0.
http://www.marykaymuseum.com/images/museum/thestoryofmarykay.pdf.
http://www.marykay.pl/pl-PL/about-mary-kay/companyfounder/Strony/about-mary-kay-ash.aspx.
http://www.researchgate.net/publication/46542854_Mary_Kay_Ash_the_greatest_female_entrepreneur_in_American_history_and_business_ethics.
http://www.encyclopedia.com/topic/Mary_Kay_Ash.aspx.
http://www.thefamouspeople.com/profiles/mary-kay-ash-251.php.
http://www.notablebiographies.com/An-Ba/Ash-Mary-Kay.html.

❉

Tomasz Bata

(1876-1932)

czeski przedsiębiorca branży obuwniczej,
twórca marki Bata

Jako 18-latek wraz z dwójką rodzeństwa założył manufakturę obuwniczą, która dała początek największemu koncernowi w historii przemysłu obuwniczego. Zaczęli od zatrudnienia trzech szewców w zakładzie w Zlinie na czeskich Morawach, aby po kilkudziesięciu latach zatrudniać blisko 50 000 pracowników w 50 krajach. Tomasz Bata stworzył też w latach 20. naszego stulecia całkowicie przez siebie kontrolowane miasto robotników, wyprzedzając wizje angielskiego pisarza Georga Orwella.

Tomasz Bata był synem czeskiego szewca, który dwa razy żenił się z wdowami, czego owocem było aż jedenaścioro rodzeństwa Tomasza. Rodzina Batów zajmowała się szewstwem od ośmiu pokoleń. Tomasz jako mały chłopiec obserwował, jak ojciec ciężko pracuje w swoim zakładzie, samodzielnie robiąc i naprawiając buty. Już wtedy czuł, że przyszłość produkcji butów musi wyglądać inaczej. Jako 14-latek w 1890 roku opuścił rodzinny dom, aby uczyć się i pracować w zakładach Faber produkujących maszyny szewskie. Do domu w Zlinie wrócił po czterech latach. Postanowił z dwójką rodzeństwa Anną i Antoninem otworzyć manufakturę. Za pieniądze, jakie dostali w spadku po matce, wynajęli pomieszczenia i zatrudnili trzech szewców. Niestety, po roku stanęli na skraju bankructwa. Nie mieli pieniędzy na zakup materiałów do produkcji. Antonin poszedł do wojska, a Anna wyjechała do Wiednia, by pracować jako służąca. Na miejscu pozostał samotnie Tomasz. Nie poddał się jednak. Zastanawiał się, jak może wykorzystać sytuację, w jakiej się znalazł. Wtedy sformułował najważniejszą zasadę w swoim życiu: „Z wady zawsze można zrobić zaletę". Rozpoczął produkcję płóciennych butów. Płótno było tanie i ogólnodostępne, więc zdecydował, że z resztek drogiej skóry będą tylko podeszwy. Tak w 1895 roku powstały słynne „batiowki", będące hitem przez kilka następnych dekad.

Dzięki produkcji płóciennych butów otworzył swoją pierwszą fabryczkę. Na 200 metrach kwadratowych pracowało 50 osób. Tomasz był wizjonerem i wiedział, że mimo chwilowej poprawy rentowności firma potrzebowała zupełnie nowego podejścia do organizacji pracy i metod wytwarzania obuwia. Zdecydował się na odważny i sprytny krok. W 1904 roku wyjechał do Stanów Zjednoczonych, by uczyć się nowych metod zarządzania produkcją. Wraz z trzema współpracownikami zatrudnił się w mieście Lynn w stanie Massachusetts w różnych zakładach produkujących obuwie, aby podpatrywać i uczyć się, „jak pracują w USA". W każdą sobotę, po tygodniu pracy, „szpiedzy z Czech" spotykali się, aby omówić swoje obserwacje. Wyciągali wnioski i zastanawiali się, jak zastosować w swojej firmie to, czego się nauczyli. Bata zafascynowany był przedsiębiorczością i pomysłowością Amerykanów, którzy potrafili wykorzystywać wszelkie nowości w swoich firmach. Uczył się postępować podobnie.

Będąc w USA, usłyszał o istnieniu zakładów Henry'ego Forda. Zainteresował się wprowadzoną w nich rewolucyjną zmianą – podziałem produkcji na etapy. Pracownik przez cały dzień wykonywał jedną, doprowadzoną do perfekcji czynność. Przyjrzał się temu dokładnie, żeby wiedzieć, jak to się robi. System wdrożony u Forda znacznie zwiększał wydajność pracy, a więc obniżał koszty wytwarzania, a tym samym pozwalał na obniżenie cen gotowego produktu.

W 1905 roku Bata wrócił do kraju z dużo większą wiedzą praktyczną, zwłaszcza w dziedzinie organizacji pracy. Był zafascynowany „amerykańskim tempem". Postanowił zastosować w swoich zakładach praktyczną wiedzę zdobytą w Stanach. Kupił amerykańskie i niemieckie maszyny szewskie. Jego zakłady w Zlinie zaczęły produkować 2200 par butów na dobę i nadal się rozbudowywały. W latach 1905-1911 Bata wysyłał swoje buty do Niemiec, na Bałkany, a nawet do Azji! Firma zatrudniała 600 osób.

Tomasz zdawał sobie sprawę, jak ważna jest wewnętrzna motywacja pracowników. Doskonale rozumiał, że robotnik nie jest „przedłużeniem maszyny". Powinien się rozwijać i być zadowolony, bo tylko wtedy będzie zmotywowany do pracy, co przełoży się na sukces firmy. To było nowoczesne myślenie. Podzielało je w tym czasie niewielu przedsiębiorców. Jego polityka wobec załogi okazała się słuszna. Dzięki wprowadzonym pomysłom w wydajności przegonił już Amerykanów i Francuzów. Pierwsi produkowali parę butów w siedem godzin, drudzy w sześć, a w zakładach Baty buty powstawały zaledwie w 4 godziny! To był prawdziwy postęp.

W 1914 roku wybucha wojna i pracownicy Baty mieli iść do wojska. Tomasz był zdruzgotany. Groziło mu widmo zamknięcia firmy. Pojechał więc do Wiednia, aby osobiście interweniować w stolicy. Wieloletnia praca z ludźmi i pozyskiwanie kolejnych kontraktów nauczyło go prowadzenia negocjacji. Teraz wykorzystał tę umiejętność. Dzięki swojej determinacji i pomysłowości z rozmów na dworze wrócił z zamówieniem na pół miliona par butów dla armii i zapewnieniem, że jego ludzie nie będą wcieleni do wojska! Ogromne, wojskowe zamówienie wymagało zatrudnienia większej liczby szewców. W ten sposób uratował wielu ludzi przed pójściem na wojnę. W tym okresie pracowało u niego 5000 robotników, którzy produkowali 10 000 par butów na dobę. 3 lata później, w 1917 roku z taśm zakładów Baty zeszło 2 miliony par butów. Gdy po wojnie powstała Czechosłowacja, Bata utworzył oddziały swojej firmy w prawie każdym miasteczku w Czechach, na Morawach, Śląsku i Słowacji. W ten sposób zlikwidował indywidualne zakłady szewskie w kraju. Szycie butów na miarę przeszło do historii – dla wielu szewców pracujących w swoich małych, przestarzałych warsztatach oznaczało to zamknięcie interesu, bankructwo, a czasem nawet osobiste tragedie.

Życie osobiste Bata także podporządkował swoim celom, pomijając uczucia. Jego planem było posiadanie potomka, więc gdy okazało się, że jego narzeczona nie może mieć dzieci, zerwał zaręczyny. Podpisując umowę z kolejną wybranką serca Manią Mancikową, córką kustosza Cesarskiej Biblioteki w Wiedniu, zagwarantował sobie prawo do rozwodu, jeśli okaże się, że nie będą mogli mieć dzieci. Dobra strona jego natury nakazała mu jednak zbudować w Zlinie dwór dla żony, aby czuła się jak w domu rodzinnym w Wiedniu. Przez dwa lata Mania nie mogła zajść w ciążę. Żyła w coraz większym stresie. Nie dawała sobie rady z presją męża oczekującego potomka. Na szczęście w 1914 roku na świat przyszedł upragniony syn Tomasza – Tomik.

W kolejnych latach Bata, ucząc się na swoich doświadczeniach, ulepszał system produkcji przy taśmie. Stawiał na efektywność. Jeśli któryś z pracowników nie nadążał z pracą, nad jego stanowiskiem zapalała się czerwona lampka. Był to sygnał, że na tym etapie produkcji trzeba coś usprawnić. Na każdy dzień ustalane były normy do wykonania. Nie liczył się czas pracy, tylko wydajność. Lepiej zarabiali ci, którzy sprawniej i szybciej pracowali. Dzień pracy u Baty nie trwał 8 godzin, lecz 10. Pracownicy przebywali w firmie od 7.00 do 17.00, ale mieli dwie godziny przerwy od 12.00 do 14.00. To był czas na obiad (praktycznie sponsorowany przez firmę) oraz na lekturę, grę w szachy („bo trzeba myśleć"), a nawet na obejrzenie filmu w przyfabrycznej świetlicy! Wolniejsi pracownicy mogli w tym czasie nadgonić robotę... Bata był typem nowoczesnego właściciela, zawsze pozostawał do dyspozycji pracowników. Drzwi jego skromnie urządzonego gabinetu oznaczone były wizytówką „Szef". Do legendy przeszły wymyślane przez niego hasła, które pojawiały się na ścianach fabryki. Miały dawać do myślenia i mobilizować do pracy: „Ludzie – myśleć, maszyny – harować", „Dzień ma 86 400 sekund" (to à propos wydajności), „Ludzi się nie bójmy, siebie się bójmy", „Nie czytajcie rosyjskich powieści, bo zabijają radość życia".

Gdy w 1922 roku Europa tonęła w kryzysie gospodarczym, Bata po raz kolejny musiał ratować swoje fabryki. Jak wielokrotnie wcześniej, tak i tym razem zdecydował się na bardzo odważny i bezprecedensowy krok: obniżył ceny obuwia o połowę! Dzięki temu ruchowi w trzy miesiące sprzedał całą produkcję zalegającą w magazynach. Ale to jeszcze nie ratowało firmy. O 40% obniżył więc pensje, ale nie musiał nikogo zwalniać. Za sprzedane buty kupił surowce i kontynuował produkcję. Korona umacniała się, więc Bata za te same pieniądze mógł kupić trzy razy tyle materiałów, co dawniej. Dzięki temu genialnemu posunięciu firma wyszła bez szwanku z kryzysu. Rok później Bata zatrudnił kolejne 2000 osób. Znowu zaowocowało jego nowatorskie myślenie, dla niego trudności były inspiracją, a doświadczenia – nauką.

Bata poświęcił całe swoje życie firmie. Nie wyobrażał sobie, aby ktoś pracujący u niego mógł mieć inne priorytety niż praca. A może jednak zdawał sobie sprawę, że ktoś może myśleć inaczej? Być może ta myśl legła u źródeł nowej inicjatywy: znalezienia i wychowania idealnych pracowników. Być może dlatego w 1925 roku powstała Akademia Handlowa Baty przygotowująca managerów do pracy w jego firmie. Bata, mimo że sam ukończył jedynie szkołę podstawową, wiedział jak ogromną rolę w pracy na każdym stanowisku odgrywa edukacja i umiejętność logicznego myślenia.

W 1929 roku Tomasz Bata kupił 4 samoloty. Zbudował lotnisko. Marzył nawet o produkcji samolotów o nazwie Zlin. Niestety, sam padł ofiarą swojej nowej pasji. W 1932 roku, pilotując samolot we mgle, uderzył w komin jednej z fabryk i zginął. Po jego śmierci firmę przejął jego brat Jan A. Bata, który ją rozwinął. Dziś Bata to marka globalna działająca na 5 kontynentach, obsługująca milion klientów dziennie.

Tomasz Bata był barwną osobowością. Jego współpracownicy podkreślali, że posiadał niewyczerpane wręcz pokłady energii. Cały dzień zasypywał ludzi swoimi pomysłami i nowymi zadaniami. Z uporem dążył do założonych celów. Wiedział, że podstawą przedsiębiorstwa jest człowiek i od niego zależy sukces firmy. I chociaż jako szef wymagał całkowitego posłuszeństwa wręcz „zadedykowania życia" firmie, w zamian dawał pracownikom wszystko, co według niego było im potrzebne do odczuwania zadowolenia z życia i satysfakcji z pracy. Wokół swojej fabryki w Zlinie stworzył pierwsze (całkowicie kontrolowane przez siebie) miasto robotników. Zbudował dla nich domy, świetlice, kręgielnie, szkoły, szpital, sklepy, a nawet największe w Europie Środkowej kino. Wyprzedził swoją epokę, tworząc nowy system zarządzania ludźmi oraz produkcją i zbytem. Wykorzystując zdobywaną przy każdej okazji wiedzę i doświadczenie, postawił na zdecentralizowany system, w którym sklepy i fabryki były pod względem ekonomiczno-finansowym półautonomicznymi firmami. Pracownicy czuli się ich współwłaścicielami, dzięki czemu pracowali wydajnie. Zorganizował sprawny przepływ informacji między placówkami handlowymi a fabrykami, co umożliwiało weryfikację zapotrzebowania i powodowało zwiększenie sprzedaży. Dzięki tym działaniom o całe lata świetlne wyprzedził konkurencję. Bata nie miał wykształcenia, ale umiał wykorzystywać wiedzę i doświadczenie, jakie zdobył, prowadząc biznes. Gdy dołożymy do tego odwagę i niesamowitą intuicję, które poprowadziły go do sukcesów w kluczowych momentach życia, zobaczymy samouka, który przeszedł drogę od młodzieńca prowadzącego trzyosobową manufakturę szewską do najpotężniejszego w swoich czasach przedsiębiorcy w branży obuwniczej. Pomyślmy o nim, gdy przymierzać będziemy buty w salonie z charakterystycznymi, czerwonymi literami w logo.

KALENDARIUM:

3 kwietnia 1876 – narodziny Tomasza Baty

1894 – wraz z siostra Anną i bratem Antoninem zakładają manufakturę szewską, zatrudniają trzy osoby

1895 – firma staje na skraju bankructwa; Tomasz wymyśla tanie, płócienne buty, tzw. batiowki, które stają się hitem sprzedażowym; w nowej fabryce pracuje już 50 robotników

1904 – Tomasz wraz z trzema pracownikami wyjeżdża na rok do USA, aby poznać amerykańskie fabryki produkujące obuwie; Czesi zatrudniają się w trzech różnych fabrykach

1905-1911 – Bata kupuje nowe maszyny z USA i Niemiec, rozbudowuje firmę, wdraża nowy system produkcji taśmowej, stawiając na wydajność; swoje buty wysyła do Niemiec, na Bałkany i do Azji

1912 – ślub z Manią Mancikową, córką kustosza Biblioteki Cesarskiej w Wiedniu

1914 – narodziny syna – Tomika

1914 – wybuch I wojny światowej, wszyscy pracownicy Baty mają iść do wojska; Tomasz jedzie do Wiednia, aby ratować firmę; wraca z zamówieniem na pół miliona par butów dla armii i zapewnieniem, że jego robotnicy nie pójdą na wojnę

1917 – firma zatrudnia 5000 osób, a z taśm zakładów schodzą 2 mln par butów rocznie; Bata tworzy społeczność robotników wokół swojej firmy, buduje dla nich domy, świetlice i szpitale; w Zlinie powstaje największe w Europie środkowej kino

1922 – kryzys gospodarczy w Europie trwa; Bata znowu musi ratować swoje zakłady; obniża o 40% pensje robotników i o 50% ceny butów w sklepach; za uwolnioną w ten sposób gotówkę bardzo korzystnie kupuje surowce do produkcji, przez co firma odzyskuje płynność finansową

1923 – Tomasz Bata zostaje starostą Zlina i wprowadza zakaz picia alkoholu; miasto ma największe spożycie… mleka w kraju oraz najwyższy odsetek liczby aut przypadających na mieszkańca – 1 samochód na 35 osób

1925 – powstaje Akademia Handlowa Baty przygotowująca do pracy w jego firmie managerów

1929 – Tomasz przeżywa fascynację lotnictwem, kupuje 4 samoloty, myśli o produkcji czeskiego samolotu o nazwie Zlin

12 lipca 1932 – ginie w katastrofie samolotowej niedaleko Zlina – we mgle uderza w komin jednej z fabryk; władzę w firmie przejmuje jego przyrodni brat Jan A. Bata

CIEKAWOSTKI:

- Tomasza Batę nazywano Henrym Fordem Europy, gdyż tak jak Amerykanin był prekursorem nowego podejścia do produkcji masowej. Po co uczyć jednego pracownika stu czynności, skoro można pokazać stu osobom, jak wykonywać perfekcyjnie jedną? To był początek nowoczesnej produkcji na taśmie, która z jednej strony dała ogromne przyśpieszenie w rozwoju zakładom Baty, a z drugiej doprowadziła do upadku cały rozporoszony przemysł szewski w Czechach.
- Sukces zakładów Baty oznaczał niestety ogromne kłopoty dla małych zakładów szewskich. Po prostu przestały one istnieć w tym regionie. Głośna była sprawa samobójstwa jednego z szewców z Ostrawy, który wraz z żoną i dwójką dzieci rzucił się z mostu, wcześniej odsyłając Bacie swoje narzędzia. Na pomysłowym szewcu ze Zlina nie zrobiło to ponoć większego wrażenia...
- W 1923 roku Bata został starostą Zlina. Wprowadził zakaz spożywania alkoholu na terenie miasta. Zlin miał najwyższe spożycie mleka w kraju i najwyższy wskaźnik zmotoryzowania – jeden samochód przypadał na 35 mieszkańców.
- Ojciec wychowywał syna twardą ręką. Chciał, żeby podobnie jak on znał wartość pracy, nie tylko pieniądza. Po okresie nauki, także za granicą, Tomik wrócił do Zlina i rozpoczął pracę jako robotnik z najniższą pensją. Chłopiec przeszedł kolejne szczeble kariery i w wieku 17 lat został szefem dużego salonu obuwniczego w Zurychu. Po powrocie do Zlina pokłócił się z ojcem i chciał odejść do konkurencji. Napisał nawet list do firmy Endicott Johnson z prośbą o zatrudnienie, ale nie wysłał go. List syna znalazł

Tomasz Bata i… się ucieszył. Dla niego to był dowód, że jego syn da sobie radę w życiu!
- Tomasz Bata był surowym ojcem dla swojego jedynaka Tomika. Mimo wielkiego majątku, jakim dysponował, nakazał swojemu 6-letniemu synowi chodzić do szkoły na bosaka, aby nie wyróżniał się spośród rówieśników. Gdy jadąc samochodem z rodzicami do Brna, 10-letni Tomik zgubił dwukrotnie czapkę z głowy, ojciec wyrzucił go z samochodu i kazał jechać pociągiem.
- Bata utworzył akademię handlową kształcącą przyszłych pracowników. Trafiali do niej chłopcy w wieku 14 lat. Przez 8 godzin dziennie pracowali, a przez 4 uczyli się. Mieszkali w internacie. Ich wydatki były ściśle kontrolowane przez opiekunów. Wszystko było zorganizowane tak, aby po ukończeniu 24 lat, po powrocie z wojska do fabryki, młody mężczyzna, tzw. bataman, miał na koncie 100 000 koron. Mógł wtedy myśleć o wejściu w dorosłe życie, założeniu rodziny i związaniu oczywiście swojego losu z firmą Bata. Batamanami byli między innymi: słynny czeski biegacz Emil Zatopek, pisarz Ludwik Vaculik, reżyser Karel Kachynia.

CYTATY:

„W swej pracy nie mam na myśli tylko budowania fabryk, ale ludzi. Buduję przecież człowieka".

„Z wady zawsze można zrobić zaletę" (tak powstał pomysł na płócienne buty, tzw. „batiowki").

„Rzeczywistości nie można ulegać, należy ją umiejętnie wykorzystać do swoich celów".

„Największa kanalia w rodzinie kradnie jednak mniej niż najuczciwszy obcy" (to o przyrodnim bracie Janie A. Bacie, któremu zostawił w spadku całą firmę).

ŹRÓDŁA I INSPIRACJE:

Strona domowa koncernu Bata: http://bata.com.
Przedziwna historia butów Bata, http://wiedzanieboli.blogspot.com/2009/12/przedziwna-historia-butow-bata.html.
Tomasz Bata. Najsłynniejszy szewc świata, Onet.pl, http://biznes.onet.pl/wiadomosci/swiat/tomas-bata-najslynniejszy-szewc-swiata/df727.
Mariusz Szczygieł, *Gottland*, Wydawnictwo Czarne, 2006.
Thomas John Bata. Czech-born shoe manufacturer, Encyclopaedia Britannica, http://www.britannica.com/biography/Thomas-John-Bata.

Albert-René Biotteau

(1898-1985)

założyciel marki obuwniczej i sieci sklepów Eram

Co może zrobić trzynastoletni chłopiec, którego i dziadek, i ojciec, i wuj zajmowali się wytwarzaniem butów? Po prostu zostać uczniem szewca. Być może Albert-René Biotteau nie miał wyboru, a może wybór był podyktowany okolicznościami życiowymi... W każdym razie, gdy skończył trzynaście lat, zaczął praktykować w zakładzie szewskim.

Warsztat rzemieślniczy rodziny Biotteau w 1840 roku w miejscowości Saint-Pierre-Montlimart w departamencie Maine-et-Loire założył dziadek chłopca. Od tej pory prowadzenie rodzinnego interesu przechodziło z pokolenia na pokolenie. W pracy pomagała cała rodzina.

Aktywne uczestniczenie w sprawnym funkcjonowaniu firmy oraz obserwowanie, ile obowiązków wiąże się z jej utrzymaniem, nauczyły chłopca odpowiedzialności nie tylko za siebie. Od pracy każdego zatrudnionego w warsztacie w mniejszym lub większym stopniu zależało powodzenie rodzinnego biznesu i zadowolenie interesantów. Odpowiedni pracownik był wart każdych pieniędzy, ale żeby stać się takim pracownikiem, należało nauczyć się trudnej profesji, mieć zdolności manualne oraz zadbać o rozwój takich cech, jak dokładność, precyzja i rzetelność. Pożądanym w szewskim fachu atutem była też komunikatywność ułatwiająca kontakty z potencjalnymi klientami. Właśnie tak ukierunkowaną możliwość rozwoju otrzymał od losu Albert-René Biotteau, zaś dorastanie w atmosferze rodzinnej życzliwości i szacunku dla pracy pomogło mu wcześnie zdecydować o wyborze drogi zawodowej.

Spostrzegawczy chłopiec szybko zauważył, że wyprodukowanie dobrej pary butów nie należy do łatwych prac. Już we wczesnym dzieciństwie interesował się tym, czym na co dzień zajmowali się spokrewnieni z nim mężczyźni. Obserwując jak w rękach dziadka, a potem ojca, powstaje but, poznawał podstawowe techniki wytwarzania tego niezbędnego i pożądanego przez każdego człowieka elementu garderoby. Mimo że warsztat szewski należał do rodziny, Albert-René nie miał taryfy ulgowej. Wręcz przeciwnie, chłopiec był na każde zawołanie opiekunów, więc niejednokrotnie buntował się, że bezpowrotnie tracił chwile dziecięcych zabaw. W rodzinnym warsztacie od podstaw uczył się tajników trudnego fachu. Zaczynał od porządkowania warsztatu, czyszczenia i konserwacji narzędzi, dobierania odpowiednich materiałów, pomocy przy wykańczaniu buta, czyli mocowania sprzączek, spodów, zapięć i ozdób. Potem przyszła kolej na zdejmowanie miary, odrysowywanie wzoru, wykonywanie modełka, czyli kopyta, pod czujnym okiem ojca lub dziadka, a w końcu wykrawanie odpowiednich elementów i łączenie ich w całość. Albert-René stawiał pierwsze kroki w branży obuwniczej, ale gdyby nie pracowitość, uważność, przywiązywanie wagi do jakości wykonania i zmysł obserwacji, który zaczął wówczas rozwijać, te kroki mogłyby być równie dobrze ostatnimi. Jednak nie w przypadku pełnego zapału i determinacji chłopca, który po prostu polubił robienie butów i postanowił, że w przyszłości w jego butach będzie chodzić cała Francja.

Z czasem, gdy Albert-René nabrał już sporego doświadczenia w trudnym rzemiośle, nadeszła pora na przyjmowanie zamówień od klientów i wycenianie produktu. Dzięki obeznaniu w szewskim fachu, ale także sympatycznemu sposobowi bycia oraz popartej dobrym gustem pomysłowości chłopiec zyskiwał przychylność wymagających klientów, którym potrafił umiejętnie i rzeczowo doradzić, jaki fason buta będzie najbardziej odpowiedni, jaki gatunek skóry i wykończenie do niego dobrać. Praca w niewielkim zakładzie dała Albertowi-René możliwość bliskiego kontaktu z ludźmi. Dzięki takiej praktyce Biotteau rozwinął dar obserwacji i nauczył się celnie określać odmienne potrzeby dzieci, kobiet i mężczyzn. W przyszłości wyciąganie trafnych wniosków biznesowych, między innymi oferowanie różnorodnego asortymentu i dostosowywanie go do zmieniających się gustów klientów różnej płci i wieku stanie się jednym z większych atutów marki obuwia stworzonej przez Alberta-René Biotteau.

Doświadczenie zawodowe zdobyte w młodości umocniło u Biotteau szczególnie przydatne w rzemiośle szewskim cechy i umiejętności: cierpliwość, dokładność, precyzja i nacisk na dobór właściwych materiałów miały wpływ na jakość wykonywanych butów. Zarówno jego mistrzowie w zawodzie, czyli dziadek i ojciec, jak i on sam przywiązywali do tego dużą wagę. Obuwie nie było tanie, więc klienci wymagali, aby cena gwarantowała trwałość i wygodę. Młody Albert-René zauważył, że nazwisko Biotteau kojarzy się z dobrą jakością produkowanego asortymentu, a to gwarantuje powrót zadowolonych klientów do zakładu ojca. Ważnymi zaletami, które rozwinął u siebie młody adept rzemiosła szewskiego, były też dyscyplina i właściwa organizacja pracy ułatwiające realizowanie kolejnych zamówień w wymaganym czasie, by nie zawieść zbyt długim oczekiwaniem zaufania nabywców.

Mimo popularności zakładu szewskiego rodziny Biotteau Albert-René nie chciał zbyt długo pracować pod czyjeś dyktando. Zależało na tym, by jak najszybciej się usamodzielnić i wprowadzić do wykonywanej profesji własne, innowacyjne pomysły, które nie zawsze spotykały się z aprobatą przyzwyczajonych do tradycyjnej produkcji rodzinnych mistrzów zawodu. Posiadał niewielki kapitał finansowy, ale był niezwykle ambitny, a w 1920 roku, mimo młodego wieku, miał spore doświadczenie. Szlifowane od dziecka w rodzinnym warsztacie umiejętności naprawy, produkcji i sprzedaży butów oraz szeroka wiedza praktyczna utwierdziły go w przekonaniu, że sprosta wymaganiom rynku, dlatego podjął decyzję, by rozpocząć działalność na własną rękę. Dwa lata później poślubił Marie-Josephe Guery, która stała się dla niego wsparciem w realizacji marzeń o własnej fabryce butów.

W 1927 roku Albert-René Biotteau rozpoczął realizację swoich planów i otworzył własny zakład szewski. Początkowo zdecydował się na masową produkcję sandałów. Doświadczenie podpowiadało mu, że praca nad tym rodzajem butów nie jest tak czasochłonna, a przystępna cena zapewni odbiorców. Gdy zaczynał, pomagała mu żona i jeden pracownik. Zmysł przedsiębiorczości rozwijany od najmłodszych lat i perfekcyjne opanowanie rzemiosła pomogły mu w niedługim czasie poszerzyć działalność. W 1930 roku w Saint-Pierre-Montlimart, w pobliżu miejsca, gdzie jego dziadek prowadził sklep obuwniczy, Albert-René otworzył swoją pierwszą fabrykę butów. Pamiętał o tym, że klienci dużą wagę przywiązują do jakości produktu, postanowił jednak połączyć ją z niewygórowanymi cenami. Dzięki temu w niedługim czasie zakłady Biotteau-Guery stały się znane na lokalnym rynku obuwniczym. Ich właściciel umiał trafnie określać potrzeby klientów, dlatego wkrótce już nie jedna, a pięć fabryk Biotteau produkowało

600 par butów dziennie, skutecznie dystansując konkurencję. W połowie 1932 roku produkcja wynosiła już 2400 par butów dziennie wytwarzanych przez dwustu pracowników zatrudnianych przez Alberta-René Biotteau. Zakłady wkrótce zmieniły nazwę na Eram.

Brak lęku przed ryzykiem, umiejętności organizacyjne, wychodzenie naprzeciw oczekiwaniom odbiorców, stawianie na innowacyjność oraz dbałość o trwałość i wygodę oferowanych produktów spowodowały, że po pięciu latach Albert-René posiadał trzy kolejne zakłady produkcyjne w Saint-Pierre--Montlimart oraz dwa w Chalonnes-sur-Loire. Już w warsztacie ojca Biotteau nauczył się tego, że warto kierować się troską o klienta, ale niezwykle ważny był dla niego także rozwój technologiczny firmy. W tym wypadku Albert-René nie opierał się wyłącznie na własnej wiedzy. Był pewien, że warto korzystać z doświadczeń innych, dlatego inspirował się działaniami podejmowanymi przez uznanych producentów butów, głównie Czecha Tomasza Batę i jego Bata Shoe. Postanowił jednak wiedzieć jeszcze więcej i poznać wszystkie tajniki branży obuwniczej. W 1937 roku wysłał swojego syna Gerarda do Stanów Zjednoczonych i Kanady, by przywiózł stamtąd wiedzę o najnowszych tendencjach w rozwoju przemysłu obuwniczego. Podróż zaowocowała nowymi pomysłami, które Albert-René przekształcił w konkretne działania. Między innymi wdrożył do rodzimej produkcji podpatrzoną za granicą racjonalizację sprzedaży oraz zainwestował w nowoczesne maszyny przyspieszające produkcję i obniżające jej koszty.

Biotteau wiele o branży obuwniczej nauczył się w dzieciństwie i młodości, gdy pracując w rodzinnym warsztacie, mógł czerpać z doświadczeń ojca i dziadka. Nauka nie dotyczyła jedynie umiejętności rzemieślniczych i relacji z klientami. Już wtedy zauważył, że siła sukcesu tkwi w pracy całego zespołu.

Tym zespołem była wówczas wspierająca się rodzina. Na jej niezawodności i współpracy postanowił oprzeć rozwój firmy Eram. Otwarte dzielenie się odczuciami, przemyśleniami i poglądami dotyczącymi problemów firmy niejednokrotnie pomagało stawiać kolejny trafny krok w rozwoju. Dotychczas takie wsparcie dawała mu żona, a teraz dodatkowym oparciem stał się najstarszy syn, którego Biotteau zaczął wdrażać w tajniki branży obuwniczej.

Niestety, prężny rozwój rodzinnej firmy zahamowała II wojna światowa, która pokrzyżowała plany Alberta-René Biotteau – ojca i Gerarda Biotteau – syna. Jednak, paradoksalnie, kłopoty finansowe i niepewna sytuacja gospodarcza zaowocowały kolejnymi decyzjami. Najpierw Albert-René wpadł na pomysł, by do produkcji podeszew wykorzystywać zużyte opony, a gdy to nie pomogło w kłopotach firmy, po uzgodnieniu decyzji z rodziną sprzedał cały zapas skór i dzięki temu uzyskał 5 mln franków. Za te pieniądze w 1942 roku mógł otworzyć pierwszy sklep detaliczny. Był to bardzo dobry ruch strategiczny, który stał się prawdopodobnie filarem umacniającym sukces firmy. Ten krok był efektem wielu przemyśleń, wahań i konsultacji, ale pozwolił na to, by Albert-René mógł na bieżąco śledzić zapotrzebowanie na buty marki Eram, analizować potrzeby rynku i zmieniające się gusta oraz uwzględniać życzenia klientów. Czas pokazał, że to była trafna decyzja, lecz nie obyło się bez kłopotów. W 1948 roku Międzynarodowa Federacja Detalistów Obuwia wezwała do bojkotu firmy Eram, rzekomo działającej na szkodę sklepów detalicznych. Albert-René został wówczas ze 100 000 par butów, których sklepy detaliczne nie chciały sprzedawać. Taka sytuacja mogła doprowadzić nawet do bankructwa firmy. Wówczas Biotteau wpadł na pomysł atrakcyjnych zniżek, dzięki temu zyskał dużą sympatię klientów i zwiększył popularność marki.

Skutkiem tego przykrego incydentu w historii firmy stała się decyzja o przyspieszeniu rozwoju sieci sklepów detalicznych Eram, dzięki czemu marka uniezależniła się od pośredników. Pierwszy sklep nazwany marką firmy otwarto w Levallois-Perret, niedaleko Paryża. W regionie paryskim w niedługim czasie powstawały kolejne sklepy, a ich sieć rozszerzała się stopniowo na całą Francję. Pod koniec II wojny światowej sklepów Eram było już dwanaście. Jednak produkcja stanowiła zaledwie 30% tego, co przed wojną. Albert-René kierowany doświadczeniem wiedział, że należy zrobić coś, co skieruje wzrok potencjalnych odbiorców na buty produkowane właśnie przez jego fabryki. Trudne warunki życia w czasie wojny i krótko po niej nauczyły ludzi oszczędności, dlatego przykładano szczególną wagę do trwałości kupowanych towarów, zwłaszcza takich jak buty. Na tej cesze obuwia postanowił skupić się właściciel jednej z najbardziej znanych już wówczas fabryk butów we Francji. Ponadto Albert-René coraz większą siłę rozwojową handlu zaczął dostrzegać w reklamie. Postanowił połączyć swoje spostrzeżenia, by zwrócić uwagę klientów na buty Eram. Powszechnie wiadomo, że najszybciej w butach niszczą się podeszwy, które przecież powinny wytrzymać wiele dni spacerów, dlatego Albert-René wpadł na pomysł, by trwałość produktów marki Eram udowodnić właśnie za ich pomocą. Teraz pomysł należało przekształcić w działanie. Żeby przekonać o wytrzymałości podeszew, producent wymyślił testowanie butów na oczach potencjalnych użytkowników. Podeszwę połączono z obu stron łańcuszkiem z dwoma samochodami, które miały ją rozciągać. Skutek był taki, że podeszwa, owszem, rozciągnęła się, ale nie pękła. Wydarzenie rozniosło się echem i przysporzyło marce Eram licznych zwolenników, sprzedaż wzrosła, a właściciel marki po raz kolejny otrzymał potwierdzenie, że nowatorskie rozwiązania są skuteczne. Postanowił nie zapomnieć o tym, jak ważną rolę w handlu pełni reklama produktu.

Pełny rozkwit firmy Eram przypadł na lata 50. XX wieku. Duży wkład w rozwój miała właśnie reklama. Albert-René Biotteau śledził zmiany zachodzące w produkcji obuwniczej w kraju. Rozwinięty zmysł obserwacji i myślenie analityczne doprowadziły go do kolejnych trafnych wniosków. Biotteau potwierdził swoje wcześniejsze obserwacje i utwierdził się w przekonaniu, że jeśli reklama zostanie odpowiednio użyta, może być niezwykle pomocnym narzędziem w tworzeniu popularności marki. Niezwłocznie postanowił sprawdzić te wnioski w praktyce i stał się jednym z pionierów branży przemysłowej w tak dużym stopniu wykorzystujących reklamę. Dlatego już od 1979 roku każdy Francuz wie, że: „Byłoby szaleństwem wydawać więcej!". Hasło promujące markę autorstwa Phillipe'a Michela na długie lata stało się znakiem rozpoznawczym jakości i ceny butów Eram, podobnie jak następne: „My wybieramy Eram", które Albert-René wykorzystał w nowym medium – telewizji. Do tej pory Eram nieprzerwanie nadąża za zmianami sytuacji gospodarczej i upodobań klientów, którzy mają coraz większy wybór i są coraz bardziej wybredni. Założyciel marki nigdy nie bał się nowości. Widział w nich po prostu nowe możliwości dla rozwoju firmy.

Albert-René Biotteau był niezwykle uważny. Nie zaniedbywał żadnego działu swojej firmy. Umiał dzielić czas między produkcję, sprzedaż detaliczną, popularyzowanie marki, zgłębianie zasad przedsiębiorczości i rozwijanie własnej wiedzy i przydatnych w tym zawodzie umiejętności. Dostrzegał też, że poważnym atutem jest wsparcie najbliższych – najpierw dziadka i ojca, potem synów – i uczył się z tego wsparcia korzystać. Umieć korzystać z umiejętności, cech osobowościowych, zdolności i doświadczeń zaufanych osób to cenna zdolność. Młodzieńczy zapał i entuzjazm, które z upływem lat nie zmalały, a tylko wzmocniły się dzięki z trudem zdobywanym doświadczeniom, przyniosły niezwykłe rezultaty. Dzięki takim atutom osobowości, nieustannie pogłębianej wiedzy i rozwijanym umiejętnościom Albert-René Biotteau sprawił, że w jego butach chodzi dzisiaj cała Francja.

KALENDARIUM:

24 marca 1898 – narodziny Alberta-René Biotteau w Angers, we Francji
1911 – Albert-René zostaje uczniem szewskim
1922 – ślub z Marie-Josephe Guery
1927 – powstanie firmy produkującej obuwie – zakłady Biotteau--Guery w Saint-Pierre-Montlimart
1932 – zmiana nazwy marki obuwia na Eram. Nazwa powstała przez połączenie pierwszych sylab imion René i jego żony Marie, i utworzenie z tego połączenia anagramu
1942 – firma stawia pierwsze kroki w dystrybucji i powstaje pierwszy butik w Paryżu
1954 – firma opatentowuje plastikową podeszwę, uruchamia i wkrótce rozwija produkcję podeszwy o nazwie Plastifor dla odbiorców krajowych i zagranicznych
1955 – Eram pomnaża lokalizację fabryk równolegle do działań produkcyjnych i dystrybucyjnych
1969 – Gérard Biotteau, syn założyciela, wprowadza formułę franczyzy dla sprzedawców; sklepy Eram powstają w Europie Północnej i Portugalii
1971 – Gérard Biotteau zostaje prezesem grupy, a marka Eram staje się liderem francuskiej branży obuwniczej

1979 – Eram inwestuje w reklamę, dzięki której wzrasta popularność marki
1991 – rodzi się nowa marka – tanie Gemo, której nazwę utworzono przez połączenie części imion Gérarda Biotteau i jego żony Simone Biotteau
1992 – powołanie grupy Eram
1998 – Xavier Biotteau, syn Gérarda, zostaje szefem spółki akcyjnej Eram, a jego starszy brat Luc wiceprezesem
2009 – powstaje sklep internetowy marki Eram
2014 – grupa Eram rozwija szkolenia poświęcone projektowaniu butów

CIEKAWOSTKI:

- Właściciele zakładów Biotteau-Guery w pewnym momencie działania firmy postanowili zmienić jej nazwę na taką, którą klienci łatwiej zapamiętają. Trafionym pomysłem okazało się słowo Eram powstałe z połączenia i przestawienia pierwszych i drugich liter imion właścicieli, czyli Alberta-**Re**né i jego żony **Ma**rie-Josephe, która od początku ich związku wspierała działania męża i pomagała w podejmowaniu najważniejszych decyzji. Odtąd marka Eram stopniowo zyskiwała coraz większą popularność, a łatwo zapadająca w pamięć krótka nazwa stała się synonimem butów bardzo dobrej jakości.
- Marka Eram stała się bohaterem oryginalnych reklam. Pierwszy cykl stworzono pod hasłem: „Jeśli bohaterowie bajek znaliby Eram, wszystko byłoby inaczej". W 1977 roku buty stały się tematem serii rysunków Moebiusa, Jeana Girauda, autora komiksów i ilustracji reklamowych. Na rysunkach postacie z bajek mają na nogach buty Eram.

Poetycki baśniowy świat przenosi odbiorcę do krainy wyobraźni, w której wszystko jest dobre i piękne, także buty. Drugi cykl to pokazywany w Internecie musical o pięciu dziewczętach, które, by otworzyć na Montmarte swoją restaurację, organizują pokaz. W zmaganiach przebojowych bohaterek pomaga im własny styl, własna piosenka i różne fasony butów Eram dobierane zależnie od sytuacji.

- Równolegle do rozwoju marki Eram firma uruchomiła markę Vylar – niezniszczalne buty z plastiku. Ten pomysł również zakończył się sukcesem. W 1958 roku w Belgii i Niemczech otarte zostały spółki zależne od firmy Eram i już tego samego roku eksport produktów Eram stał się trzecim filarem sprzedaży. Trzy lata później w Belgii, a w niedługim czasie także w Niemczech, otwarto pierwsze sklepy detalicznego Eram, zaś latach 60. Eram stał się drugą krajową marką z 80 oddziałami we Francji. By jeszcze przyspieszyć rozwój, w 1969 roku Gerard Biotteau otworzył Klub Eram, wprowadzając formułę franczyzy, w skutek czego sklepy Eram pojawiły się w szybkim tempie w Europie Północnej i Portugalii.
- Jednym z lepszych patentów firmy, wymyślonym przez szwagra Alberta-René Paula Guery, stała się podeszwa z plastiku formowana wtryskowo. Od 1955 roku Albert-René rozpoczął produkcję pierwszych w historii plastikowych podeszew do butów. Proces Plastifor zrewolucjonizował rynek. Buty z taką podeszwą będą sprzedawane pod marką Vylar (to skrót, tym razem utworzony od imion synów założyciela: Yves'a-René i Alberta). Produkcja obuwia stała się bardziej ekonomiczna. Podeszwy z tworzyw sztucznych zyskały taką popularność, że w krótkim czasie Biotteau, by zaspokoić popyt konsumentów, otworzył 10 kolejnych fabryk. Następne wyrastały jak grzyby po deszczu, proporcjonalnie do rozwoju sprzedaży detalicznej. Albert-René nie

chciał jednak uzależniać się od dystrybutorów butów, dlatego duży nacisk położył na kontrolę sprzedaży. To dało początek działalności eksportowej firmy, którą kontynuowali i rozwijali już synowie założyciela marki obuwniczej Eram.
- Synowie kontynuują realizację planów ojca. W 1970 roku Gerard Biotteau, dotychczasowy szef sprzedaży, przejął po ojcu nadzór nad firmą. W tym czasie Eram miało 9 zakładów produkcyjnych. Wszystkie w pobliżu głównej siedziby w Saint-Pierre-Montlimart. Z czasem sieć będzie posiadała 400 sklepów i stanie się czołowym producentem obuwia we Francji. Gérard Biotteau skutecznie prowadzi i rozwija firmę stworzoną przez ojca, w efekcie czego w 1986 roku Eram stopniowo wykupuje drobniejsze marki, eliminując konkurencję na rynku. Dzięki temu rozwija sieć sprzedaży detalicznej i konsoliduje marki obuwnicze pod swoim szyldem, by wkrótce potem rozbudować sieć dyskontową pod własną marką. W 1998 roku działanie podejmuje trzecia generacja Biotteau: Xavier, najmłodszy syn Gérarda Biotteau zostaje przewodniczącym zarządu spółki akcyjnej Eram, a jego starszy brat Luc zostaje wiceprezesem.
- Wystrój wnętrz sklepów Eram jest dostosowywany do ich położenia i historii danego miejsca. Marka zdobyła w 2013 roku dwie nagrody za oryginalną koncepcję wystroju wnętrz: Janus du Commerce i de l'Enseigne d'Or.
- Aby przekazać tradycję produkcji butów zgodną z filozofią marki, w kwietniu 2014 roku grupa Eram otwiera szkołę w swojej fabryce w Montejan-sur-Loire. We współpracy z Pôle Emploi, czyli francuską agencją rządową pomagającą znaleźć zatrudnienie bezrobotnym, tworzy sześciomiesięczny kurs dla bezrobotnych między 25 a 48 rokiem życia; certyfikat tego kursu jest uznawany i ceniony przez przemysł obuwniczy.

INFORMACJE:

- Grupa Eram jest międzynarodową firmą złożoną z marek odzieżowych: Eram, Bocage, Staggy, Texto, Heyraud, Mellow, Yellow, Gemo, TBS, Tati, Parade.
- W 2015 roku grupa Eram posiada 1528 punktów sprzedaży detalicznej i zatrudnia 11 300 pracowników.
- Według danych na 2015 rok we Francji grupa Eram produkuje 1,1 mln butów rocznie i ma 1,57 mld euro obrotów.
- Eram to jedna z pierwszych marek obuwniczych we Francji, która otworzyła sklep internetowy (Eram.fr) i nieustannie polepsza jakość tego rodzaju usług. Najnowszym pomysłem e-commerce jest program Eram & Moi, który opiera się na zacieśnieniu kontaktu z klientem poprzez indywidualizację sprzedaży dzięki kartom VIP, bonusom, informowaniu o promocjach dla stałych klientów.

ŹRÓDŁA I INSPIRACJE:

http://www.eram.fr/histoire-marque.
http://www.groupe-eram.fr/en/eram-group/history.
http://www.fundinguniverse.com/company-histories/eram-sa-history.
Martin Soma, *Éram, le chausseur a les pieds sur terre*, https://www.capital.fr/economie-politique/eram-le-chausseur-a-les-pieds-sur-terre-1093744.

❋

Jean-Claude Bourrelier

(ur. 1946)

prezes sieci marketów budowlanych Bricorama,
założyciel grupy DIY

Życie w liczącej około 4000 mieszkańców miejscowości Saint-Calais we francuskim departamencie Sarthe w latach 50. XX wieku nie należało do łatwych. Trudne warunki egzystencji pogłębiał jeszcze powojenny kryzys. W domach brakowało nie tylko bieżącej wody, lecz często także nawet podłóg, które zastępowało klepisko. W jednej izbie tłoczyło się czasem nawet kilkanaście osób. W porównaniu z tym niewielki dom, w którym dorastał Jean-Claude Bourrelier wydawał się dostatni i wygodny. Mimo że po wodę trzeba było chodzić do rzeki oddalonej o ponad 300 metrów, zarówno Jean-Claude, jak i jego rodzeństwo traktowali ten obowiązek jako coś oczywistego. Dziadek chłopca był pasterzem, ojciec zwykłym robotnikiem. Ojciec, żeby zapewnić rodzinie przyzwoite warunki życia, pracował siedem dni w tygodniu do późnej nocy. Uwielbiał czytać, lecz miał na to czas dopiero po pracy i często oddawał się lekturze do świtu. Wiele czasu zajmowała rodzinie też pielęgnacja ogrodu warzywnego, który w dużym stopniu uzupełniał deficyty żywności. Jakby tego było mało, ojciec Jean-Claude'a toczył nierówną walkę z chorobą nowotworową gardła, którą ostatecznie przegrał, gdy chłopiec miał kilkanaście lat.

Jean-Claude uczęszczał do miejscowej szkoły podstawowej. Obowiązywała tam surowa dyscyplina. Bicie rózgą lub zamykanie w szafie należało do podstawowych kar za przewinienia lub niewystarczającą wiedzę. Jednak inteligentny i chętny do nauki chłopiec nie zaznał smaku tych kar. Mimo poważnej choroby słuchu był wyróżniającym się uczniem. Z okazji zakończenia roku szkolnego to on odbierał nagrody książkowe za bardzo dobre wyniki w nauce. Dzięki temu skromnie żyjąca rodzina Bourrelier wzbogaciła się o niewielką biblioteczkę.

Obok wartości wiedzy rodzice wpajali swoim dzieciom zasady swojej wiary. Wyniesione z dzieciństwa silne poczucie moralności i szacunku wobec drugiego człowieka oraz pokora w akceptowaniu swojego losu towarzyszyły Jean-Claude'owi przez resztę życia. Wiara pomogła mu w trudnych chwilach choroby ojca, a później była oparciem w ważnych momentach życiowych.

W 1960 roku czternastoletni Jean-Claude ukończył szkołę podstawową. Mimo bardzo dobrego świadectwa, zamiast kontynuować naukę, musiał zdobyć zawód, by odciążyć finansowo rodzinę. Nie pomogły prośby nauczycieli ani miejscowego proboszcza, którzy dostrzegli potencjał intelektualny chłopca. Ojciec wszystkie dzieci traktował jednakowo, więc Jean-Claude, podobnie jak wcześniej trójka jego rodzeństwa, musiał rozpocząć naukę zawodu. 1 lipca o świcie stanął przed drzwiami piekarni. Praca była wyczerpująca. Zaczynała się o 3 lub 4 nad ranem w dni powszednie, a w soboty trwała od 11 wieczorem aż do niedzielnego popołudnia. Nieprzespane noce, ciepłe i duszne pomieszczenia oraz nadmiar obowiązków rekompensowała jednak przyjazna atmosfera wśród współpracowników. Jean-Claude wyróżniał się pilnością, chętnie poznawał tajniki właściwego wypieku chleba. Niewiele czasu zajęło mu nauczenie się kolejnych etapów produkcji:

właściwego mieszania i zagniatania ciasta, tak by dwutlenek węgla pozostający wewnątrz nadał mu elastyczność, odpowiedniego czasu fermentacji, dzielenia, nadawania kształtu, kolejnego odpoczywania, formowania, garowania, nacinania, które uwolni dwutlenek węgla dzięki czemu ciasto będzie lepiej rosło w piecu, faz wypieku i w końcu studzenia. Uznanie klientów piekarni nauczyło go, że warto przykładać się do każdego etapu pracy, bo wszystkie składają się na końcowy efekt, a zaniedbanie jednego, pozornie mniej ważnego, może zniweczyć cały trud. Tę naukę zapamiętał na resztę życia. Być może nawet zostałby w przyszłości niezłym piekarzem, jednak niespodziewanie na przeszkodzie karierze w tym zawodzie stanął pył z mąki... Mikroskopijne drobinki dostawały się wszędzie, także do uszu, i pogłębiały niedosłuch Jean--Claude'a. Koniecznie musiał zmienić pracę.

W małych miejscowościach wszystko było proste, nie zastanawiano się nad predyspozycjami chłopca, po prostu kazano mu przejść przez ulicę i w ten sposób Jean-Claude zaczął praktykować w znanym zakładzie masarskim Rillettes de la Sarthe naprzeciwko piekarni. Odbudowująca się po wojnie Francja potrzebowała wszelkich rąk do pracy, więc zawód rzeźnika był jak najbardziej przydatny, a według ojca miał zapewnić w przyszłości chłopcu spokojne życie. Jednak wrażliwy chłopak wkrótce znienawidził wrogą, bezkompromisową atmosferę i bezduszność wobec przeznaczonych na ubój zwierząt. Przerażała go bezwzględność człowieka, u którego pracował. Wiedział jednak, że koniecznie musi zdobyć zawód, bo wraz z nim otrzyma wolność wyboru dalszej drogi, dlatego rzetelnie przykładał się do nauki nielubianej profesji. To doświadczenie miało też swoje dobre strony. Zmobilizowało go tak bardzo, że uzyskał prestiżowy tytuł Mellieur Ouvrier de France w kategorii rzeźnictwa. Zaprocentowała umiejętność łączenia innowacyjności z szacunkiem dla tradycji fachu oraz skuteczność i perfekcja w wykonywaniu testowych zadań. Po trzech latach nauki zdobył też certyfikat umiejętności zawodowych (CAP), co znaczyło, że mógł samodzielnie pracować w wyuczonym zawodzie i wynieść się z miasteczka. Jednak ani przez chwilę nie pomyślał, by rzeczywiście się tym zająć.

Czy po traumatycznym doświadczeniu zabijania zwierząt istniało jeszcze coś, co mogło sprawić mu trudność? Jeśli nawet, to na pewno nie było to opuszczenie Saint-Calais. Jean-Claude postanowił przenieść się do Paryża, gdzie łatwiej było znaleźć pracę i rozpocząć samodzielne życie. Choroba słuchu wzmocniła w jego charakterze nieodpartą chęć pokonywania słabości i osiągania powziętych celów mimo piętrzących się trudności. Jean-Claude był świetnym obserwatorem. Ta zdolność pomagała mu niejednokrotnie w zdobywaniu wiedzy i umiejętności. Obserwacja innych i analizowanie ich zachowań ułatwiały mu przyswajanie poznawanych w trakcie nauki zawodu technik pracy. Analizował także własny rozwój. Już wtedy stwierdził, że może zajść daleko, jeśli tylko nauczy się pokonywać lęk przed nieznanym. Problemów się nie bał, bo zdobyte doświadczenia podpowiadały mu, że walka z trudnościami kształtuje siłę charakteru. Optymizm i wiara w sens ciężkiej pracy pomogły mu wzmocnić odwagę, a zdolność do nauki ułatwiła zdobywanie nowych umiejętności.

Początki życia w Paryżu nie były łatwe. Jean-Claude Bourrelier chwytał się różnych zajęć, aby utrzymać się w stolicy. Z czasem otrzymał pracę w jednym ze sklepów sieci Black&Decker – producenta narzędzi domowych, ogrodowych i elektronarzędzi przeznaczonych dla firm oraz odbiorców indywidualnych. Zajmował się sprzedażą, obsługą klienta i dostarczaniem towaru z magazynów firmy. Dzięki temu dokładnie poznawał asortyment i zgłębił podstawowe zasady przedsiębiorczości. Z czasem stał się prawdziwym znawcą potrzeb klientów. Paradoksalnie pomogła mu w tym przebyta w młodości choroba słuchu, która nauczyła Jean-Claude'a maksymalnego skupiania się na drugiej osobie, wsłuchiwania się w to, co mówi i analizowania jej zachowań, by właściwie zrozumieć jej intencje. Wykształciła w jego charakterze umiejętność obserwacji, wnikliwość i dobry kontakt z ludźmi, którzy również wyczuwali jego zainteresowanie i otwarcie mówili o swoich potrzebach. Ułatwiało to dopasowywanie asortymentu sklepu do zmieniających się wymogów klientów. Jednak mimo energii, jaką Jean-Claude wkładał w pracę, szef nie pozwalał mu się wykazać. Swoją powściągliwość usprawiedliwiał tym, że chłopak nie miał kierunkowego wykształcenia, mimo że wiedzą fachową w tym czasie przynajmniej dorównywał innym, jeśli ich nie przewyższał. Takie zachowanie przełożonego jeszcze bardziej zmobilizowało młodego mężczyznę do odważnego podejmowania samodzielnych działań, a w końcu do rezygnacji z pracy w Black&Decker.

W wieku 29 lat Jean-Claude Bourrelier otworzył własny sklep. Odważył się, mimo że nie posiadał wystarczających środków finansowych. Był pewien, że taka decyzja warta jest ryzyka, jakim było wzięcie kredytu. Towarzyszył mu optymizm i entuzjazm. Jego pierwszy sklep, w którym sprzedawano narzędzia dla majsterkowiczów, powstał na Boulevard Vincent-Auriol. Istnieje do dzisiaj i może pochwalić się klientami, którzy przychodzą tam od początku jego funkcjonowania. To z tego miejsca rozpoczął się rozwój sieci marketów budowlanych Bricorama.

Zakres asortymentu rozszerzał się i zmieniał zgodnie z modą i zainteresowaniami klientów. W ciągu następnych ośmiu lat Jean-Claude Bourrelier otworzył pięć kolejnych sklepów, w których można było już kupić materiały budowlane, remontowe, dekoracyjne, hydrauliczne i elektryczne należące do grupy produktów DIY, łatwych w użyciu, skierowanych do amatorów zajmujących się tworzeniem, naprawą i konserwacją wnętrz. Uznanie klientów generowało zyski i wpłynęło na decyzję o otwieraniu kolejnych sklepów. W 1992 roku Jean-Claude Bourrelier wykorzystał fakt, że grupa Kingfisher wystawiła na sprzedaż sieć marketów budowlanych. Po raz kolejny zaryzykował, kupił 15 sklepów i w ten sposób stanął na czele Brikoramy. Po przejęciu sieci sklepów remontowo--budowlanych nowy właściciel postawił na realizację nadrzędnej zasady zgodnej z wyniesionym z dzieciństwa przekonaniem, że nie można budować sukcesu kosztem krzywdy drugiego człowieka, dlatego najważniejszym celem firmy powinno być zadowolenie klientów. Jean-Claude pamiętał o skuteczności takiego postępowania jeszcze z czasów pracy w piekarni. Żeby jednak osiągnąć zamierzony cel, potrzebna była wiedza i doświadczenie w branży. Ludzie przyjmowani do pracy w Bricoramie przechodzili cykle szkoleń, by służyć profesjonalną radą w doborze najlepszych produktów. Sam właściciel, mimo zdobycia ogromnej wiedzy zarówno o branży remontowo-budowlanej, jak i skutecznym marketingu, nie przestawał gromadzić doświadczeń. Nie pozwalała mu na to wrodzona ciekawość i energia działania. Siedem dni w tygodniu nadzorował właściwą pracę w swoich sklepach, więc wiedział, czy posiadają na tyle bogate wyposażenie, by każdy, nawet najbardziej wybredny klient, znalazł odpowiedni produkt.

Na tym jednak Bourrelier nie zakończył rozwoju marki. Kontynuuje ten proces. Towarzyszy mu ciągłe podążanie za nowinkami technicznymi i dostosowywanie asortymentu do zmieniających się gustów i potrzeb klientów, a równocześnie otwieranie nowych magazynów i kupowanie sklepów, także za granicą, gdy tylko pojawi się korzystna okazja. W ten sposób z biegiem czasu Jean-Claude Bourrelier rozciągnął sieć sklepów budowlanych Bricorama na kraje Europy Zachodniej. Wciąż musi pokonywać nowe wyzwania, bo sprzedaż poza granicami Francji wiąże się z innymi grupami odbiorców, ich odmiennym stylem życia, sposobem myślenia i przyzwyczajeniami, które trzeba poznać, by zadowolić kupujących.

Jean-Claude Bourrelier wygląda na człowieka szczęśliwego. Charyzmatyczny, uśmiechnięty, w czasie publicznych wystąpień i wywiadów często pojawia się w firmowej żółtej koszuli Bricoramy. Stał się we Francji symbolem nowej formy kapitalizmu, czyli kapitalizmu z ludzką twarzą, na której przede wszystkim widać troskę o drugiego człowieka. W czym kryje się sekret sukcesu chłopca z biednej robotniczej rodziny osiągnięty w kraju, w którym do niedawna trudne do przekroczenia granice społeczne wyznaczały hierarchię wartości? To historia człowieka o dużej inteligencji, żelaznej woli i niezłomnych zasadach popartych optymizmem, głębokim poczuciem sprawiedliwości i równości wobec prawa. Wyzwania losu, nowe miejsca i spotkania z ludźmi stały się dla niego inspiracją do nauki, zdobywania doświadczeń i wyciągania z nich konstruktywnych wniosków. Sukces prezesa Bircoramy jest poparty latami gromadzenia wiedzy, pasją, ambicją, dużą odwagą, niezwykłą intuicją handlową, a przede wszystkim ogromną pracowitością.

KALENDARIUM:

16 sierpnia 1946 roku – narodziny w Saint-Calais we Francji
1960 – ukończenie miejscowej szkoły podstawowej
1963 – zdobycie zawodowego certyfikatu CAP
1975 – otwarcie pierwszego sklepu na Boulevard Vincent-Auriol w Paryżu

1975-1983 – otwarcie kolejnych pięciu sklepów
1980 – stworzenie marki Batkor
1990 – nabycie 15 sklepów Bricorama należących do grupy Kingfisher
od 1992 roku – pełnienie funkcji prezesa i CEO sieci marketów Bricorama
1995 – nabycie 16 sklepów sieci La Bricaillerie
1996 – wprowadzenie firmy Bricorama na giełdę
1997 – nabycie belgijskich i holenderskich spółek zależnych od USA Wickes Plc
1998-2001 – wykup Outirama oraz prawa do znaków firmowych Bricostore i Gamma
2004 – otwarcie pierwszego sklepu w Hiszpanii, inicjujące strategię rozwoju firmy na Półwyspie Iberyjskim
2014 – otrzymanie tytułu Kawalera Legii Honorowej

CIEKAWOSTKI:

- Mimo dostatku żyje skromnie. Bardzo ceni recykling i ekologiczny styl życia. Za najbardziej wartościowe uważa przyjaźnie zawarte w dzieciństwie.

DANE LICZBOWE:

- Jean-Claude Bourreleir jest największym udziałowcem sieci Bricorama – posiada 87% akcji spółki.
- Bricorama posiada 223 sklepy w całej Europie, w tym 92 we Francji, 40 w Belgii, 33 w Holandii, 8 w Hiszpanii oraz 50 w formie franczyzy.

- Grupa posiada cztery różne marki: Bricorama i Batkor we Francji, Karwei w Holandii i Gamma w Belgii i Holandii.
- Grupa zatrudnia 2614 osób w swoich 95 francuskich sklepach.
- W 2014 roku kapitał Bricoramy wynosił 200 mln euro.
- W 2014 roku obroty wyniosły 675 mln euro, a zyski netto 12,7 mln euro.

CYTATY:

„Gdy pojawi się bogactwo, zdajesz sobie sprawę, że to nie pieniądze sprawiają, że jesteś szczęśliwy".

„Łączy nas pasja!" (hasło Bricoramy).

„Przeszłość to przeszłość. Aby iść do przodu, nie możesz patrzeć wstecz, inaczej uderzysz w ścianę".

5 PORAD JEAN-CLAUDE'A BOURRELEIRA:

1) Być bardzo pracowitym. Wszyscy popełniają błędy, ale jeśli będą ciężko pracować, mogą szybko je naprawić. Prowadzenie działalności gospodarczej jest jak prowadzenie łodzi. Dobry kapitan szybko zauważy dryfowanie statku i zdąży wyprostować ster.
2) Im większa firma, tym bardziej należy być uważnym i czujnym. Jeśli ktoś ma małą firmę, marzy, żeby się rozwinęła. Ale gdy już tak się stanie, musi być bardzo ostrożnym, ponieważ każdy mały błąd może być i tak zbyt duży, aby udało się go naprawić.

3) Należy słuchać klienta. Ważna jest empatia wobec klienta, pragnienie, aby dokładnie spełnić jego potrzeby.
4) Starać się być wzorem. Jeśli menedżer zespołu pracuje wydajnie, to pracownicy będą starali się iść w jego ślady.
5) Dotrzymywać obietnic! Zarówno wobec klientów, jak i pracowników.

ŹRÓDŁA I INSPIRACJE:

http://www.lefigaro.fr/actualite-france/2011/07/04/01016-20110704ARTFIG00629-ils-ont-reussi-sans-avoir-decroche-le-sesame-national.php.

Jean-Claude Bourrelier, *Ma boîte à outils pour la reprise*, Michel Lafon, 2016.

Picard Magali, *Jean-Claude Bourrelier, pdg de Bricorama „Régler la question des ouvertures dominicales par ordonnance, c'est parfait!"*, http://www.lsa-conso.fr/jean-claude-bourrelier-bricorama-il-est-plus-difficile-de-reussir-aujourd-hui-dans-la-distribution,229404.

http://www.dynamique-mag.com/entrepreneur/jean-claude-bourrelier.53.

Corinne Bouchouchi, *Jean-Claude Bourrelier, patron de Bricorama : „Quand on est chef d'entreprise, on ne peut pas être socialiste"*, http://tempsreel.nouvelobs.com/economie/20160121.OBS3128/jean-claude-bourrelier-patron-de-bricorama-quand-on-est-chef-d-entreprise-on-ne-peut-pas-etre-socialiste.html.

http://www.bricorama.fr/0/D/groupe-presentation.html.

Richard Charles Nicholas Branson

(ur. 1950)

Anglik, założyciel grupy Virgin

Jego pierwszym biznesem miała być sprzedaż choinek przed Świętami. Jako 14-latek zasadził drzewka w ogrodzie rodziców i cierpliwie czekał, aż urosną. Niestety, choinki zostały obgryzione przez szkodniki i z biznesu nic nie wyszło. Dwa lata później rzucił szkołę i otworzył swój pierwszy „poważny" interes – czasopismo muzyczne „Student", wkrótce potem wysyłkowy sklep muzyczny, a następnie salon muzyczny w Londynie. Kolejny etap to wytwórnia muzyczna, a stąd już niedaleko do... linii lotniczych, biura podróży, sieci hoteli, oraz telefonów komórkowych, klubów fitness, kolei, usług bankowych i 400 innych firm funkcjonujących w różnych sektorach gospodarki. „Nigdy nie ukończyłem żadnej szkoły biznesu" – mówi. – „Myślę, że gdybym to zrobił, nigdy nie osiągnąłbym tego, co mam". Jego recepta na prowadzenie firmy to: odwaga, podejmowanie szybkich decyzji, pokonywanie przeciwności, wytrwałość, zapał, determinacja. Do tej mieszanki dodaje jeszcze jeden składnik: odrobinę szaleństwa. „Biznes musi dawać frajdę" – powtarza. Gdy tylko rozpoczyna ekspansję na nowym rynku, wszyscy go bacznie obserwują, bo wiedzą, że wprowadzi do branży nowe pomysły i wyznaczy nowe kierunki rozwoju.

Branson urodził się w Anglii, w Blackheat niedaleko Londynu. Był najstarszym dzieckiem z trójki rodzeństwa. Pochodzi z prawniczej rodziny, jednak nie poszedł w ślady ojca i dziadka, sędziego Sądu Najwyższego. Nie uzyskał nawet matury. Jako 16-latek zrezygnował z dalszej nauki, a wcześniej kilkanaście razy zmieniał szkołę. Był bardzo słabym uczniem, na dodatek miał dysleksję i nie potrafił się skoncentrować. „Byłem uważany za nieważnego i nieznośnego ucznia" – pisze w swojej książce *Like a virgin. Czego nie powiedzą ci w szkole biznesu* – „Wszyscy, począwszy od dyrektora a na woźnym skończywszy, prawdopodobnie z ulgą przyjęli moją decyzję, że rzucam szkołę i będę realizował swoje ówczesne marzenie, by wydawać własną gazetę o nazwie »Student«". Dzięki pomysłowości i młodzieńczemu zapałowi namówił na wywiady kilka znaczących postaci muzyki tamtego okresu. Rozmawiał między innymi z Johnem Lennonem i Mickiem Jaggerem. Za zarobione pieniądze uruchomił wysyłkowy sklep muzyczny. W tamtych czasach był to naprawdę innowacyjny pomysł. Nie ponosił kosztów wynajmu lokalu, mediów, nie zatrudniał sprzedawców, więc mógł zaproponować klientom niższe ceny. Niższe marże nadrabiał dużym obrotem. Sklep funkcjonujący pod nazwą Virgin (ang. dziewiczy) miał się znakomicie.

W 1971 roku przyszła pora na rozwinięcie działalności i uruchomienie sklepu muzycznego w reprezentacyjnym punkcie Londynu: na Oxford Street. Już wtedy zastosował zasadę, której trzyma się do dziś – „Jeśli jesteś nowy w branży, najlepiej zaproponować klientom taką obsługę, która rzuci ich na kolana" – pisze w swojej książce *Like a Virgin...* W funkcjonujących wtedy sklepach muzycznych młodzi ludzie nie mogli w komfortowych warunkach posłuchać muzyki. Richarda zawsze to denerwowało, dlatego w jego sklepie na miłośników muzyki czekały poduszki, pufy, na których klienci mogli się usiąść i posłuchać swoich ulubionych wykonawców, których nagrania leciały z głośników. „Chcieliśmy, aby kupujący dobrze się bawili" – opowiada. To był znakomity pomysł i biznes dynamicznie się rozwijał. Richard nie ustrzegł się jednak błędu – sprzedawał w swoim sklepie nieoclone płyty. Nie stanął przed sądem, zgodził się bowiem na oddanie nielegalnie zarobionych pieniędzy. Aby zapłacić karę, Bransonowie musieli wziąć pożyczkę pod zastaw domu. Richard dostał od życia drugą szansę. Pamiętał o tym przy prowadzeniu kolejnego biznesu, wytwórni płytowej Virgin Records uruchomionej w 1972 roku. Wtedy to jeden z jego podwładnych, odpowiedzialny za pozyskiwanie do wytwórni młodych, obiecujących zespołów, zaczął na swoje konto sprzedawać okolicznym sklepom płyty będące własnością Virgin Records. Gdy sprawa wyszła na jaw, wszyscy spodziewali się, że Branson wyrzuci nieuczciwego pracownika. On jednak postanowił dać mu drugą szansę, tak jak kilka lat wcześniej jemu samemu dał brytyjski wymiar sprawiedliwości. Obdarzony zaufaniem pracownik opamiętał się. Płyty przestały znikać z wytwórni. Okazane zaufanie się opłaciło.

Virgin Records okazała się żyłą złota. To w jej studiu swoją pierwszą płytę nagrał Mike Oldfield, a jego album *Dzwony rurowe* rozszedł się w nakładzie 5 mln egzemplarzy. W 1977 roku wytwórnia wsławiła się podpisaniem kontraktu z grupą Sex Pistols, której muzyką nie chcieli się zajmować inni wydawcy. Wytwórnia Bransona podpisała z czasem kontrakty między innymi z: The Rolling Stones, Bryanem Ferrym, Simple Minds, Janet Jackson, Genesis. Myślenie w ogromnej skali, przekraczanie kolejnych granic i przyjmowanie nowych wyzwań znowu przyniosło sukces.

Kolejnym udanym przedsięwzięciem Bransona było uruchomienie linii lotniczych Virgin Atlantic. Dlaczego linie lotnicze? Bo Branson wchodzi w te biznesy, które go pasjonują. Pieniądze są na dalszym planie. Do działania motywuje go dziecięca ciekawość. Chce się uczyć, dowiadywać czegoś nowego, wymyślać nowe rozwiązania i obserwować, jak działają. Jego inspiracją we wprowadzaniu nowatorskich zmian w każdej niemal branży jest obsługa klienta, w wielu firmach jest ona na niskim poziomie i niewiele trzeba zrobić, by pozytywnie wyróżnić się na tle konkurencji. W przypadku linii lotniczych potrzebnych było kilka elementów. Zmiany zaczęto od tego, że załogi samolotów Virgin Atlantic były po prostu bardzo miłe i pomocne pasażerom. Zgodnie z zasadą Bransona, należy zawsze wyprzedzać trendy i w ten sposób zostawiać konkurentów o całe lata za sobą. Jego linie jako pierwsze miały ekrany do indywidualnego oglądania filmów podczas lotu. Dopóki nie było technologii montażu ekranów w zagłówkach, po prostu rozdawano wszystkim pasażerom odtwarzacze przenośne. W samolotach Bransona montowano specjalnie skomponowany układ foteli sprzyjający odpoczynkowi. To też był ich samodzielny, pionierski projekt. Prawdziwym hitem okazała się jednak możliwość podstawienia limuzyny dla każdego pasażera klasy biznes, gdy konkurenci nie robili tego nawet dla klientów podróżujących pierwsza klasą! Jak to było możliwe? Powód był prozaiczny – linie Bransona były bardzo małe, posiadały kilka samolotów, dlatego biznesmen mógł sobie na to pozwolić. Przy ogromnych flotach, jakimi dysponowali konkurenci Bransona, wprowadzenie usługi było niemożliwe.

Te zmiany pozwoliły Bransonowi zauważyć i przyswoić sobie jeszcze jedną biznesową zasadę. Kluczowym elementem w biznesie jest szybkie podejmowanie decyzji, a to można zrobić tylko w małych strukturach organizacyjnych. Zatem gdy tylko może, dzieli firmy na mniejsze. Takie struktury są bardziej mobilne, elastyczne. „Na tym polega nasza siła. Konkurencja robi piątą naradę w tej samej sprawie, a my już wdrażamy w życie nowe pomysły" – mówi.

Prowadząc tyle przedsięwzięć, Branson nie uniknął wpadek. Sromotną porażką okazało się wprowadzenie na rynek odtwarzaczy MP3. Apple zmiotło z rynku nowego konkurenta. Podobnie zachowali się dwaj giganci: Coca Cola i Pepsi, gdy Branson postanowił wprowadzić na rynek swoją Virgin Colę. „Przegraliśmy, bo narobiliśmy sporo zamieszania i obudziliśmy gigantów, ale fajnie było wjechać czołgiem na Times Square w Nowym Yorku i wycelować w billboard Coca Coli" – wspomina biznesmen, znany ze swoich niekonwencjonalnych pomysłów reklamowych. Z tych porażek Branson wyciągnął kolejną naukę – trzeba wiedzieć, kiedy powiedzieć stop i zrezygnować z dalszego prowadzenia firmy.

W kategoriach porażki emocjonalnej można traktować konieczność sprzedaży ukochanego dziecka Bransona, Virgin Records, z powodu kłopotów finansowych linii lotniczych, na początku lat 90. Wytwórnię kupił w 1992 roku koncern EMI za… miliard dolarów. Branson nie byłby sobą, gdyby nie wrócił na rynek muzyczny. Kilka lat później założył wytwórnię muzyczną V2. Anglik od zawsze stawia sobie ambitne cele i stara się je realizować z naddatkiem. Gdy tylko usłyszy „tego nie da się zrobić", wtedy wie, że to coś dla niego. Prawdziwe wyzwanie dla jego ambicji.

Linie lotnicze to było dla niego za mało, więc w 2004 roku utworzył Virgin Galactic. Przedsiębiorstwo to ma w niedalekiej przyszłości oferować turystyczne loty kosmiczne. Ma już kilkaset osób chętnych, a bilet kosztuje 200 000 dolarów. Swoje niestandardowe i innowacyjne podejście do biznesu zaprezentował przy okazji uruchamiania Virgin Mobile. To był pierwszy na świecie wirtualny operator telefonii komórkowej, nieposiadający własnej sieci przekaźników, tylko dzierżawiący sieci od innych. Obecnie działa w kilkunastu krajach. Sukcesem okazało się uruchomienie Virgin Holidays. Na początku firma miała tylko sprzedawać bilety lotnicze, ale tak się rozwinęła, że obecnie oferuje wakacje w najodleglejszych zakątkach świata dla najbardziej wymagających klientów. Można za jej pośrednictwem wykupić sobie na przykład urlop na prywatnej wyspie Richarda Bransona Necker na Karaibach za 30 000 dolarów... dziennie!

Richard Branson nie jest najbogatszym przedsiębiorcą na świecie. Nie jest w pierwszej setce. Ba! Nawet nie jest w pierwszej dwusetce najbogatszych (zajmuje 286 miejsce na liście „Forbesa" w 2016 roku). Skąd zatem bierze się jego niesamowita popularność, którą można porównać tylko ze sportowcami i gwiazdami muzyki? Bo jest odważny, nie boi się ryzyka, rywalizacji. Ma poczucie humoru i dystans do siebie, co w świecie biznesu jest rzadkością. Przy każdym projekcie ustawia wysoko poprzeczkę, a potem osiąga jeszcze więcej. Nie ma dla niego rzeczy niemożliwych. Jest supermanem światowego biznesu. Całe życie przełamuje stereotypy i dokonuje fantastycznych rzeczy, znakomicie się przy tym bawiąc. Wszystko osiągnął sam, stosując własne, innowacyjne rozwiązania. Uczy się cały czas na własnych błędach i publicznie się do nich przyznaje. Po każdej porażce wraca silniejszy i realizuje jeszcze ambitniejsze cele. Całą swoją działalnością pokazuje, że każdy z nas, jeśli wykształci w sobie ważne dla przedsiębiorczości cechy, może odnieść sukces, nawet jeśli nie zdobędzie formalnego wykształcenia. Jest drogowskazem dla setek tysięcy młodych ludzi, którzy marzą o własnych firmach i ambitnych projektach.

KALENDARIUM:

18 lipca 1950 – narodziny Richarda Bransona w Blackheat pod Londynem

1966 – Richard rzuca szkołę, aby otworzyć czasopismo muzyczne, które nazywa przewrotnie „Student"

1969 – uruchamia sprzedaż wysyłkową płyt – innowacyjny jak na tamte czasy projekt

1971 – otwiera swój pierwszy sklep muzyczny o nazwie Virgin (ang. dziewiczy); dzieciaki mogą tam siedzieć i godzinami słychać ulubionych płyt

1972 – w posiadłości zakupionej w Oxfordshire pod Londynem rusza studio muzyczne Virgin Records; nagrywają w nim: Mike Oldfield, Sex Pistols, The Rolling Stones

1972 – ślub z Kristen Tomassi; po 7 latach rozwiodą się, nie będą mieli dzieci

1984 – startują linie lotnicze Virgin Atlantic

1985 – Branson debiutuje w branży turystycznej; po kilku latach Virgin Holidays staną się jedną z najmocniejszych firm turystycznych w Wielkiej Brytanii

1985 – nieudana próba pobicia rekordu szybkości przepłynięcia oceanu Atlantyckiego – superszybka łódź Bransona tonie, a on sam jest ratowany przez brytyjskich żołnierzy

1986 – Branson nie poddaje się i bije rekord na tej samej trasie w nowej łodzi

1989 – ślub z Joan Templeman, mają dwójkę dzieci

1990 – utworzenie grupy Elders skupiającej liderów świata polityki i gospodarki mającej na celu pracę nad największymi problemami obecnej cywilizacji

1991 – szalony Anglik bije kolejne rekordy, tym razem w baloniarstwie: najdłuższy przelot (blisko 11 000 km z Japonii do Kanady) oraz rekord prędkości w locie balonem (394 km/h)

1992 – biznesmen zmuszony jest do sprzedaży Virgin Records z powodów kłopotów finansowych swoich linii lotniczych; koncern EMI płaci za wytwórnię miliard dolarów

1993 – Branson, który nie ma nawet matury, otrzymuje honorowy tytuł doktora technologii na Uniwersytecie w Lougborough

1999 – Virgin wchodzi na rynek telefonii komórkowej z nowym i innowacyjnym projektem; Virgin Mobile nie ma swojej sieci, dzierżawi je od innych operatorów

1999 – królowa Wielkiej Brytanii Elżbieta II nadaje Richardowi tytuł szlachecki

2004 – Branson zapowiada podbój kosmosu w ramach projektu Virgin Galactic, czyli galaktycznych linii lotniczych

2005 – Richard uruchamia Szkoły Przedsiębiorczości w najbiedniejszych krajach Afryki, aby w nich kształcić nowych liderów i biznesmenów

2013 – udane testy statku Space Ship Two wynoszącego prom na orbitę w ramach projektu Virgin Galactic; Branson ma 500 chętnych do lotu; bilet kosztuje 200 000 dolarów

CIEKAWOSTKI:

- Branson chce przekraczać granice nie tylko w biznesie, ale też w innych dziedzinach życia. Tej pasji omal nie przypłacił życiem, gdy jego ślizgacz, którym chciał przepłynąć Ocean Atlantycki, zatonął, zaś jego samego uratowali brytyjscy żołnierze. Rok później już mu się udało i może pochwalić się najszybszym pokonaniem Atlantyku łodzią. Jego drugą pasją jest baloniarstwo. Podczas jednego z lotów balonem na ogrzane powietrze nad górami Atlas omal nie zginął, gdy balon zaczął niespodziewania spadać. Do swoich osiągnięć może dołożyć także najdłuższy w historii, bo liczący

prawie 11 000 km, przelot z Japonii do Kanady i pobicie światowego rekordu prędkości lotu balonem – osiągnął nim 394 km/h!
- Pomysły Bransona na reklamę firm z grupy Virgin zawsze były „kompletnie stuknięte". Aby zwrócić uwagę na swoje projekty zwisał z mostów „ubrany" tylko w telefony komórkowe, pił herbatkę na czubku ogromnego balonu, wjeżdżał czołgiem na Time Squere, biegał w białej sukni ślubnej po ulicach, jeździł na białym słoniu pod parlamentem indyjskim, udzielał ślubu na wysokości 10 km przebrany za kapłana. Wielką sławę przyniosły mu humorystyczne, a czasem nawet bezczelne reklamy, które nawiązywały zawsze do bieżących wydarzeń. Kiedy panamski dyktator Manuel Noriega został ekstradowany do Miami na proces, w amerykańskiej prasie pojawiły się wielkie reklamy linii lotniczych Bransona z podpisem: „Tylko jeden człowiek poleciał do Miami taniej niż z Virgin Atlantic!".
- Zdaniem Bransona, przedsiębiorcy mają do odegrania ważną rolę we współczesnym świecie. Ich działalność ma bowiem nie tylko pozwolić na rozwój cywilizacji, ale też pomóc radzić sobie z wieloma wyzwaniami, jakie stoją przed ludzkością. Dlatego pod koniec lat 90. był inicjatorem powstania grupy Elders (ang. starszyzna) skupiającej liderów z całego świata, których zadaniem jest wykorzystywanie swojej wiedzy i umiejętności do tworzenia rozwiązań dla największych problemów, takich jak: głód, konflikty zbrojne, ocieplanie klimatu. Przedsiębiorca poprzez swoją fundację humanitarną Virgin Unite tworzy Szkoły Przedsiębiorczości w najbiedniejszych krajach świata, gdzie uczy przyszłych przedsiębiorców, jak prowadzić biznes. Jest również sygnatariuszem Inicjatywy Global Zero mającej na celu wyeliminowanie broni atomowej ze

wszystkich światowych arsenałów. Branson ustanowił nagrodę w dziedzinie nauki i technologii: 25 milionów dolarów czeka na osobę lub zespół, który przedstawi komercyjnie opłacalny projekt, skutkujący obniżeniem emisji gazów cieplarnianych.

- Richard Branson pilnie strzeże swojego życia rodzinnego. W książkach, które napisał, chętnie opowiada o sobie i o swoich przedsięwzięciach biznesowych, natomiast stosunkowo mało jest w nich informacji o najbliższych. Wiadomo, że był dwukrotnie żonaty. Pierwszy raz z Kristen Tomassi w latach 1972-1979, zaś od roku 1989 jego małżonką jest Joan Templeman. Biznesmen ma z nią dwoje dzieci: córkę Holly i syna Sama. W 1979 rodziła mu się córeczka Clare Sarah, ale po 4 dniach zmarła.
- Biznesmen zatrudnia w swoich spółkach około 50 000 osób. Zawsze powtarza, że to ludzie są największym majątkiem każdej firmy. Jego pracownicy, szczególnie na kierowniczych stanowiskach, mają dużo swobody. Branson nazywa ich intraprzedsiębiorcami i chce, aby czuli się tak, jakby prowadzili własne firmy. Aby to osiągnąć, pozwala im podążać za ich wizjami, a oni odpłacają świetną, kreatywną pracą. Branson wiele podróżuje i, gdy tylko ma okazję, rozmawia z pracownikami. Zawsze ma przy sobie notes albo ipada i zapisuje wszystkie uwagi. Następnie wprowadza zmiany, gdyż, jak mówi: „praca nad biznesem nigdy się nie kończy".
- W uznaniu dla jego zasług dla Zjednoczonego Królestwa, królowa nadała mu tytuł szlachecki. Matką chrzestną jego pierwszego samolotu była księżna Diana. Branson, mimo że nie ma nawet matury, otrzymał honorowy tytuł doktora technologii angielskiego Uniwersytetu w Lougborough. Biznesmen jest laureatem wielu nagród, otrzymał między innymi tytuł Obywatela Świata przyznamy przez ONZ za działalność

humanitarną oraz nagrodę German Media Prize, którą wcześniej otrzymali Bill Clinton i Dalajlama. Swoją nagrodę przyznała mu też organizacja Biznes dla Pokoju z Oslo.

CYTATY:

„Jeśli nigdy nie popełniasz błędów, nigdy niczego nie zrobisz".

„Odważni mogą nie żyć długo, ale ostrożni nie żyją wcale!"

„Wierzę w siebie. Wierzę w ręce, które pracują, w mózgi, które myślą, i w serca, które kochają".

„Stawiaj sobie wyzwania, a będziesz się rozwijać. Twoje życie się zmieni, twoje myślenie się zmieni. Nie zawsze łatwo jest osiągać cele, ale to nie jest powód, żeby się poddawać".

„Nigdy nie rób niczego, co nie pozwoli Ci spokojnie spać w nocy. Tą zasadą warto się kierować".

„Jeśli chcesz wygodnego życia, to nigdy nie będziesz wiedział, jak smakuje zwycięstwo".

„Okazje w biznesie są jak autobusy. Zawsze przyjedzie następny".

ŹRÓDŁA I INSPIRACJE:

Richard Branson, *Like a Virgin. Czego nie nauczą Cię w szkole biznesu*, Studio Emka, 2015; a także inne książki Bransona.

Polska strona poświęcona Richardowi Bransonowi: http://richardbranson.pl.

Blog Richarda Bransona: https://www.virgin.com/richard-branson.

Richard Branson na Twitterze: https://twitter.com/richardbranson.

Richard Branson na Facebooku: https://www.facebook.com/RichardBranson.

Ettore Bugatti

(1881-1947)

włoski konstruktor i projektant samochodów wyścigowych, twórca jednej z najbardziej rozpoznawalnych i kultowych marek w historii motoryzacji

Genialny konstruktor i perfekcyjny producent, którego samochody są do dziś symbolem sukcesu w sportach motorowych. Konstruktor-artysta dbający nie tylko o technikę, ale też o design swoich projektów. Jego zainteresowania były bardzo rozległe: motoryzacja, samoloty, łodzie motorowe, pociągi. W każdej z tych dziedzin odcisnął swoje piętno i wytyczył kierunki rozwoju na kolejne lata. Biznesmen i sportowiec, dla którego rywalizacja była czymś naturalnym. Na torze i w życiu nie poddawał się. Zawsze wierzył w końcowy sukces, który można odnieść dzięki konsekwencji i pracy. Szanujący ciężką pracę swoich ludzi i hojnie ich za to wynagradzający. Wymagający i życzliwy, a gdy wymagała tego sytuacja – konsekwentny i stanowczy. Na co dzień pełen humoru, potrafiący rozbawić do łez najbliższych. Czasem ujawniał wrażliwą duszę artysty. Ettore Bugatti.

Urodził się w Mediolanie. Jego ojciec był rzeźbiarzem, projektował meble oraz biżuterię. Dziadek Ettore również był rzeźbiarzem i poza tym architektem, a ciocia Ettore wyszła za artystę malarza. Młodszy brat Rembrandt poszedł w ślady ojca i zajął się rzeźbiarstwem. Wydawać by się mogło, że Ettore jest skazany na zajęcie się sztuką. Ukończył nawet Akademię Sztuk Pięknych w Mediolanie. Wiedział jednak, że nie jest mu pisane zostać artystą. Od najmłodszych lat interesował się mechaniką. Nie miał formalnego wykształcenia w tym zakresie. Całą wiedzę czerpał z samodzielnej nauki. Jako nastolatek zgłosił się do firmy Prinetti i Stucci zajmującej się produkcją bicykli. W warsztatach produkujących rowery spędzał całe dnie. Godzinami rozkręcał i skręcał rowery, uczył się zasad mechaniki, ślęczał nad projektami i rysunkami. Zafascynowały go wtedy silniki spalinowe. Zgłębiał tajniki ich konstrukcji. Interesował się przede wszystkim sposobami ich wykorzystania do napędzani bicykli. Wielomiesięczna nauka i praca przyniosły efekty. Jako 17-latek skonstruował swój pierwszy pojazd napędzany silnikiem. Był to... trzykołowy rower. Młody Bugatti już wiedział, że jego powołaniem jest konstruowanie pojazdów napędzanych silnikiem, i to nie tylko rowerów!

Rodzice, którzy widzieli zapał syna, postanowili mu pomóc. Carlo, ojciec Ettore, sfinansował drugi projekt syna. Pojazd tak się spodobał, że na targach motoryzacyjnych, które odbyły się w Mediolanie w 1901 roku, otrzymał jedną z nagród. Młody utalentowany konstruktor zwrócił na siebie uwagę niemieckiego przedsiębiorcy barona de Dietricha, który zaproponował mu pracę w swojej firmie w Kolonii. Ettore został szefem biura projektowego, mając 20 lat. Kontrakt w jego imieniu podpisał ojciec, gdyż on sam nie był jeszcze pełnoletni. W czasie dwóch lat współpracy (1902-1904) taśmę opuściło kilka prototypów, lecz żaden z nich nie wszedł do produkcji i kontrakt został rozwiązany. Powód? Baron de Dietrich był niezadowolony z faktu, że Bugatti poświęcał cały swój czas na projektowanie aut wyścigowych, kiedy on jako właściciel oczekiwał uruchomienia produkcji masowej samochodów przeznaczonych do codziennej jazdy. Ettore nie zrezygnował ze swojej pasji i nie ugiął się pod żądaniami swojego pryncypała. Pokazał tym charakter i determinację w dążeniu do jasno określonego celu, czyli stworzenia samochodu wyścigowego.

Po odejściu z firmy de Dietricha znalazł zatrudnienie u Emila Mathiasa, kolejnego miłośnika motoryzacji, dla którego zaprojektował jeden model: samochód z silnikiem 4-cylindrowym. To było jednak wszystko, czym zaowocowała dwuletnia współpraca obu panów. Ettore znowu został bez pracy i bez środków na realizację swoich planów. Mimo to cały czas poświęcał na projektowanie samochodów. Swoje biuro projektowe miał w piwnicy domu w Kolonii, gdzie mieszkał. Efektem wielomiesięcznych prac był projekt auta z silnikiem o mocy 50 koni mechanicznych. Ettore mocno wierzył w swój pomysł, jednak nie mógł znaleźć firmy, która zdecydowałaby się najpierw na stworzenie prototypu, a następnie na uruchomienie produkcji. Był jednak uparty. Chodził od drzwi do drzwi. W końcu zapukał do firmy Deutz, zajmującej się produkcją silników gazowych i tam usłyszał: „Dobra. Robimy to!". Był 1906 rok. Ettore myślał wtedy, że szczęście wreszcie się do niego uśmiechnęło. W ciągu trzech lat powstało kilka prototypów samochodów, lecz tak jak w przypadku wcześniejszych kooperacji, nie zaowocowało to uruchomieniem produkcji.

Rozczarowany tymi niepowodzeniami, Ettore zdecydował się w 1909 roku postawić wszystko na jedną kartę i samodzielnie rozpocząć produkcję. Za pożyczone z banku pieniądze kupił budynki po starych zakładach produkujących farby i chemikalia w Molsheim w Alzacji. Tam w ciągu roku wyprodukował pięć samochodów według swoich projektów i wszystkie pięć znalazły nabywców! Po dekadzie niepowodzeń, zrywaniu kolejnych kontraktów, podejmowaniu ciągłych prób, pracy dniami przy produkcji i nocami przy desce projektowej Ettore w końcu odniósł sukces! To zmobilizowało go do jeszcze większych wysiłków. Czuł, że to jego czas, tym bardziej że auta, które projektował i produkował, zaczęły wygrywać na torach wyścigowych w Europie. Pogromcami konkurencji były: Bugatti Model 10 i Model 13. „Trzynastka" rozwijała nieprawdopodobną na tamte czasy prędkość ponad 160 km/h. W pokonanym polu auta Bugatti zostawiały najsilniejsze wtedy marki: Mercedesa, Alfę Romeo i Fiata. Rok 1911 zaowocował nowym kontraktem na mały samochód dla firmy Peugeot.

W czasie pierwszej wojny światowej firma Bugattiego zajmowała się produkcją silników samolotowych, realizując kontrakty dla rządów francuskiego i amerykańskiego. Za zarobione dzięki temu pieniądze Ettore mógł dalej rozwijać firmę – w fabryce w Alzacji pracowało już 1000 osób. Ettore zawsze bardzo dobrze traktował swoich pracowników. Nie wywyższał się, a z niektórymi nawet przyjaźnił. Był bardzo hojny – płacił wysokie składki na ubezpieczenia społeczne swoich ludzi, aby otrzymali dobre emerytury. Zarobki w firmie Bugatti znacznie przewyższały średnie zarobki w branży motoryzacyjnej. Ettore chciał, aby jego pracownicy mieli swój udział w sukcesie firmy i byli przez to bardziej z nią związani. Dlatego tak bardzo zabolało go to, co wydarzyło się w 1936 roku, gdy jego pracownicy przyłączyli się do obejmującej całą Francję fali strajków robotniczych, domagając się podwyżek. Nie mógł zrozumieć, jak jego dobrze wynagradzani ludzie mogli mu to zrobić. Potraktował to jako osobistą zniewagę. Opuścił fabrykę i kierował nią od tego czasu z Paryża, sporadycznie pojawiając się w biurze w Molsheim.

Nowo zatrudnieni pracownicy nie mogli już liczyć na tak dobre traktowanie. Po strajku w 1936 w zakładach Bugatti nigdy już nie było tak, jak wcześniej. W 1916 roku Bugatti przeżył wielką i niespodziewaną tragedię – samobójstwo popełnił jego młodszy brat Rembrandt. Ten wrażliwy człowiek nie mógł otrząsnąć się z traumy po przeżyciach z czasów I wojny światowej. Pracował wtedy jako wolontariusz dla Czerwonego Krzyża i pomagał w szpitalu wojskowym. Bezmiar tragedii, jaki tam zobaczył, spowodował trwałe zmiany w jego psychice. Nie poradził sobie z tym, wpadł w depresję, która w końcu doprowadziła go do samobójstwa. Ettore w hołdzie bratu w swoim topowym modelu Bugatti Royale umieścił jako korek do chłodnicy sylwetkę konia wyrzeźbioną przez Rembrandta. Auto, o którym mowa, było spełnieniem wielkiego marzenia włoskiego geniusza, które prowadziło go przez te wszystkie lata zmagań z produkcją samochodów: stworzenia „najwspanialszego samochodu" w historii motoryzacji.

Pracował nad tym projektem od roku 1914, aby po 12 latach, w roku 1926, światło dzienne ujrzał Bugatti Royale. Auto było imponujące. Posiadało silnik o pojemności blisko 13 litrów i mocy 300 koni mechanicznych. Każdy, nawet najdrobniejszy szczegół był tu dopracowany do perfekcji. Ettore przywiązywał bowiem uwagę nie tylko do kluczowych elementów samochodu, lecz także do najdrobniejszych szczegółów, takich jak ułożenie kabli elektrycznych czy wygląd bloku silnika, na którym wykonywano piękne wzory specjalną techniką zdobienia. Tu w pełni objawiała się artystyczna dusza konstruktora, którą odziedziczył po rodzicach. Niestety, auto pojawiło się na rynku w najgorszym możliwym momencie – w czasach wielkiego kryzysu gospodarczego, jaki nawiedził najpierw Stany Zjednoczone, a potem Europę. Nie było na nie chętnych. Ettore wstępnie planował produkcję dwudziestu pięciu sztuk, ostatecznie z taśmy zjechało tylko sześć. Swoich właścicieli znalazły zaledwie trzy samochody. To był wielki zawód dla Bugattiego. Był on jednak urodzonym przedsiębiorcą uwielbiającym stawać przed wielkimi wyzwaniami.

Zastanawiając się, w jaki sposób przekuć porażkę z Royalem w sukces, wpadł na pomysł stworzenia... szynobusu, pojazdu pasażerskiego do komunikacji kolejowej. Taki szynobus potrzebowałby potężnego silnika, który Bugatti już przecież miał! 13 litrów pojemności i 300 koni mocy czekało na wykorzystanie w niesprzedanych royalach. Ettore zaproponował wyprodukowanie takiego pociągu rządowi francuskiemu i otrzymał zlecenie na realizację tego projektu! W roku 1932 na torach pojawił się pociąg Bugatti. Maszyna osiągała zawrotną prędkość 190 km na godzinę. Rząd francuski był zachwycony projektem przygotowanym osobiście przez Ettore. Pieniądze z kontraktu zapewniły spokojne funkcjonowanie firmie na kolejne lata. Ettore zajął się kolejnymi projektami aut wyścigowych. Stworzył między innymi samochód oznaczony jako G 57 Tank, który swoimi kształtami i aerodynamiką wyprzedzał o lata świetlne konkurencję i nawiązywał do współcześnie nam produkowanych samochodów wyścigowych. Auto wygrało między innymi słynny wyścig w Le Mans.

Ettore uruchomił w Paryżu salon sprzedaży Bugatti. Wykazał się przy tym innowacyjnym pomysłem na przyciągnięcie klientów. Ucząc się sprzedaży i obserwując klientów, zauważył, że każdy z nich po pierwsze jest bogaty, bo wtedy auta kupowali tylko ludzie zamożni, a po drugie chce się poczuć wyjątkowy, kupując auto Bugatti będące synonimem prestiżu i sukcesu. Dlatego postanowił wyjątkowo traktować swoich klientów klasy premium. Zapraszał ich do swojej fabryki w Molsheim, oprowadzał po hali produkcyjnej, aby na własne oczy mogli zobaczyć, w jaki sposób powstają samochody

Bugatti. Aby zapewnić im dobre warunki pobytu, niedaleko fabryki wybudował... hotel dla swoich gości! W ten pomysłowy sposób zapewnił sobie rozgłos i nieprzerwany dopływ klientów.

Wszystko układało się bardzo dobrze aż do 1939 roku, gdy na Ettore spadł kolejny cios. Jego ukochany syn Jean zginął na torze, testując jedno z aut. Jean był prawą ręką ojca. Od roku 1932 roku Ettore powoli, lecz systematycznie przekazywał mu władzę w firmie. Jean sprawdzał się szczególnie w zarządzaniu ludźmi i usprawnianiu procesów produkcyjnych, stąd jego śmierć nie tylko ogromnie dotknęła Ettore, lecz także zatrzymała rozwój firmy. Od tego momentu firma Bugatti zaczęła podupadać. Przyczyniła się do tego również II wojna światowa, podczas której Ettore został zmuszony do sprzedania swoich zakładów produkcyjnych Niemcom. Hitlerowcy produkowali tam amfibie na potrzeby swojej armii.

Po wojnie Bugatti walczył o odzyskanie swojej fabryki. Udało mu się to, lecz z powodu kłopotów finansowych w latach 1945-1947, czyli do śmierci włoskiego konstruktora, fabrykę opuścił tylko jeden prototyp.

Wyczerpany walką o odzyskanie firmy i przybity śmiercią syna, Ettore nie mógł wykrzesać z siebie energii do dalszej pracy. Ukojenie znajdował, projektując i pracując w kupionej tuż po wojnie stoczni jachtowej pod Paryżem. Paradoksalnie to właśnie doprowadziło do jego śmierci. Spędzając mnóstwo czasu na wodzie, przeziębił się, co w konsekwencji doprowadziło do przewlekłego zapalenia płuc. Na kilka miesięcy zapadł w śpiączkę i 21 sierpnia 1947 roku umarł w szpitalu w Paryżu. Prywatnie był ciepłym, rodzinnym i wesołym człowiekiem. Do dziś zachowały się rodzinne filmy Bugattiego, na których żartuje, a czasem nawet wygłupia się ze swoimi, nawet już dorosłymi dziećmi. Mimo wielkiego zaangażowania w sprawy firmy znajdował czas dla rodziny. Żonaty był dwa razy. Jego pierwszą żoną była Barbara Mascherpa, która dała mu dwie córki i dwóch synów, między innymi tragicznie zmarłego Jeana. Po śmierci Barbary w 1944 roku Ettore ożenił z Genevieve Delcuze. Para znała się i spotkała jeszcze w czasach, gdy Ettore był w związku z Barbarą. Owocem tej namiętności była dwójka dzieci: Teresa urodzona w 1942 roku i trzy lata młodszy Michael. Małżeństwo zawarte w 1946 roku trwało zaledwie kilkanaście miesięcy. Kilka lat po śmierci Ettore firma Bugatti przestała istnieć. Reaktywowano ją pod koniec lat osiemdziesiątych ubiegłego stulecia, ale to już zupełnie inna historia.

Życie Ettore Bugattiego jest dowodem na to, że warto iść własną drogą, nawet gdy spotykają nas chwilowe niepowodzenia. Nasze wykształcenie niezwiązane z branżą, w jakiej pracujemy, możemy sprytnie wykorzystać, aby wyróżnić się spośród konkurentów, tak jak zrobił to Bugatti, dodając nutę artyzmu do swoich perfekcyjnych konstrukcji mechanicznych. Istotną przyczyną jego sukcesu była pracowitość i gotowość do uczenia się wciąż nowych rzeczy. Gdy istniała taka potrzeba, był silny i konkretny, jednak w głębi swej artystycznej duszy był wrażliwym człowiekiem. Ta wrażliwość spowodowała, że po śmierci najpierw brata, potem syna i po walce o odzyskanie swojej fabryki utraconej w II wojnie światowej nie miał już sił i chęci do kontynuowania produkcji aut. Mimo tego nazwisko Bugatti dla miłośników motoryzacji zawsze będzie oznaczało „wszystko, co najlepsze w samochodach".

KALENDARIUM:

15 września 1881 – narodziny Ettore Bugatti w Mediolanie
1884 – narodziny brata – Rembrandta, przyszłego rzeźbiarza

1898 – Bugatti konstruuje swój pierwszy pojazd mechaniczny – trzykołowy rower z silnikiem (Bugatti Type 1)

1901 – nagroda na targach motoryzacyjnych w Mediolanie za Bugatti Type 2 przypominający już „prawdziwy" samochód

1902 – Ettore zostaje szefem biura projektowego samochodów w firmie barona de Dietrycha; tam powstaje m.in. pierwszy, wyścigowy bolid Bugattiego oznaczony symbolem Type 5

1904 – Ettore odchodzi z firmy Dietrycha z powodu różnicy zdań co do dalszych kierunków rozwoju i w tym samym roku rozpoczyna współpracę z Emilem Mathiasem, fanem motoryzacji; przez dwa lata opracowuje kilka kolejnych prototypów aut

1907 – po rozstaniu z Mathiasem, Bugatti współpracuje nad kolejnymi autami z firmą Deutz a nocami w swojej piwnicy samodzielnie opracowuje projekty samochodów wyścigowych; w tym roku żeni się z Barbarą Mascherpą, z którą później ma czwórkę dzieci

1909 – Ettore decyduje się na otwarcie własnej fabryki w Molsheim, w Alzacji; pożycza pieniądze z banku i kupuje budynki po fabryce farb i chemikaliów; w tym samym roku rodzi się pierwszy syn Jean, który stanie się prawą ręką ojca w prowadzeniu biznesu

1910 – sukces! pierwsze auta Bugatti znajdują nabywców; modele Bugatti Type 10 do Bugatti Type 13 robią furorę wśród miłośników motoryzacji

1914 – Bugatti otrzymuje zamówienia rządów francuskiego i amerykańskiego na produkcję silników do samolotów walczących w czasie I wojny światowej

1916 – samobójstwo popełnia brat Ettorego Rembrandt – wrażliwa dusza artysty nie poradziła sobie z bezmiarem cierpień wojny

1920 – Bugatti Type 13 wygrywa słynny wyścig w Le Mans

1926 – Ettore realizuje swoje wielkie marzenie: z taśmy w jego zakładach zjeżdża super luksusowy wóz Bugatti Royale; niestety, ze względu na kryzys gospodarczy sprzedają się tylko 3 egzemplarze; firma, która zainwestowała ogromne środki w ten projekt, wpada w kłopoty finansowe

1932 – Bugatti projektuje i produkuje pierwszy szynobus z wykorzystaniem potężnego silnika z modelu Royale; rząd francuski kupuje od niego maszynę i zamawia kolejne; pieniądze z tego zamówienia stawiają firmę na nogi

1936 – strajk w zakładach Bugatti w Molsheim w Alzacji; Ettore, który zawsze dobrze traktował pracowników, jest załamany i wyjeżdża do Paryża.; odtąd rzadko pojawia się w fabryce

1939 – kolejna tragedia w rodzinie Bugattiego – podczas testowania auta ginie jego syn Jean; ta śmierć rzuca cień na całe dalsze życie Ettore

1944 – w czasie II wojny światowej Bugatti zostaje zmuszony do sprzedaży swoich zakładów Niemcom; narodowi socjaliści produkują w nich amfibie na potrzeby armii; w tym samym roku umiera pierwsza żona Ettore Barbara

1945 – Ettore odzyskuje fabrykę, lecz jest tak zmęczony walką o nią i załamany śmiercią syna, że nie ma chęci na uruchomienie produkcji – przez dwa lata zakład opuszcza tylko jeden model; ukojenie znajduje projektując łodzie w swojej stoczni jachtowej

1946 – Bugatti żeni się po raz drugi – jego wybranką jest Genevieve Delcuze, z którą ma dwójkę dzieci

21 sierpnia 1947 – Ettore umiera w szpitalu w Paryżu z powodu powikłań po zapaleniu płuc

CIEKAWOSTKI:

- Bugatti uważał się za konstruktora artystę. Ogromną wagę przywiązywał do designu swoich pojazdów. Jego samochody miały być nie tylko najszybsze, ale też najbardziej luksusowe i zaawansowane technologicznie. Był perfekcjonistą – aby nie stosować uszczelek miedzy elementami silnika, wszystkie powierzchnie styku były ręcznie polerowane. Stosowane materiały były wyłącznie najlepszej jakości, co powodowało, że samochody ze stajni Bugatti były nie tylko piękne, ale i trwałe. Jeden z największych konkurentów Bugattiego Walter Bentley mówił o nich: „To najszybsze auta ciężarowe na świecie!".
- W czasie 40 lat funkcjonowania firmy z taśm produkcyjnych zjechało blisko 8000 samochodów Bugatti. Modele, które przetrwały do dziś, osiągają zawrotne ceny. Kultowy Type 41 Royale, którego powstało zaledwie 6 egzemplarzy, na licytacjach osiągnął zawrotną cenę 15 milionów euro!
- Lata 20. poprzedniego wieku to pasmo sukcesów aut Bugatti na torach w Europie. Biorąc pod uwagę wszystkie wyścigi, w jakich uczestniczyły auta Ettore, oraz wszystkie klasyfikacje, Bugatti zdobył 2000 nagród!
- Konkurenci firmy Bugatti zastanawiali się, jak auta o niewielkiej mocy mogą pokonywać ich monstra wyścigowe z wielkimi silnikami. Jaka była tajemnica sukcesu Bugatti? Ettore jako pierwszy konstruktor wprowadził pojęcie stosunku mocy silnika do masy samochodu. Wiedział, że aby auto było szybkie, nie trzeba budować wielkich silników, lecz wystarczy obniżyć wagę samochodu. Taki właśnie był kultowy Bugatti Model 13. Ettore, znów jako pierwszy, wprowadził aluminiowe elementy, aby obniżyć wagę swoich pojazdów. To był właśnie przykład jego innowacyjnego

podejścia do pracy i szukania alternatywnych rozwiązań, które często szły inną drogą niż pomysły konkurentów.
- Bugatti był człowiekiem bardzo wrażliwym na punkcie swoich samochodów, a przy tym dowcipnym. Pewnego razu, gdy jeden z jego klientów skarżył się na słabe hamulce, Ettore odpowiedział mu: „Mój panie, ja produkuję samochody, które mają jeździć, a nie zatrzymywać się/hamować!".
- W roku 1962 bracia Schlumpf, którzy byli fanami Bugattiego, zaczęli skupować auta, jakie były dostępne wtedy na rynku. Pozyskali w ten sposób około 50 samochodów od właścicieli prywatnych, 18 kupili od rodziny Bugatti, a 30 od prywatnego kolekcjonera, Amerykanina Johna Shakespeare'a. Auta trzymali w Miluzie we wschodniej Francji. Z powodu kłopotów finansowych firmy tekstylnej braci Schlumpf kolekcja przeszła na własność rządu Francji, który postanowił udostępnić ją miłośnikom motoryzacji. W 1982 roku w Miluzie otwarto muzeum marki Bugatti.

CYTATY:

„Buduję moje auta po to, by jeździły, a nie po to, by się zatrzymywały".

„To, co jest piękne, nigdy nie jest za drogie".

„Idealne auto to czysta krew, nieskazitelny kształt i absolutna przejrzystość".

„Zawsze jestem pewny zwycięstwa, nawet przed startem".

ŹRÓDŁA I INSPIRACJE:

Historia firmy Bugatti na oficjalnej stronie internetowej: http://www.bugatti.com/tradition/history/#.

Film biograficzny na portalu YouTube: https://www.youtube.com/watch?v=aerVuHwnZ-s.

Biografia Ettore Bugattiego na stronie Life In Italy: http://www.lifeinitaly.com/italian-cars/bugatti-history.asp.

Barry Eagelfield, *Bugatti – The Designer*, Brooklands Books Ltd., 2013.

Jonathan Wood, *Bugatti: The Man and the Marque*, The Crowood Press Ltd., 1992.

Andrew Carnegie

(1835-1919)

Amerykanin szkockiego pochodzenia, przedsiębiorca, przemysłowiec i filantrop

Gdy wyobrażamy sobie amerykańskiego przemysłowca epoki wiktoriańskiej, przed oczami staje nam elegancki dżentelmen w meloniku i surducie. Myślimy o postaciach z „amerykańskiego snu", o karierach „od pucybuta do milionera" oraz o wielkich fortunach i możliwościach, jakie przyniósł ze sobą wiek pary i stali. Wszystko to uosabia postać Andrew Carnegiego – chłopaka z biednej rodziny imigrantów, który bez formalnego wykształcenia i majątku rodzinnego stał się jednym z najpotężniejszych magnatów przemysłowych w historii Ameryki.

Andrew Carnegie urodził się w miasteczku Dunfermline na wschodnim wybrzeżu Szkocji. Bardzo lubił się uczyć i choć edukacja szkolna polegała głównie na uczeniu się na pamięć, nawet tę prostą umiejętność potrafił doskonale wykorzystywać. Nie zdążył ukończyć szkoły podstawowej, gdy na Wyspach Brytyjskich nastał kryzys. Największe żniwo zebrał w Irlandii, gdzie głód i emigracja wypędziły z ojczyzny co czwartego obywatela. W Szkocji mieszkańcy górskich terenów stanęli przed widmem bezrobocia; większość z nich przeniosła się na niziny lub wyemigrowała w poszukiwaniu pracy.

„Zacząłem rozumieć, czym jest bieda" – pisał o tym czasie Andrew w swojej autobiografii. Jego rodzina była zmuszona sprzedać warsztat i wraz z setkami Szkotów i Irlandczyków wsiąść na statek w poszukiwaniu lepszego życia w Ameryce.

Andrew znalazł nowy dom w Pittsburghu w Pensylwanii. Jego ojciec pracował ponad swoje siły w lokalnej fabryce tkanin, a matka po zakończeniu swojej całodziennej pracy co noc prała i prasowała jego ubrania. Andrew wierzył, że jeśli opanuje zasady, jakimi kieruje się ten świat, zostanie wielkim biznesmenem i będzie mógł zapewnić swoim rodzicom godny byt. Miał trzynaście lat i szybko uczył się zasad panujących w Ameryce. Gdy dostał się na rozmowę o pracę na stanowisku dostarczyciela wiadomości telegraficznych, wiedział, że nie może wypuścić takiej szansy z ręki; zaczął pracę jeszcze tego samego dnia.

Był młodszy i fizycznie słabszy od swoich kolegów. Wiedział jednak, że może ich prześcignąć nie za pomocą siły, ale tego, w czym był dobry – miał przecież doskonałą pamięć. Szybko nauczył się adresów wszystkich firm, do których dostarczał telegramy. Dzięki temu mógł przygotować doskonały plan dostarczania telegramów i nigdy nie musiał przemierzać tej samej ulicy dwa razy. Niedługo potem pamiętał nawet twarze adresatów telegramów i dostarczał im wiadomości, zanim jeszcze dotarli do biura. Andrew przekonał się, że ta odrobina wysiłku pozwoliła mu zaoszczędzić cenny czas, a efekty budziły podziw wśród klientów.

Andrew czuł, że sam jest odpowiedzialny za swoją edukację i karierę. Nawet jeśli kończył pracę późną nocą, zjawiał się w biurze wcześnie rano, zanim przyszli telegrafiści. Wykorzystywał te wygospodarowane minuty, by nauczyć się obsługi telegrafu. Zaskoczyło go, jak szybko udało mu się zapamiętać alfabet Morse'a, a gdy zauważył, że jeden z telegrafistów potrafi odszyfrowywać kod ze słuchu bez użycia wydruku, też zapragnął posiąść taką umiejętność. I dopiął swego. Niedługo sam został operatorem telegrafu, najszybszego w owym czasie narzędzia komunikacji, z którego korzystali wszyscy ważni ludzie w okolicy. Wszystko, co się działo, Andrew przyjmował z optymizmem – jak wielką szansę, którą trzeba wykorzystać. Wywalczył dla siebie i kolegów dostęp do lokalnej biblioteki, ćwiczył słownictwo i akcent i uważnie przysłuchiwał się wieściom z kraju i zagranicy, które na co dzień przepływały przez jego biuro. Wiedział, że jego przyszłość zależy od wiedzy, jaką zdobędzie.

Tymczasem krajobraz Ameryki zmieniał się nie do poznania. Odległości, które wcześniej trzeba było przemierzać parę dni – wozem lub drogą wodną – teraz dzięki kolei można było pokonać w kilka godzin. Przewóz drewna i stali stał się o wiele tańszy i szybszy, a to napędzało gospodarkę. Każdy ze stanów Ameryki spieszył się, by nadążyć z budową sprawnej sieci kolejowej. Zbliżała się wojna secesyjna, w której o zwycięstwie miał zadecydować szybki transport wojska i jego zaopatrzenia. Kolejnictwo stało się więc najważniejszą gałęzią przemysłu, a Thomas Scott, właśnie mianowany na komisarza zachodniej sieci kolejowej Pensylwanii, był najciekawszym pracodawcą, jakiego można było znaleźć w całym Pittsburghu.

Andrew wiedział, że komisarz Scott potrzebuje najlepszego telegrafisty w mieście – przedstawił się więc jako idealny kandydat na to stanowisko. Pracował u Scotta przez kolejne siedem lat. Zyskał jednak o wiele więcej niż tylko podwyżkę pensji. Dzięki temu, że umiał obsługiwać telegraf ze słuchu, okazał się wybitnie szybki i skuteczny. Cały czas się uczył, chłonąc wiedzę ze wszelkich możliwych źródeł. Dawał swojemu przełożonemu przewagę nad innymi komisarzami, a ten darzył go coraz większym zaufaniem i z czasem stał się jego nauczycielem i mentorem.

Przez kolejne lata Mr. Scott's Andy (bo tak go wszyscy nazywali) stał się rozpoznawany w całej branży kolejniczej; szanował go nawet John Edgar Thomson, dyrektor Pennsylvania Railroad Company. Ten szacunek procentował – Thomson miał się niebawem stać bliskim partnerem biznesowym Andrew. Dzięki wsparciu swojego przełożonego Carnegie jeszcze jako asystent miał możliwość dokonania pierwszej w życiu inwestycji: zainwestował 500 dolarów w Adams Express, firmę świadczącą usługi pocztowe. Pierwsze próby były ryzykowne i wymagały zaciągnięcia pożyczki, ale okazało się, że Andrew miał talent do umiejętnego inwestowania pieniędzy. To właśnie trafione i odważne inwestycje miały niebawem stać się jednym z filarów jego fortuny.

Gdy Scott awansował, stanowisko komisarza kolei przejął po nim właśnie Andrew. Dla 24-latka było to wielkie wyróżnienie i szansa. Rzucił się w wir pracy. Trzymał telegraf u siebie w domu, by móc osobiście, dzień i noc, czuwać nad postępem prac budowy torów i mostów. Wprowadzał innowacje usprawniające ruch, nawet jeśli były tak kontrowersyjne, jak palenie pociągów, które utknęły na torach. Czynił kolejne, coraz odważniejsze inwestycje, korzystając z wiedzy, którą nabył podczas pracy. Kapitał ulokowany w budowę wagonów sypialnych czy wagonów pierwszej klasy szybko procentował. W wieku 30 lat Andrew był już milionerem. Pracował jednak dalej. Tym razem zwrócił się w stronę przemysłu stalowego i znowu zdobywał kolejne doświadczenia, a na ich bazie unowocześniał produkcję stali. Konsekwentnie i odważnie rozwijał branżę, czym przyczynił się w znacznym stopniu do rozkwitu Stanów Zjednoczonych.

Carnegie wierzył, że działalność biznesowa jest tylko narzędziem, a człowiek, który zdobył bogactwo, powinien wykorzystywać posiadane pieniądze dla dobra innych. Marzył, by w wieku 35 lat przejść na emeryturę i zająć się wyłącznie działalnością charytatywną. Najbardziej pragnął budować biblioteki publiczne, bo właśnie dostęp do książek, który wywalczył sobie, pracując jako dostawca telegramów, był dla niego kluczem do rozwoju. Chciał zaoferować tę możliwość kolejnym pokoleniom.

Swoje marzenie w pełni zrealizował dopiero, gdy skończył 65 lat. Odtąd cały swój czas mógł poświęcić innym. Głównym jego celem stało się upowszechnianie nauki i dalszy rozwój bibliotek dostępnych dla każdego bez względu na status materialny. To w dużej części dzięki jego darowiźnie nowojorska biblioteka publiczna (New York Public) jest dziś jedną z największych bibliotek na świecie. On też utworzył Instytut Technologiczny w Pittsburghu, czym także oddał hołd nauce, której zawdzięczał swoje dokonania.

KALENDARIUM:

1835 – narodziny Andrew Carnegie
1845 – rozpoczyna się wielki kryzys żywnościowy na Wyspach Brytyjskich, 1/3 mieszkańców Szkocji jest zmuszona do emigracji
1848 – Andrew wraz z rodziną emigruje do Ameryki
1850 – rozpoczyna pracę jako kurier wiadomości telegraficznych, zaczyna się uczyć pracy z telegrafem
1852 – rozpoczyna pracę jako asystent i telegrafista Thomasa Scotta, komisarza Zachodniego Oddziału Pennsylvania Railroad Company
1855 – przy wsparciu Scotta i rodziny Andrew inwestuje pierwsze pieniądze w Adams Express
1859 – awans na komisarza Zachodniego Oddziału Pennsylvania Railroad Company

1861 – rozpoczyna się wojna secesyjna; usprawnianie transportu i komunikacji nadzorowane przez Carnegiego bardzo przyczynia się do zwycięstwa Północy

1864 – pierwsza inwestycja w przemysł naftowy (40 000 dolarów w Story Farm w Pensylwanii); inwestycja zaczyna przynosić 1 000 000 dolarów zysku rocznie

1864 – w Pittsburghu powstaje pierwsza huta, region staje się kluczowy dla przemysłu zbrojeniowego

1865 – Andrew porzuca Pennsylvania Railroad Company i zakłada Keystone Bridge Works oraz Union Ironworks

1881 – Andrew funduje pierwszą bibliotekę w swoim rodzinnym mieście – Dunfermline w Szkocji; to początek jego działalności charytatywnej

1889 – Andrew Carnegie pisze *Gospel of Wealth* – książkę, w której wykazuje, że powinnością bogatego człowieka jest pomoc społeczeństwu, i namawia innych milionerów, by zajęli się działalnością charytatywną

1892 – powstaje Carnegie Steel Company

1901 – sprzedaż Carnegie Steel Company za 480 milionów dolarów

1901-1919 – Andrew Carnegie przeznacza 90% swojego majątku na cele społeczne, buduje biblioteki, teatry, uniwersytety, działa aktywnie na rzecz pokoju na świecie

1919 – Carnegie umiera, pozostałe 10% jego majątku zostaje przekazane na cele charytatywne

CIEKAWOSTKI:

- Adrew Carnegie był założycielem najsłynniejszej sali koncertowej na świecie: nowojorskiej Carnegie Hall.

- Carnegie na rzecz nowojorskiej biblioteki publicznej przekazał w 1901 roku 5,2 miliona dolarów (równowartość dzisiejszych 147 milionów dolarów).
- Zwieńczeniem kariery Andrew Carnegiego była sprzedaż budowanego przez 20 lat imperium produkcji stali za sumę 480 milionów dolarów (równowartość około 13,5 miliarda dolarów w 2013 roku). Była to największa osobista transakcja w historii Ameryki i uczyniła Carnegiego najbogatszym obywatelem USA.

MYŚLI NA PODSTAWIE ŻYCIORYSU CARNEGIEGO:

- Nie przejmuj się tym, czego ci brakuje – wykorzystaj jak najlepiej to, co masz.
- Każde spotkanie jest okazją do nauki, każde dobre wrażenie może zaprocentować w przyszłości.
- Jesteś sam odpowiedzialny za swoją edukację, a cały świat jest twoim uniwersytetem.
- Pieniądze nie są celem samym w sobie, są środkiem do osiągania wyższych celów.

CYTATY:

„Spędź pierwszą część życia, ucząc się, ile tylko możesz. Spędź kolejną część życia, zdobywając tak dużo pieniędzy, jak tylko możesz.

Spędź trzecią część życia, oddając wszystko, co masz, na wartościowe cele".

„Pogodne usposobienie jest warte więcej niż fortuna".

„Człowiek, który umiera bogaty, umiera w niesławie".

„Pilnuj kosztów, zyski zatroszczą się same o siebie".

ŹRÓDŁA I INSPIRACJE:

Dana Meachen Rau, *Andrew Carnegie: Captain of Industry*, Capstone, 2005.
Andrew Carnegie, *Autobiography of Andrew Carnegie*, red. John Charles Van Dyke, 2011.
David Nasaw, *Andrew Carnegie*, 2007.
Charles R. Morris, *The Tycoons: How Andrew Carnegie, John D. Rockefeller, Jay Gould and J.P. Morgan Invented the American Supereconomy*, Henry Holt and Company, 2005.
Laura Bufano Edge, *Andrew Carnegie: Industrial Philanthropist*, Twenty-First Century Books, 2004.

Gabrielle Bonheur Chanel

(1883-1971)

francuska projektantka mody

Nie ma chyba nikogo, kto nie słyszał o Coco Chanel – ikonie świata mody, której kreacje wciąż są obiektami pożądania wszystkich kobiet. Nie każdy jednak wie, jak wiele silnej woli i determinacji potrzebowała Chanel, aby wypracować sobie pozycję niekwestionowanego numeru jeden w biznesie modowym.

Gabrielle Chanel z całą pewnością mogłaby zostać modelem wyrażenia „trudny start". Urodziła się 19 sierpnia 1883 roku w przytułku dla ubogich w Saumun jako nieślubne dziecko Alberta Chanel i Jean Devolle. Gdy miała zaledwie 12 lat, jej matka zmarła, a zaraz po tym opuścił ją również ojciec. Tym samym Gabrielle i jej piątka rodzeństwa zostali pozbawieni opieki i poczucia bezpieczeństwa, jakie daje obecność, chociażby najgorszych, rodziców.

Kolejne sześć lat po śmierci matki Gabrielle wraz z siostrami spędziła w sierocińcu w Autazine prowadzonym przez niezwykle surowe siostry zakonne. W ośrodku tym panowała dyscyplina i szorstka atmosfera, a jedyną rozrywką nastoletniej Gabrielle było patrzenie przez okno. Nie przejmowano się tam formalną edukacją dzieci, ważniejsze były praktyczne umiejętności, i to właśnie tam Gabrielle nauczyła się szyć.

Raz do roku dziewczynki dostawały szyty na miarę identyczny czarny strój, podczas gdy przyszła projektantka tak bardzo marzyła wtedy o kolorowej sukience. Jednak w dorosłym życiu to właśnie czerń i zachowawcze kolory staną się znakiem rozpoznawczym Coco Chanel.

Gabrielle nie mogła doczekać się osiągnięcia pełnoletniości, czyli czasu, gdy w końcu będzie mogła zacząć sama o sobie decydować. W dniu osiemnastych urodzin obiecała sobie, że od tej chwili jej życie będzie wolne od ograniczeń. Jednak początek dorosłości w dalszym ciągu nie przypominał sielanki. Gabrielle, aby zarobić na utrzymanie, wykorzystała jedyną umiejętność wyniesioną z sierocińca – szycie, i postarała się o pracę u krawca w Moulins. Wieczorami dorabiała, śpiewając w kantynie dla żołnierzy. To właśnie tam przylgnął do niej pseudonim Coco – było to imię kotka, bohatera jednej ze śpiewanych przez nią piosenek. Coco Chanel przez chwilę marzyła o karierze scenicznej, jednak po niezbyt udanych występach w kurorcie w Vichy zrozumiała, że nie jest to jej przeznaczenie. Niepowodzenie nie zniechęciło jej jednak, spowodowało jedynie, że powróciła do szycia, nieustannie się w nim doskonaląc, i wkrótce znalazła niszę, w której z czasem uda jej się wiele osiągnąć.

Coco Chanel nie podobała się moda kobieca popularna w jej epoce. Z jednej strony nigdy nie było jej stać na drogie kreacje, a z drugiej – ciasne gorsety, ogromne kapelusze i suknie na kole kłóciły się z jej marzeniami o byciu wolną i nieskrępowaną przez ograniczenia, w tym również przez ubiór. Jednak nawet szyjąc ubrania, które odbiegały od jej wyobrażeń, nieustannie się uczyła. Poznawała tajniki krawiectwa i modniarstwa, początkowo skupiając się na tym drugim. Zaczęła projektować kapelusze – zdecydowanie mniejsze i bardziej praktyczne od tych widywanych na głowach pań początku XX wieku, lecz w dalszym ciągu niesłychanie elegankie. Pierwszy kapelusz zrobiła dla siebie. Ogromną radość, ale i duże zdziwienie wzbudził w niej fakt, że cieszył się on ogromnym zainteresowaniem kobiet mijanych na ulicy. Szybko znalazły się pierwsze klientki chcące nosić właśnie ten model nakrycia głowy. Łatwo można sobie wyobrazić, jak bardzo było to motywujące i ekscytujące dla młodej Coco. Z nową energią i zapałem rozpoczęła projektowanie swojej autorskiej kolekcji. W otwarciu pierwszego sklepu pomógł jej Arthur „Boy" Capel – bogaty angielski przemysłowiec, największa miłość młodej modystki i szwaczki.

Capel odegrał wielką rolę w życiu Chanel nie tylko jako jej wielka miłość, lecz także swego rodzaju muza. Ich burzliwy związek trwał dziewięć lat mimo zawarcia przez Arthura małżeństwa z angielską arystokratką. Coco w swoich projektach inspirowała się strojami Boya do gry w polo, a on otaczał ją opieką i pomagał w otwieraniu kolejnych butików. Dzięki jego protekcji w 1910 roku otworzyła swój pierwszy sklep z modą w Paryżu, a w kolejnych latach również w nadmorskich kurortach w Deauvill i Biarritz. W 1919 roku Arthur zginął w wypadku samochodowym. Chanel bardzo to przeżyła; po latach stwierdziła, że „gdy straciła Capela, straciła wszystko".

Coco Chanel cechowała bezkompromisowość w torowaniu sobie ścieżki w świecie mody. Jak każdy, ona również nie była wolna od słabości. Projektantka bardzo wstydziła się swojej przeszłości. Uważała, że fakt bycia ubogą sierotą, w dodatku z nieprawego łoża, odcisnął na niej piętno nie do zmycia we Francji końca XIX i początku XX wieku. Celowo więc odejmowała sobie lat, opowiadała również zmyślone historie o swojej przeszłości. Twierdziła na przykład, że gdy jej matka zmarła, ojciec popłynął do Ameryki, zostawiając Gabrielle i jej rodzeństwo pod opieką ciotek. Wszystkie te fantazje były skutkiem kompleksów, jakie wywołały jej smutne dzieciństwo i ojciec, który najwyraźniej nigdy nie dorósł do tej roli.

W latach dwudziestych ubiegłego wieku Chanel stała się prekursorką luźniejszych strojów dla kobiet. Nigdy nie dążyła drogą wytyczoną przez poprzedniczki, choć korzystała z ich umiejętności krawieckich, ucząc się nienagannego krojenia i zszywania zaprojektowanych kreacji. W swoich projektach ignorowała gorsety, a tworząc kobiece koszulki, inspirowała się tymi, które dotychczas używane były jako… męska bielizna. Szybko zdobyła popularność wśród młodych klientek z pokolenia powojennego, którym gorsety i inne ograniczenia w ubiorze wydawały się staroświeckie i niepraktyczne. Coco, cały czas rozwijając swoje umiejętności, stworzyła nowy wizerunek kobiety. Nie skupiała się wyłącznie na ubraniach. W 1922 roku zaczęła też produkować perfumy, wypuszczając na rynek Chanel No. 5 – prawdopodobnie najlepiej rozpoznawalny zapach na świecie. Do kanonu mody weszła też zaprojektowana przez nią w 1925 roku słynna „mała czarna" – sukienka, która stała się znakiem firmowym Chanel i stałym elementem każdej nowej kolekcji, do teraz znajduje się w szafie niemal każdej kobiety w wielu krajach świata. Coco Chanel była konsekwentna w budowaniu swojego wizerunku i rozpoznawalnej linii ubioru, słusznie stwierdzając, że „moda przeminie, lecz styl pozostanie". Szła drogą wytyczoną przez siebie samą.

Druga wojna światowa zmusiła Chanel do zamknięcia sklepów i podjęcia pracy jako pielęgniarka. Zajęcie to, tak różne od tego czym zajmowała się przez całe życie, sprawiło, że miała szansę nauczyć się czegoś nowego – przede wszystkim pracy w spartańskich warunkach i pod ogromną presją czasu. W trudnych wojennych czasach nie ustrzegła się błędów – złą sławę przyniosły jej kontakty z nazistami. Aby wyciszyć kontrowersje wokół swojej osoby, po wojnie wyemigrowała do

Szwajcarii. W 1954 roku powróciła do Paryża i do dawnego zajęcia, które było jej marzeniem i celem. W nowo otwartym salonie zaprezentowała kolejną zaprojektowaną przez siebie kolekcję ubrań. Jednak jej projekty zostały źle ocenione i w efekcie zbojkotowane przez klientki. Dotychczasowe życie projektantki dowiodło jednak, że nie jest ona osobą, którą może złamać jedno niepowodzenie. Chanel, zdeterminowana w dążeniu do celu, postanowiła spróbować swoich sił za oceanem. Kolekcja tak ostro skrytykowana na kontynencie okazała się prawdziwym hitem w Stanach Zjednoczonych. Dzięki temu Chanel wkrótce odzyskała swoją pozycję również w Europie. Czas spędzony za wielką wodą projektantka wykorzystała nie tylko na świętowanie kolejnego sukcesu swojej marki. Doskonale wiedziała, jak ważne jest nieustanne inwestowanie w siebie i dlatego zaczęła uczęszczać na kursy rozwoju osobistego, wtedy jeszcze rzadko spotykane na starym kontynencie. Dzięki tym zajęciom jeszcze lepiej przekonała się, że formalna edukacja nigdy nie jest ważniejsza od wytrwałości i wiary we własne marzenia, a – jak mówiła – „sukces osiągamy dzięki temu, czego nigdy nas nie uczono".

Coco Chanel pozostała aktywna zawodowo aż do swojej śmierci w 1971 roku. Odeszła w wieku 88 lat, a ostatnie chwile spędziła w swoim prywatnym apartamencie w hotelu Ritz. Dzięki pracowitości i niezgodzie na wybór drogi na skróty, dzięki wnikliwemu patrzeniu na rzeczywistość i twórczemu przekształcaniu wiedzy zdobywanej głównie przez doświadczenie zbudowała modowe imperium. A mimo licznych błędów i upadków zasłużyła sobie na szacunek swoich pracowników. Dla wielu ludzi była i jest nie tylko uosobieniem klasy i stylu, lecz przede wszystkim dowodem na to, że każde życiowe niepowodzenie można przekuć w sukces, jeśli pracy towarzyszą determinacja i wiara w siebie.

KALENDARIUM:

19 sierpnia 1883 – narodziny Gabrielle Chanel
1895 – śmierć matki, przeprowadzka do sierocińca
1901 – pierwsza praca jako krawcowa
1906 – nieudany występ sceniczny w Vichy
1910 – poznanie Arthura Capela
1910 – otwarcie pierwszego sklepu w Paryżu
1913 – otwarcie butiku w Deauvill
1915 – otwarcie butiku w Biarritz
1919 – Arthur Capel ginie w wypadku samochodowym
1922 – powstaje zapach Chanel No. 5
1924 – partnerem w biznesie Coco Chanel zostaje Pierre Wertheimer
1925 – Coco Chanel projektuje pierwszą „małą czarną"
1945 – przeprowadzka do Szwajcarii
1954 – powrót do Paryża z nową kolekcją ubrań
1955 – Chanel projektuje jedną ze swoich najsłynniejszych torebek znaną jako „2.55"
10 stycznia 1971 – śmierć w hotelu Ritz

CIEKAWOSTKI:

- W 1969 roku na Broadwayu wystawiono musical inspirowany życiem Coco Chanel. W rolę projektantki wcieliła się Katharine Hepburn.
- Powstały dwa filmy o jej życiu: pierwszy to *Chanel Solitaire* z (1981 r.), a drugi – *Coco before Chanel* (2009 r.).
- Chanel jest jedyną projektantką mody umieszczoną na liście stu najbardziej wpływowych ludzi XX wieku magazynu „Time".
- Grób Coco Chanel znajduje się w Lozannie.

CYTATY:

„Moda, w której nie można wyjść na ulicę, nie jest modą".

„Miej swoje obcasy, głowę i standardy – wysokie".

„Piękno zaczyna się w momencie, gdy decydujesz się być sobą".

„Moje życie mi się nie podobało, więc je zaprojektowałam".

„Sukces osiągamy dzięki temu, czego nas nigdy nie uczono".

ŹRÓDŁA I INSPIRACJE:

Justine Picardie, *Coco Chanel. Legenda i życie*, Rebis, 2012.
Vaughan Hal, *Coco Chanel. Sypiając z wrogiem*, Marginesy, 2014.
Coco Chanel Biography, http://www.lifetimetv.co.uk/biography/biography-coco-chanel.
Coco Chanel. Fashion Designer and Fashion Executive, http://womenshistory.about.com/od/chanelcoco/a/coco_chanel.htm.
Coco Chanel. Rewolucjonistka mody i świata kobiet, http://projekt-chanel.cba.pl/?page_id=10.
Inside Chanel, http://inside.chanel.com/en/gabrielle-chanel.

Natan Darty

(1920-2010)

Francuz polskiego pochodzenia, założyciel (wraz z ojcem i dwoma braćmi) najpotężniejszej we Francji firmy handlującej sprzętem RTV i AGD – Darty

Czasami najlepsze pomysły przychodzą do nas przypadkiem. Na przypadek trzeba jednak zapracować. Samo siedzenie i czekanie, aż „coś" się wydarzy, do niczego nie prowadzi. Kiedy już „coś" się wydarzy, trzeba jeszcze rozpoznać, że to jest właśnie ten właściwy moment i go wykorzystać. Wiedział to Natan Darty, podejmując jako dojrzały, 37-letni mężczyzna odważną decyzję, która zapoczątkowała jego drogę od krawca w malutkim sklepiku w Paryżu do europejskiego potentata na rynku detalicznym RTV-AGD. Sama decyzja to tylko pierwszy krok. Potem przyszedł czas na samodzielną naukę i zdobywanie doświadczenia w zupełnie nowej branży. Do tego dołożył pomysłowość oraz idealne wyczucie rynku. To ostatnie było możliwe dzięki ponadprzeciętnie rozwiniętej umiejętności nawiązywania relacji z klientami odwiedzającymi jego sklepy. Przy każdej okazji Natan i jego współpracownicy wsłuchiwali się uważnie w ich głosy, zbierali opinie. Powoli i systematycznie poznawali ich oczekiwania i obawy. Z tej układanki powstał największy biznes w branży urządzeń gospodarstwa domowego we Francji.

Natan Darty urodził się w 1920 roku w Polsce, w Płońsku, w rodzinie żydowskiej. O jego dzieciństwie i młodości wiemy niewiele. Miał dwóch młodszych braci: Marcela i Bernarda. W czasie II wojny światowej był więźniem obozów koncentracyjnych Auschwitz i Mauthausen. Być może właśnie tak ekstremalne przeżycia spowodowały, że wykształcił wyjątkową odwagę, pomysłowość i z determinacją potrafił dążyć do celu. Po wojnie cała jego rodzina wyemigrowała do Francji i zamieszkała w Paryżu. To było dla Natana kolejnym wyzwaniem. Przez przed wojną ukończył tylko szkołę podstawową. Tutaj bariera językowa uniemożliwiała mu kontynuowanie nauki w normalnym trybie. Nie była to jedyna przeszkoda. Rodzina musiała z czegoś żyć. Natan pomagał więc ojcu w prowadzeniu sklepu z odzieżą dla mężczyzn. Potrzebny był profesjonalizm, więc ukończył kurs projektanta odzieży. Specjalizował się w garniturach dla mężczyzn w większych rozmiarach. Gdy miał 37 lat, w życiu rodziny Darty nastąpił przełom. Bracia Darty wraz z ojcem postanowili rozbudować swój sklep i kupili od miasta sąsiadujący z nimi lokal, w którym sprzedawano radioodbiorniki oraz telewizory. Jedyny problem polegał na tym, że kupili go… wraz z towarem. Nie mieli co z nim zrobić, więc postanowili go sprzedać. I tu po raz pierwszy sprawdziła się handlowa intuicja Natana, która podpowiadała mu, żeby wyjść bliżej do klienta, i to dosłownie. Postanowił sprzedawać sprzęt… wprost z ulicy. Towaru, co do sztuki pozbyli się w ciągu kilku dni, zarabiając na nim znacznie więcej niż na swojej dotychczasowej działalności – handlu odzieżą.

Jako wizjoner Natan widział potencjał drzemiący w branży RTV-AGD. Czuł, że ten rynek jest rozwojowy i trzeba jak najszybciej zająć na nim miejsce. Podjął odważną decyzję, a w jej konsekwencji rodzina Darty porzuciła tekstylia i rozpoczęła przygodę z handlem radioodbiornikami, telewizorami i sprzętem gospodarstwa domowego. Pierwszy ich sklep ruszył w 1957 roku. Drugi – 8 lat później. Oba w Paryżu. Pierwsza dekada funkcjonowania biznesu to dla Natana i jego najbliższych czas intensywnej nauki. Bracia nie znali branży, nie mieli wykształcenia handlowego, więc wszystkiego musieli uczyć się samodzielnie. Natan postanowił wykorzystać to, co wcześniej przynosiło mu korzyści. Od samego początku budował dobre relacje z klientami, dużo z nimi rozmawiał, poznawał ich oczekiwania, potrzeby i obawy. Dzięki temu odkrył zasadę, która stała się fundamentem polityki handlowej Darty: „Klient będzie zadowolony wyłącznie w sytuacji, gdy urządzenie, które kupił, działa tak, jak to sobie wyobrażał". Darty rozumieli to hasło w następujący sposób: nie chodzi tylko o to, aby sprzedać produkt i mieć klienta „z głowy", ale o to, aby zaopiekować się nim także po zakupie. To było ich odkrycie – należy zaproponować klientom serwis gwarancyjny, aby czuli się bezpiecznie, nawet gdy coś się zepsuje.

W 1968 roku bracia otworzyli pierwszy wielkopowierzchniowy sklep RTV-AGD we Francji. W podparyskim Bondy klienci mogli robić zakupy na powierzchni 800 metrów kwadratowych. By zapoznać się z nowościami handlowymi, Darty przed otwarciem tego centrum odwiedzili Stany Zjednoczone, gdzie tego typu sklepy już działały. Uważnie obserwując i wyciągając wnioski, nauczyli się więcej niż na jakimkolwiek kursie. Zauważyli, że w tamtejszych marketach elektrycznych właściciele prześcigali się w obniżaniu cen produktów. Natomiast za serwis, w przypadku ich awarii, klienci musieli płacić dodatkowo. Natan postanowił, że kupujący w Darty nie będą musieli płacić za naprawy sprzętu na gwarancji. Trzypunktowa polityka sprzedażowa sklepów Darty brzmiała:

niskie ceny, szybka dostawa i bezpłatna obsługa serwisowa. Firma rozwijała się coraz szybciej, głównie dzięki świadomemu wzmacnianiu relacji z klientami. Doświadczenie wskazywało Natanowi, że to właściwa droga. W 1973 roku wprowadził bezprecedensowy i genialny dokument, tzw. umowę zaufania. Określała ona zasady polityki handlowej względem klientów. Firma zobowiązała się w nim m.in. do stosowania zawsze najlepszych cen. Co to oznacza w praktyce? Jeśli ktoś kupi w Darty sprzęt i znajdzie go w innej sieci w niższej cenie, Darty zwróci mu różnicę!

Umowa zaufania stworzyła wielką zażyłość między siecią a klientami. Zażyłość, którą Natan umiejętnie nagłaśniał w reklamach; wiedział, że żadne zmiany nie pomogą, jeśli klient nie będzie o nich odpowiednio poinformowany. Okazał się nie tylko genialnym handlowcem, lecz także marketingowcem. Wrodzone wyczucie znakomicie łączył z umiejętnością analizy sytuacji i uczeniem się przez obserwację. Francuzi chcieli kupować tylko u niego! W 1974 roku bracia Darty otworzyli największy magazyn ze sprzętem RTV-AGD w Europie. Obiekt o powierzchni 40 000 metrów kwadratowych stanął w Mitry Mory pod Paryżem. Dwa lata później firma miała już 20 sklepów. Zatrudniała prawie 2000 osób. W 1976 roku Darty zadebiutował na giełdzie papierów wartościowych. Natan był otwarty na zmiany, ponieważ w nich widział szansę na to, by zawsze być krok przed konkurencją. W połowie lat 70. zainteresował się wykorzystaniem w swoich sklepach komputerów, które były wtedy nowością na rynku. Postanowił zainwestować w rozwój sieci komputerowej pozwalającej na lepszą i szybszą komunikację między magazynami i sklepami. Dzięki temu mógł szybciej uzupełniać towar w sklepach, co skutkowało większą sprzedażą. Lata 1975-1987 to czas dynamicznego rozwoju Darty'ego.

Firma otwierała kolejne sklepy, swoim zasięgiem obejmując całą Francję.

Natan cały czas czuł potrzebę zmian i wprowadzania nowości w biznesie. Wiedział, że człowiek, który się nie rozwija, nie tylko stoi w miejscu, ale wręcz się cofa. Dlatego wraz z braćmi snuł ambitne plany rozwoju. W 1984 roku otworzył sieć sklepów sportowych Sporty. To nowe wyzwanie, które napędzało do pracy Natana i spółkę przez trzy kolejne lata, aż do roku 1987, gdy sprzedali swoje najmłodsze dziecko sieci Go Sport. W 1988 roku podjęli kolejną, bezprecedensową i mądrą decyzję. Sprzedali swoim pracownikom udziały w firmie! Wykup skończył się sukcesem – chęć posiadania akcji zadeklarowało 90 procent osób zatrudnionych w Darty. Trafiło do nich 56 procent akcji przedsiębiorstwa. Operacja stała się największym w Europie wykupem pracowniczym. Korzyści z niej były ogromne: ludzie czuli się jeszcze bardziej związani z firmą i pracowali o wiele efektywniej, a Natan uzyskał pieniądze na kolejne inwestycje i rozwój. W roku 1988 Darty posiadali 100 marketów we Francji i Belgii, gdzie kupili sieć Vanden Bore. W 1996 roku Natan, interesujący się nowinkami informatycznymi, uruchomił stronę internetową firmy, a 3 lata później sklep internetowy darty.com. Oczywiście robiący tam zakupy korzystają z umowy zaufania. Wierni swojej idei budowania relacji z klientami bracia Darty tworzą w 1999 roku pierwszą czynną 7 dni w tygodniu infolinię, skierowaną przede wszystkim do klientów internetowych. Początek kolejnej dekady to ekspansja na sąsiednie rynki: szwajcarski i luksemburski. W 2004 roku sieć sklepów Darty liczyła 200 placówek. Natan, cały czas poszukujący nowych pomysłów i podpatrujący trendy rynkowe w innych branżach, zadecydował o uruchomieniu w 2006 roku kolejnych nowych usług: telewizji, Internetu i telefonii komórkowej. Dzisiaj firma ma ponad 230 sklepów i zatrudnia ponad 12 000 ludzi w kilku europejskich krajach.

Informacje dotyczące życia prywatnego Natana Darty są bardzo skromne. Po wojnie ożenił się i w 1948 roku urodziła mu się córka Michelle, niepełnosprawna umysłowo. W 1979 roku Natan wraz z żoną Helen założyli fundację Michelle Darty zajmującą się opieką nad upośledzonymi dorosłymi , którymi z różnych powodów nie mogą lub nie chcą zajmować się rodziny. Fundacja prowadzi siedem domów opieki, w których mieszkają niepełnosprawni. Pomaga im w prowadzeniu normalnego życia, między innymi znajdując im pracę dopasowaną do ich możliwości intelektualnych. Fundacja utrzymuje się ze środków prywatnych rodziny Darty oraz darowizn.

Natan Darty zmarł 1 listopada 2010 roku w wieku 90 lat. Pół wieku prowadzenia firmy to był czas ciągłej, samodzielnej nauki, poszukiwania nowych rozwiązań i wprowadzania zmian. Natan wraz z braćmi uczył się na własnych błędach i potrafił z nich wyciągać wnioski. Sukces jego i firmy budowany był na trzech mocnych fundamentach. Pierwszym był fakt, że Darty to firma rodzinna, prowadzona przez ojca i trzech synów. Zawsze mogli na siebie liczyć i wspierać się w trudnych chwilach. Drugim fundamentem było budowanie dobrych, partnerskich relacji z klientami, którzy odpłacili się braciom Darty zaufaniem, pozwalając na zdobycie ogromnej przewagi na rynku. Trzecim filarem było mądre zarządzanie wielką organizacją jaką jest grupa Darty. Dzielenie się zyskami poprzez możliwość zakupu pracowniczych akcji firmy spowodowało, że zatrudnieni tam ludzie poczuli się jej współwłaścicielami, a to z kolei przyniosło wyższą jakość pracy, która do dziś jest wizytówką firmy.

KALENDARIUM:

15 lipca 1920 – narodziny Natana Darty w Płońsku

1939-1945 – w czasie II wojny światowej Natan jest więźniem obozów koncentracyjnych w Mauthausen i Auschwitz; po wojnie wraz z rodziną emigruje do Francji

1948 – bierze ślub; na świat przychodzi córka – Michelle

1957 – Natan z ojcem i braćmi otwiera pierwszy sklep z radioodbiornikami i telewizorami w paryskiej dzielnicy Montreuile

1965 – rusza drugi sklep w dzielnicy Belleville w Paryżu

1967 – bracia Darty jadą do USA, aby podglądać, jak działają tamtejsze markety RTV-AGD

1968 – w miejscowości Bondy niedaleko Paryża powstaje największy we Francji (o pow. 800 m^2) sklep z artykułami gospodarstwa domowego

1970 – Darty posiada siedem sklepów i 300 pracowników

1973 – Natan Darty wprowadza tzw. umowę zaufania, która reguluje zasady ich polityki handlowej

1975 – otwarcie największego magazynu RTV-AGD we Francji: hale w Mitry Mory mają 40 000 m^2 powierzchni

1976 – firma Darty debiutuje na paryskiej giełdzie papierów wartościowych

1979 – Natan wraz z żoną Helen zakładają fundację Michelle Darty; organizacja prowadzi domy opieki nad dorosłymi upośledzonymi umysłowo

1984 – Natan z braćmi uruchamia sklepy sportowe Sporty, które po trzech latach odsprzedaje sieci Go Sport

1988 – właściciele Darty podejmują decyzję o odsprzedaży części akcji firmy swoim pracownikom; operacja jest największym pracowniczym wykupem tamtych czasów w Europie

1989 – Darty posiadają 100 sklepów i wykupują belgijską firmę handlującą sprzętem RTV – Vanden Borre

1993 – Darty wchodzi w skład międzynarodowej grupy Kingfisher
1996 – Rusza pierwsza strona internetowa grupy Darty
1999 – Natan uruchamia sklep internetowy darty.com oraz telefoniczną infolinię czynną 7 dni w tygodniu dla klientów robiących zakupy w sieci
2004 – sieć Darty liczy 200 sklepów we Francji, Belgii, Szwajcarii i Luksemburgu
2006 – Darty wprowadzają nowe usługi: telewizję, telefony komórkowe i Internet
1.11.2010 – Natan Darty umiera w wieku 90 lat

ŹRÓDŁA I INSPIRACJE:

Historia grupy Darty: http://www.dartyfrance.com/Historique.php?1957_1969 .

Grupa Darty – hasło na Wikipedii: https://en.wikipedia.org/wiki/Darty .

Informacje na temat tzw. umowy zaufania z 1973 roku: https://wearedevelopment.net/2012/04/22/darty-the-contract-of-confidence.

Fundacja Michelle Darty: http://www.fondation-michelle-darty.com.

Jean-Claude Decaux

1937-2016

wynalazca wiat przystankowych, potentat w zakresie produkcji, montażu i konserwacji mebli ulicznych, pomysłodawca miejskich wypożyczalni rowerów, specjalista od reklamy, przemysłowy gigant, kreator wizerunku nowoczesnego, inteligentnego miasta

Idee i wynalazki kształtujące rzeczywistość bywają często tak proste w swojej genialności, że mamy wrażenie, iż każdy z nas mógłby być ich autorem. Często są efektami przebłysku połączonego ze zdolnością wnikliwej analizy tego, co nas otacza. Archimedes odkrył swoje prawo, kąpiąc się w wannie, pianista Józef Hoffmann wpadł na pomysł wycieraczek samochodowych, zapatrzywszy się na działanie metronomu. Jean-Claude Decaux stworzył wiaty przystankowe – zwyczajne, wydawałoby się, budki osłaniające przed wiatrem i deszczem. Dzięki nim nie tylko zbudował swoją fortunę, ale w istotny sposób poprawił warunki oczekiwania na publiczne środki transportu. To był wstęp do kolejnych pomysłów, które na stałe wpisały się w miejski krajobraz. Właściwie każdy z nas niemal na co dzień w jakiś sposób korzysta z tego, co wymyślił Decaux. Kariera owego przedsiębiorcy wizjonera pokazuje, że nie miejsce, czas czy okoliczności wyznaczają to, kim jesteśmy i kim możemy się stać, lecz sprawiają to determinacja i otwarty umysł.

Jean-Claude Decaux pochodził ze skromnej rodziny z prowincjonalnego Beauvais. Urodził się niedługo przed wojną – 15 września 1937 roku, więc jego dzieciństwo i młodość przypadły na wyjątkowo trudny okres. Niesprzyjające okoliczności nie pozbawiły go jednak energii do działania, lecz raczej ukształtowały siłę jego charakteru. W młodzieńczych latach zaangażował się w działalność skautów. Imponowała mu żołnierska dyscyplina. Jako drużynowy budził podległych mu harcerzy odgłosem trąbki, wymagał ścielenia łóżek „pod linijkę". Słynął z zamiłowania do porządku, które w dużej mierze zawdzięczał wychowującej go babci. Ta, jak wspominał, odkurzała wszystko, nawet kanarka. Schludny wygląd, zawsze jasna, starannie wyprasowana koszula, ciemny garnitur, krawat i błyszczące buty stały się jego znakiem rozpoznawczym. Takie same wymagania co do stroju dotyczyły całej kadry kierowniczej, o czym uprzedzał na rozmowie kwalifikacyjnej. Zewnętrzny wizerunek korespondował w naturalny sposób ze starannością, dbałością o szczegóły.

Ojciec Decaux prowadził sklep z butami, którym kilkunastoletni Jean-Claude zajmował się w czasie wakacji. W tym czasie ujawnił się jego marketingowy talent i zainteresowanie działalnością reklamową. Jako piętnastolatek anonsował zalety sklepu ojca na publicznych murach rodzinnego miasta. Z czasem stworzył pierwszą na świecie korporację w branży reklamy miejskiej.

Trzy lata przed osiągnięciem dorosłości, co w czasach młodości Decaux następowało z ukończeniem 21 roku życia, Jean-Claude zaczął pracować na własny rachunek. W dniu 18 urodzin, czyli 15 września 1955 roku, mając zaledwie 300 franków w kieszeni, założył własną firmę montującą banery reklamowe przy drogach. Żartował, że uczynił to ze względu na swój nieznośny charakter, który nie pozwalałby na podporządkowanie się komukolwiek. Jego największy kapitał stanowiły wówczas determinacja, kreatywność, wiara w powodzenie przedsięwzięcia, entuzjazm i odwaga. Brakowało mu tylko formalnego przygotowania zawodowego. Jednak to, że był samoukiem, nie stało się przeszkodą w rozwoju firmy JC Decaux, ponieważ reklama, zasadnicza dziedzina jego działalności, wraz z postępem technologicznym wchodziła w coraz to inne obszary. Wiele z nich zagospodarował jako pierwszy, wykazując się świeżością myślenia, chęcią rozwiązywania problemów ludzi i brakiem ograniczeń, które mogłyby go krępować, gdyby zdecydował się na systematyczną naukę. Założoną przez siebie firmę postanowił nazwać swoim nazwiskiem, ponieważ od początku chciał brać pełną odpowiedzialność za to, co proponuje. Z czasem marka JC Decaux stała się gwarancją wysokiej jakości.

Decaux okazał się absolutnym pionierem w sposobie prowadzenia działalności reklamowej. W doskonały sposób w swoich wynalazkach potrafił łączyć ich użyteczność społeczną z przydatnością reklamową. Charakterystycznym przykładem jest pomysł na wykorzystanie jednej z jego najważniejszych innowacji: wiat przystankowych. Nie tylko miały one poprawić warunki oczekiwania na publiczne środki transportu. Decaux dostrzegł w nich także znakomitą powierzchnię reklamową. Mocno wierzył w wartość własnych projektów, dlatego był przekonujący i zarażał entuzjazmem. Łatwo potrafił namówić włodarzy miast do realizacji swej idei, zwłaszcza że jego oferta obejmowała bezpłatny montaż i dożywotnią konserwację przystanków. Finansowanie całego przedsięwzięcia i zysk Decaux miały pochodzić wyłącznie z umieszczanych na wiatach reklam, gminy nie musiały więc angażować środków publicznych.

Zasada wprowadzenia w życie tego rewolucjonizującego miejską przestrzeń wynalazku była typowa dla jej autora. Wszystkie produkowane przez niego miejskie sprzęty powstawały dla wygody i z potrzeby ludzi, wprowadzając istotne ułatwienia. Wszystkie też były się nośnikami reklamy. Decaux w szczególny sposób dbał o solidność wykonania i trwałość. Czasem zarzucano mu brak estetyki. Konstrukcje te jednak sprawdzały się w praktyce, ich utrzymanie nie było kosztowne, a to, co uznawano za słabość, czyli pewna surowość i prostota formy, stało się z czasem siłą firmy. Decaux zależało ponadto na tym, by materiały sprzyjały środowisku, między innymi dzięki swej żywotności. Był ekologiem w czasach, kiedy jeszcze o ekologii się nie mówiło.

Pierwsze oplakatowane reklamami przystanki (*l'abribus*) pojawiły się w 1964 roku w Lyonie. Początki nie były łatwe, ale Decaux był wytrwały. Wierzył w swoje idee i zgodnie z zasadą niepoddawania się bez względu na wszystko konsekwentnie dążył do celu. Starał się przekonać kolejnych sceptycznych inwestorów, którzy obawiali się, że proponowana im przestrzeń reklamowa jest zbyt mała. Wiedział, że jej potencjał nie leży w wielkości przekazu, ale w jego doskonałej lokalizacji w miejscach, gdzie codziennie zbierają się ludzie. Szybko okazało się, że miał rację. Przystanki z reklamami i informacjami pożytecznymi dla pasażerów w niedługim czasie podbiły kolejne miasta, najpierw we Francji – Grenoble, Angers, Poitiers – a potem na całym świecie. Dziś są nieodłącznymi elementami miejskiej przestrzeni.

Jako wizjoner Decaux nie mógł pozostać przy tym, co już zrobił, lecz wciąż szukał nowych pomysłów. Synom i współpracownikom powtarzał, że nie można zadowalać się posiadaniem 10 procent, skoro pozostałych 90 procent się nie ma. Trzeba się koncentrować na tym, co jest do zdobycia, a nie na tym, co już się osiągnęło. To była jedna z ważniejszych zasad funkcjonowania jego przedsiębiorstwa. Przez cały czas starał się pozyskiwać te obszary, w których jeszcze nikt nie zdobył. W latach 70. firma zaczęła się dynamicznie rozwijać dzięki produkcji urządzeń ulicznych, takich jak: kosze na śmieci, kioski, ławeczki ze specjalnymi schowkami na reklamę. Ten permanentnie rozwijający się przedsiębiorca starał się eksplorować każdą możliwą przestrzeń jako nośnik ogłoszeń. Widział, że ludzie chcą mieć łatwy dostęp do ważnych informacji.

Jego kreatywność nie miała granic. W 1980 roku wpadł na pomysł stworzenia paneli z wyświetlanymi na zielono napisami, rodzaju dzienników elektronicznych, na których umieszczano komunikaty administracyjne, społeczne, upowszechniano nowinki kulturalne czy sportowe. Rok później wprowadził do miejskiej przestrzeni samoczyszczące się toalety i pierwsze toalety dla niepełnosprawnych. Zadbanie pod tym względem o osoby ze specjalnymi potrzebami również było posunięciem pionierskim. Rok 1998 przyniósł kolejną, wizjonerską ideę: pierwsze ekrany cyfrowe montowane w strategicznych punktach miast; można je było łatwo zaktualizować, zaprogramować zmiany. Dzięki zakupowi HMC (Havas Media Comunications) Decaux mógł z kolei rozwinąć swoją firmę w dziedzinach reklamy wielkoformatowej i reklamy na lotniskach. Od 2001 roku postanowił też wejść na giełdę. Firma dba o zadowolenie akcjonariuszy, dlatego systematycznie wypłaca dywidendy.

Rok 2002 przyniósł ważną decyzję Jeana-Claude'a Decaux, który przekazał kierownictwo firmy dwóm spośród trzech swoich synów. Sam pozostał przewodniczącym Rady Nadzorczej do 2013 roku i wciąż zaskakiwał genialnymi pomysłami. Wiele wynikało z nieprzemijającej chęci do poprawiania jakości życia ludzi. To on był autorem idei rowerów miejskich. Cieszył się, że choć wydawała się tak prosta, to nikt przed nim na nią nie wpadł. Decaux, który był entuzjastą tego środka transportu, mówił, że wszystkie inne, czyli samochód, tramwaj, autobus trzeba zatankować. Z rowerem jest inaczej, siłą napędową jest nasza energia, którą zawsze mamy ze sobą, a co więcej, nie tracimy jej, lecz wręcz pomnażamy, korzystając z roweru. Wskazywał, że to środek nie tylko ekonomiczny, ale też ekologiczny, a do tego korzystanie z komunikacji rowerowej jest równocześnie uprawianiem sportu. Wysoko cenił prowadzenie aktywnego trybu życia i dbałość o zdrowie. Do tego wynalazku podchodził z wielkim entuzjazmem i sam chętnie z niego korzystał niemal każdego dnia. Nie zniechęcało go sceptyczne podejście, krytyka wyglądu tych rowerów, jakby narysowanych grubą kreską, ani też początkowe niepowodzenia związane z nie zawsze odpowiedzialnym użytkowaniem pojazdów nienależących przecież do ich użytkowników. Skoncentrował się jednak na analizowaniu problemów i usprawnianiu systemu, tak by okazał się satysfakcjonujący dla użytkowników i firmy JC Decaux. Decaux nie byłby sobą, gdyby nie wykorzystał rowerów również jako nośnika reklamy. Jako ojciec własnego sukcesu mógł przewidywać, że i ta idea pójdzie w świat, czemu dawał wyraz w swoich wypowiedziach. Ciekawe jest to, że znowu się nie mylił. Miał niezwykłą intuicję inwestowania w korzystne rozwiązania. Zawsze jednak czynił to uczciwie i zgodnie z żelaznymi zasadami firmy, która budowała swoją siłę na zaufaniu klientów. Nie przestał też być aktywny w dziedzinie zdobywania nowych rynków. W rok po przekazaniu posady dyrektora potomkom pierwsze miejskie rowery zainstalował w Wiedniu, a potem między innymi w Paryżu. Współcześnie firma JC Decaux jest absolutnym światowym liderem w zakresie tej działalności.

Nowoczesność to również znak firmowy Jeana-Claude'a Decaux, a także jego następców. Nie mógł pozostać obojętny na coraz bardziej wyrafinowane zapotrzebowania rynku. Szybko zrozumiał, że reklama nie może pozostać statyczna, stąd kolejne pomysły na instalacje, tablice interaktywne, happeningi, projekty 3D, hologramy, elementy teatralizacji itp. Działalność firmy stale się rozszerzała. Do dziś obejmuje trzy główne obszary: meble miejskie (kioski, wymyślone przez Decauxa kolumny Moris, rowery miejskie itp.) – wszystkie one pozwalają wpisać reklamę w przestrzeń miejską tam, gdzie niemożliwa jest reklama wielkoformatowa; sprzęty niereklamowe (dystrybutory prasy, interaktywne terminale, informatory, również dźwiękowe na ławeczkach, lampy, kosze na śmieci, sygnalizatory, kontenery na szkło, papier, zużyte baterie); reklamę wielkoformatową w transporcie.

By swoje urządzenia zaadaptować do jakiejś przestrzeni, współpracował z uznanymi projektantami. Miał do siebie dystans i wyciągał wnioski z życiowych doświadczeń. Jako genialny samouk potrafił uczyć się wszędzie tam, skąd płynęła ważna nauka. Doceniał też współpracę z uczelniami wyższymi. Na jednej z nich (Institut Superieur de Gestion) zdobył po latach wykształcenie w zakresie zarządzania (w 1980 roku). Było to wtedy, gdy już sam był ekspertem w tej dziedzinie. Wynalazczości jednak nikt go nigdy nie uczył, miał ją w genach.

Decaux do końca życia pozostał niespokojnym duchem, wyznawał zasadę, że nie można się koncentrować na tym, co już zostało zrobione, lecz trzeba myśleć o tym, czego jeszcze nie udało się osiągnąć. Zdawał sobie sprawę z pożyteczności i solidności swoich produktów, ale jako wizjoner wiedział, że wciąż jest jeszcze wiele do wymyślenia. To dzięki tym cechom swojego charakteru, a także dzięki wielkiej wytrwałości, konsekwencji, wrażliwości i wyczuleniu na ludzkie potrzeby stał się prawdziwym potentatem, numerem jeden w branży reklamy zewnętrznej na świecie, właścicielem potężnej fortuny szacowanej na 4,6 miliarda euro. W oddziałach jego firmy pracuje 12 300 osób, w tym w samej Francji trzy i pół tysiąca.

Mimo że zawsze uznawał tylko najwyższą jakość i był niezwykle wymagający, również wobec najbliższych, nigdy nie stał się bezwzględnym szefem. Jego synowie wspominali, że łatwo nie było, bo ojciec bywał surowy, zawsze jednak pozostawał sprawiedliwy. Sam stanowił wzorzec pracowitości i kreatywności; to od siebie wymagał najwięcej. Uważał, że kluczami do sukcesu są wytrwałość i praca zespołowa. Na tych solidnych fundamentach potrafił ze swoimi synami stworzyć zgrany zespół wyróżniany prestiżowymi nagrodami dla firm rodzinnych. Szanował wszystkich swoich pracowników, chronił miejsca pracy, dbał o odpowiednie wynagradzanie. Był przekonany, że zadowolenie załogi firmy przełoży się na jakość wykonywanej pracy. Nigdy nie szedł na skróty, wolał stracić jakiś kontrakt, niż pójść na kompromis w zakresie wykonawstwa i materiałów.

Nazwisko Decaux jest na francuskim rynku przedsiębiorczości symbolem sukcesu osiągniętego wyłącznie dzięki własnemu potencjałowi, kreatywności i innowacyjności. Niczego po nikim nie odziedziczył, wszystko oparł na własnych pomysłach i bez dyplomu zrobił fortunę w dziedzinie charakteryzującej się ogromną konkurencją. Jego przedsięwzięcia niemal zawsze miały prospołeczny charakter. Świadczą o tym rodzaje wprowadzanych innowacji i procedura ich realizacji ograniczająca lub całkowicie wykluczająca konieczność pozyskiwania środków publicznych. Pozostał skromny i dyskretny, nie chwalił się swoją działalnością charytatywną, chronił prywatność, niechętnie udzielał wywiadów. Zmarł 27 maja 2016 roku po długiej i ciężkiej chorobie. Jego pogrzeb miał ściśle prywatny charakter.

KALENDARIUM:

15 września 1937 – Jean-Claude Decaux przychodzi na świat w Beauvais we Francji, w skromnej rodzinie kupieckiej
15 września 1955 – założenie własnej firmy reklamowej
1964 – wynalezienie wiat przystankowych
1980 – wprowadzenie na rynek dzienników elektronicznych z informacjami administracyjnymi, kulturalnymi i sportowymi, dostosowanych do danej społeczności
1981 – wprowadzenie systemu samoczyszczących się toalet i pierwszych toalet dla niepełnosprawnych
1992 – pojawienie się firmy JC Decaux w Polsce
1998 – zrealizowanie idei ekranów cyfrowych
1999 – odkupienie HMC (Havas Media Cominication), rozwój reklamy wielkogabarytowej
2001 – JC Decaux debiutuje na giełdzie
2002 – przekazanie kierownictwa w firmie dwom synom: Jeanowi-Charles'owi i Jeanowi-Sébastienowi
2003 – instalacja pierwszych rowerów miejskich w Lyonie
2011 r. – zakup Mediakiosk
2013 r. – zrzeczenie się przewodnictwa w Radzie Nadzorczej
27 maja 2016 – Decaux odchodzi po długiej i ciężkiej chorobie

CIEKAWOSTKI:

- Decaux był przywiązany do swojego ojczystego kraju, dbał o to, by produkować wszystko we Francji z francuskich materiałów. Nie szukał oszczędności poza granicami, mimo to jego firma zrobiła światową karierę.
- Dwaj synowie, którym Jean-Claude powierzył prowadzenie firmy, mają podobne w pisowni (a wręcz takie same

w brzmieniu) inicjały jak ojciec: Jean-Charles Decaux i Jean-Sébastien Decaux.
- Pomysł na przystanki zrodził się w głowie Decauxa z inspiracji pewnej grupy starszych ludzi. Młody Jean-Claude stawiał tablice reklamowe niedaleko Beauvais, gdy podeszli do niego i zapytali, co tutaj robi, wyrażając obawę, że zetnie wszystkie drzewa. Poskarżyli się wówczas na niewygodę oczekiwania na autobus i poprosili o postawienie jakiegoś daszku.
- Pracownicy firmy mieli specjalny numer alarmowy, na który należało dzwonić, gdyby jako użytkownicy przystanków zauważyli jakieś uszkodzenie czy nieporządek, by można było od razu interweniować. Wiaty miały być godną wizytówką przedsiębiorstwa.
- Jean-Claud Decaux biegle władał językami angielskim i niemieckim. Tego drugiego uczył się, przychodząc przez rok codziennie o siódmej rano do kafejki na rozmowy z profesorem, które odbywały się w tym języku. Robił to, by móc objąć w Niemczech posadę, która dawała szansę na szybszy rozwój kariery.
- Wobec swoich synów był bardzo wymagający. Wpajał im zasady, na których zbudował swoją firmę. Wakacje planował jako obozy szkoleniowe. Synowie przeszli wszystkie szczeble awansu w fabryce ojca, by poznać dokładnie strukturę firmy.
- Decaux mieszkał w miejscowości o nazwie Plaisir (Przyjemność), tam też znajdowała się główna siedziba jego firmy. Wiele z jego pomysłów i wynalazków miało uczynić życie ludzi bardziej przyjemnym. Sam zresztą chętnie oddawał się jednej ze swoich ulubionych przyjemności: jeździe na rowerze. Wspominał, że robi wycieczki rowerowe sam lub z rodziną w każdą niedzielę po lasku Rambouillet, by napawać się pięknem przyrody w czasie, kiedy inni robili zakupy.

CYTATY:

„Jeśli coś jest warte zrobienia, to warto to zrobić dobrze".

„Lepiej być numerem 2, bo kiedy jest się numerem 2, to chce się zostać numerem 1".

„Jest wiele do zrobienia dla następnego pokolenia, a nawet trzeciego i czwartego, jeśli tylko zechcą pójść tą samą drogą".

„Wielkość naszego ojca to podejmowanie właściwych decyzji we właściwym czasie" (Jean-Charles Decaux).

Maksyma życiowa Jeana-Claude'a Decaux: „Odważni nie żyją długo, ale ostrożni wcale" (Richard Branson).

ŹRÓDŁA I INSPIRACJE:

http://www.jcdecaux.com.pl/jcd_przyjazni_srodowisku.php.
http://www.jcdecaux.com.pl/jcd_w_polsce.php.
Jean-Claude Decaux à l'inauguration Vélib, https://www.youtube.com/watch?v=0w2aKeu4StA.
JCDecaux, https://www.youtube.com/watch?v=72_pcCV79rM.
Jean-François Decaux (ISG promo 82), parrain de la promotion 2008, https://www.youtube.com/watch?v=8vZMBfSUU0Y.
Berenberg European Conference in Penny Hill, https://www.youtube.com/watch?v=5AoFqSZf_LU.
Jean-Claude Decaux, l'inventeur de l'Abribus, est mort à l'âge de 78 ans, „Le Monde", https://www.lemonde.fr/disparitions/article/2016/05/27/jean-claude-decaux-l-inventeur-de-l-abribus-est-mort-a-l-age-de-78-ans_4927980_3382.html.

Jean Claude Decaux et sa femme à Paris en novembre 2004, Pure People, http://www.purepeople.com/article/mort-de-jean-claude-decaux-l-inventeur-milliardaire-de-l-abribus_a186418/1.

Marie-Pierre Gröndahl, *Jean-Claude Decaux, le conquérant*, https://www.zonebourse.com/barons-bourse/Jean-Claude-Decaux-18/biographie.

Aleksandre Deboute, *Père de l'Abribus, Jean-Claude Decaux est décédé à 78 ans*, „Le Figaro", https://www.lefigaro.fr/medias/2016/05/27/20004-20160527ARTFIG00332-le-groupe-jcdecaux-perd-son-fondateur.php.

Disparition : les hommages à Jean-Claude Decaux, figure de Plaisir, https://www.youtube.com/watch?v=SPBYZFkTk8o.

Jean-Claude Decaux, le conquérant, Paris Match, http://www.parismatch.com/Actu/Economie/Jean-Claude-Decaux-le-conquerant-983485.

JCDecaux Innovate International 2014, https://www.youtube.com/watch?v=Gw0Gfp5LVgQ.

John Paul DeJoria

(1944-)

amerykański biznesmen i filantrop, założyciel dwóch globalnych firm John Paul Mitchell Systems i Patron Spirits Company, jego prywatny majątek jest wyceniany na ponad cztery miliardy dolarów (dane z 2016 roku)

Od najmłodszych lat zmagał się przeciwnościami losu. Jako dziewięciolatek pracował od czwartej rano, roznosząc gazety. Jako nastolatek był członkiem ulicznego gangu na przedmieściach Los Angeles. Kilka lat spędził w rodzinie zastępczej, bo jego samotna matka nie była w stanie utrzymać jego i brata. Do czterdziestki był dwa razy bezdomny. Aby zarobić pieniądze na jedzenie, zbierał na ulicach butelki. Nigdy się nie poddał. Mając 350 dolarów w kieszeni, rozpoczął produkcję szamponu i jego sprzedaż w salonach fryzjerskich. Obecnie jest jednym z najbogatszych Amerykanów. Zawsze pamięta o potrzebujących, bo jak mówiła jego mama, gdy byli biedni: „Kiedy wydaje Ci się, że nie masz nic, to i tak znajdzie się ktoś, kto ma jeszcze mniej od Ciebie. Rozglądaj się uważnie, bo zawsze możesz pomóc".

John jest synem włoskiego emigranta i Greczynki. Dorastał na przedmieściach Los Angeles w biedzie. Jego ojciec porzucił rodzinę, gdy John miał dwa lata. Jako dziewięciolatek, wraz ze starszym bratem, roznosił gazety. Chłopcy wstawali codziennie o czwartej rano, robili kilkukilometrową rundę po okolicznych domach, a następnie szli do szkoły. Obaj zajmowali się również sprzedażą kartek świątecznych. Obserwując początek życia Johna, można by powiedzieć, że od najmłodszych lat przejawiał żyłkę do biznesu. Ale czy tak było naprawdę? Po prostu musiał pracować, aby trzyosobowa rodzina mogła przeżyć z dnia na dzień. Niestety, nie było łatwo i nawet pomoc synów okazała się niewystarczająca.

Pewnego piątkowego popołudnia mama chłopców wróciła z pracy i powiedziała: „Tak mówiąc między nami, mam tylko 27 centów w kieszeni, ale mamy lodówkę pełną jedzenia, piękny ogródek z tyłu domu i jesteśmy szczęśliwi, więc jesteśmy bogaci". To optymistyczne podejście do świata, które John odziedziczył po mamie, prowadziło go przez całe życie i pozwoliło przetrwać w najtrudniejszych chwilach. Gdy John miał nieco ponad 10 lat, trafił wraz z bratem, decyzją służb socjalnych, do rodziny zastępczej, ponieważ mama nie była w stanie zapewnić im odpowiednich warunków do życia. To był trudny czas. Zbuntowany i sfrustrowany chłopak wstąpił do gangu ulicznego. Nie wiadomo, jak by się skończyła ta „przygoda", gdyby nie pewne zdarzenie, które go odmieniło. Nauczyciel matematyki w szkole średniej, do której chodził, zdenerwowany jego aroganckim zachowaniem powiedział: „Nigdy nie osiągniesz niczego w życiu!". Te słowa zapadły Johnowi głęboko w serce. Z jednej strony strasznie zraniły, z drugiej zaś zmotywowały do zmiany. Postanowił udowodnić nauczycielowi, sobie samemu i całemu światu, że jest coś wart i da sobie radę.

Po ukończeniu szkoły średniej wstąpił do marynarki wojennej i dwa lata służył na lotniskowcu. Po powrocie do Los Angeles pracował m.in. na stacji benzynowej, był dozorcą w magazynach i agentem ubezpieczeniowym. Wkrótce zakochał się i ożenił. Na świat przyszedł jego syn. Niestety, młoda żona DeJorii sfrustrowana ciągłym brakiem pieniędzy i niepewną przyszłością zostawiła go z dwuletnim maluchem. Sytuacja była dramatyczna, bo John nie miał wtedy swojego mieszkania. Przez kilka dni mieszkał z dzieckiem na ulicy. Ulitowała się nad nim znajoma i zabrała go do swojego mieszkania. Aby zarobić na jedzenie, John sprzedawał znalezione na ulicach butelki. To był dramat! Najgorsze było to, że nie miał żadnych widoków na przyszłość.

W końcu udało mu się znaleźć pracę przy sprzedaży encyklopedii Coliera. Miał chodzić po domach od drzwi do drzwi i proponować zakup. Każdy, kto choć przez chwilę w swoim życiu wykonywał podobne zajęcie, wie, jakie to uczucie, gdy kolejne drzwi zatrzaskują się przed nosem. John jednak nie załamywał się i pukał do kolejnych. Jak powiedział po latach w jednym z wywiadów: „Ta praca nauczyła mnie kilku rzeczy, a najważniejsza z nich to nie załamywać się niepowodzeniami i iść dalej. Nawet gdy sto razy usłyszysz »nie«, nie oznacza to, że za sto pierwszym podejściem będzie tak samo" – opowiada. – „Trzeba być przygotowanym na odmowę i nie przejmować się nią". Po doświadczeniach ze sprzedażą „door to door" nic dla młodego DeJorii nie było już straszne. Nauczył się, jak sprzedawać. Ta wiedza stała się podstawą jego sukcesu w przedsięwzięciu, które zrealizował kilkanaście lat później. Drugą nauką wyniesioną z doświadczeń w sprzedaży bezpośredniej było to, że trzeba mieć „grubą skórę" i uodpornić się na chwilowe porażki. On uodpornił się tak skutecznie, że w 1966 roku został sprzedawcą roku w firmie handlującej encyklopediami! Poza satysfakcją z tytułu miał stałe źródło dochodu i mógł spokojniej patrzeć w przyszłość.

Sprzedaż encyklopedii nie była jednak spełnieniem marzeń młodego i ambitnego Johna. Pod koniec lat sześćdziesiątych zatrudnił się w firmie należącej do koncernu L'Oréal, która handlowała profesjonalnymi kosmetykami do salonów fryzjerskich. Branża mu się bardzo podobała, metody pracy firmy już mniej. Spędził tam jakiś czas, zapoznając się z rynkiem i budując kontakty w branży. Kilka lat później pojawiła się okazja, by doświadczenia wykorzystać już na własną rękę. W 1971 roku John poznał Paula Mitchella, genialnego fryzjera i stylistę włosów, z którym uruchomił w 1980 roku swój flagowy biznes John Paul Mitchell Systems, firmę kosmetyczną produkującą szampony, odżywki i kosmetyki przeznaczone dla profesjonalnych salonów fryzjerskich. Start biznesu poprzedziła dziewięcioletnia znajomość obu panów, która przerodziła się w przyjaźń. Z „gigantyczną" kwotą 700 dolarów uruchomili produkcję szamponów. John wydał na start wszystkie swoje pieniądze i znowu wylądował na bruku... Na szczęście, w samochodzie mieszkał „tylko" dwa tygodnie – do czasu, gdy pojawiły się pierwsze pieniądze ze sprzedaży kosmetyków.

Od samego początku John i Paul wyróżniali się na rynku, ponieważ stosowali nieznane w tej branży metody marketingowe, a także zdecydowali się podjąć ryzyko związane z testowaniem w salonach swoich produktów. Jeśli chodzi o metody marketingowe, stawiali na sprzedaż w systemie od drzwi do drzwi, korzystając z doświadczeń Johna z okresu handlowania encyklopediami. John poznał wszystkie możliwe strategie sprzedaży bezpośredniej i w tego typu kontaktach czuł się jak ryba w wodzie. W ten sposób procentowały lata wielu niepowodzeń, gdy zatrzaskiwano mu drzwi przed nosem oraz ciężkiej pracy, ciągłej nauki i doskonalenia swojego warsztatu sprzedawcy. Drugim fundamentem ich sukcesu była nietypowa, „ryzykowna" gwarancja satysfakcji, jaką dawali fryzjerom – zostawiając zestaw kosmetyków w salonie, mówili do właściciela: „Zapłacisz nam za nie tylko w jednym przypadku – gdy wszystko się sprzeda".

Klienci odwiedzający salony byli zachwyceni działaniem kosmetyków, szamponów i odżywek. Kupowali je masowo, a zadowoleni fryzjerzy stawali się stałymi odbiorcami produktów Johna i Paula. DeJoria, który dobrze poznał branżę, wiedział, z jakimi problemami borykają się fryzjerzy i postanowił, że jego pierwszy produkt – szampon do włosów – będzie odpowiedzią na te niedogodności. Szampon, który zawierał w sobie odżywkę do włosów, należało spłukać tylko raz, oszczędzając czas i pieniądze. Na dodatek fryzjerzy nie niszczyli sobie skóry na rękach, bo nie musieli osobno nakładać odżywki, gdyż ta była już w szamponie. Produkty Johna i Paula były znakomitej jakości, jednak zainteresowanie nimi wzmacniały elegancko zaprojektowane opakowania. Pierwsza linia szamponów i odżywek miała białe tubki i butelki z eleganckimi czarnymi napisami. Teraz nie byłoby to pewnie niczym szczególnym, lecz trzydzieści lat temu była to designerska nowość. Dopełnieniem popularności marki wśród fryzjerów była jeszcze jedna rzecz – wierność obietnicy. John obiecał wszystkim odbiorcom, że kosmetyki John Paul Mitchell dostępne będą tylko i wyłącznie w salonach fryzjerskich. Słowa dotrzymał. Do dziś produkty jego firmy można dostać tylko w profesjonalnych salonach. Nigdy nie kupimy oryginału w marketach czy aptekach. Zyskał tym ogromny szacunek w branży oraz lojalność swoich klientów. W kolejnych latach firma rozwijała się dynamicznie, wprowadzając kolejne nowości, które wymyślał John, uważnie obserwując rynek. Zawsze utrzymywał dobre kontakty z kontrahentami. Nawet dziś (2016), kiedy ma 72 lata i jest miliarderem, osobiście odwiedza kluczowych klientów. Co prawda, nie jeździ do nich samochodami, jak niegdyś, lecz lata w odległe zakątki globu swoim prywatnym odrzutowcem.

Idea takiego działania pozostała ta sama: być blisko klientów. Dzięki tej zasadzie John był zawsze krok przed konkurencją, a firma zdobyła zasięg globalny. W 1993 roku John Paul Mitchell Systems sprzedawał swoje produkty w trzydziestu krajach na pięciu kontynentach. Wcześniej, bo w roku 1989, John kupił 70 procent udziałów w firmie produkującej tequilę i zadebiutował w zupełnie nowej dla siebie branży. Jego recepta na sukces była podobna, jak w przypadku kosmetyków fryzjerskich: „Zawsze chcę oferować klientom to, co najlepsze. Naszym celem było wyprodukowanie najdelikatniejszej tequili pod słońcem, tak by nikt na drugi dzień po jej wypiciu nie czuł się źle" – opowiadał w wywiadzie dla „Forbesa" w 2011 roku. – „Aby odnieść sukces musisz kochać ludzi, kochać swój produkt i kochać to, co robisz". Po sukcesach w dwóch branżach John rozszerzał systematycznie działalność o kolejne. Ma udziały w firmach z branży rozrywkowej (sieć night-clubów), przemyśle energetycznym (między innymi w firmach zajmujących się pozyskiwaniem energii słonecznej), motoryzacyjnym (w sieci salonów sprzedaży motocykli Harley Davidson) oraz komputerowym i jubilerskim (uruchomił firmę jubilerską DeJoria Diamonds). Jego prywatny majątek wyceniany jest na około cztery miliardy dolarów (dane z 2016 roku). Mimo że John Paul DeJoria jest osobą publiczną, pilnie strzeże swojej prywatności. Wiadomo, że na początku lat siedemdziesiątych ubiegłego stulecia był żonaty i w 1972 roku urodził mu się syn. Oprócz niego ma jeszcze pięcioro dzieci. Najmłodszy John Anthony jest owocem związku z supermodelką i dziewczyną „Playboya" Eloise DeJoria, którą poślubił w 1993 roku. Jeśli chodzi o dzieci z poprzednich związków, to córka Michaline zasiada w zarządzie fundacji Baby2Baby, zajmującej się pomocą dla potrzebujących amerykańskich dzieci, a druga córka Alexis DeJoria jest kierowcą rajdowym.

Czego możemy nauczyć się od człowieka, który po tym jak dwa razy był bezdomny, doszedł do ogromnego majątku? Po pierwsze tego, że należy zaczynać w miejscu, gdzie jesteśmy i z tym, co mamy. On wystartował, mając zaledwie 700 dolarów na spółkę z przyjacielem. Po drugie, należy wierzyć w to, co się robi. John podkreśla to w wywiadach: „Musisz wierzyć w swój produkt, kochać swoją pracę i kochać ludzi". Po trzecie, powinniśmy zrozumieć, że na rozwój potrzeba czasu. Nie można przejadać wszystkich zysków, lecz reinwestować zarobione pieniądze. „Jeśli masz już z czego zapłacić rachunki, to jesteś na dobrej drodze" – mówi John. Po czwarte, musisz być gotowy na ciężką pracę i zdeterminowany do osiągnięcia sukcesu. „Po prostu załóż sobie, że go odniesiesz" – radzi. Po piąte, wyznaczaj sobie ambitne i realne cele, a potem za wszelką cenę zmierzaj do nich. I ostatnia rada od miliardera z Los Angeles: „Sukces, którym się nie dzielisz, to porażka". Zatem pomagaj innym ludziom. Angażuj się w przedsięwzięcia charytatywne. Nie bądź obojętny na los innych ludzi. Rozejrzyj się wokoło i... zmieniaj świat na lepszy.

KALENDARIUM:

13 kwietnia 1944 – narodziny Johna Paula DeJoria w Echo Park na przedmieściach Los Angeles
1953 – pierwsza praca roznosiciela gazet i sprzedawcy kartek świątecznych; zarobione pieniądze John oddaje mamie
1962 – służba w marynarce wojennej Stanów Zjednoczonych na lotniskowcu Hornett
1964 – po powrocie do LA John pracuje na stacji benzynowej, jako dozorca w magazynach oraz jako agent ubezpieczeniowy, a w końcu jako sprzedawca encyklopedii

1966 – w uznaniu za największą sprzedaż zostaje człowiekiem roku w firmie handlującej encyklopediami

1971 – poznaje Paula Mitchella, mistrza fryzjerstwa ze Szkocji; zaprzyjaźniają się

1972 – John ma pierwszego syna

1980 – za 700 dolarów zakłada wraz z Paulem Mitchellem firmę John Paul Mitchell Systems produkującą i handlującą kosmetykami do pielęgnacji włosów

1981 – narodziny córki Alexis, która zostanie kierowcą rajdowym

1989 – na raka umiera wspólnik Johna Paul Mitchell; John otwiera firmę produkującą „najłagodniejszą tequilę" na świecie – firma nazywa się Patron Spirits Company

1991 – całe Stany poznają Johna Paula DeJorię, który bierze udział w programie telewizyjnym „Lifestyle of Rich and Famous" prezentującym inspirujące historie ludzi, którzy donieśli spektakularne sukcesy w różnych dziedzinach życia

1993 – John żeni się z Eloise DeJoria, playmate Playboya z 1988 roku; z tego małżeństwa ma syna

2001 – John otwiera pierwszą szkołę kształcącą profesjonalnych fryzjerów; obecnie na terenie USA jako ponad 100 takich szkół

2003 – John Paul Mitchell Systems debiutuje na nowojorskiej giełdzie papierów wartościowych

2007 – biznesmen angażuje się w projekt ochrony lasów deszczowych w Gwatemali, gdzie znajdują się największe i najstarsze miasta starożytnej cywilizacji Majów

2009 – John otrzymuje tytuł Ambasadora Dobrej Woli przyznany mu przez Organizację Narodów Zjednoczonych w uznaniu jego zasług dla wsparcia projektów „zrównoważonych rozwiązań energetycznych"

2010 – uruchamia fundację, która koordynuje współpracę z innymi organizacjami charytatywnymi; fundacja nosi nazwę JP's Peace, Love and Happiness Fundation

CIEKAWOSTKI:

- Działalność charytatywna jest jedną z najważniejszych dziedzin jego życia. John wspiera ogromnymi kwotami organizację Food4Africa, która dostarcza posiłki afrykańskim sierotom. Wspomaga budowę ogrodów, w których najbiedniejsi mieszkańcy surowych gór Appalachów uprawiają zdrową żywność. Ma nadzieję, że uda mu się w ten sposób wyżywić połowę populacji tego regionu, czyli około 100 000 ludzi! Pomaga finansowo amerykańskim fundacjom prozdrowotnym zajmującym się wczesnym wykrywaniem raka. Za swoją działalność dobroczynną otrzymał wiele nagród i wyróżnień.
- DeJoria bardzo dba o zatrudnianie właściwych pracowników. Przede wszystkim szuka ludzi z „sercem do pracy". Potrafi zaakceptować fakt, że czegoś nie umieją, ale nie akceptuje byle jakości. Za solidną pracę wynagradza bardzo hojnie. Taka polityka przynosi efekty. W ciągu ponad 30 lat działalności firmy z pracy odeszło zaledwie 30 osób. John Paul Mitchell System zatrudnia o wiele mniej pracowników niż porównywalna firma z branży, ponieważ jego ludzie są zmotywowani do pracy, a co za tym idzie bardzo wydajni.

CYTATY:

„Jeśli ten pociąg Ci nie odpowiada, wysiądź z niego. Jeśli w nim zostaniesz, zamkniesz się na nowe doświadczenia".

„Sukces, którym się nie dzielisz z innymi, jest porażką".

„Wielu ludzi z jakiegoś powodu nie lubi siebie samych. Pokochaj siebie, a staniesz się szczęśliwym człowiekiem".

„Gdy zatrzasną się przed Tobą dziesiąte drzwi z kolei, przejdź do jedenastych z entuzjazmem i uśmiechem na twarzy".

„Nigdy nie odejdę na emeryturę, bo uwielbiam pracę".

„Sukces odniesiesz, dobrze wykonując swoją pracę także wtedy, gdy nikt na Ciebie nie patrzy".

ŹRÓDŁA I INSPIRACJE:

Biografia DeJoria na oficjalnej stronie internetowej firmy John Paul Michell System: https://www.paulmitchell.com/our-story/our-company/john-paul-dejoria-bio.

Wywiad telewizyjny z Johnem na portalu internetowym handshaking.com: http://www.handshakin.com/john-paul-dejoria-billionaire-and-philanthropist-handshakin-interview.html.

Reportaż o życiu Johna i Eloise DeJoria w Austin, w Australii: http://www.austinfitmagazine.com/December-2011/At-Home-with-John-Paul-and-Eloise-DeJoria-4.

Sylwetka Johna Paula DeJoria w internetowym wydaniu czasopisma „Forbes": http://www.forbes.com/sites/robertreiss/2011/06/03/from-homeless-to-billionaire-2/#56d1f7bd4d9f.

Walt Disney
(właśc. Walter Elias Disney)

(1901-1966)

amerykański producent filmów animowanych, reżyser, scenarzysta, animator, aktor dubbingowy i wizjoner, twórca słynnych parków rozrywki Disneyland

Na świecie żyje niewiele osób, które nigdy nie słyszały o Disneyu. Czy jest jakieś dziecko, które nie marzyłoby o podróży do Disneylandu? Stworzone przez Walta Disneya postaci, jak Myszka Miki, Pies Pluto czy Kaczor Donald, zawładnęły dziecięcą wyobraźnią, przyniosły mu miłość widzów i nieśmiertelność. Dały także wiele nagród, odznaczeń i wyróżnień. Aż 59 razy był nominowany do Oscara, z czego otrzymał 22 zwykłe statuetki i 4 honorowe. Jest jedynym twórcą, który zdobył cztery Oscary w ciągu jednej gali (we wszystkich kategoriach, do których był nominowany). Oprócz honorów Disney dorobił się także fortuny. Był jak król Midas – zamieniał w złoto wszystko, czego dotknął. W latach sześćdziesiątych został władcą imperium finansowego. Stworzona przez niego firma Walt Disney Productions, znana obecnie pod nazwą Walt Disney Company, jest dziś największą korporacją medialną świata. Przynosi ponad 3 miliardy dolarów zysku rocznie.

Co sprawiło, że Walt Disney osiągnął tak ogromny sukces? Na początku nic na to nie wskazywało. Przyszedł na świat w biednej rodzinie. Jego ojciec nigdzie nie mógł zagrzać na dłużej miejsca, zmieniał posady i adresy, wciąż zaciągając nowe długi. Wędrował po całym kraju w poszukiwaniu lepszego losu, ciągnąc za sobą rodzinę i odreagowując na niej swoje niepowodzenia. Dla piątki dzieci (czterech synów i jednej córki) był bardzo surowy, ale to Walt stał się jego kozłem ofiarnym – zwłaszcza na nim wyładowywał swą złość. Za każde nieposłuszeństwo karał go chłostą. Mały chłopiec nie miał szczęśliwego dzieciństwa. Czuł się gorszy od innych, niekochany. Jedynym pocieszeniem był dla niego starszy brat Roy i… marzenia. Te marzenia napędzały go przez całe życie. Nadały mu sens. Dodały siły i skuteczności jego działaniom. Przez całe życie, również zawodowe, wspierał go też Roy.

Walt zakończył edukację w wieku 16 lat. Nie osiągał zbyt dobrych wyników w nauce – nie miał do tego głowy. Ciągle był niewyspany, nie mógł się skoncentrować. Wstawał już o trzeciej rano, żeby roznieść gazety. Musiał finansowo wspomagać rodzinę. Planował jednak dalszą naukę i dostał się nawet do Kansas City Art School. Od dziecka bowiem świetnie rysował. Dzięki temu zajęciu tworzył inny świat, piękniejszy niż ten rzeczywisty. Na rysowanie przeznaczał każdą wolną chwilę. Doskonalił swój talent, nie przeczuwając jeszcze, że przyniesie mu on wolność materialną i sławę. Pierwszego dolara zarobił, rysując ulubionego konia doktora Sherwooda. Swoje rysunki sprzedawał też innym sąsiadom, a nawet gazetom. Zamiary kontynuowania nauki szkolnej przerwała jednak I wojna światowa. Disney zaciągnął się do Czerwonego Krzyża jako kierowca ambulansu we Francji. Na swojej karetce narysował kreskówkową postać.

Do domu wrócił w 1919 roku. Wrócił też do zarobkowania rysownictwem. Wraz z przyjacielem, genialnym rysownikiem Ubem Iwerksem, zajął się produkcją reklamówek dla kin, ale jego głowa pełna już była innych marzeń, związanych właśnie z X muzą, czyli kinem. Wymyślił, że będzie twórcą filmów rysunkowych, choć w tamtym czasie było ich niewiele i nie cieszyły się popularnością. Patrząc na to z dzisiejszej perspektywy, można zaryzykować twierdzenie, że odkrył niezagospodarowaną niszę i postanowił ją wykorzystać. Co to oznaczało? Na początek trudności i zdecydowanie się na los samouka bazującego głównie na własnym doświadczeniu, bo dziedzina filmu, której zamierzał się poświęcić, dopiero raczkowała.

W końcu w 1923 roku postanowił wyjść swoim marzeniom naprzeciw. Z czterdziestoma dolarami i rozpoczętym filmem rysunkowym w starej walizce wyruszył do Hollywood. Ale tam nie chciało go zatrudnić żadne studio filmowe. Nie potrzebowano ani animatorów, ani reżyserów, tym bardziej „zielonych", bez doświadczenia. To go jednak nie zraziło. W garażu stryja założył własne laboratorium, w którym – znów wraz z Ubem – zaczął tworzyć filmy o Alicji, małej dziewczynce podróżującej do świata aminków, w technice mieszanej, zdjęciowo-animowanej. Nauczył się tego, podpatrując prace prekursorów animacji. Finansowaniem filmów zajęli się Margaret Winkler, jedna z najważniejszych postaci ówczesnego świata kreskówek, i brat Walta Roy Disney, który w tym czasie był już bankierem w Los Angeles. Bracia zostali partnerami na całe życie. Założyli wspólnie firmę Disney Brothers Studio Productions, przemianowaną później na Walt Disney Company. Walt miał wtedy 22 lata.

Filmy o Alicji cieszyły się powodzeniem wśród publiczności, ale dopiero następny projekt – o króliku Oswaldzie – przyniósł Waltowi prawdziwą popularność. Nie przełożyło się to niestety na sukces finansowy. Okazało się, że Winkler pozbawiła Disneya wszystkich praw autorskich. To jednak nie zatrzymało Walta. Niemal natychmiast wymyślił kolejnego bohatera – Myszkę Miki. Poprzeczkę postawił sobie jeszcze wyżej. Mimo niezbyt udanych prób udźwiękowienia filmów animowanych (skoordynowanie obrazu z dźwiękiem nastręczało wiele trudności), Disney postanowił pójść w tym kierunku. Studiował dotychczasowe osiągnięcia filmu dźwiękowego i wraz ze swoją ekipą wynajdował nowe rozwiązania. Twórczo rozwijał pomysły poprzedników i uczył się na własnych błędach. Ta pasja tworzenia i ciągłej nauki opłaciła się. Po raz pierwszy w historii kreskówek animowana postać przemówiła. I to głosem samego Disneya! Film *Willie z parowca* z 1928 roku, w którym pojawiła się gadająca mysz, przyniósł braciom Disney ogromną sławę w Hollywood. A także sukces finansowy. Tym razem prawa do postaci należały do Disneya, z czego umiejętnie skorzystał, wymyślając niezliczoną liczbę gadżetów z jej wizerunkiem, które zwielokrotniły zyski. Tego także nauczył się sam, wyciągając wnioski z zakończonej niezbyt przyjemnie współpracy z Margaret Winkler.

Od tego czasu Walt Disney odnosił sukces za sukcesem. Pojawianie się kolejnych Disneyowskich postaci – Kaczora Donalda, Psa Pluto i innych – przyniosło wytwórni i jej właścicielom trwałą sympatię publiczności. Każde spełnione marzenie napędzało Disneya do snucia kolejnych, które śmiało wykraczały w przyszłość.

Każde osiągnięcie dodawało mu odwagi i otwierało drogę do dokonań, które wydawały się poza granicami możliwości. Zdobyte doświadczenie i nowe umiejętności pozwalały realistycznie ocenić nowe pomysły, których miał pełną głowę. Pierwsza dźwiękowa kreskówka to pierwsza, ale nie ostatnia z jego innowacji i oryginalnych projektów. Disney stworzył też pierwszą kolorową kreskówkę (nagrodzony Oscarem film *Kwiaty i drzewa*), a także pierwszy amerykański pełnometrażowy film animowany *Królewna Śnieżka i siedmiu krasnoludków*. To było śmiałe marzenie, w które niewiele osób poza nim wierzyło. Wróżono mu bankructwo. On jednak z determinacją przystąpił do działania. Znowu wszystko miał przemyślane i przestudiowane. Znowu – jak zawsze, gdy zaczynał pracę nad nowym projektem – zwołał cały zespół, by opowiedzieć o swoim pomyśle. Tym razem jednak przeszedł sam siebie. Brawurowo odegrał każdą postać. Wszyscy wstali i bili mu brawo. Współpracownikom nie zostało nic innego, jak podążyć za nim. Film odniósł wielki sukces frekwencyjny i artystyczny.

Wydawało się, że w filmie animowanym Disney osiągnął wszystko. Czy mógł zdobywać kolejne doświadczenia, znaleźć jeszcze jakieś nieprzetarte szlaki, nauczyć się czegoś jeszcze? Okazało się, że tak. Postanowił zrealizować film, w którym połączy animację i aktorstwo. Miały to być przygody niezwykłej niani Mary Poppins. Latami starał się o nabycie praw do tej książki, ba, obiecał film swoim córkom, a kiedy w 1964 roku obraz był gotowy, okazał się prawdziwym przebojem.

Walt był perfekcjonistą. Zatrudniał najlepszych rysowników, kompozytorów, techników. Dbał osobiście o najmniejsze szczegóły. Wybudował nowoczesne, komfortowe studio, by stworzyć pracownikom idealne warunki pracy. Niestety, idealne warunki pracy nie oznaczały idealnej współpracy. Disney z jednej strony chciał, by młodsi nazywali go wujkiem, powtarzał, że firma jest jedną wielką rodziną. Z drugiej strony zachowywał się jak pan i władca. Jego podwładni nazywali układy panujące w studiu „waltarytaryzmem". Zmienne nastroje, nerwowość tytana pracy i oczekiwanie, że ludzie będą pracować do późnej nocy bez urlopów i świąt, stawały się nie do zniesienia. W końcu pracownicy założyli związek zawodowy, a w 1941 roku ogłosili strajk. Disney wpadł w szał. Sytuację załagodził dopiero jego brat Roy, którego Walta wysłał na wakacje, a w czasie jego nieobecności dogadał się z pracownikami. Pasja i chęć tworzenia przerodziła się w obsesyjny pracoholizm, który stłumił empatię i zrozumienie, bez których nie można stworzyć dobrych relacji z pracownikami.

Jednak empatii i zrozumienia nigdy nie zabrakło mu w domu, w stosunku do córek. Może dlatego, że do bycia ojcem doszedł z takim trudem? Marzył o dzieciach, w listach pisanych do matki zwierzał się, że chciałby mieć ich sporą gromadkę. Ale to okazało się niemożliwe. Ożenił się już w 1925 roku z pracującą w jego firmie Lilian Bounds. Miał 24 lata, a Lilian znał zaledwie kilka miesięcy. Kiedy pierwsza ciąża żony po wielu latach małżeństwa zakończyła się poronieniem, przeżył głębokie załamanie. Wyczekiwane dziecko, córka Diane Marie, pojawiło się na świecie dopiero po ośmiu latach od dnia ślubu. I było jedynym biologicznym dzieckiem pary. Kilka lat później Disneyowie adoptowali dziewczynkę Sharon Mae. Był to pomysł żony, któremu Walt na początku długo się opierał z powodu swoich obaw – przez całe życie podejrzewał, że sam był adoptowanym dzieckiem i ta obsesja mocno wpłynęła na jego życie. W końcu jednak uległ żonie i ta decyzja była jedną z lepszych w jego prywatnym życiu. Sharon stała się jego ulubienicą. Nawet sam ubierał i czesał dziewczynkę, co w ówczesnych czasach było rzadko spotykane. A starsza Diane wspominała po latach: „Ojciec pozwalał nam na wszystko, na co miałyśmy ochotę. Dał nam swobodę, ale nas nie rozpuszczał". Rodzina była dla Disneya bardzo ważna. Dzięki niej miał energię i siłę do pracy. Zresztą rodzina intensywnie i z pasją brała w niej udział. To żonie Disneya słynna Myszka Miki zawdzięcza swoje imię – właśnie Lilian je wymyśliła.

Oprócz animowanych filmów krótko- i długometrażowych Walt Disney tworzył również filmy dokumentalne, instruktażowe (na przykład w czasie wojny) czy fabularne. Był także jednym z pierwszych producentów telewizyjnych. Telewizja była kolejną technologią, którą wykorzystywał w swojej działalności. Był twórcą popularnych programów: „Klub Myszki Miki" oraz „Cudowny świat Walta Disneya". Miał także wiele pomysłów biznesowych, związanych ze sprzedażą gadżetów z postaciami z filmów.

Jednak pod koniec życia Disney coraz mniej czasu poświęcał filmom. Podążył za kolejnym wielkim marzeniem, obszarem nieznanym, niezagospodarowanym przez nikogo. Zapragnął stworzyć park rozrywki, w którym znalazłyby się wszystkie wymyślone przez niego postacie. Czy chciał w ten sposób podsumować dzieło swojego życia i zobaczyć, jaki sukces osiągnął? A może raczej wynikało to z tęsknoty za szczęśliwym dzieciństwem, którego nigdy nie miał? W każdym razie wolał zdobywać nowe doświadczenia, niż stać w miejscu i odcinać kupony od dotychczasowych sukcesów. Po nieudanej próbie przekonania zarządu do sfinansowania nowego projektu zainwestował w niego własne oszczędności i w 1955 roku uruchomił Disneyland w Anaheim w Kalifornii. Ta inwestycja, jak wiele poprzednich przedsięwzięć Disneya, znacznie przekroczyła zaplanowany budżet – zamiast pięciu milionów dolarów koszt budowy wyniósł siedemnaście. Ale przekroczone zostały także kalkulacje ekspertów dotyczące zainteresowania parkiem. W pierwszym tygodniu odwiedziło go aż sto siedemdziesiąt tysięcy osób. To był prawdziwy sukces.

W centrum parku Walt odtworzył salon, jaki miał w swoim pierwszym domu. Przesiadywał tam godzinami, patrząc na śmiejące się dzieci. I zaczął marzyć o jeszcze większym parku.

Zakupił sto dziewięć hektarów ziemi na południu Florydy. Pragnął tam stworzyć świat doskonały – prototyp miasta przyszłości, którego mieszkańcy mieli testować technologie służące poprawie jakości ludzkiego życia i zdrowia. Nie udało mu się jednak skończyć tego projektu. Zmarł, ale jego marzenie zostało zrealizowane w 1971 roku. To wtedy otwarto na Florydzie park rozrywki, choć nie jest on chyba dokładnie tym, czego pragnął Walt.

Śmierć Walta Disneya nie przerwała ekspansji przedsiębiorstwa. Firma nie przestała istnieć. Co więcej, rozwija się do dzisiaj i produkuje wciąż kolejne hity. Obecnie Walt Disney Company zarządza między innymi wytwórniami filmowymi, kanałami telewizyjnymi, wieloma sklepami, supermarketami, stacjami radiowymi, a także parkami rozrywkowymi: Disneylandem i Disneyworldem w USA, Disneylandem w Tokio, Disneylandem pod Paryżem. Sukcesy *Króla Lwa*, *Pocahontas*, *Dzwonnika z Notre Dame* i wielu innych filmów świadczą o doskonałej kondycji Disneyowskiego imperium. Gdy dziś patrzy się na tego produkcyjnego giganta, aż trudno uwierzyć, że stworzył go jeden człowiek – Walt Disney – którego napędzała chęć zdobywania nowej wiedzy i nowych doświadczeń.

KALENDARIUM:

5 grudnia 1901 – narodziny Walta Disneya
1920 – założenie pierwszego studia animacji wraz z Ubem Iwerksem
1923 – przyjazd do Hollywood i rozpoczęcie produkcji filmów o przygodach Alicji
1923 – powstanie Disney Brothers Studio Productions
1925 – ślub z Lillian Bounds

1928 – dźwiękowa animacja z Myszką Miki *Steamboat Willie*
1932 – Oscar za *Kwiaty i drzewa*, Oscar honorowy
1933 – narodziny córki Diane Marie
1934 – Oscar za *Trzy małe świnki*
1934 – Oscar za *Żółwia i zająca*
1936 – adoptowanie Sharon Mae, Oscar za *Trzy małe kotki*
1937 – Oscar za *Kuzyna ze wsi*
1938 – Oscar za *Stary młyn*
1939 – Oscar honorowy za *Królewnę Śnieżkę i siedmiu krasnoludków*, Oscar za *Byczka Fernando*
1940 – Oscar za *Brzydkie kaczątko*
1942 – Oscar za *Pluto i kotka*, Oscar honorowy za *Fantazję*
1943 – Oscar za *Der Fuehrer's Face*
1949 – Oscar za *Seal Island*
1951 – Oscar za *Beaver Valley*
1952 – Oscar za *Nature's Half Acre*
1953 – Oscar za *Water Birds*
1954 – Oscary za: *Bear Country*, *Przygody z muzyką*, *Żyjącą pustynię*, *The Alaskan Eskimo*
1955 – uruchomienie Disneylandu w Anaheim w Kalifornii, Oscar za *Ginącą prerię*
1956 – Oscar za *Men Against the Arctic*, BAFTA za *Zakochanego kundla*
1959 – Oscar za *Grand Canyon*
1962 – BAFTA za *101 Dalmatyńczyków*
15 grudnia 1966 – śmierć Walta Diseya

DŁUGOMETRAŻOWE FILMY ANIMOWANE:

- *Królewna Śnieżka i siedmiu krasnoludków* (1937)
- *Pinokio* (1940)

- *Dumbo* (1941)
- *Bambi* (1942)
- *Kopciuszek* (1950)
- *Alicja w Krainie Czarów* (1951)
- *Piotruś Pan* (1953)
- *Zakochany kundel* (1955)
- *Śpiąca królewna* (1959)
- *101 dalmatyńczyków* (1961)
- *Miecz w kamieniu* (1963)
- *Księga dżungli* (1967)

DŁUGOMETRAŻOWE FILMY AKTORSKIE:

- *Victory Through Air Power* (1943)
- *So Dear to My Heart* (1949)
- *20 000 mil podmorskiej żeglugi* (1954)
- *Johnny Tremain* (1957)
- *Latający profesor* (1961)
- *Rodzice miejcie się na baczności* (1961)
- *Włóczęgi północy* (1961)
- *Dzieci kapitana Granta* (1962)
- *Mary Poppins* (1964)

CIEKAWOSTKI:

- Kiedy Walt postanowił wstąpić do wojska, ze zdumieniem odkrył, że w archiwum w Chicago na jego akcie urodzenia widnieje o rok wcześniejsza data niż ta, którą znał. Wtedy pierwszy raz pomyślał, że został adoptowany. To wyjaśniało nie tylko niechęć jego ojca, ale i brak podobieństwa fizycznego do reszty rodziny. Myśl o adopcji towarzyszyła mu do końca życia i negatywnie wpływała na jego wybory. W 1936 roku wykorzystał tę słabość John Edgar Hoover, dyrektor FBI. Walt miał 35 lat i był bardzo sławny. Łakomy kąsek dla wywiadu. Czy Hoover blefował, czy też znał tajemnice rodziny? Nie wiadomo. Wiadomo natomiast, że w 1941 roku Disney wszedł w szeregi tajnych agentów FBI, najpierw jako informator, a później korespondent, i do końca życia szpiegował na rzecz Biura. W latach 30. i 40. wielu aktorów oraz pracowników Hollywoodu miało poglądy prokomunistyczne. Na początku zimnej wojny powstała tak zwana czarna lista Hollywoodu zakazująca pracy takim osobom w przemyśle filmowym. Dzięki Disneyowi znacznie się poszerzyła, między innymi o nazwisko genialnego Charliego Chaplina. W 1954 roku Walt został nawet mianowany superszpiegiem. Po raz pierwszy treść donosów Disneya opublikował w swej obrazoburczej biografii Marc Eliot. Książka burząca cukierkowy wizerunek ojca Myszki Miki wywołała gorący sprzeciw. „New York Times" napisał jednak: „nie istnieje żadna wątpliwość, że materiał przedstawiony przez Eliota jest prawdziwy".

- Podczas produkcji filmu *Bambi* Disney zorganizował w studiu małe zoo złożone z królików, kaczek, sów, skunksów i jeleni, by artyści mogli bezpośrednio obserwować ruch tych zwierząt.
- Disney zmarł na raka płuc. Przyczynił się do tego z pewnością fakt, że palił jednego papierosa za drugim. Został skremowany dwa dni po śmierci, a prochy rozsypano w Forest Lawn Memorial Park w Glendale. Tak twierdzi rodzina oraz przedstawiciele Walt Disney Company. Jednak legenda głosi coś innego. Podobno Walt Disney kazał się zamrozić. Wierzył w hibernację. Ponoć czeka

w podziemiach budynku Piratów z Karaibów na rok 2066, w którym mają zostać przywrócone jego funkcje życiowe. Tak uważają nawet jego dwaj biografowie: Mosley i Eliot. Jaka jest prawda?
- Tworząc animowanych bohaterów, Disney pełnymi garściami czerpał z życia i świata kultury. Naprawdę świetnie się przy tym bawił. Prototypami gwiazd wymyślonych często były rzeczywiste gwiazdy filmu, muzyki czy innych dziedzin sztuk. Na przykład twarz Aladyna jest wzorowana na twarzy... Toma Cruise'a, a kudłaty kwartet sępów z *Księgi* dżungli na... Beatlesach. Co prawda Lennon nie zgodził się na wykorzystanie swojego głosu w filmie, ale nie przeszkodziło to Disneyowi skopiować jego wygląd fizyczny.

CYTATY:

„Jeśli potrafisz o czymś marzyć, to potrafisz także tego dokonać".

„Sposobem na zaczęcie jest skończenie mówienia i podjęcie działania".

„My nie robimy filmów, by zarabiać pieniądze. My zarabiamy pieniądze, by móc robić więcej filmów".

„Jestem jak pszczółka, która zbiera pyłek i zapyla".

„Moja praca to sprawianie, by ludzie, a zwłaszcza dzieci, byli szczęśliwi".

ŹRÓDŁA I INSPIRACJE:

Bob Thomas, *Walt Disney. Potęga marzeń*, Dream Books, 2014.
Marc Eliot, *Walt Disney: Czarny Książę Hollywoodu*, Twój styl, 2005.
Leonard Mosley, *Disney's World*, Stein and Day, 1995.
Neal Gabler, *Walt Disney: The Triumph of the American Imagination*, Vintage Books, 2007.
Małgorzata Brączyk, *Walt Disney. Nieszczęśliwy milioner*, Focus.pl, http://historia.focus.pl/swiat/walt-disney-nieszczesliwy-milioner-485.
Michał Wąsowski, *Mroczna twarz Walta Disneya. Meryl Streep oskarżyła go o seksizm i antysemityzm. Jaka jest prawda o znanym rysowniku?*, NaTemat, http://natemat.pl/88157,mroczna-twarz-walta-disneya-meryl-streep-oskarzyla-go-o-seksizm-i-antysemityzm-jaka-jest-prawda-o-znanym-rysowniku.
Biografia na WP film: http://film.wp.pl/id,6484,name,Walt-Disney,osoba_biografia.html?ticaid=116491.
Walt Disney Family Museum: http://waltdisney.org/walt-disney.
http://waltdisney.fm.interiowo.pl.
Biografia na Wikipedii: https://pl.wikipedia.org/wiki/Walt_Disney.

Jack Dorsey

(ur. 1976)

amerykański programista i przedsiębiorca, współzałożyciel
(obok Evana Williamsa, Christophera Stone'a i Noaha Glassa)
i dyrektor generalny serwisu internetowego Twitter,
współzałożyciel platformy płatniczej Square Inc.

Serwis społecznościowy Twitter ma obecnie miliony użytkowników. Wielu z nich zaczyna dzień od sprawdzenia tam najnowszych informacji. Krótkie teksty, filmiki czy komentarze pod postami znajomych zyskują każdego dnia nowych zwolenników tego typu porozumiewania się. Czy ktoś z użytkowników Twittera zastanawiał się jednak, jak rozpoczęła się moda na tweetowanie? Kto upowszechnił na cały świat nowy rozdział komunikacji społecznościowej, czyli natychmiastową komunikację posługującą się krótką informacją tekstową? Kim jest człowiek, który rozpętał tę rewolucję? Kim jest Jack Dorsey?

Jack od dziecka interesował się mapami i podróżami. Kilkuletni chłopiec, zamiast oglądać ulubione bajki lub kolekcjonować plakaty z pierwszymi sportowymi idolami, godzinami wpatrywał się w plany miast. Być może to nietypowe hobby wynikało z obowiązków jego ojca, inżyniera sprzętu medycznego otrzymującego oferty pracy w różnych częściach Stanów Zjednoczonych. Rodzina Dorseyów kilkakrotnie zmieniała domy w Saint Louis, gdzie urodził się Jack, a nawet na krótko przeprowadziła się do Denver. Chłopiec każdą przeprowadzkę zaczynał od dokładnego poznania terenu. Kupował mapę okolicy i do późnych wieczorów przemierzał samotnie ulice. Matka Jacka Marcia Dorsey tłumaczyła to zachowanie obroną przed nowym, nieznanym światem i obcymi ludźmi. Drugą pasją, która pochłaniała Jacka od dzieciństwa, były komputery. Potrafił całymi dniami nie wychodzić z pokoju i studiować jedną z pierwszych wersji IBM. Jeśli połączyć oba zajęcia, jakim poświęcał czas wolny od nauki, łatwo zrozumieć, że gdy otrzymał od rodziców pierwszy komputer, najpierw nauczył się tworzyć w prostym programie graficznym własne plany miast, na których umieszczał informacje o wypadkach i interwencjach podsłuchane na policyjnych i ratunkowych częstotliwościach radiowych. Celem Jacka, jeszcze jako nastolatka, stało się stworzenie mapy zachwycającego go Nowego Jorku, na której widać byłoby rzeczywiste w danym czasie przemieszczanie się wszelkich pojazdów pogotowania, straży pożarnej, policji, taksówek i temu podobnych.

Jako dziecko Jack był niezwykle cichy i spokojny. Mogło to wynikać z wrodzonych cech charakteru, ale w pewnej mierze też z przypadłości, z którą się zmagał. Problemem dorastającego chłopca było jąkanie. To ono utrudniało kontakty z rówieśnikami i powodowało, że Jack rzadko się odzywał. Jednak już wtedy w jego zachowaniu dało się zauważyć niezwykłą determinację i upór w pokonywaniu trudności, które w parze z młodzieńczą samodzielnością i odwagą sprawiały, że każda trudność stawała się po prostu wyzwaniem do pokonania. Dlatego Jack celowo zapisywał się na wszelkie konkursy oratorskie. Przygotowując się do nich, ćwiczył poprawną, wyraźną wymowę, a zmuszając się do publicznych wystąpień, pokonywał nieśmiałość i lęk przed ludźmi. Metoda zmagania się ze słabościami poprzez podnoszenie poprzeczki coraz wyżej i podejmowanie kolejnych wyzwań stała się z czasem dla Jacka sprawdzonym sposobem na pokonywanie problemów związanych z życiem osobistym i pracą.

Siła charakteru Dorseya ujawniała się z biegiem lat. W szkole średniej Jack był postrzegany jako zwyczajny uczeń. Nie wyróżniał się, nigdy nie wysuwał na pierwszy plan, a jednak konsekwentnie rozwijał swoje zainteresowania: grał w drużynie tenisowej, rysował, zajmował się historią sztuki i pisaniem artykułów do szkolnej gazety. Należał także do klubu informatycznego, ale chociaż traktował to zajęcie na równi z pozostałymi, wyraźnie wyróżniał się wśród rówieśników wiedzą na temat komputerów.

Początkowo Jack godził coraz większą umiejętność pisania programów komputerowych z pasją logistyki. Nie zapomniał o swoim pierwszym twórczym marzeniu. Wyzwaniem stało się dla niego stworzenie programu koordynującego pracę taksówek i firm kurierskich, które musiały pozostawać ze sobą w stałym kontakcie. Atlasy drogowe Jack zamieniał na format cyfrowy i za pomocą prototypu Internetu – Bulletin Board System, czyli elektronicznej mapy ogłoszeń, umieszczał na nich poruszające się po mieście obiekty. Taki program komputerowy mógł w dużym stopniu ułatwić pracę firm dystrybucyjnych i przewozowych. Jednak jaki sens miałby ten wysiłek, gdyby nie sprawdzono skuteczności działania programu? Pomysłowy nastolatek postanowił wypróbować swój patent w praktyce.

Właściciel jednej z firm taksówkowych w Saint Louis musiał mieć zdziwioną minę, gdy okazało się, że autorem oprogramowania służącego do obsługi klientów taksówek, które ułatwiłoby znacznie pracę w jego firmie, jest piętnastoletni ciemnowłosy chłopiec o jakby lekko naiwnym spojrzeniu niebieskich oczu. Zgodził się jednak przetestować program, po czym chętnie zainstalował go w swoim przedsiębiorstwie. Rozwiązania zaproponowane przez Jacka Dorseya znacznie ułatwiły codzienną pracę dystrybutorów. Do dzisiaj niektóre firmy taksówkowe używają tego oprogramowania. To był ważny dla Jacka test, w dodatku zdany pomyślnie. Po pierwsze Dorsey napisał niezły program, zgodny z pierwotnymi założeniami, po drugie przełamał nieśmiałość i sprzedał go firmie taksówkarskiej, przekonując ją do skuteczności i opłacalności produktu, a po trzecie nabrał wewnętrznego przeświadczenia, że to co robi, jest słuszne, dzięki czemu zyskał większą pewność siebie.

Następnym krokiem było dołączenie do zespołu Mira Digital Publishing Company. Jack Dorsey pojawił się w gabinecie szefa firmy Jima Makkilviego latem 1991 roku, gdy ten był w trakcie omawiania ważnego projektu. Młody zapaleniec nie pozwolił się zbyć i po kilku godzinach siedzenia pod drzwiami wciąż cierpliwie czekał na możliwość rozmowy. Nieustępliwość, a równocześnie skromność i nienarzucający się sposób bycia zdecydowały o przyjęciu piętnastolatka na staż. Po paru tygodniach Jack Dorsey dowodził już zespołem programistów.

Rodzice i nauczyciele zauważyli, że Jack przejawia niezwykłe zdolności do nauk ścisłych, dlatego dbali, by rozwijał te talenty. Być może to właśnie sugestie rodziców sprawiły, że kilka lat później Jack rozpoczął studia na Uniwersytecie Nauki i Technologii w Missouri. Miał już wtedy spore doświadczenie zawodowe zarówno w tworzeniu programów komputerowych, jaki i w funkcjonowaniu firmy. Prawdziwą pasją stało się wówczas dla niego tworzenie stron internetowych. Nauka teorii nie była już tak interesująca, jak dla tych studentów, którzy dopiero zaczynali swoją przygodę z pisaniem programów komputerowych, dlatego dwa lata później Jack przeniósł się do wymarzonego Nowego Jorku, a po kilku następnych do Oakland w Kalifornii. Decyzje o zmianach uczelni przychodziły łatwo. Tym bardziej, że były związane z przeprowadzkami, co przecież lubił, i z założeniem pierwszej własnej firmy. W końcu Jack mógł samodzielnie nadzorować ruchome kropki pojazdów na wirtualnej mapie, komunikować się z przewoźnikami i zbierać informacje o tym, co robią w danej chwili. Zajął się tym, co umiał i co cieszyło go najbardziej: założył firmę, która przez Internet obsługiwała wysyłki kurierskie oraz nadzorowała kursy taksówek i pojazdów ratowniczych. Trwało to do momentu, gdy Jack Dorsey dostrzegł, że w tej branży osiągnął już wszystko, co mógł, a był przecież wciąż bardzo młody, wciąż chciał się rozwijać i odkrywać kolejne tajemnice i możliwości technologii komputerowej.

Kolejnym miejscem pracy stała się dla niego firma DMSC Grega Kidda specjalizująca się w technikach informatycznych. Dorsey, aby zainteresować sobą potencjalnego pracodawcę, wykazał się dużą odwagą, a nawet bezczelnością i przede wszystkim bardzo zaryzykował – aplikując na to miejsce pracy, zrobił to w sposób, delikatnie mówiąc, niekonwencjonalny. Włamał się na stronę internetową firmy, a w e-mailu zawarł wiadomość, że jest najlepszym menedżerem i tylko on potrafi wprowadzić takie zabezpieczenia, które w przyszłości zapobiegną podobnym włamaniom. Ryzykowne posunięcie opłaciło się. Jack dostał wymarzoną pracę, w której poznał zasady funkcjonowania systemu krótkich wiadomości – smsów. Przez kilka lat Dorsey tworzył oprogramowanie dla taksówek i samochodów pogotowia. Odegrał wówczas znaczącą rolę w pracy nad promowaniem nowego projektu o nazwie dNet.com Greg Kidd. Jednak jego sukces był krótkotrwały. Po pęknięciu na giełdzie internetowej bańki w 2001 roku firma zbankrutowała, a Dorsey został bez stałego zatrudnienia. Jego spojrzenie na przyszłość było jednak optymistyczne. Pomysłowość i rozwijana przez lata kreatywność podpowiadały mu, by zająć się rysowaniem roślin lub projektować jeansy. Przez pięć lat pracował jako wolny strzelec, a żeby zarobić na życie, ukończył nawet kurs terapii masażem.

Jack Dorsey był człowiekiem uważnym i wnikliwym. W dotychczasowych miejscach pracy bacznie się przyglądał funkcjonowaniu komunikacji internetowej. Dostrzegł, że Internet daje możliwość bardzo szybkiego porozumiewania się. Coraz częściej jego myśli kierowały się ku rozważaniom nad jeszcze lepszym wykorzystaniem Internetu do komunikacji między ludźmi: a gdyby można było łączyć się w Internecie ze wszystkimi znajomymi równocześnie, by wiedzieć, co aktualnie robią – czy piją kawę, czytają, a może idą na koncert i szukają towarzystwa? Albo mają coś bardzo ważnego do przekazania w danej chwili?. Na efekty nie trzeba było długo czekać. Jack skojarzył ten pomysł z ideą statusów popularnego wtedy w Stanach Zjednoczonych komunikatora AIM. Gdyby tak statusy oderwać od reszty usługi? Ta myśl stała się pierwszym impulsem do działania. Jednak Jack nie postępował pochopnie, swoje pomysły musiał sprawdzić. Zrobił to, korzystając z oprogramowania wysyłkowego, które wykorzystał do podtrzymania kontaktów z przyjaciółmi, śląc im krótkie teksty. Doświadczenia zdobyte w dotychczasowej karierze zawodowej zaprocentowały. Połączenie szerokiego zasięgu oprogramowania wysyłkowego z łatwością używania komunikatorów to było coś!

Ze swoim pomysłem Dorsey przyszedł do firmy Odeo Inc. w San Francisco, w której pracowali już Evan Williams i Christopher Stone. Programiści od jakiegoś czasu próbowali stworzyć nowy sposób wysyłania wiadomości tekstowych za pośrednictwem telefonów komórkowych, a przy okazji starali się ocalić przed upadkiem swoją firmę zajmującą się dystrybucją podcastów, czyli audycji dostępnych w postaci odcinków w plikach audio (najczęściej w formacie mp3) lub wideo. Firma nie przynosiła takich zysków, jak się spodziewano, a właściwie... nie przynosiła ich wcale. W dodatku Apple wprowadziła na rynek konkurencyjne oprogramowanie iTunes. Przy takim rywalu Odeo była bez szans.

Jack Dorsey sposób na ratunek firmy przed upadkiem dostrzegł we wprowadzeniu na rynek swojego pomysłu rozpowszechniania przez użytkowników usługi smsowej wymiany myśli i informacji w Internecie. W ciągu dwóch tygodni zbudował prostą stronę, na której użytkownicy mogli zamieszczać krótkie wpisy. Jej działanie opierało się na wiadomościach smsowych wysyłanych na jeden numer, a następnie automatycznie rozsyłanych po wszystkich znajomych. Wtedy jeszcze do głowy żadnemu z użytkowników usługi nie przyszło, że z czasem zmienią się w „followersów", czyli śledzących.

Pracownicy firmy Odeo byli zachwyceni. Pierwszy weekend, w czasie którego testowali pomysł Jacka, upłynął im na obserwowaniu nowych informacji z życia. 21 marca 2006 roku Dorsey opublikował pierwszą wiadomość, która brzmiała: „justsettingup my twttr.", czyli „wystarczy skonfigurować twttr", a zaraz później zajął się udoskonalaniem serwisu. Jack nie lubił tracić czasu. Każdy mający szansę powodzenia pomysł stawał się dla niego motorem do działania, wyzwalał ukryte pokłady energii, tym większe, im bardziej wydawało się, że pomysł nie ma szans na powodzenie. Być może nigdy nie doszłoby do powstania Twittera, gdyby nie odnalezienie przez Jacka starego notesu, w którym niegdyś zapisywał wszystkie swoje pomysły. Po przejrzeniu notatek Jack zdał sobie sprawę z tego, jak niewiele udało mu się wprowadzić w życie i postanowił nie marnować już więcej żadnej chwili, by realizować swoje plany i marzenia. Pomagali mu między innymi Noah Glass – współzałożyciel Odeo i pomysłodawca pierwotnej nazwy serwisu – Twttr, Florian Weber – twórca strony technicznej serwisu, a także Christopher Stone. Udoskonalanie tego systemu komunikacji trwało sześć lat, ale dzięki pomocy Christophera, a potem także Evana Williamsa, Dorsey stworzył prototyp tego, co w przyszłości stało się platformą Twittera.

Nowy portal społecznościowy początkowo nazywał się stat.us., proponowano też Friendstalker (ang. prześladowca znajomych), co jednak nie kojarzyło się pozytywnie i na szczęście w krótkim czasie zmienione zostało na Twttr.com, chociaż pomysłodawcy już wtedy używali nazwy Twitter wyszukanej przez Glassa jako kolejne hasło ze słownika. Podobno na pomysł nazwy przyszedł mu do głowy pod wpływem irytujących go wibracji telefonu. Wibracje skojarzyły się z impulsami wysyłanymi do mózgu. A chwilę później wzrok Glassa padł na kolejne hasło w słowniku: twitter (ang. świergot) – „cienki, delikatny głos wydawany przez niektóre ptaki". Wszyscy współpracownicy byli zgodni – ta nazwa dobrze określała charakter wysyłanych na tworzonym przez nich portalu wiadomości. Nowy serwis miał umożliwiać udostępnianie aktualizacji statusu użytkownika za pośrednictwem wiadomości tekstowych, dlatego Jack zaproponował usunięcie z nazwy samogłosek, co było modnym w owym czasie zabiegiem. W ten sposób Twitter lub Twttr, mógł wykorzystać do wysyłania wiadomości specjalny pięciocyfrowy numer telefonu nazywany krótkim kodem.

Idea komunikacji Twittera była taka, by komunikować się szybko oraz by precyzyjnie i zwięźle wyrażać informacje, stąd pomysł, żeby komunikat nie przekraczał 140 znaków. Tak było od początku istnienia platformy społecznościowej i tak pozostało. Dlaczego akurat tyle? Odpowiedź leży w pojemności jednego smsa, która wynosi 160 znaków, czyli 140 plus nazwa użytkownika wysyłającego wiadomość. Dzisiaj niemal każdy wie, czym jest Twitter, hasztag czy tweetowanie. Krótkie posty pokazywane użytkownikom obserwującym dany profil na Twitterze przypominające ćwierkanie ptaka, czyli po prostu tweety, zyskują coraz więcej zwolenników mikroblogowania, którzy podobnie jak Jack Dorsey polubili ograniczenia inspirujące kreatywność.

Fenomen tweetowania obecnie jest czymś oczywistym, jednak początkowo nikt nie wierzył w wielki sukces serwisu. Po dwóch miesiącach jego istnienia liczba użytkowników nie przekraczała nawet pięciu tysięcy. Mimo to Jack Dorsey wykazał się niezwykłą intuicją i wykupił Odeo z rąk udziałowców, płacąc za firmę około pięć milionów dolarów. Niedługo później zwolnił Noaha Glassa, który prowokował ciągłe kłótnie i konflikty. Decyzje Dorseya były konkretne i stanowcze. Mimo przyjacielskiego usposobienia i otwartości na innych Jack nie wahał się rozstawać z tymi, którzy mogliby stanąć na drodze jego zamierzeniom. W tym czasie nowy dyrektor firmy podjął jeszcze jedną dobrą decyzję – spotkał się z człowiekiem zainteresowanym inwestowaniem w markę Twitter mimo jej małej popularności. Po krótkiej, ale treściwej rozmowie podczas śniadania w restauracji hotelowej w San Francisco właściciele Twittera otrzymali na konto firmy pół miliona dolarów oraz zyskali sponsora, który okazał się także wartościowym współpracownikiem. Był to Fred Wilson, który został strategicznym konsultantem Twittera, a jego zaangażowanie w wymyślanie sposobów usprawniających funkcjonowanie firmy było godne podziwu. Dla Wilsona polityka dobra firmy opierała się nie tylko na wizerunku globalnym, lecz na dbaniu o każdy, najmniejszy szczegół. Jack Dorsey miał nosa do ludzi. Kolejny raz zdecydował się na układ z wartościowym człowiekiem, dzięki czemu nauczył się sprawniejszego zarządzania marką i zespołem podwładnych.

Niedługo później Twitter w błyskawicznym tempie zaczął zyskiwać niezwykłą popularność. Po paru miesiącach od rozpoczęcia działalności dzięki szybkiej i bezpośredniej komunikacji stał się ważnym nośnikiem informacji lub poglądów oraz kreatorem rzeczywistość, zaczął być doceniany przez małe i większe firmy oraz osoby publiczne. Z Twittera często szybciej niż z radia lub telewizji można dowiedzieć się o konflikcie zbrojnym, zasięgu akcji charytatywnej czy wpadce polityka ubiegającego się o ważne stanowisko państwowe. Zwykły człowiek może stać się przez chwilę medium na miarę gazety czy stacji telewizyjnej... Oczywiście pod warunkiem, że opublikowany przez niego tweet zainteresuje odpowiednio duże grono odbiorców.

Jack Dorsey został pierwszym prezesem firmy. Tak postanowili współzałożyciele i pierwsi inwestorzy. Po kilku latach zweryfikowali jednak ocenę umiejętności menedżerskich Dorseya i usunęli go ze stanowiska, jednocześnie zapewniając mu miejsce w radzie nadzorczej i udziały w firmie. Jack stracił jednak prawo głosu w ważnych dla Twittera decyzjach. Poczuł się zawiedziony i rozczarowany i zaczął szukać dla siebie nowych wyzwań.

W 2009 roku zaangażował się we współpracę przy tworzeniu Square Inc. – firmy oferującej oprogramowanie ułatwiające płatności mobilne i obsługę kart kredytowych za pomocą czytnika pasków magnetycznych uruchamianego za pośrednictwem gniazda słuchawkowego telefonów komórkowych. Nazwa platformy płatniczej pochodzi od popularnego pytania: „Are we square?", co można przetłumaczyć jako: „Czy jesteśmy kwita?", i nie zaistniałaby, gdyby nie kolega Dorseya, który był właścicielem maleńkiej firmy produkującej między innymi łazienkowe akcesoria z dmuchanego szkła – efektowne, ale równocześnie bardzo drogie, kupowane często po wpływem impulsu. Problem polegał na tym, że w jego warsztacie można było płacić tylko gotówką, jeśli więc potencjalny klient nie miał przy sobie co najmniej 2 tys. dolarów, odchodził z kwitkiem i najczęściej już nie wracał. Dorsey na prośbę znajomego, który nie mógł pogodzić się z traceniem zarobku, postanowił wymyślić nowy sposób płatności. W niedługim czasie platforma działała tak sprawnie, że w ciągu dwóch lat zyskała około dwóch milionów użytkowników, chociaż funkcjonowała tylko w Ameryce Północnej. Ten sukces sprawił, że w 2013 roku platforma płatnicza Square Inc. podbiła rynki japońskie, przynosząc jej twórcom uznanie w Azji. Jack Dorsey nie zapomniał jednak o swoim ukochanym dziecku. W 2015 roku znów stanął na czele jednego z najbardziej popularnych portali społecznościowych na świecie, dzieląc czas między obie firmy.

Tworząc Twittera, Dorsey nie był podobno szczególnie zainteresowany zyskiem. Prawdopodobnie wynikało to z wpajanej od dzieciństwa skromności. Do dzisiaj nie ukrywa, że w rozwoju kariery zawodowej kieruje się japońską koncepcją *wabi-sabi*, w której ważne są prostota i oszczędność. Jack Dorsey nie jest typowym człowiekiem sukcesu. Długo mieszkał w wynajętych mieszkaniach, a pierwszy własny samochód kupił dopiero w 2011 roku. Swoje znane nazwisko wykorzystuje przede wszystkim po to, by zbierać pieniądze na cele charytatywne.

Chociaż Twitter ma rzesze wiernych użytkowników, długo nie umiał na nich w pełni zarabiać. To się zmieniło w 2009 roku, gdy zaczął uzyskiwać realne przychody, ponieważ Jack

Dorsey zgodził się, by Google i Bing (platforma Microsoftu) wyświetlały w wynikach wyszukiwania komunikaty z Twittera, a na portalu umieszczano reklamy.

Skąd sukces twórcy Twittera? Osiem godzin intensywnej pracy przez siedem dni w tygodniu w jednej firmie, nie licząc kolejnych ośmiu w drugiej, wymaga ogromnej dyscypliny i skupienia na kolejnych zadaniach. Dlatego Jack ma zaplanowaną każdą minutę najbliższych tygodni, a nawet miesięcy życia, zaś odstępstwa od harmonogramu zdarzają się niezwykle rzadko i to zwykle w niedzielę, gdy ma czas, by młodzieńczym zwyczajem wybrać się na kilkugodzinny, najczęściej samotny spacer. Ogromny wysiłek nie wynika jednak z chęci zysku. Główną motywacją Jacka Dorseya jest pasja. On sam uważa, że „największym bogactwem jest towarzystwo ludzi kochających swoją pracę". Czym jeszcze zaskoczy nas Jack Dorsey, który dorastał wraz z erą Internetu, a w wieku czterdziestu lat jest w czołówce twórców mediów społecznościowych? Nie wiadomo. Pewne jest jednak to, że Jack Dorsey nie powiedział jeszcze ostatniego słowa.

KALENDARIUM:

19 listopada 1976 – narodziny w Saint Louis w stanie Missouri w USA
1990 – opracowanie oprogramowania dla taksówek i firm przewozowych
1991 – rozpoczęcie pracy programisty w firmie Mira Digital Publishing Company
1995 – ukończenie Bishop Du Borg High School w Saint Louis
1995 – rozpoczęcie studiów na University of Science and Technology w Missouri

1997 – rozpoczęcie studiów na New York Uniwersity
1997 – praca w firmie DMSC Grega Kidda w Nowym Jorku
1999 – przeprowadzka do San Francisco i założenie własnej firmy zajmującej się produkcją oprogramowania dla firm kurierskich, taksówkarskich oraz dla służb ratunkowych
2000 – początek rozwijania zainteresowań komunikacją natychmiastową i rozpoczęcie pracy nad komunikatorem internetowym
2001 – praca w firmie Odeo Inc. w San Francisco
21 marca 2006 – wysłanie pierwszej wiadomości (tweeta) na platformie prototypu Twittera, czyli Twttr, przez Jacka Dorseya, Evana Williamsa, Biza Stone'a and Noaha Glassa
2008 – objęcie stanowiska przewodniczącego rady nadzorczej Twitter Inc.
2009 – Jack zostaje współzałożycielem i dyrektorem generalnym firmy Square Inc. zajmującej się sprzętem i oprogramowaniem płatności mobilnych
2015 – ponowne objęcie stanowiska dyrektora generalnego Twitter Inc. i rezygnacja z funkcji przewodniczącego rady nadzorczej

CIEKAWOSTKI:

- Logo Twittera, czyli biały ptaszek na błękitnym tle, zostało nazwane Larry the Bird od nazwiska znanego koszykarza Larry'ego Birda. Stworzył je grafik urodzony w Anglii, a mieszkający na stałe w Japonii, Simon Oxley. Twórcy Twittera kupili grafikę na jednym z serwisów typu *photo stock* i zapłacili za nią... 7 dolarów. Co ciekawe, ptaszek nie jest oficjalnym logo Twittera. Firma nie sprzedaje żadnych gadżetów z jego wizerunkiem. W związku z tym artyście nie należy się nic ponad owe niespełna trzydzieści złotych. Zyskał sławę, ale nie dostaje ani grosza za to, że jego grafikę widzą codziennie dziesiątki milionów internautów na świecie.

- Twitter jest modny wśród elit i chętnie wykorzystywany przez osoby publiczne, między innymi polityków, pisarzy i dziennikarzy. Swoje profile na Twitterze posiadają gazety, instytucje państwowe, firmy i celebryci. Tweety znanych osób nierzadko przygotowują specjaliści do spraw komunikacji. Od 2006 roku testuje się możliwość wykorzystania wpisów na Twitterze jako źródła danych socjologicznych. Testowane jest w tym celu oprogramowanie zdolne do przetwarzania języka naturalnego.

- W 2007 roku San Diego nawiedziła fala pożarów. Ponad 1500 domów na obszarze 3900 km² zostało doszczętnie zniszczonych. Użytkownicy Twittera zaczęli używać serwisu do wzajemnego informowania się o rozwoju sytuacji. Nie przeprowadzono żadnych statystyk, ale przyjmuje się, że Twitter uratował kilkanaście ludzkich istnień. Możliwości płynnej komunikacji podczas tej wyjątkowej sytuacji szybko dostrzegli i wykorzystali: „Los Angeles Times", straż pożarna, Czerwony Krzyż. Dla niektórych Twitter był jedynym źródłem informacji o pożarze i nadchodzącym zagrożeniu.

- Krótkie wiadomości Twittera okazały niebezpieczną bronią polityczną, na przykład w Iranie za pomocą tej usługi w ciągu kilku dni udało się zebrać tłum protestujących. Coś podobnego zdarzyło się w Mołdawii, Gwatemali i Ugandzie. Były doradca bezpieczeństwa USA Mark Pfayfel zaproponował nawet kandydatury Jacka Dorseya i innych twórców Twittera do Pokojowej Nagrody Nobla za ich wpływ na przyszłość Iranu.

- Twitter pozwala na zakładanie fikcyjnych kont, stąd łatwość zatarcia granicy między fikcją a rzeczywistością. Ten fakt wykorzystała pisarka Jennifer Egan, tworząc powieść kryminalną specjalnie dla Twittera. Codziennie około godziny 20.00 umieszczała kilka tweetów zawierających kolejną część historii, a użytkownicy zastanawiali się, jakie losy spotkają bohaterów. Powieść *Black Box* składała się z 640 teetów czyli ok. 8400 znaków i odniosła sukces. Jeszcze większą popularnością może pochwalić się powieść *Evidence*, której autorka Elliot Holt stworzyła jeszcze większe wrażenie interakcji, publikując kolejne tweety i zakładając konta fikcyjnych postaci wchodzących z sobą w interakcje czy prowadząc dyskusje z użytkownikami Twittera.
- Upowszechnienie serwisu społecznościowego na skalę globalną rozpoczęło się po South by Southwest Film Festival w 2007 roku, gdy na kilku ekranach wyświetlano bieżące wiadomości i opinie na temat nagród filmowych od użytkowników Twittera. Od tego momentu udało się zwiększyć liczbę dziennych tweetów z dwudziestu do sześćdziesięciu tysięcy. Zaledwie rok później, w maju 2008 roku, za pośrednictwem Twittera została wysłana miliardowa wiadomość.
- Obecnie obrazkowa rzeczywistość wymusza nieograniczanie się jedynie do pisania. Tweety mają różne odmiany. Oprócz krótkich tekstów czyli użytecznych informacji, anegdotek, cytatów, dowcipów czy linków do postów blogowych można angażować się z dyskusje, brać udział w czatach, przesyłać zdjęcia, krótkie filmy, linki do stron internetowych, oznaczać znajomych lub lokalizację. Najnowszym wynalazkiem jest sonda tweet, która pozwala zadać użytkownikom pytanie i sugerować różne propozycje odpowiedzi, na które zwolennicy mogą się zdecydować.

- W 2008 roku liczba użytkowników wzrosła do 1 mld, a w 2010 roku każdego dnia pojawiało się 50 mln nowych tweetów.

INFORMACJE:

- Właściciele portalu społecznościowego zdecydowali się nie ujawniać liczby kont zarejestrowanych na Twitterze i innych informacji odsłaniających wielkość serwisu. Jest to tajemnica wpisana w politykę firmy. Znane są pomiary aktywności użytkowników: codziennie zakładanych jest około 460 tysięcy nowych kont, a każdego dnia wysyłanych jest około 140 milionów tweetów.
- Od 20 października 2015 roku majątek netto Jacka Dorseya jest wyceniany na 2,3 mld dolarów i zgodnie z danymi „Forbes" jest jednym z największych na świecie.
- W 2008 roku Facebook usiłował kupić Twitter za 500 mln dolarów. W 2016 roku Twitter wart był 11,7 mld dolarów. Nie uwzględniając inflacji.
- Przez pierwsze 5 lat istnienia Twitter miał tylko 200 pracowników. W 2016 roku ta liczba wzrosłą do 3700 osób.

CYTATY:

„Wszystko, co możemy zrobić, to dążyć do tego, by ludzie byli bardziej otwarci, bardziej twórczy, bardziej odważni".

„Dbamy o to, by nasza technologia była jak najbardziej przyjazna użytkownikom, by zawierała w sobie pierwiastek ludzki, bo tylko wtedy jest w stanie ich przyciągnąć".

ŹRÓDŁA I INSPIRACJE:

Biografia Jacka Dorseya: http://www.biography.com/people/jack-dorsey-578280#creation-of-twitter.

Mark Glaser, *Założyciele Twittera żerują na mikroblogowaniu*, MediaShift, http://mediashift.org/2007/05/twitter-founders-thrive-on-micro-blogging-constraints137.

Krzysztof Żołyński, *Lata ćwierkania*, http://www.gamermag.pl/14/twitter_historia.html.

Piotr Barycki, *Prześladowca „Znajomych" obchodzi urodziny. Tak, Twitter ma już 10 lat*, Spider's Web, http://www.spidersweb.pl/2016/03/twitter-historia-10-lat.html.

Paweł Luty, *Twitter: było ich czterech…*, http://www.brief.pl/artykul,1645,twitter_bylo_ich_czterech.html.

Twitter – czym właściwie jest?, http://www.pawelbielecki.in/twitter-co-to-jest.

The Future of Twitter: Q&A with Jack Dorsey, Bloomberg, https://www.bloomberg.com/features/2016-jack-dorsey-twitter-interview/.

Piotr Czarnowski, *Jack Dorsey, twórca Twittera, chce teraz zrewolucjonizować zakupy przez Internet*, http://twarzebiznesu.pl/artykuly/578378,jack-dorsey-tworca-twittera-chce-teraz-zrewolucjonizowac-zakupy-przez-internet.html.

Henry Ford

(1863-1947)

**amerykański przemysłowiec, założyciel
Ford Motor Company**

Późną nocą 4 czerwca 1896 roku co najmniej pół ulicy Bagley w Detroit zbudziły odgłosy rozbijanych cegieł. To Henry Ford burzył ceglaną ścianę wynajmowanego pod numerem 58 garażu. Właśnie odpalił swój nowy, zasilany paliwem samochód, który okazał się zbyt duży, by przejechać przez drzwi. Konstruowanie go zajęło siedem lat, a autor projektu przewidział wszystko poza ograniczoną przez garażowe drzwi możliwością wyjazdu auta. Był to prototypu modelu, którym w przyszłości miało jeździć pół Ameryki.

Konstruktor i inżynier, człowiek, który na zawsze zmienił oblicze motoryzacji, urodził się 33 lata wcześniej w Springwell Township w hrabstwie Wayne w stanie Michigan jako pierworodny syn (spośród szóstki potomstwa) Williama i Mary Fordów. Dzieciństwo spędził, dzieląc czas między pomoc ojcu w pracach na farmie, naukę w jednoizbowej wiejskiej szkole i rozwijanie zainteresowań związanych z mechaniką. Czasu na poświęcanie się pasji pozostawało niewiele, zwłaszcza gdy w 1875 roku zmarła matka chłopca i dzieciom zabrakło opieki, a przybyło obowiązków. Jednak fascynacja urządzeniami mechanicznymi często brała górę nad codziennymi obowiązkami. Henry szczególną uwagę skupiał na poznawaniu zasad ich działania. Nie wystarczały mu teorie i tłumaczenia. Wrodzona dociekliwość sprawiała, że nie było dla niego ciekawszego zajęcia od samodzielnego sprawdzania, dlaczego dany przyrząd pracuje w określony sposób. Widok jakiegokolwiek silnika powodował, że chłopiec zapominał o całym świecie. Nie mniejszą ciekawość budziły wszelkiego rodzaju maszyny parowe, na przykład służące do młócenia zboża. Chętnie pomagał ojcu w naprawianiu tych sprzętów i wkrótce sam potrafił usuwać usterki maszyn gospodarskich.

Najbliżsi wiązali przyszłość Henry'ego z zegarmistrzostwem, zwłaszcza od dnia, gdy trzynastoletniemu chłopcu ojciec podarował zegarek, który ku zaskoczeniu rodziny Henry najpierw dokładnie rozebrał na części, by wkrótce – zaledwie przy pomocy wkrętaka i pęsety – zmontować na nowo. Czasomierz działał bez zarzutu. Chłopca jednak bardziej fascynowały nieco większe od zegarków mechanizmy, dlatego każdą wolną chwilę po szkole i skończeniu pracy na farmie spędzał przy majsterkowaniu w małym warsztacie mechanicznym, który wyposażył, zbierając niepotrzebne ojcu i sąsiadom narzędzia i przystosowując je do swoich potrzeb. Chociaż czasu na rozwijanie pasji miał niewiele, więc poświęcał jej głównie późne wieczory i noce, to właśnie na farmie ojca jako nastolatek odniósł pierwszy sukces i samodzielnie skonstruował silnik parowy.

Dociekliwość, zmysł analityczny, konsekwentne pokonywanie trudności, a przede wszystkim niezwykła wytrwałość w dążeniu do celu miały sprawić, że Ford w przyszłości zostanie uznany za najwybitniejszego przemysłowca na świecie. Zanim jednak do tego doszło, czekała go długa droga rozwoju, wyrzeczeń i ryzykownych decyzji. Pierwszą z nich Henry Ford podjął bardzo wcześnie. Właściwie w momencie, gdy zamknął za sobą po raz ostatni drzwi szkoły podstawowej. Szesnastoletni chłopak uznał wówczas, że nadeszła właściwa pora, by zacząć realizować własne marzenia, czyli dowiedzieć się wszystkiego o mechanice. Ale były to marzenia jego, a nie ojca, więc uciekł z domu rodzinnego do Detroit. Odległość między Springwell Township a pobliskim miastem pokonał pieszo i prawie bez grosza, jednak marzenie o pracy w warsztacie mechanicznym rekompensowało te niedogodności i utwierdzało go w przekonaniu, że podjął słuszną, choć niezgodną z wolą ojca, decyzję.

Odwaga i jasno sprecyzowane cele udowodniły dojrzałość młodego człowieka, więc rodzina w końcu zaakceptowała jego decyzję. Przez kolejne trzy lata przez sześć dni w tygodniu po dziesięć godzin dziennie poznawał tajniki naprawy i konstrukcji maszyn, początkowo otrzymując za swoją pracę dwa i pół dolara tygodniowo. Wyżywienie i zakwaterowanie kosztowało trzy i pół dolara na tydzień, więc Henry musiał szybko znaleźć zajęcie, dzięki któremu mógłby samodzielnie się utrzymać. Chłopak wykazywał się dużą intuicją techniczną i szybko się uczył, więc zatrudniono go w zakładzie jubilerskim produkującym zegarki z pensją wyższą o dwa dolary tygodniowo. Od siódmej rano do jedenastej wieczorem składał z gotowych elementów niewielkie mechanizmy odmierzające czas. Podobno już wtedy zaczął myśleć nad rozwiązaniem kwestii: jak ułatwić sobie pracę, jak ją usprawnić, jak rozwinąć produkcję, by przynosiła zarówno zyski producentowi, jak i zadowolenie odbiorcom? To wówczas po raz pierwszy wpadł na pomysł masowej produkcji tanich urządzeń, a niedająca mu spokoju myśl miała w przyszłości przybrać kształt samochodu Ford Model T.

Mimo że ojciec Henry'ego sceptycznie przyglądał się pomysłom syna, musiał pogodzić się z jego niezależnością i uporem w dążeniu do realizowania pasji, zaś Henry, gdy tylko miał czas, przyjeżdżał do domu i nadal pomagał w pracach na farmie. Szczególnie chętnie konserwował i naprawiał maszyny rolnicze. Jeśli u Fordów wszystko działało, zajmował się sprzętami sąsiadów, a gdy i oni nie potrzebowali pomocy, Henry rozwijał w myślach plany budowy pojazdu poruszanego silnikiem spalinowym. Pomysłowość, wytrwałość i zgłębianie wiedzy technicznej dały wymierne efekty. W końcu udało się Henry'emu zbudować niewielki ciągnik rolniczy z silnikiem jednocylindrowym, ale problem, jaki przy tym napotkał, czyli uruchomienie świateł padających na tylne koła, zmusił go do jeszcze większej pracy nad pokonywaniem trudności. Mimo to satysfakcja z sukcesu równoważyła niepowodzenia, a młody konstruktor tylko nabierał pewności, że warto oddawać się pasji. Marzenie o skonstruowaniu samochodu było coraz silniejsze. W tym czasie Henry Ford zdał egzamin czeladniczy i podjął pracę w fabryce w Detroit. Poza ciągłym pogłębianiem wiedzy praktycznej zajął się rozwijaniem także innych przydatnych umiejętności, między innymi uczył się księgowości w Goldsmith, Bryant & Stratton Bussiness College. Można by pomyśleć, że dzień nie ma tylu minut, by zmieściły się w nich wszystkie zajęcia i obowiązki Henry'ego Forda, a okazuje się, że nie tylko na nie mechanik i konstruktor znajdował czas. Miał przecież także życie osobiste.

W 1888 roku Henry Ford założył rodzinę. Ślub z Clarą Bryant nałożył na barki młodego małżonka ciężar odpowiedzialności za utrzymanie domu i na chwilę odsunął w cień jego marzenia. One jednak nie pozwoliły o sobie zapomnieć. Po roku prowadzenia rodzinnego tartaku Ford objął stanowisko głównego inżyniera w Edison Illuminating Company w Detroit. Odtąd miał trochę więcej czasu i pieniędzy, by po godzinach wrócić do swoich pasji. Z niespożytą energią przeprowadzał kolejne doświadczenia z silnikami parowymi, a potem spalinowymi. Te eksperymenty stały się nieodłącznym elementem codzienności. W przydomowym garażu założył warsztat i systematycznie każdego dnia poświęcał chociaż chwilę na zgłębianie wiedzy o działaniu i zastosowaniu silników. Przeprowadzał doświadczenia poprzedzone lekturą angielskich czasopism naukowych wskazujących, by skłaniać się ku silnikom spalinowym, w których widziano przyszłość bezkonnego transportu. Na efekty tych indywidualnych studiów trzeba było poczekać osiem lat, ale były one spektakularne. Pojazd napędzany silnikiem benzynowym, nazwany kwadrycyklem, powstał według samodzielnego pomysłu i wykonania Henry'ego Forda. Dla wytrwałego konstruktora każde miejsce było odpowiednie do pracy nad udoskonalaniem projektu, dlatego samodzielnie przez niego zbudowany silnik spalinowy został zmontowany na drewnianym kuchennym stole przy Bagley 58.

Niedługo później światło dzienne ujrzała konstrukcja z silnikiem dwucylindrowym opartym na ramie, do której pomysłowy konstruktor przymocował drewnianą ławeczkę i cztery koła od bicykla. Od tej chwili coraz bardziej pochłaniało Forda udoskonalanie prototypu pojazdu nazwanego przez autora: Ford Samodzielność. Coraz trudniej przychodziło mu godzenie pracy w Edison Illuminating Company z pasją, której się poświęcał. Pewnego dnia plany konstrukcyjne Ford pokazał dyrekcji fabryki, między innymi Thomasowi Edisonowi, a ten zachwycił się nowatorskimi rozwiązaniami technicznymi i zachęcił swojego pracownika do wzmożonych działań nad udoskonaleniem modelu, mimo że sam był zwolennikiem samochodów zasilanych elektrycznie.

15 sierpnia 1899 roku Henry Ford podjął jedną z najważniejszych, a może najważniejszą decyzję w życiu. Zrezygnował

ze stanowiska głównego inżyniera, by wkrótce pod nazwą Detroit Automobile Company otworzyć firmę, której został współwłaścicielem. Właśnie w niej powstał pierwszy samochód z silnikiem spalinowym Forda, czyli po prostu Ford. Chociaż dwa lata później firma zbankrutowała, to decyzja o jej założeniu stała się początkiem dążenia do niezależności i budowania własnej marki. W tym czasie Ford zaprojektował i skonstruował kilka modeli samochodów wyścigowych z silnikiem czterocylindrowym, a ich skuteczność sprawdził osobiście. 10 października 1901 roku za kierownicą słynnego Sweepstakes pokonał w wyścigu amerykańskiego championa Alexandra Wintona. To wydarzenie z pewnością zwiększyło popularność nazwiska Ford i pomogło mu w późniejszej promocji marki. Drugą firmę – Henry Ford Company – założyciel opuścił po roku. Pokłócił się ze wspólnikiem Williamem H. Murphym, który stworzył stanowisko głównego konsultanta do spraw technologii, ograniczając w ten sposób kompetencje Forda. Powiodło się dopiero za trzecim razem. Założenie kolejnej fabryki było jednak poprzedzone uciążliwym zbieraniem funduszy, przekonywaniem potencjalnych wspólników i spotykało się z tak dużą dozą sceptycyzmu, że gdyby nie silne przekonanie o słuszności działań, determinacja i wrodzony upór Forda, zakończyłoby się fiaskiem. W kolejnej firmie, czyli działającej od 1903 roku Ford Motor Company Henry Ford został wiceprezesem i głównym inżynierem, a trzy lata później prezesem. To w niej plany masowej produkcji tanich samochodów, o której marzył od czasu młodzieńczych praktyk w zakładzie jubilerskim, przybrały właściwy obrót i doprowadziły do rewolucji na rynku motoryzacyjnym. Pomysł, że małe zyski z masowej produkcji tanich aut bardziej się opłacą, niż wytwarzanie luksusowych, drogich i sprzedawanych w niewielkich ilościach samochodów zrealizowany został dzięki odwadze i bezkompromisowości jednego człowieka – Henry'ego Forda.

Zakład przy Mack Avenue produkował jednak zaledwie kilka samochodów dziennie. Powstawały bardzo powoli... jak domy. Nie było przecież jeszcze gotowych podzespołów, a każdy model auta montowano od początku do końca na miejscu. Samochód stał na podłodze, a robotnicy składali go od podwozia w górę, zaś po części jeździli do innych fabryk. Forda, który codziennie nadzorował pracę konstruktorów, irytowała ta opieszałość. Stała się ona jednak dla niego również inspiracją, ponieważ należał do ludzi, którzy napotykając problem, rozwiązują go. Aby przyspieszyć produkcję, zdecydował o zbudowaniu specjalnych platform, na których model składanego auta przemieszczał się od jednej ekipy monterów do kolejnej. To jednak nadal trwało zbyt długo. Poza tym kilkuosobowe brygady robotników musiały być dobrze wykwalifikowane, by zbudować cały samochód. Produkcja pochłaniała dużo czasu, a cena samochodu była bardzo wysoka. Ford marzył, by jego auta stały się dostępne dla każdego przeciętnie zarabiającego człowieka, co wymagało znacznego obniżenia kosztów pracy. Nieoczekiwanie z pomocą przyszedł mu jego podwładny William Klann, który zwiedzając chicagowską rzeźnię Swift & Company, zobaczył tusze wołowe przesuwające się na hakach wzdłuż szeregu stanowisk, przy których pracownicy wycinali określoną partię mięsa. Klann skojarzył składanie samochodu z rozkładaniem mięsa na części i słusznie stwierdził, że proces można odwrócić.

Dalszym udoskonalaniem pomysłu zajął się zespół specjalistów Ford Motor Company. Henry Ford i jego inżynierowie postawili na innowacyjność. Zaczęli od skonstruowania maszyn produkujących większość części samochodowych i wynaleźli metody montażu bezpośrednio z tych części.

Robotników rozmieszczono przy poszczególnych stanowiskach, a do podwozia przywiązano grubą linę, przy pomocy której przesuwano podwozie auta w linii prostej wzdłuż poszczególnych stanowisk tak, by robotnicy montowali poszczególne części. Mogli to robić nawet ludzie niewykwalifikowani, ponieważ wymienne części były łatwe w obsłudze. Z czasem proces produkcji podzielono na etapy, zaczęto używać prowadnic ślizgowych i taśmociągów, a robotników i narzędzia rozmieszczano w takich miejscach, by linia produkcyjna pracowała bardziej wydajnie. Na tym nie koniec doświadczeń. Finalnym efektem była taśma montażowa, na której początku stało gołe nadwozie, a po przejściu kolejnych stanowisk samochód przy pomocy własnego silnika opuszczał fabrykę.

Eksperyment się powiódł. Ułatwił i usprawnił proces produkcji, a także radykalnie obniżył jej koszty. Spełniło się marzenie Henry'ego Forda o masowej produkcji samochodów. Wówczas był już człowiekiem na tyle zamożnym, że aby produkowane przez niego auta były jeszcze tańsze, wyeliminował pośredników surowców i transportu, kupując kopalnię rudy żelaza i lasy. Dla dyrektora Ford Motor Company bardzo ważna była jakość. Zwykł mawiać: „Jeśli jeden z moich samochodów się zepsuje, ja zostanę obarczony winą!", więc mimo masowej produkcji przez długi czas sprawdzał osobiście każdy wyprodukowany samochód, potwierdzając to własnoręcznym podpisem. Odpowiedzialność i dobrze rozumiany perfekcjonizm niestety stały się przyczyną opóźnień w wysyłce zamówionych aut, więc Henry Ford musiał w końcu zrezygnować z tych działań.

Precyzja, ciągłość i szybkie tempo pracy doprowadziły do tego, że od 1908 roku z taśmy produkcyjnej zjechał gotowy Ford Model T. Nie był to samochód luksusowy, ale był tani i bezpieczny. Powstawał z dwudziestu różnych gatunków stali, z których (w zależności od przeznaczenia) jedne były bardziej elastyczne, a inne przede wszystkim wytrzymałe. Co roku Henry Ford redukował cenę modelu T. Niekiedy tak drastycznie, że ryzykował bankructwem firmy, jednak mówił z przekonaniem: „Za każdym razem, gdy redukuję cenę samochodu o 1 dolara, zyskuję 1000 nowych kupujących". Firmie Ford Motor Company nie groziło niebezpieczeństwo upadku.

Henry Ford nie ustawał w dążeniu do usprawniania pracy robotników w swoich zakładach, równocześnie kładąc nacisk na to, by podwładni byli zadowoleni z formy zatrudnienia. Zakłady Ford Motor Company były dobrze oświetlone i klimatyzowane, dbano w nich o bezpieczeństwo. Ford, by zachęcić ludzi do pracy u siebie, wprowadził korzystne innowacje, między innymi pięciodniowy tydzień pracy, system trzyzmianowy i zwiększenie dziennej płacy robotników do 5 dolarów. Twierdził, że należy dać ludziom też trochę czasu na to, by mogli korzystać z zakupionych przez siebie aut. Niespodziewanie zmiany w przemyśle motoryzacyjnym zapoczątkowane przez Henry'ego Forda wpłynęły na decyzje społeczne i ekonomiczne klasy robotniczej Stanów Zjednoczonych. Dzięki tanim autom i korzystnym kredytom na ich zakup zaludniły się przedmieścia wielkich miast: Detroit i Nowego Jorku.

Pokojowe usposobienie i działalność na rzecz zapobiegania wojnom nie przeszkadzały Fordowi głosić poglądów antysemickich, przyjaźnić się z Adolfem Hitlerem i robić interesów z nazistowskimi Niemcami. Fabryka ciężarówek, którą otworzył w Kolonii, jako jedyna fabryka z kapitałem zagranicznym nie została przejęta przez państwo podczas II wojny światowej. W 1945 roku Ford złożył roszczenie wobec rządu USA o odszkodowanie za zbombardowanie tej fabryki w czasie II wojny i otrzymał 10 milionów dolarów rekompensaty.

Prywatnie był człowiekiem ciepłym i rodzinnym, chociaż też bardzo wymagającym. Do końca życia kładł nacisk na rozwój osobisty. W wieku 55 lat postanowił wycofać się z aktywnego zarządzania firmą, i powierzyć fotel prezesa jedynemu synowi Edselowi, jednak niespodziewana śmierć potomka w 1943 roku spowodowała, że powrócił do sprawowania tej funkcji. Już dwa lata później przekazał stanowisko wnukowi Henry'emu Fordowi II, a sam zajął się udoskonaleniem modelu ciągnika Fordson, nad którym pracował, i publikowaniem artykułów prasowych w tygodniku „The Dearborn Independent", którego był właścicielem.

Jedną z rozlicznych pasji Forda była pomoc społeczna. „Opieka społeczna państwa w rzeczywistości zależy od nas, jednostek" – mawiał Ford. Dbał o rozwój młodzieży. Inwestował w szkolnictwo zawodowe oraz stworzył w swoich zakładach możliwość zatrudniania ludzi niewidomych i niepełnosprawnych. Rozwinął też pomoc dla osób poszkodowanych w czasie wojny. W 1944 roku otrzymał medal Wybitnych za zasługi dla weteranów obu wojen światowych.

Droga do sukcesu Henry'ego Forda była wyboista, niepozbawiona ostrych zakrętów i martwych punktów, jednak dzięki jego odwadze, wizjonerstwu i niezłomności z czasem nabrała kształtu wielopasmowej autostrady. Henry Ford żył w czasach gorączkowego rozwoju motoryzacji, a jego zmysł analityczny, samodzielność, umiejętność rozumienia i rozwiązywania problemów technicznych oraz chęć ciągłego pogłębiania wiedzy sprawiły, że stał się kołem napędowym tej machiny. Marzenie Forda, aby „dać światu koła" – stworzyć auto tanie, ekonomiczne, a jednocześnie niezawodne – było rewolucyjne i zmieniło na zawsze oblicze produkcji samochodów. Nieoczekiwanie przyczyniło się także do poprawy jakości życia niższych klas społecznych. Henry Ford docenił człowieka, a ludzie docenili samochody Forda.

KALENDARIUM:

30 lipca 1863 – narodziny Henry'ego Forda w Springwell Township w hrabstwie Wayne, w amerykańskim stanie Michigan
1878 – samodzielne skonstruowanie pierwszego silnika przez piętnastoletniego Henry'ego
1879 – opuszczenie domu i wyjazd do pobliskiego Detroit, by podjąć pracę jako czeladnik u maszynisty
1888 – ślub z Clarą Bryant i prowadzenie tartaku
1891 – awans na stanowisko głównego inżyniera w Edison Illuminating Company w Detroit
1896 – skonstruowanie kwadrycykla – pojazdu o własnym napędzie
1899 – rezygnacja z pracy w Edison Illuminating Company i założenie własnej firmy Detroit Automobile Company
1903 – rozpoczęcie działalności Ford Motor Company, w której Ford został głównym inżynierem i wiceprezesem
23 lipca 1903 – sprzedanie pierwszego samochodu marki Ford
1906 – przejęcie kontrolnego pakietu akcji i objęcie funkcji prezesa
1908 – wprowadzenie na rynek Forda Model T
1919 – rodzina Fordów zostaje jedynym właścicielem Zakładów Forda, a Edsel – syn Henry'ego – prezesem
1943 – śmierć Edsela Forda i ponowne objęcie funkcji prezesa przez Henry'ego Forda
1945 – Henry Ford po raz drugi rezygnuje z funkcji prezesa Ford Motor Company i przekazuje stanowisko wnukowi Henry'emu Fordowi II

1946 – podczas uroczystości Złotego Jubileuszu Automobilizmu Amerykańskiego Henry zostaje uhonorowany za wielki wkład w rozwój przemysłu motoryzacyjnego

1947 – otrzymanie od Amerykańskiego Instytutu Ropy Naftowej złotego medalu za wybitne zasługi dla dobra ludzkości

7 lipca 1947 – śmierć na wylew krwi do mózgu w domu w Detroit

CIEKAWOSTKI:

- Używany od początków firmy Ford Motor Company owalny znak handlowy Forda jest jednym z najlepiej rozpoznawalnych symboli korporacyjnych na świecie. Oficjalnie zarejestrowano go w Urzędzie Patentowym Stanów Zjednoczonych Ameryki w 1909 roku. Napis zamknięty w owalnej srebrno-błękitnej formie ewoluował, zanim przybrał ostateczną postać, ale tylko raz zmienił swój kształt diametralnie. W 1912 roku nazwę Ford umieszczono w trójkącie ozdobionym skrzydłami, które miały symbolizować „szybkość, lekkość, wdzięk i stateczność", poniżej widniał napis: „The Universal Car" (samochód uniwersalny), a całość miała kolor pomarańczowy lub ciemnobłękitny. Wzór nie spodobał się jednak Henry'emu Fordowi i został szybko wycofany.
- W latach 20. XX wieku Henry Ford był już narodowym bohaterem i sławą. Sama obecność Forda u fryzjera sprawiała, że tłumy gapiów przyciskały nosy do szyby, by zobaczyć człowieka, który umieścił Amerykę na kołach i zmienił sposób funkcjonowania przemysłu samochodowego.
- W 1915 roku Henry Ford wyczarterował statek wycieczkowy Oskar II i z grupą pacyfistów oraz sufrażystek wyruszył do neutralnej Norwegii, by tam negocjować z przywódcami

europejskich mocarstw zakończenie I wojny światowej. Mimo braku poparcia ze strony prezydenta Woodrowa Wilsona i innych znanych w Ameryce osobistości opinia publiczna przychylnie odnosiła się do utopijnej misji pokojowej Forda i towarzyszących mu ludzi dobrej woli.

- Henry Ford był antysemitą. W 1918 roku kupił i wydawał lokalną gazetę „The Dearborn Independent", w której ukazała się seria propagandowych artykułów pod tytułem: *Międzynarodowy Żyd, najważniejszy problem świata*. Stały się one podobno inspiracją dla samego Adolfa Hitlera podczas pisania przez niego *Mein Kampf*. W 1938 roku Hitler odznaczył go Krzyżem Wielkim Orderu Orła Niemieckiego – wysokim odznaczeniem III Rzeszy przyznawanym cudzoziemcom.

- Taśma montażowa zrewolucjonizowała proces produkcji, jednak inżynierowie nie potrafili skrócić fazy lakierowania. Najszybciej schła czarna farba na bazie asfaltu rozpuszczonego w terpentynie z dodatkiem oleju lnianego zwana Japan Black, stąd słynne powiedzenie Henry'ego Forda: „Możesz mieć samochód w każdym kolorze pod warunkiem, że będzie czarny".

- Henry Ford wynajął kiedyś eksperta w dziedzinie wydajności pracy, żeby ten ocenił jego firmę. Po paru tygodniach ekspert wrócił do Forda. Ocena była pozytywna z wyjątkiem jednego słabego punktu. „To tamten człowiek w hali" – poinformował ekspert – „kiedy przechodzę przez jego gabinet, widzę, że leży wyciągnięty z nogami na biurku i śpi. On marnuje pańskie pieniądze, panie Ford". „Ach, ten człowiek" – odpowiedział Ford – „kiedyś wpadł na pomysł, dzięki któremu zaoszczędziliśmy miliony dolarów. A jego nogi znajdowały się wtedy dokładnie w tym samym miejscu co teraz".

INFORMACJE:

- Ford jest drugim co do wielkości producentem samochodów w USA i piątym na świecie. W 2015 roku z fabryk Forda wyjechało około 6 milionów 635 tysięcy pojazdów. Firma Ford Motor Company zatrudniała prawie 200 tysięcy osób i osiągnęła zysk netto w wysokości ponad 7 miliardów 373 milionów dolarów.
- Ford T był produkowany od 1908 do 1927 roku. Pierwszy samochód tego modelu opuścił fabrykę 27 września 1908 roku. W latach 1909-1910 wyprodukowano 18 664 fordy T, a w latach 1916-1917 już 785 432. W latach 1920-1921 dzięki innowacjom w procesie produkcyjnym wyprodukowano ich już 1 250 000.
- W fabryce w River Rouge wybudowanej przez Forda w 1915 roku zatrudnionych było 75 tysięcy pracowników. Była ona w tym okresie największym ośrodkiem produkcyjnym na świecie.
- W zależności od zapotrzebowania na rynku Ford Motor Company zakładał w różnych krajach swoje filie, w których produkuje się całkiem różne, często nie występujące gdzie indziej modele marki Ford. Największa z nich to Ford-Werke AG znajdująca się w Kolonii, w Niemczech.

CYTATY:

„Dowiadujemy się więcej z naszych niepowodzeń niż z sukcesów".

„Jeśli sądzisz, że potrafisz, to masz rację. Jeśli sądzisz, że nie potrafisz – również masz rację".

„Chciwość pieniędzy jest największą przeszkodą w otrzymywaniu ich".

„Gdybym na początku swojej kariery przedsiębiorcy zapytał klientów, czego chcą, wszyscy byliby zgodni: chcemy szybszych koni. Więc ich nie pytałem".

„Myślenie to najcięższa praca z możliwych i pewnie dlatego tak niewielu ją podejmuje".

„Spotkać się to początek; zgodzić się to postęp; pracować razem to sukces".

„Potrzeba mi wielu ludzi, którzy dysponują nieograniczonymi zasobami niewiedzy na temat rzeczy niemożliwych".

ŹRÓDŁA I INSPIRACJE:

Historia Henry'ego Forda: http://www.ford.pl/O_firmie/Dziedzictwo, http://www.ford.pl/O_firmie/Dziedzictwo/Znak_Ford.
Henry Ford i triumf przemysłu samochodowego, http://www.kapitalizm.republika.pl/ford.html.
Piotr Milewski, *Henry Ford – amerykański idol Hitlera*, „Newsweek", http://www.newsweek.pl/historia/henry-ford-amerykanski-idol-hitlera-newsweek-pl,artykuly,278747,1,3.html.
Biografia Henry'ego Forda: http://www.biography.com/people/henry-ford-9298747.
Ford Motor Company 2015 Annual Report: http://corporate.ford.com.

Amancio Ortega Gaona

(ur. 1936)

Hiszpan, twórca i współwłaściciel holdingu odzieżowego Inditex, w którego skład wchodzi między innymi globalna marka ZARA, najbogatszy Europejczyk oraz jednym z trzech najbogatszych ludzi na świecie (jego prywatny majątek został wyceniony na około 66 mld dolarów w 2015 roku)

Amancio Ortega urodził się 28 maja 1936 roku jako najmłodszy z czwórki rodzeństwa w maleńkiej wiosce niedaleko La Coruny na północy Hiszpanii. Jego matka sprzątała domy, a ojciec był pracownikiem kolei. Gdy Amancio miał kilka lat, rodzina przeprowadziła się do La Coruna. Żyło im się bardzo ciężko. Zarobione przez rodziców pieniądze ledwo wystarczały na utrzymanie rodziny.

Jako trzynastolatek Amancio był świadkiem zdarzenia, które wywarło wpływ na całe jego dalsze życie. Gdy wracał ze szkoły z mamą, weszli do sklepu, w którym jego mama poprosiła o kredyt. Usłyszała wtedy od sprzedawcy: „Nie możemy pani udzielić pożyczki, musi pani zapłacić za towar". Amancio poczuł się tak upokorzony, że postanowił, iż nigdy już nie pójdzie do szkoły, a w zamian rozpocznie pracę, by pomagać rodzinie. Zaczął jako kurier roznoszący paczki i listy. W wieku 17 lat był pomocnikiem w sklepie z koszulami (sklep działa do dziś!), a po przejściu przez wszystkie szczeble kariery został jego kierownikiem. Nie skończył żadnych szkół prowadzenia biznesu ani szkół odzieżowych. Swoją wiedzę zdobył jako samouk. W czasie pracy najemnej uczył się zawodu sprzedawcy, ale okazało się, że przede wszystkim ma mentalność przedsiębiorcy! I potrafił to wykorzystać.

Zaobserwował pewne prawidłowości rządzące branżą, które, jak się okazało, nie były oczywiste nawet dla ludzi w niej działających. Zauważył na przykład, że lepiej szybko wymieniać towar, proponując klientom nowe wzory i modele, niż długo czekać, aż produkt się wyprzeda albo zestarzeje, leżąc na półkach. Między innymi tę zasadę wprowadził w swoim biznesie. Dzięki temu nie zamrażał pieniędzy, a szybko nimi obracał. Jego pierwszą firmą była Confessiones GOA otwarta w 1963 roku. Zatrudnione przez niego krawcowe szyły pikowane szlafroki, piżamy i bieliznę. Całą produkcję Ortega oparł na spółdzielniach krawieckich, do których zapraszał kobiety z okolic La Coruny, wiedząc, że w regionie jest ogromne bezrobocie i kobiety te zrobią wszystko, aby uczciwie zarobić na utrzymanie rodzin, gdy ich mężowie byli na morzu. Amancio potrafił zapewnić sobie lojalność pracowników, bo był chłopakiem „stąd". Stawiał na tradycyjne wartości: wiarę i rodzinę. Znał mentalność ludzi z La Coruny i wiedział, jak trafić do ich serc. Żył ze swoimi pracownikami jak z rodziną. Pierwsza produkcja została uruchomiona w jego prywatnym mieszkaniu. Nie zapominał też o najbliższych. W Confessioness GOA sam zajmował się projektowaniem, jego brat Antonio marketingiem, a siostra Josefa była księgową.

W 1975 roku Ortega otworzył pierwszy sklep. Pierwotnie miał się nazywać Zorba na cześć ulubionego filmu Hiszpana, ale okazało się, że w pobliżu jest już bar o tej nazwie, dlatego ostatecznie zdecydował się na nazwę ZARA. Złośliwi mówią, że miał już przygotowane litery na szyld i nie chciał robić nowych, więc stworzył słowo podobne do Zorba... Od samego początku Ortega postawił na szybkość działania we wszystkich aspektach biznesu: od projektowania, poprzez produkcję, po sprzedaż i wymianę asortymentu w sklepach. ZARA rozrosła się do międzynarodowej sieci sklepów, a w 1985 roku wraz z kilkoma innymi markami stworzonymi lub kupionymi przez Ortegę weszła w skład holdingu Inditex.

Ortega zawsze starał się być krok przed konkurencją. Umożliwiała mu to otwartość na zmiany – interesował się nowościami pojawiającymi się w różnych działach gospodarki i zadawał sobie pytanie, jak wykorzystać je dla rozwoju mojej firmy. Był na przykład pionierem w wykorzystaniu technologii komputerowych w branży odzieżowej. Już w 1976 roku posiadał pierwszy komputer, dzięki któremu mógł śledzić wyniki sprzedaży w swoich sklepach. To wymagało od niego zdobycia nowych umiejętności związanych z obsługą komputera, który nie był w latach 70. urządzeniem powszechnego użytku. Ortega inwestował jednak swój czas zawsze tam, gdzie widział korzyści, a wiedza, co się sprzedaje i jaki jest stan zapasów w poszczególnych placówkach, była kluczowa dla firmy, która swoją działalność opierała na szybkim (w ciągu 48 godzin!) uzupełnianiu towarów. Komputer był do tego idealnym narzędziem. Do dziś sklepy Ortegi codziennie raportują sprzedaż, a on ponoć osobiście przegląda zestawienia tych danych i dzięki temu wie, co się sprzedaje, a co nie i czego szukają konsumenci. Daje to mu możliwość błyskawicznej reakcji na rynkowe trendy. Nowe linie pojawiają się w jego sklepach dwa razy w tygodniu i zawsze powstają na podstawie informacji zwrotnych z rynku. Projekty przygotowuje 350-osobowy zespół projektantów pracujący w Arteixo w Hiszpanii. Cała produkcja zlokalizowana jest w ojczyźnie

Ortegi lub w ościennych, europejskich krajach, co zapewnia możliwość dostarczenia klientowi nowej rzeczy, która powstaje od zera, w ciągu zaledwie trzech tygodni! Hiszpan do perfekcji opanował komunikację z klientami. Daje to jego markom wręcz „niesprawiedliwą" przewagę nad konkurencją! Wydawałoby się to takie proste: należy sprzedawać to, czego oczekują klienci; jednak to właśnie Amancio, wykorzystując swoje doświadczenie handlowca, zastosował tę zasadę jak nikt przed nim.

Ortega do perfekcji rozwinął jedną z kluczowych dla człowieka przedsiębiorczego cech: proaktywność. Z jednej strony brał pod uwagę reakcje rynku i idealnie się do nich dopasował, z drugiej zaś, sam ten rynek „wychowywał". Firma nauczyła klientki, kiedy mają pojawiać się w sklepach. W sklepach Massimo Dutti i Stradivarius nowy towar pojawia się we wtorki i czwartki. Do ZARY po nowości odzieżowe najlepiej zaglądać w niedziele i czwartki, a we wtorki i piątki po buty. Bershka i Pull&Bear wystawiają nowości we wtorki i piątki. Klienci wiedzą, że warto prenumerować internetowy newsletter (kolejne wykorzystanie nowoczesnych technologii w tradycyjnym biznesie!), by raz w miesiącu otrzymać pełne informacje o planach na najbliższe tygodnie.

Kolejną nowością wprowadzoną w firmach Ortegi jest stosowanie krótkich serii. Hiszpan wykorzystuje psychologię sprzedaży, a konkretnie zasadę niedostępności. Klientki wiedzą, że na dany model trzeba decydować się tu i teraz! Jeśli przyjdziesz jutro, już go nie będzie. Krótkie serie mają jeszcze jedną zaletę – kupując u ZARY możesz spokojnie iść na przyjęcie bez obawy, że spotkasz kogoś w takiej samej kreacji. Jeśli nawet serie są wznawiane, to ze znaczącymi zmianami. Genialne? Tak! To wszystko w połączeniu z rewelacyjnymi projektami, często bardzo mocno inspirowanymi kolekcjami czołowych światowych projektantów – jak Valentino, Saint Laurent, Céline, Gucci czy Isabel Marant – ale 10-krotnie tańszymi, daje Inditexowi niezachwianą pozycję na rynku i pozwala spokojnie patrzeć w przyszłość genialnemu samoukowi z La Coruny. Dzięki temu może odpocząć w swoim pięciopiętrowym domu na obrzeżach rodzinnego miasta, hodując... kury i kozy. Dziś Ortega ma 79 lat. Unika mediów, bardzo rzadko pokazuje się publicznie. Jego filozofią życiową jest „absolutna normalność". Chroni swoją prywatność, dlatego nie ma w mediach i innych dostępnych źródłach wielu informacji o jego rodzinie. Wiemy, że z pierwszego małżeństwa z Rosalią Mera ma dwójkę dzieci (Sandrę i Marcosa). Od 15 lat jest w związku z Florą Perez Marcote, z którą ma córkę Martę. I to właśnie Marta przewidywana jest na następczynię Ortegi w prowadzeniu Inditexu.

Wszystko, co osiągnął, zawdzięcza swojej ciężkiej pracy i determinacji. Do tych dwóch cech, niezbędnych do osiągnięcia sukcesu, dołożył jeszcze rewelacyjne wyczucie sytuacji na rynku i chęć ciągłego uczenia się. Perfekcyjnie przewidywał to, w którą stronę podążyć, aby spółka się rozwijała, i błyskawicznie wprowadzał zmiany, które uznawał za konieczne. On po prostu wiedział, jaka linia świetnie się sprzeda, jakie dodatki zachwycą kobiety na całym świecie, a jaki materiał się nie spodoba. Mimo że jest już na emeryturze, w centrali firmy pojawia się bardzo często. Nadal jest tym samym skromnym mężczyzną, który zaczynał 50 lat temu swoją przygodę w biznesie. Obecnie nie posiada w firmie swojego biura, lecz siedzi przy jednym ze stołów na sali pełnej projektantów. Obiady jada w zakładowej stołówce, gdzie ponoć można się do niego przysiąść i porozmawiać. Ubrań uszytych w jego zakładach jednak nie nosi, ponieważ – jak twierdzi – „nie pasują do jego sylwetki".

Ortega pamięta bardzo dobrze czasy, gdy żył w biedzie, dlatego marzył o tym, aby jego kolekcje były dostępne dla każdego, a nie tylko dla najbogatszych. Zdobywając kolejne stopnie wtajemniczenia w przemyśle odzieżowym, „zdemokratyzował" modę i przeniósł ją z ekskluzywnych wybiegów na ulice zwykłych miast na całym świecie. To, co było zastrzeżone tylko dla najbogatszych, teraz jest dostępne dla wszystkich. A że przy tym „udało" się stworzyć światowego giganta Inditex? To już produkt uboczny niezwykłej pasji skromnego syna kolejarza i pokojówki, który okazał się jednym z najbardziej ambitnych samouków naszych czasów.

KALENDARIUM:

28 maja 1936 – narodziny Amancio Ortegi Gaony

1949 – Amancio rzuca szkołę i rozpoczyna pracę jako goniec

1952 – zaczyna praca jako pomocnik w sklepie z koszulami w La Corunie

1963 – Ortega Gaona tworzy swoją pierwszą firmę Confessiones GOA zajmującą się szyciem szlafroków, piżam i bielizny

1966 – ślub z Rosalią Mera, ma z tego małżeństwa dwójkę dzieci: córkę Sandrę i syna Marcosa, niepełnosprawnego umysłowo

1975 – otwiera pierwszy sklep z odzieżą o nazwie ZARA w La Corunie

1985 – stworzenie holdingu Inditex skupiającego kilka marek Ortegi Gaona

1986 – Amancio i Rosalia rozwodzą się

1988 – ekspansja marki ZARA za granicą, m.in. w Portugalii, USA, Francji, Anglii

1991 – Ortega Gaona kupuje markę Massimo Dutti z odzieżą dla mężczyzn

1998 – uruchomienie marki Bareshka, sieci z odzieżą dla nastolatków
2000 – powstanie marek: Oysho, Zara Home, Uterqüe, Pull&Bear.
2001 – ślub z długoletnią partnerką Florą Perez Marcote, z tego małżeństwa pochodzi córka Marta
2001 – wprowadzenie holdingu Inditex na giełdę; koncern warty jest 110 miliardów euro (stan na grudzień 2015), a Ortega Gaona posiada w nim 59,3% udziałów
2011 – otwarcie ZARY w Australii (Sydney) i oficjalne odejście Amancia na emeryturę

CIEKAWOSTKI:

- Amancio Ortega tak bardzo nie lubi rozgłosu, fleszów kamer i publicznego pokazywania się, że jako jedyny z zaproszonych VIP-ów nie przybył na ślub księcia Hiszpanii Filipa, a podczas wizyty premiera Hiszpanii Jose Marii Aznara w Inditexie nie wyszedł, aby się z nim przywitać!
- ZARA pod rządami Ortegi Gaony potrafi dostosować swoje produkty nawet do klientów w poszczególnych... miastach! Gdy kilka lat temu w oddziale na Manhattanie uparcie nie schodziły białe marynarki, sprzedawcy zasięgnęli opinii klientek. Okazało się, że Manhattan woli kolor kremowy. Całą białą partię wycofano, a do nowojorskiego sklepu wprowadzono ten sam model w kolorze kremowym. Tak wygląda projektowanie na potrzeby indywidualnego klienta!
- Naczelną zasadą firm Ortegi Gaony jest szybkość. Jego projektanci (350 osób) mają za zadanie stworzyć trzy projekty dziennie, z których powstaje jeden produkt, a inspiracji mają szukać wszędzie: na ulicy, w pubach, na wybiegach

wielkich projektantów. Pracownicy działu projektowego są specjalnie szkoleni, aby ciągle poszukiwać inspiracji, tak jak przez całe lata robił ich szef.
- Klientkami ZARY są między innymi: księżna Cambridge Kate Middleton, żona prezydenta USA Michelle Obama, aktorka Katie Holmes, żona premiera Wielkiej Brytanii Samantha Cameron oraz królowa Hiszpanii Letycja.
- Amancio bardzo ceni życie bez udziału mediów i chroni prywatność swojej rodziny. W grudniu 2012 roku hiszpańskie media doniosły, że zapłacił pół miliona dolarów, aby zapobiec publikacji zdjęć swojej córki Marty i jej męża Sergio Alvareza z ich miesiąca miodowego w Kambodży i Australii.
- W jego zakładach powstaje około 40 000 sztuk ubrań/butów w pojedynczej linii, które rozprowadzone w 90 krajach (w tylu ma swoje sklepy) dają naprawdę niewielkie ilości w konkretnym sklepie.
- Grupa Inditex cały czas się rozrasta, a obecnie należą do niej marki Bershka, Oysho, Massimo Dutti, Stradivarius, Pull&Bear, Zara Home i Uterqüe. Holding oprócz kilku globalnych marek odzieżowych skupia około 100 mniejszych firm związanych z projektowaniem ubrań, produkcją i dystrybucją. Obecnie grupa posiada 7000 sklepów w ponad 90 krajach i zatrudnia ponad 128 000 pracowników na pięciu kontynentach (dane na grudzień 2015 roku).

CYTATY:

„Doszedłem do takich pieniędzy, ponieważ pieniądze nigdy nie były dla mnie celem".

„Jestem własnością mojej firmy, a nie odwrotnie".

„W gazetach powinieneś się pojawić trzy razy w życiu: kiedy się rodzisz, gdy się żenisz i gdy umierasz" (o swojej niechęci do występowania w mediach).

„Najważniejszym elementem biznesu są ludzie".

ŹRÓDŁA I INSPIRACJE

O'Shea Covadonga, *Człowiek, który stworzył Zarę*, Wydawnictwo Ole, 2013.
Xabier R. Blanco, *Od zera do Zary*, Wydawnictwo Esfera, 2004.
Oficjalna strona internetowa Inditex: http://www.inditex.com.
Amancio Ortega Gaona, „Gazeta Finansowa Online", http://gf24.pl/?s=Amancio+Ortega.
Lisa Armstrong, *Amancio Ortega Gaona – skromny miliarder*, „The Daily Telegraph", http://vumag.pl/ludzie-moda/amancio-ortega-gaona-wlasciciel-zary-tajemnica-sukcesu-zary/nc275j.

William (Bill) Henry Gates III

(ur. 1955)

amerykański przedsiębiorca i filantrop,
założyciel Microsoftu

Jedni widzą w nim wizjonera, dzięki któremu komputery osobiste stały się powszechne, inni – drapieżnego przedsiębiorcę, który dbając o własne interesy, zablokował rozwój całej branży komputerowej. Nie ma wątpliwości, że osiągnął ogromny sukces biznesowy, adaptując istniejące technologie do potrzeb rynku. W ten sposób w 20 lat z dwuosobowego start-upu stworzył jedną z najpotężniejszych firm świata.

Bill Gates urodził się w bogatej i wpływowej rodzinie w Seattle. Jego ojciec był prawnikiem, a matka pracowała jako nauczycielka, angażowała się w działalność dobroczynną i zasiadała w radach nadzorczych kilku firm, w tym banku założonego przez jej dziadka czy firmy komputerowej IBM. Bill wyróżniał się inteligencją, kochał rywalizację, uwielbiał grać z siostrami w gry strategiczne i z pasją pochłaniał książki. Choć jego rodzice woleli, by Bill uczęszczał do szkoły publicznej, to nim skończył 13 lat, zorientowali się, że nie stawia ona przed nim wystarczających wyzwań. Przenieśli go do prywatnej szkoły Lakeside School w Seattle. Była to jedna z pierwszych placówek w USA, w których rady rodziców postanowiły wykupić dla uczniów tymczasowy dostęp do komputera.

Sprzęt, z którym Bill miał szczęście się zetknąć, wzbudził jego zainteresowanie. Po paru tygodniach wiedział więcej o komputerach od nauczyciela, który prowadził zajęcia. Nie zakładał, że ktokolwiek pomoże mu w nauce – było dla niego oczywiste, że całą wiedzę o komputerach i programowaniu musi zdobyć sam. Ten temat całkowicie go pochłonął. Eksperymentował z maszyną przez cały dostępny czas i czytał wszystkie książki i czasopisma związane z informatyką, jakie tylko wpadły mu w ręce. Razem z nim w pracowni przesiadywał Paul Allen, z którym Bill w przyszłości miał założyć Microsoft.

Rodzice wspierali Billa w jego pasji, choć czasem musieli powstrzymywać jego zapał, gdy chłopak zaniedbywał naukę w szkole i własne zdrowie. Upierali się, że musi zdać maturę i dostać się na studia. Wierzyli, że ostatecznie Bill wybierze stabilną karierę prawnika, tak jak jego ojciec. Tymczasem chłopak nie dopuszczał do siebie myśli, że miałby wybrać spokojne, przewidywalne życie. Miał już pasję, której był gotów się poświęcić, mimo że nikt nie wiedział wówczas, w jakim kierunku będzie się rozwijać świat komputerów.

Jego życie toczyło się w pracowni komputerowej. Billa od początku fascynowały dwa aspekty informatyki – to, co można zbudować, używając umiejętności programistycznych, i to jak można te możliwości przekuć na korzyści w realnym świecie. Wypróbował to od razu w szkole. Przekonał się, że mając dostęp do danych szkoły, może zmieniać rejestry swoich nieobecności, przepisywać się do grup, w których było więcej dziewczyn, czy przyznawać sobie więcej godzin dostępu do komputera. Jako wizjoner niestawiający granic swojemu myśleniu doskonale zdawał sobie sprawę, że to dopiero początek. Wstęp do rzeczywistego wykorzystania komputerów.

Bill i Paul szukali wszelkich sposobów na to, by znaleźć słabe punkty oprogramowania i doprowadzić do zawieszenia się systemu. To, co dla nich było zabawą, dla firmy wynajmującej komputer okazało się cenną usługą. Zaproponowano chłopcom nieograniczony dostęp do komputera w zamian za dalsze wyszukiwanie błędów w systemie. Bill zrozumiał, że już na tym etapie robił coś, co miało wymierną finansowo wartość. Miał 14 lat, ale czuł się przedsiębiorcą i mózgiem rodzącego się przedsięwzięcia.

Rok później chłopcy wypuścili swój pierwszy komercyjny produkt – był to system Traf-O-Data służący do pomiaru ruchu drogowego. To Bill wyszedł z inicjatywą, by dzwonić do firm i próbować im coś sprzedać. Zarobił w ten sposób swoje pierwsze 20 tysięcy dolarów.

Pod koniec 1974 roku Paul zobaczył na okładce czasopisma „Popular Electronics" reklamę pierwszego komputera osobistego Altair 8800 produkowanego przez firmę MITS. Razem z Billem szybko pojęli, że właśnie rozpoczyna się era komputerów osobistych. Wiedzieli, że firma MITS ma sprzęt, ale nie ma do niego jeszcze oprogramowania; wiedzieli, że chcą i potrafią stworzyć takie oprogramowanie. Musieli tylko wymyślić strategię, jak przekonać do siebie poważną firmę komputerową. Bill miał wystarczająco dużo determinacji i wiary w możliwości swoje i Paula, żeby zacząć działać natychmiast. Wiedział, że liczy się czas. Postanowił od razu zadzwonić do MITS i poinformować, że ma do zaoferowania oprogramowanie działające na komputerach Altair 8800. Dopiero gdy manager ze strony MITS zaprosił go, by swój produkt zaprezentował, chłopcy zabrali się za pisanie oprogramowania, które obiecali. To było wyzwanie, ale Gates już od dawna był specjalistą od wyzwań przekraczających wyobrażenia przeciętnego człowieka.

Młodzi informatycy nie mieli możliwości, by je chociażby przetestować na komputerze Altair, pracowali cały czas na emulatorze. Bill potrafił spojrzeć na siebie realistycznie. Wierzył, że ich produkt jest wystarczająco dobry, ale krytycznie patrzył na swoje możliwości sprzedażowe – choć miał 21 lat, wyglądał jak nastolatek. Za to o dwa lata starszy Paul miał o wiele doroślejsze rysy i zarost. Bill wiedział, że Paul ma dużo większe szanse na sprzedaż ich oprogramowania, jeśli na spotkanie poleci sam.

Paul wprowadzał ostatnie poprawki w kodzie jeszcze w samolocie w drodze spotkanie. Wstrzymał oddech, uruchamiając kod po raz pierwszy na komputerze Altair na oczach managerów MITS. Po chwili odetchnął z ulgą. Program zadziałał, managerowie byli zadowoleni i zainteresowani kupnem. Strategia, którą wymyślił Bill, zadziałała.

Jeszcze w tym samym roku chłopcy założyli firmę Microsoft, a Gates porzucił prestiżowe studia na Harvardzie, by całkowicie zaangażować się w produkcję oprogramowania. Wiedział, że w dziedzinie, która jest jego teraźniejszością i przyszłością, może być tylko samoukiem. Harvardzkie studia tylko by opóźniały jego rozwój. Firma Paula i Billa budowała programy dla firm, takich jak Commodore czy Apple.

Komputery osobiste cieszyły się coraz większą popularnością wśród pasjonatów. Tak było do końca lat 70. Było jednak tylko kwestią czasu, by na ten rynek zaczęły wchodzić duże firmy z zamiarem dotarcia do szerszej grupy klientów. Gra toczyła się o to, kto pierwszy postawi komputery na biurkach w każdym domu i w każdym biurze. Gdy firma IBM postanowiła zbudować własny komputer osobisty, Bill Gates wywalczył, by to właśnie Microsoft dostarczył dla niej system operacyjny. Aby zyskać na czasie, Gates kupił gotowy system QDOS za 50 tysięcy dolarów i zaadaptował go na potrzeby maszyn IBM. Gotowy system operacyjny nazwał MS-DOS – Microsoft Disk Operating System.

Ponownie to nie jakość czy szybkość wypuszczenia produktu zadecydowały o sukcesie, ale strategia. I znowu Bill okazał się znakomitym strategiem i wizjonerem patrzącym daleko w przyszłość. Przewidział, co się wydarzy dalej w branży komputerowej, więc zadbał przede wszystkim o to, by nie oddać firmie IBM wyłączności na użytkowanie systemu MS-DOS. Zastrzegł sobie prawo do jego sprzedaży każdemu producentowi komputerów osobistych.

Zgodnie z jego oczekiwaniami, gdy komputery IBM odniosły sukces, na rynku zaroiło się od tańszych wersji komputerów produkowanych przez mniejsze firmy. Każda z nich chciała zaoszczędzić na systemie operacyjnym, więc zamiast zamawiać system dedykowany, produkowały swój sprzęt tak, by można było na nich zainstalować powszechnie dostępny MS-DOS. W ciągu jednego roku sprzedaż Microsoftu wzrosła z 7 do 16 milionów dolarów. Dla Billa jednak pieniądze były tylko jednym z elementów układanki. Najważniejsze dla niego było to, że system produkowany przez Microsoft stawał się standardem na rynku oprogramowania. Dokładnie tak, jak to przewidział, negocjując z IBM-em. To właśnie tworzenie standardów było dla niego dźwignią do zdobycia wysokiej pozycji w branży komputerowej.

Pozycja Microsoftu rosła z każdym rokiem. Na całym świecie ludzie kupowali swoje pierwsze komputery, zmieniając całkowicie sposób pracy, a na nich najczęściej instalowali system MS-DOS. Gates naciskał na producentów sprzętu, by sprzedawali komputery z już zainstalowanym systemem operacyjnym Microsoftu. Cały czas jednak starał się patrzeć szeroko na całą branżę i dostrzegać potencjalne niebezpieczeństwa ze strony konkurencji.

Bill budował strategię firmy, wyszukiwał i zatrudniał najzdolniejszych ludzi z całych Stanów, ale też czuwał nad jakością technologii, sprawdzając i poprawiając każdą linijkę kodu. Kompletnie zrezygnował z życia osobistego. Przez kolejne 6 lat pozwolił sobie w sumie na zaledwie dwa tygodnie wakacji. Wśród pracowników krążyły historie, że można było go spotkać, jak ucina sobie drzemkę na podłodze w biurze. Gates stale analizował każdy możliwy rozwój wydarzeń i szukał sposobów, by zawsze być krok przed konkurencją. Wywierał presję na siebie i swój zespół, by zawsze mieć najlepsze pomysły i najlepszą ich realizację. Pracownicy Microsoftu nie mieli łatwo – wprawdzie mogli ubierać się swobodniej niż w innych korporacjach i mieli poczucie bycia technologiczną elitą, lecz jednocześnie musieli się liczyć, że na spotkaniu ich szef Bill powie im, że są głupi lub niekompetentni.

Jedyną firmą, która miała realną szansę zagrozić pozycji Microsoftu, było Apple. W Apple pracowano nad produktem, który miał szansę zachwiać pozycją systemu MS-DOS – był to GUI (Graphic User Interface), czyli graficzny interfejs użytkownika oparty na systemie „okienek" obsługiwanych za pomocą myszy. Był to system o wiele bardziej czytelny i przystępny od tego, który proponował Microsoft.

Bill Gates wiedział o tym, ponieważ Microsoft uczestniczył przy budowaniu tej technologii dla firmy Apple. Nie chciał pozwolić, by jakakolwiek firma okazała się lepsza i zajęła pozycję lidera. Wymyślił więc strategię, która pozwoliłaby mu zyskać na czasie. Gdy walczył, nie przebierał w środkach. Jeszcze przed premierą nowego GUI proponowanego przez Apple Gates ogłosił, że Microsoft również niebawem wypuści własny system operacyjny z okienkowym interfejsem użytkownika, a do tego w pełni kompatybilny z systemem MS-DOS. Przekonał klientów, by zamiast przestawiać się na system Apple, zaczekali na nowy system proponowany przez Microsoft. Zgodnie z jego obietnicą 2 lata po premierze GUI Apple'a na rynku pojawiła się pierwsza wersja Microsoft Windows. Windows faktycznie był łatwiejszy w obsłudze, opierał się na okienkowym interfejsie i był kompatybilny z MS-DOS. Był jednak też strasznie powolny i zawodny, często się zawieszał. Mimo to pozycja Microsoftu była zabezpieczona, a jedyne, co trzeba było zrobić w dalszej kolejności, to udoskonalać i rozbudowywać system. Gates wiedział, że akurat z tym on i jego zespół znakomicie sobie poradzą. Dla Apple była to jednak ewidentna kradzież technologii i firma ta skierowała w tej sprawie pozew do sądu.

Aby przyspieszyć prace nad udoskonalonym systemem Windows w 1987 roku Gates zdecydował, by wejść z firmą Microsoft na giełdę. Jednym ze skutków tego posunięcia było to, że on sam stał się z dnia na dzień najmłodszym w historii amerykańskim miliarderem – miał wówczas 31 lat.

Gates zrealizował swój pomysł, jak wszystkie poprzednie, z żelazną konsekwencją. Modernizował system Windows i wypuszczał jego kolejne wersje. W 1993 roku jego system sprzedawał się w liczbie miliona kopii miesięcznie. Po wersję Windows 95 ustawiali się w kolejce ludzie, którzy jeszcze nawet nie mieli komputera. Bill zadomowił się na długo na pierwszym miejscu listy najbogatszych ludzi świata. Ale chciał więcej – chciał, by Microsoft ustanawiał standardy nie tylko w dziedzinie systemów operacyjnych, ale też aplikacji. Snuł kolejne wizje i plany. Zbudował pakiet aplikacji biurowych, takich jak Word, Excel czy Power Point, instalowanych na każdym komputerze z systemem Windows, zaś kolejnym krokiem miało być przejęcie kontroli nad dostępem ludzi do Internetu dzięki preinstalowanej przeglądarce Internet Explorer. Doskonale potrafił przewidzieć zachowania jego dotychczasowych klientów. Uznał, że ludzie będą korzystać z aplikacji, które już mają na komputerze, więc nie będą odczuwali potrzeby szukania alternatywnych produktów.

Takie wykorzystywanie wiodącej pozycji na rynku zapewniało mu sukces, ale w praktyce blokowało możliwości rozwoju mniejszych firm technologicznych. W 1997 roku Departament Sprawiedliwości Stanów Zjednoczonych złożył w Federalnym Sądzie Rejonowym wniosek oskarżający Microsoft o praktyki monopolistyczne i zwrócił się o powstrzymanie integracji Internet Explorera z systemem Windows. Do oskarżeń przyłączyło się 20 stanów USA oraz Dystrykt Kolumbia. W 2000 roku zapadł wyrok stwierdzający, że firma Microsoft jest winna stosowania niedozwolonych praktyk. W 2004 roku w tej samej sprawie postępowanie przeciwko Microsoftowi wszczęła Unia Europejska; zakończyło się ono nałożeniem na firmę Billa Gatesa kary w wysokości 899 milionów euro, największej grzywny w historii Unii.

Bill stał się jednym z najpotężniejszych, ale też najbardziej znienawidzonych ludzi branży komputerowej. W jego życiu zaszła poważna zmiana: poznał Melindę French, z którą wziął ślub w 1994 roku. W tym samym roku też umarła matka Billa, która była dla niego przez całe życie wielkim wsparciem i inspiracją. Gates zmienił swoje podejście do życia, sam przyznawał, że ślub z Melindą był jedną z najlepszych i najważniejszych decyzji w jego życiu. Będąc z nią, zaczął inaczej patrzeć na ludzi i na „grę", którą z nimi toczył. Niedługo po ślubie założył swoją pierwszą fundację charytatywną i zaczął interesować się tym, jak pomóc ludziom, a nie jak na nich zarobić. W zarabianiu pieniędzy osiągnął już wszystko, natomiast pomaganie było dla niego wyzwaniem. W końcu to przecież to wyzwań szukał całe życie. Oddawał coraz więcej władzy w Microsofcie. Połowę lat 90. spędził na finansowaniu w całych Stanach bibliotek dla szkół z dostępem do komputerów i Internetu.

W 2000 roku Bill i Melinda założyli swoją fundację, która już kreśliła globalne cele. Stworzyli zespół zajmujący się badaniami i rozpoznawaniem najbardziej efektywnych metod pomocy ludziom na świecie. Zainwestowali w globalne programy szczepień, poprawy jakości edukacji czy dostępu do urządzeń sanitarnych. W 2008 roku Bill ogłosił, że rozpoczyna pracę w fundacji na pełny etat. Mówił, że w nowej pracy, podobnie jak w Microsofcie, nadal otacza się najbardziej inteligentnymi i utalentowanymi ludźmi i każe im dawać z siebie wszystko. Sam osiągnął prawdopodobnie więcej niż ktokolwiek w historii, namawiając innych miliarderów, by zaangażowali się w poprawę sytuacji na świecie, głównie w inwestowanie w czystą energię i wszelkie technologie mogące powstrzymać zmiany klimatyczne. Mając troje dzieci, zapowiedział, że nie zostawi im swojej fortuny. Postanowił za to zostawić im po sobie nieco lepszy i zdrowszy świat.

KALENDARIUM:

1955 – narodziny Billa Gatesa w Seattle w stanie Waszyngton
1967 – rozpoczęcie nauki w prywatnej szkole Lakeside School; poznanie Paula Allena
1968 – pierwsza styczność z komputerem w wieku 13 lat
1972 – Gates i Allen zakładają firmę Traf-O-Data mierzącą natężenie ruchu drogowego
1973 – Bill rozpoczyna studia na uniwersytecie Harvarda
1975 – Allen znajduje artykuł w „Popular Electronics" przedstawiający pierwszy na rynku mikrokomputer Altair 8800 firmy MITS – to oznacza początek ery komputerów osobistych; Allen i Gates decydują się zbudować system operacyjny dla tej maszyny i z sukcesem sprzedają go firmie MITS
1975 – Bill porzuca studia na Harvardzie i zakłada razem z Allenem Micro-Soft
1976 – zmieniają nazwę firmy na Microsoft

1980 – Microsoft tworzy MS-DOS (Microsoft Disk Operating System) na zlecenie IBM, ale dostępny w sprzedaży też dla innych producentów komputerów; do 1984 roku Microsoft sprzedaje 2 miliony licencji na MS-DOS

1980 – Steve Ballmer dołącza do zespołu Microsoft

1982 – z powodu choroby i pogarszających się relacji z Billem Paul Allen opuszcza Microsoft zachowując około 1/3 udziałów; nigdy nie wraca do współpracy z Gatesem

1985 – pierwsza wersja Microsoft Windows (Windows 1.0)

1986 – Microsoft wchodzi na giełdę; w ciągu jednej doby Gates staje się miliarderem – wówczas najmłodszym w USA (przez wiele lat powtarzał, że będzie miliarderem przed trzydziestką, jednak osiągnął to mając 31 lat; jego rekord pobili Mark Zuckerberg w 2010 roku i Dustin Moskovitz w 2011 roku)

1989 – premiera pakietu Microsoft Office

1990 – premiera systemu operacyjnego Windows 3.0

1994 – Bill bierze ślub z Melindą French

1994 – powstaje pierwsza fundacja Gatesa – William H. Gates Foundation

1995 – premiera systemu operacyjnego Windows 95

1997 – Departament Sprawiedliwości Stanów Zjednoczonych, 20 stanów i Dystrykt Kolumbia pozywają Microsoft za stosowanie praktyk monopolistycznych

2000 – powstaje Bill & Melinda Gates Foundation

2000 – Steve Ballmer zastępuje Billa na stanowisku CEO Microsoftu

2001 – premiera pierwszej konsoli do gier produkcji Microsoftu – Xbox

2005 – Gates otrzymuje tytuł szlachecki od królowej Elżbiety II

2005 – wraz z Melindą Gates i muzykiem Bono Bill Gates otrzymuje tytuł Człowieka Roku przyznawany przez magazyn Time

2006 – Warren Buffet przekazuje dużą część swojej fortuny – 17,5 mld dolarów – fundacji Billa i Melindy

2007 – Bill otrzymuje honorowy doktorat Uniwersytetu Harvarda

2008 – Bill rezygnuje z pracy w Microsofcie, żeby w pełni poświęcić się pracy w Fundacji; spada na 3. miejsce w rankingu najbogatszych ludzi świata magazynu „Forbes" po tym, jak przekazuje znaczną część majątku na cele Fundacji

2009 – Bill ogłasza rozpoczęcie współpracy z Chińskim Ministerstwem Zdrowia i przekazuje 33 miliony dolarów na walkę z gruźlicą w Chinach

2010 – fundacja Gatesów przekazuje 10 miliardów dolarów na dziesięcioletni program badań nad szczepionkami

2010 – Bill i Melinda Gatesowie oraz Warren Buffett zakładają The Giving Pledge – organizację zajmującą się promowaniem działalności charytatywnej wśród najbogatszych ludzi świata

2015 – Gates uczestniczy w utworzeniu Breaktrough Energy Coalition – organizacji zbierającej fundusze na rozwój technologii wytwarzania energii pozwalających na ograniczanie emisji dwutlenku węgla do atmosfery; w inicjatywę zaangażowani są też między innymi Mark Zuckerberg, Jeff Bezos i Richard Branson

2016 – Gates wraca na 1. miejsce najbogatszych ludzi świata według „Forbesa"

CIEKAWOSTKI:

- Bill Gates ma troje dzieci: córki Jennifer i Phoebe, i syna Rory'ego. W 2014 roku ogłosił, że nie zostawi im w spadku swojej fortuny, licząc na to, że jego dzieci same zbudują swoje kariery, każde z nich dostanie „zaledwie" 10 milionów dolarów.

- Królowa Elżbieta II w 2005 roku nadała Billowi Gatesowi tytuł Rycerza Komandora Orderu Imperium Brytyjskiego (KBE) – nie będąc obywatelem Wielkiej Brytanii Bill, nie może się posługiwać tytułem „sir", ale może używać tytułu KBE po swoim imieniu.
- W 1977 roku Gates był aresztowany za prowadzenie samochodu bez prawa jazdy.
- Gates zajmował 1. miejsce na liście najbogatszych ludzi na świecie według magazynu „Forbes" (Forbes World's Billionaires List) przez 12 lat z rzędu, od 1995 do 2007 roku.

O FIRMIE MICROSOFT:

Dochód: 93,58 mld dolarów (2015)
Zysk z działalności operacyjnej: 18,16 mld dolarów (2015)
Zysk netto: 12,19 mld dolarów (2015)
Aktywa ogółem: 176,22 mld dolarów (2015)
Razem kapitał własny: 80.08 mld dolarów (2015)
Liczba pracowników: 118 584 (2015)

GŁÓWNE ZASADY DZIAŁANIA MICROSOFTU:

- Komputer w każdym domu i na każdym biurku.
- Przejmij (technologię) i ją rozwiń (*Embrace and extend*).

MYŚLI NA PODSTAWIE ŻYCIORYSU BILLA GATESA:

- Wykorzystaj maksymalnie to, czym obdarzy cię los.
- Przygotuj się, że nie osiągniesz sukcesu przy pierwszej próbie.

Stawiaj sobie ambitne cele, stwórz to, co możesz, a potem poprawiaj, aż osiągniesz produkt, który jest faktycznie dobry.
- Staraj się nauczyć jak najwięcej na podstawie swoich porażek.

CYTATY:

„Sukces to kiepski nauczyciel. Skłania mądrych ludzi do myślenia, że nie mogą przegrać".

„Jeśli nie możesz zrobić czegoś dobrze, przynajmniej zrób tak, żeby to wyglądało dobrze".

„Twoi najbardziej niezadowoleni klienci to twoje najlepsze źródło wiedzy".

„Do trudnego zadania wybieram leniwe osoby. Bo ktoś leniwy znajdzie prosty sposób na jego wykonanie".

„Życie nie jest sprawiedliwe. Przyzwyczaj się do tego".

ŹRÓDŁA I INSPIRACJE:

Strona i blog Billa Gatesa, na którym regularnie zamieszcza listę polecanych lektur: https://www.gatesnotes.com.
Profil Billa Gatesa na Facebooku: https://www.facebook.com/Bill Gates.
Oficjalna strona Bill & Melinda Gates Foundation: http://www.gatesfoundation.org.
Strona Billa Gatesa na TED.com, gdzie można znaleźć kilka jego przemówień: http://www.ted.com/speakers/bill_gates .

Bill Gates na Reddit: https://www.reddit.com/r/IAmA/comments/49jkhn/im_bill_gates_cochair_of_the_bill_melinda_gates.

Filmy:
Triumph of the Nerds (1996).
Nerds 2.0.1 (1998).
Waiting for „Superman" (2010).
The Virtual Revolution (2010).
Pirates of Silicon Valley (1999).

Książki:
Bill Gates, *Business @ the Speed of Thought*, Grand Central Publishing, 1999.
Bill Gates, *The Road Ahead*, Viking Press, 1995.
Paul Allen, *Idea Man: A Memoir by the Cofounder of Microsoft*, Portfolio, 2011.
David Bank, *Breaking Windows: How Bill Gates Fumbled the Future of Microsoft*, Free Press, 2001.
Jennifer Edstrom, Marlin Eller, *Barbarians Led by Bill Gates: Microsoft from the Inside*, Henry Holt and Co., 1998.
Jeanne M. Lesinski, *Bill Gates*, First Avenue Editions, 2000.
Janet Lowe, *Bill Gates Speaks: Insight from the World's Greatest Entrepreneur*, Wiley, 1998.
Stephen Manes, Paul Andrews, *Gates: How Microsoft's Mogul Reinvented an Industry and Made Himself the Richest Man in America*, Touchstone, 1993.
Gary Rivlin, *The Plot to Get Bill Gates*, Crown Business, 2000.
James Wallace, Jim Erickson, *Hard Drive: Bill Gates and the Making of the Microsoft Empire*, HarperCollin, 1993.

Amadeo Peter Giannini

(1870-1949)

Amerykanin włoskiego pochodzenia, twórca Bank of America – jednej z największych instytucji finansowych świata

Jako 7-latek widział, jak zamordowano jego ojca, jako 12-latek wymykał się nocami z domu na nabrzeża San Francisco, by pracować przy rozładunku towarów, a jako 14-latek porzucił szkołę, by pomagać w firmie ojczyma. W wieku 30 lat, dzięki swojej ciężkiej pracy, mógł przejść na emeryturę, lecz właśnie wtedy rozpoczął pracę nad dziełem swojego życia! Założył pierwszy w historii bank służący niezamożnym mieszkańcom San Francisco. Pomagał im, gdy odbudowywali swoje domy po trzęsieniu ziemi w 1906 roku. Ratował kraj w czasach Wielkiego Kryzysu. Aby służyć ludziom, bo tak pojmował pracę bankiera, negował tradycyjne podejście do finansów i łamał zasady, jakie wyznawali ówcześni bankierzy. Giannini nigdy nie myślał o sobie, o swojej wygodzie czy majątku. Nie wypłacał sobie premii i nie przyznawał podwyżek! „Nigdy nie pracowałem z myślą o sobie. Takie podejście pozwoliło mi osiągnąć sukces" – mówił.

Amadeo Peter Giannini urodził się w rodzinie włoskich emigrantów w 1870 roku w San Jose w Kalifornii. Jego ojciec Luigi przyjechał w 1849 roku do USA w poszukiwaniu pracy.

Zatrudnił się w jednej z kalifornijskich kopalni złota, a następnie kupił czterdziestohektarowe gospodarstwo i zajął produkcją rolną. Warzywa i owoce sprzedawał okolicznym sklepom. Niestety, gdy Amadeo miał 7 lat, wydarzyła się tragedia. Podczas rozliczeń finansowych z jednym z kontrahentów doszło do kłótni i ojciec Gianniniego został zastrzelony! W momencie tragedii Amadeo miał młodszego brata, a jego mama Virginia była w ciąży z trzecim dzieckiem. Kobieta ponownie wyszła za mąż. Jej wybrankiem był Lorenzo Scatena, właściciel lokalnej firmy handlowej. Młody Giannini pomagał swojemu ojczymowi w jej prowadzeniu. Wiedząc, że lepiej radzi sobie w biznesie niż w nauce, Amadeo w wieku 14 lat porzucił szkołę. Po kilku latach wspólnej pracy firma się rozwinęła. Giannini pośredniczył na dużą skalę w kontaktach między farmerami a właścicielami sklepów. To właśnie wtedy nabył umiejętność rozpoznawania ludzkich intencji. Pracował bowiem z różnymi osobami. Część z nich była uczciwa. Część, niestety, próbowała się wzbogacić jego kosztem. Amadeo uczył się, komu można wierzyć, a komu nie. Był znakomitym psychologiem samoukiem. Znajomość psychiki ludzkiej przydała mu się w późniejszym okresie życia i… zapewniła mu miejsce w historii!

Jako 22-latek Giannini poślubił Clorindę Cuneo, córkę potężnego handlarza nieruchomościami z North Beach. Firma handlowa, którą prowadził, zapewniała mu dostatnie funkcjonowanie do końca życia, jednak postanowił… oddać ją swoim pracownikom w formie udziałów. Jego samego pochłonęła bez reszty praca w sektorze finansowym, a konkretnie na stanowisku dyrektora w firmie pożyczkowej Columbus Saving and Loans, w której udziały miał jego teść. Być może nam, współczesnym ludziom wyda się to dziwne, ale jeszcze nieco ponad 100 lat temu, na przełomie XIX i XX wieku banki zajmowały się wyłącznie obsługą bogaczy oraz dużych przedsiębiorstw. Zwykli ludzie mogli pożyczać pieniądze tylko u lichwiarzy, na wysoki procent, a swoje ciężko zarobione pieniądze trzymali w skarpetach i pod materacami. Giannini, widząc tę nierówność, zdecydował się na obsługę finansową biednych ludzi. Dlatego mówi się o nim jako o „bankierze zwykłych ludzi" albo o „bankierze Ameryki". W 1904 roku Amadeo otworzył pierwszy bank dla emigrantów: Bank of Italy. Depozyty złożone pierwszego dnia wyniosły 8700 dolarów. Po roku działalności osiągnęły już kwotę 700 000 dolarów, co w przeliczeniu na dzisiejszą wartość pieniądza daje nam około 13,5 miliona dolarów! W latach 20. ubiegłego stulecia Bank of Italy stał się trzecią co do wielkości instytucją finansową w USA. Rozwinął sieć oddziałów, obsługując głównie emigrantów: Włochów, Portugalczyków, Rosjan, Greków, Meksykanów, Jugosłowian.

Po trzęsieniu ziemi w San Francisco w 1906 roku Giannini był jedynym bankierem, który na gruzach i zgliszczach miasta otworzył bank! Bank to za duże słowo. Za cały bank służyła długa deska położona na kilku beczkach. Przy desce stali, z jednej strony pracownicy banku i oczywiście sam Amadeo, a po drugiej stronie w kolejce mieszkańcy, którzy potrzebowali pieniędzy na odbudowę swoich domów. Niestety, ludzie Ci nie mieli żadnego zabezpieczenia na pożyczki, które chcieli brać… Po trzęsieniu ziemi zostali z niczym. I tu ujawnił się charakter Amadeo. Postanowił, że gwarancją spłaty zaciągniętej u niego pożyczki będzie… spojrzenie w oczy i uścisk dłoni! „Rozdawał" pieniądze na podstawie swojego odczucia co do danej osoby! Jeśli ktoś po krótkiej rozmowie wydawał mu się uczciwy, Amadeo przekazywał mu pieniądze. Jak się okazało, znał się świetnie na ludziach, bo wszystkie zaciągnięte w ten sposób pożyczki zostały spłacone! Po trzęsieniu ziemi brakowało również wszelkich materiałów do odbudowy miasta. Amadeo chodził na nabrzeże i płacił kapitanom parowców, które przypływały do San Francisco, za dostarczanie potrzebnych materiałów do miasta. Musiał zaufać tym ludziom i wierzyć, że go nie oszukają. Rzadko się zawodził.

Przez kolejnych kilkanaście lat Giannini kontynuował rozbudowę swojego bankowego imperium. W całej Kalifornii otwierał kolejne oddziały Bank of Italy. Kupował także mniejsze, lokalne banki. W roku 1916 posiadał ponad 500 placówek bankowych udzielających pożyczek oraz przechowywujących depozyty „zwykłych ludzi". Ludzie z niższych klas społecznych traktowali Bank of Italy jako swój bank. W 1928 roku Giannini skupił wszystkie swoje banki w holdingu Transamerica Co. Dwa lata później utworzył Bank of America, który szybko stał się pierwszym bankiem Ameryki. Pod rządami Gianniniego jako prezesa bank nie tylko przetrwał Wielki Kryzys, ale także pomagał w tym trudnym okresie całej Kalifornii. Później współfinansował tamtejsze przedsięwzięcia przemysłowe i rolne oraz przemysł filmowy. Amadeo szefował mu do 1945 roku, kiedy przeszedł na emeryturę.

Amadeo Peter Giannini zmarł w 1949 roku w wieku 79 lat. Nie zostawił dużego, osobistego majątku, bo „zaledwie" pół miliona dolarów w posiadanych nieruchomościach. Mógł być miliarderem. Był jednak skromnym człowiekiem z wyboru. Czuł, że ogromny majątek oddali go od zwykłych ludzi, którym chciał służyć. Przez całe lata pracował praktycznie bez żadnego wynagrodzenia. Gdy w jednym roku otrzymał 1,5 mln dolarów jako premię, szybko podarował te pieniądze Uniwersytetowi w Kalifornii. Giannini był wizjonerem, który chciał pomagać ludziom w realizacji ich marzeń niezależnie od ich pochodzenia i statusu. Ufał im i okazywał to na każdym kroku. „Bądź gotowy pomagać ludziom, kiedy tego najbardziej potrzebują" – mawiał Bankier Ameryki. Historia jego życia mogłaby być jedną z historii o amerykańskim marzeniu. Jednak w naszych czasach – czasach zapaści gospodarczych, bankructw wielkich firm, a nawet całych krajów, czasach narracji o bezosobowych trendach gospodarczych, z którymi nikt nie może walczyć – historia życia Amadea Petera Gianniniego nigdy nie była bardziej aktualna. Przypomina nam ona, że jeden człowiek może robić znaczną różnicę.

KALENDARIUM:

6 maja 1870 – narodziny Gianniniego w San Jose w Kalifornii

1877 – śmierć ojca Amadea

1884 – Giannini porzuca szkołę, aby na pełen etat prowadzić firmę handlową ojczyma

1892 – ślub się z Clorindą Cuneo, córką magnata nieruchomości z North Beach

1904 – otwarcie Bank of Italy, pierwszego banku dla niższych i średnich klas społecznych Kalifornii

1906 – pomoc finansowa dla mieszkańców zniszczonego trzęsieniem ziemi San Francisco i udział w odbudowie miasta

1916 – Bank of Italy posiada ponad pół tysiąca placówek w Kalifornii i jest jedną z największych instytucji finansowych w USA

1928 – założenie holdingu Transamerica Co. skupiającego wszystkie banki Gianniniego

1930 – utworzenie Bank of America, największego banku w Stanach Zjednoczonych

1945 – odejście na emeryturę

3 czerwca 1949 – śmierć Bankiera Ameryki w San Mateo, Kalifornia

CIEKAWOSTKI:

- Amadeo Peter Giannini jako jedyny bankier zdecydował się wyłożyć pieniądze na pierwszy, pełnometrażowy film animowany. W tej sprawie przyszedł do niego... Walt Disney, któremu wsparcia po kolei odmawiały inne banki. Dzięki zaangażowaniu finansowemu Gianniniego powstał film *Królewna Śnieżka i siedmiu Krasnoludków*, a następnie pierwszy, tematyczny park rozrywki Disneya dedykowany temu właśnie filmowi. Disney nie miał zabezpieczenia finansowego na te przedsięwzięcia, a mimo to Giannini wyłożył na nie 1,7 miliona dolarów!
- Na początku XX wieku banki pracowały tylko do godziny 15.00. Bank of Italy założony przez Gianniniego otwarty był do 20.00 albo do 21.00, żeby pracujący do późna mieszkańcy San Francisco mogli załatwić po pracy swoje sprawy.
- W Bank Of America został stworzony wydział kredytowania produkcji filmowych. W ten sposób pieniądze Gianniniego pozwoliły wyprodukować filmy Charliego Chaplina, Douglasa Fairbenksa, a później takie tytuły jak: *West Side Story*, *Lawrence z Arabii* i *Przeminęło z wiatrem*. Bank Of America uczestniczył też finansowo w budowie mostu Golden Gate, symbolu San Francisco.
- Pewnego razu Giannini jechał do jednego z rolników, aby udzielić mu kredytu. Wiedział, że tego samego dnia wybiera się do tego rolnika przedstawiciel innego banku. Wiedział też, że konkurent nie zaproponuje rolnikowi tak dobrych warunków jak on. Postanowił go wyprzedzić. Miał tylko jedna możliwość dotarcia przed nim a mianowicie... przez staw! W tej sytuacji zatrzymał konia przy brzegu, zrzucił z siebie rzeczy i popłynął wpław, wyprzedzając w ten

sposób drugiego bankiera. Przemoczony i zmęczony zapukał do drzwi domostwa. Rolnik zaciągnął korzystny kredyt u Gianniniego!

CYTATY:

„Nigdy nie pracowałem z myślą o sobie. Takie podejście pozwoliło mi wiele osiągnąć".

„To nie człowiek rządzi pieniędzmi, lecz pieniądze rządzą człowiekiem".

„Najlepszym momentem, aby pójść do przodu w biznesie, jest czas, kiedy inni nie robią zbyt wiele".

„Bądź gotowy pomagać ludziom, kiedy tego najbardziej potrzebują".

„Ten, kto nie pracuje, niczego nie osiągnie".

„Nie musisz zawsze trafiać w dziesiątkę. Na tarczy są także inne kręgi, które przynoszą punkty".

„Bankier powinien być służącym ludzi, służącym społeczności".

„Praca wyłącznie dla pieniędzy nie przynosi satysfakcji. Satysfakcję daje proces tworzenia".

„Nadmiar pieniędzy psuje ludzi – tak było i tak będzie".

„Obowiązkiem każdego mężczyzny jest zapewnienie jak najlepszych warunków życia swoim dzieciom. Zostawienie im milionów może być jednak niebezpieczne".

ŹRÓDŁA I INSPIRACJE:

Julian Dana, *A.P. Giannini, giant in the West*, Prentice-Hall, 1947.

Matthew Josephson, *The money lords, the great finance capitalists, 1925-1950*, Weybright and Talley, 1972.

Felice A. Bonadio, *A.P. Giannini, Banker of America*, University of California Press, 1994.

Harold Evans, *They Made America*, Back Bay Pubs/PBS, 2004.

Dana Haight Cattani, *A. P. Giannini: The Man with the Midas Touch*, AuthorHouse, 2009.

Hyman Golden

(1923-2008)

współtwórca Snapple, jednej z najpopularniejszych w USA marek napojów owocowych i mrożonej herbaty

W życiu nie potrzebujesz luksusów ani wykształcenia, aby osiągnąć sukces. Twoja pasja i determinacja zaprowadzą Cię tam, dokąd zmierzasz. Nie możesz odpuszczać, musisz być mądry i cierpliwie czekać na sukces. Udowodnił to syn rumuńskiego emigranta Hyman Golden, który wraz z dwoma kolegami z dzieciństwa stworzył od podstaw imperium produkcyjno-handlowe o wdzięcznej nazwie Snapple, sprzedające soki owocowe oraz mrożoną herbatę. W latach 80. i 90. Zawojowało ono rynek, pokonując dwóch gigantów: Pepsi i Coca-Colę. Rozpoczynając z przyjaciółmi działalność w branży napojów, Hyman nie wiedział o niej nic. Uczył się od zera na swoich błędach oraz podpatrując innych. Był zdolnym samoukiem, który dzięki determinacji i cierpliwości stał się symbolem sukcesu. W swoją firmę zainwestował 6 tysięcy dolarów, a sprzedał ją za 1,7 miliarda dolarów.

Golden urodził się w Passaic w stanie New Jersey w biednej rodzinie rumuńskich emigrantów. W wieku zaledwie 4 lat stracił matkę. Wraz z ojcem przeprowadził się do Nowego Yorku. Ukończył szkołę podstawową i rozpoczął naukę w szkole średniej, lecz zrezygnował z dalszej edukacji z powodów trudnej sytuacji finansowej. Pomagał ojcu myć okna w biurowcach. Jako pomywacz okien pracował do 40 roku życia.

Na początku lat 60. postanowił jednak dokonać zmiany w życiu zawodowym. Ze swoim szwagrem Leonardem Marshem założył firmę remontową. Ich ambicje sięgały jednak znacznie dalej od przeprowadzania remontów w biurach na Brooklynie. Możliwość ich realizacji pojawiła się w 1972 roku za sprawą „trzeciego kumpla" z dzieciństwa – Arnolda Greenberga, właściciela sklepu ze zdrową żywnością w East Village na nowojorskim Manhattanie. Podczas którejś z rozmów Golden, Greenberg i Marsh wpadli na pomysł uruchomienia produkcji napojów owocowych. Każdy z udziałowców wyłożył 6 tysięcy dolarów i w ten sposób powstała niewielka firma o nazwie Unadulterated Food Products. Zakładając ją, nie wiedzieli nic o rynku napojów. Wierzyli w siebie, w swoje partnerstwo. Wiedzieli, że są w tej branży żółtodziobami i pilnie muszą się uczyć, a nie byli już młodzi. Marsh i Greenberg byli po czterdziestce, a Golden „dobijał" do pięćdziesiątki. Mieli swoje firmy, lecz chcieli czegoś więcej. Niestety, jak się okazało, na „coś więcej" trzeba było poczekać, i to długo…

Napoje produkowane przez Unadulterated Food Products (UFP) nie sprzedawały się tak, jak oczekiwali tego właściciele. Zmuszeni byli zatem wrócić do swoich codziennych zajęć: Greenberg do pracy w sklepie, a Golden i Marsh do remontów biur. Dzięki determinacji Goldena firma UFP nie zniknęła jednak z rynku, a jej właściciele nie przerwali pracy nad ulepszaniem swoich wyrobów. Przez kilka kolejnych lat uczyli się, testowali smaki, eksperymentowali z dodatkami. Wierzyli w swój produkt i byli uparci. Mieli ambitne plany i nie chcieli z nich rezygnować. „Chcemy dotrzeć do zwykłych Amerykanów. Szacujemy, że na 260 milionów naszych rodaków około

258 milionów to właśnie zwykli ludzie. Chcemy, aby wszyscy pili nasze soki" – mówił Hyman Golden w jednym z późniejszych wywiadów. Ta wiara oraz cierpliwość doprowadziła trzech przyjaciół do spektakularnego sukcesu. Pierwszy, może jeszcze nie ten największy, przyszedł w 1980 roku, czyli po 8 latach od założenia firmy. To były czasy boomu na zdrową żywność w USA. Golden, będąc bardzo dobrym obserwatorem i szybko ucząc się zasad rynku, postanowił ten trend wykorzystać. W 1980 roku Unadulterated Food Products wprowadziła na rynek linię soków owocowych o nazwie Snapple, produkowanych z naturalnych składników. Amerykanie oszaleli na ich punkcie. Nazwa pochodziła od pierwszego produktu linii – soku jabłkowego (ang. snappy – sztuczka, apple – jabłko). Golden odkupił tę nazwę za 500 dolarów od człowieka z Teksasu, który ją wcześniej zastrzegł.

Wkrótce po pierwszym sukcesie firma zmieniła nazwę na Snapple Beverage Corporation. Centrala firmy przeniosła się z Brooklynu do Valley Stream, pozostając nadal w Nowym Yorku. Jak wspominają współpracownicy, w centrali firmy panowała zawsze rodzinna, wesoła atmosfera. Każdy z pracowników mógł przyjść do jego biura i zaproponować nowy smak oraz nazwę kolejnego napoju. „Było przy tym mnóstwo zabawy. Gdy właściciele siedzieli w laboratorium wraz z chemikami, wszyscy wyglądali jak świetnie bawiące się dzieci, a nie jak dorośli, poważni ludzie. Na podłodze było pełno fiolek i flakonów po koncentratach zapachowych. To była ich pasja, a nie praca" – wspomina w jednym z wywiadów Sharon, córka Goldena. Także w późniejszych latach Golden i wspólnicy nigdy nie testowali napojów czy herbat na grupach fokusowych. O tym, czy smak się przyjmie, decydowali ze współpracownikami. „Nie potrzebujemy robić testów. Sami jesteśmy Amerykanami i wiemy, co się spodoba" – mawiał Hyman

Golden. Firma wprowadziła w ten sposób na rynek 52 smaki napojów, a jej produkty są sprzedawane w 80 krajach.

Hymana Goldena charakteryzowała dbałość o każdy szczegół przedsięwzięcia, od kształtu butelki po współpracę z dystrybutorami napojów. Kolorowe soki Snapple były zamykane w staromodne, ciężkie butelki z grubą szyjką i wydrukowanym charakterystyczną czcionką biało-niebieskim logo firmy. Wszystko to miało wyróżnić produkty Snapple spośród innych napojów na sklepowych półkach. Aby jednak napoje pojawiły się w wielu miejscach USA, potrzebna była sieć dystrybutorów. W jej tworzenie Golden włożył mnóstwo pracy i pomysłowości. Wiedział, że sprzedaż detaliczna będzie podstawą rozwoju firmy, więc skoncentrował się na budowaniu jak najlepszych relacji z właścicielami firm, które sprzedawały jego produkty. Mogli oni liczyć na wsparcie nie tylko pod względem logistyki dostaw, marketingu, rozliczeń, ale np. Golden przysyłał do lokalnych hurtowników swoich ludzi, którzy pomagali sprzedawać soki wraz z przedstawicielami hurtowni na ich terenie. Taka polityka bardzo się opłaciła. Produkty Snapple pojawiły się w delikatesach, marketach, barach, pizzeriach i na stacjach benzynowych. Były wszędzie! Firma rosła w siłę, przejmując ogromną część rynku soków w USA. Prawdziwe szaleństwo na Snapple nastało w 1987 roku. Golden i spółka jako pierwsi wypuścili na rynek butelkowaną, mrożoną herbatę z naturalnych składników. Innowacyjnością było to, że do butelek rozlewano zaparzoną naturalną herbatę, a potem butelkę zamykano na gorąco. Herbata taka miała dłuższy okres przydatności do spożycia bez konieczności dodawania konserwantów. Golden dzięki temu pozostawił w tyle całą konkurencję, która faszerowała swoje produkty dodatkami chemicznymi.

Snapple Beverage Corporation była już wtedy maszynką do zarabiania pieniędzy. W 1992 roku została wykupiona za

140 milionów dolarów przez Thomas Lee Company. Trzej przyjaciele oprócz wartości wykupu otrzymali 1/3 udziałów w sprzedaży, która rocznie wynosiła wtedy około 100 milionów dolarów. Hyman Golden został w 1990 roku prezesem firmy i pełnił tę funkcję przez 5 lat. Gdy przeszedł na emeryturę, roczne obroty Snapple wynosiły około 700 milionów dolarów. Niespełna rok później nowo powstała firma zadebiutowała na giełdzie, a w 1994 roku została kupiona przez Quaker Oats Company za 1,7 miliarda dolarów! I właśnie zakup ich „dziecka" za tak gigantyczną kwotę Golden, Greenberg i Marsh uznali za swój największy sukces. W jednym z wywiadów, mówiąc o decyzji otwarcia firmy produkującej soki, stwierdzili żartobliwie: „Snapple jest sukcesem, który wydarzył się z dnia na dzień, tylko trzeba było na niego poczekać dwie dekady!". Od tego czasu firma jeszcze kilka razy zmieniała właściciela, by ostatecznie zostać częścią koncernu Cadbury Schweppes, który obecnie działa pod nazwą Dr. Pepper Snapple Group. Odwaga i pójście pod prąd to dwa określenia najlepiej pasujące do genialnych zabiegów marketingowych Hymana Goldena mających wypromować markę Snapple. To był innowacyjny marketing, często zadziorny, momentami kontrowersyjny, ale zawsze z poczuciem humoru. Hasło reklamowe firmy brzmiało: „Wyprodukowane z najlepszego towaru na świecie". Biznesmen postanowił odróżnić się od konkurentów na rynku reklamowym i ryzyko się opłaciło. Na dodatek udowodnił, że warto iść pod prąd, gdyż projekty jego kampanii reklamowych, zawsze tak krytykowane przez specjalistów z branży, spotykały się z pozytywną, a czasem wręcz entuzjastyczną reakcją „zwykłych" Amerykanów.

Informacje dotyczące prywatnego życia Hymana Goldena są bardzo skromne. W 1948 roku ożenił się z Mitzi Marsh. Miał z nią trójkę dzieci: Sharon, Bruce'a i Roberta. Doczekał się 7 wnuków. Zmarł w 2008 roku w wieku 85 lat. Jego życie jest znakomitym przykładem tego, że warto czekać na swoją szansę (Golden czekał prawie 20 lat – od 1972 roku, gdy założył firmę, do początku lat 90., gdy sprzedawał markę Snapple za setki milionów dolarów). W drodze do realizacji marzeń, oprócz determinacji, ciężkiej pracy i koncentracji na celu, pomogła mu cecha, o której czasami zapominamy, a mianowicie: cierpliwość. Cierpliwość rozumiana jako zdolność spokojnego, wytrwałego dążenia do celu i nie zrażania się niepowodzeniami. Hyman Golden był samoukiem, uczył się na swoich błędach, wyciągał z nich wnioski. Cierpliwie czekał na swoje „5 minut", a gdy nadeszło, wykorzystał je perfekcyjnie dzięki swojej mądrości, tworząc jedno z największych imperiów na rynku napojów.

KALENDARIUM:

1923 – narodziny Hymana Goldena w Passaic w stanie New Jersey, USA
1927 – śmierć matki Hymana; chłopiec i jego ojciec przeprowadzają się do Nowego Yorku
1938 – rozpoczęcie pracy w firmie ojca przy myciu okien w biurowcach
1949 – ślub z Mitzi Marsh; z małżeństw urodzi się trójka dzieci: Sharon, Bruce i Robert
1960 – wraz z Leonardem Marshem, bratem swojej żony Mitzi, zakłada firmę świadczącą usługi remontowe
1972 – powstaje Unadulterated Food Products, wspólne przedsięwzięcie Hymana Goldena, Leonarda Marsha i Arnolda Greeneberga, trzech kolegów z dzieciństwa; firma produkuje soki owocowe

1980 – sukces linii naturalnych soków owocowych o nazwie Snapple; firma zmienia nazwę na Snapple Beverage Company
1987 – Golden i spółka jako pierwsi w Stanach Zjednoczonych wprowadzają na rynek naturalnie parzoną i butelkowaną herbatę mrożoną – to przełom na rynku napojów gotowych do picia w USA, sprzedaż rośnie jak szalona
1990 – Hyman Golden zostaje prezesem Snapple Beverage Company; roczne obroty firmy to około 100 milionów dolarów
1992 – marka Snapple zostaje wykupiona za 140 milionów dolarów przez Thomas H. Lee Company
1993 – firma udanie debiutuje na amerykańskiej giełdzie
1994 – Nowym właścicielem marki Snapple zostaje gigant Quaker Oats Company
1995 – Hyman Golden ustępuje ze stanowiska prezesa i odchodzi na emeryturę; roczne obroty firmy oscylują wokół 700 milionów dolarów
1997 – Quaker Oats Company z powodu kłopotów finansowych sprzedaje markę Snapple jedynie za 300 milionów dolarów firmie Triarc
2000 – Triarc odsprzedaje Snapple koncernowi Cadbury Schweppes za blisko 1,5 miliarda dolarów; do dziś Cadbury jest właścicielem Snapple – obecnie działa pod nazwą Dr. Pepper Snapple Group
14 września 2008 – Hyman Golden umiera w Great Neck w stanie Nowy York

CIEKAWOSTKI:

- Od czasu pierwszej sprzedaży w 1992 roku firma Snapple kilka razy zmieniała właściciela. Niestety, zmiany nie przysłużyły się marce. W środowisku ekonomistów Snapple

jest synonimem źle przeprowadzonej transakcji finansowej, gdyż Quaker Oats Company, która kupiła Snapple za 1,7 miliarda dolarów, sprzedała markę po kilku latach nieudanych zabiegów marketingowych za „jedynie" 300 milionów dolarów. Obecnie Snapple wchodzi w skład koncernu Dr. Pepper Snapple Group (dawniej Cadburry Scheppes).
- Golden nie wahał się zatrudniać w reklamach kontrowersyjnych postaci show bussinesu, takich jak Rush Limbaugh czy Howard Stern. Pierwszy to publicysta radiowy i prasowy, zwolennik partii republikańskiej, drugi jest znany z ciętego języka, prowadzi swój talk show w amerykańskiej telewizji i był kandydatem na gubernatora stanu Nowy York z ramienia Partii Libertariańskiej. Strzałem w dziesiątkę okazały się też emitowane przez 18 lat zabawne reklamy z Wendy Kaufmann znaną jako The Snapple Lady. Odpowiadała ona w krótkich spotach reklamowych na listy miłośników napojów Snapple. Kadr był zawsze ustawiony tak, aby zza recepcyjnego kontuaru ledwie wystawała głowa Wendy (rzeczywiście była kobietą niskiego wzrostu, niespełna 160 cm), a nad nią dominowało wielkie logo firmy.

ŹRÓDŁA I INSPIRACJE:

Hyman Golden, Co-funder of Snapple, Dies at 85, „New York Times", http://www.nytimes.com/2008/09/21/business/21golden.html?_r=0 .

Hyman Golden, Wikipedia, https://en.wikipedia.org/wiki/Hyman_Golden#cite_note-NYTObit-2 .

Legacy: Hyman Golden 1923-2008, http://www.inc.com/magazine/20081201/legacy-hyman-golden-1923-2008.html .

Sydney Finkelstein, *Why Smart Executives Fail: And What You Can Learn from Their Mistakes*, Pinguin Group, 2003.

http://www.amazon.com/Why-Smart-Executives-Fail-Mistakes/dp/1591840457.

Snapple Guy's Overnight Success Took Decades, „The Wall Street Journal", http://www.wsj.com/articles/SB10001424127887324659404578499524275374196.

Oficjalna strona Snapple: http://snapple.com.

William Thomas Grant

(1876-1972)

amerykański przedsiębiorca, filantrop, założyciel sieci
amerykańskich sklepów T.W. Grant Co.

William Thomas Grant przyszedł na świat w Stevensville w Pensylwanii. Jego ojciec zarządzał tam niewielkim młynem. Niestety, biznes przynosił wyłącznie straty, więc pięć lat po narodzinach chłopca Grantowie powrócili do rodzinnego stanu Massachusetts z nadzieją, że tam znajdą sposób na wyjście z kłopotów finansowych. Zamieszkali w portowym mieście Fall River. Ojciec zajął się prowadzeniem sklepu z herbatą. Chociaż handlował różnymi odmianami herbat, od klasycznych po bardzo orientalne, a w jego sklepie nie brakowało akcesoriów do parzenia herbaty, to praca w tej branży również nie przynosiła dużych dochodów. Trudno powiedzieć, czy ojcu Williama zabrakło pasji czy zmysłu handlowca, jednak gdyby nie jego żona, Amanda, która była bardzo oszczędną i zaradną kobietą, nie wiadomo, czy trójce dzieci państwa Grant udałoby się ukończyć szkołę.

Rodzeństwu nie brakowało obowiązków. William rozpoczął karierę sprzedawcy, gdy miał zaledwie siedem lat. By pomóc matce, handlował nasionami kwiatów. Mały chłopiec przyciągał uwagę, a to, że świetnie spełniał się w swojej roli, przysparzało mu klientów. Od najmłodszych lat uważnie obserwował, jak z codziennymi problemami radzi sobie jego mama. Oczy dziecka śledziły zmagania matki podejmującej kolejne skuteczne działania, dzięki którym zmniejszały się problemy finansowe rodziny. Szczególny podziw chłopca budziły jej zaradność i przedsiębiorczość. Prawdopodobnie wówczas William zaczął, naśladując matkę, rozwijać w sobie te cechy. Jako dziecko nauczył się też dobrej organizacji pracy. Wymagała tego niełatwa sytuacja życiowa. Musiał przecież pogodzić naukę w szkole z domowymi obowiązkami i pomocą rodzicom w prowadzeniu działalności handlowej. Im więcej miał lat, tym więcej doświadczeń zawodowych. Wcześnie stał się samodzielny. Pomogły mu w tym dobra organizacja czasu, zaradność i przedsiębiorczość. Pracował w różnych miejscach, czasem na kilku etatach. Zaliczył w swoim życiu nawet epizod promowania walk bokserskich za pieniądze.

Jednak najswobodniej i najpewniej czuł się za ladą sklepową. Przez dłuższy czas pracował w sklepach specjalizujących się w sprzedaży detalicznej drobnych artykułów gospodarstwa domowego. Z uważnością przyglądał się funkcjonowaniu sklepów. Poznawał asortyment sprzedawanych produktów zmieniający się w zależności od potrzeb i gustów klientów. Aby w pełni zaspokajać wymagania kupujących, musiał właściwie oceniać zalety i wady sprzedawanych artykułów oraz na bieżąco śledzić nowości w branży pojawiające się na rynku. Zdobycie takiej wiedzy wymagało czasu i dobrego zmysłu obserwacji, ale Grant był bystry, inteligentny i uważny. Szybko dostrzegł coś na pozór oczywistego, jednak często lekceważonego przez handlowców, mianowicie to, jak zadziwiająco łatwo sprzedają się najtańsze produkty – te o wartości 25 centów i nieco wyższej. Często klienci kupowali je, mimo że nie były im koniecznie potrzebne. Grantowi nie zajęło wiele czasu zrozumienie prostego mechanizmu wpływającego na decyzje kupujących: cena wydawała się na tyle niewielka, że nie obciążała portfela, a taki produkt zawsze przecież mógł się przydać.

William Thomas Grant pracował u innych, ale coraz częściej myślał o tym, by otworzyć własny sklep. Dotychczasowe doświadczenia nauczyły go, że we wszystkim, co zamierza osiągnąć, musi polegać wyłącznie na sobie. Czuł, że jest gotowy na to, by sięgnąć po całkowitą samodzielność. Zadowolenie z jego pracy okazywane przez pracodawców i klientów nie uśpiło go, lecz tylko wzmogło jego poczucie własnej wartości, a wrodzona ambicja podsunęła mu myśl, by otworzyć własny sklep. Ta myśl nie dawała mu spokoju. Z początku nieśmiała, z czasem stawała się coraz wyraźniejszym i łatwiejszym w realizacji pomysłem, by w końcu zmienić się w następny cel do osiągnięcia. Pewności dodawała Grantowi zdobyta dotychczas wiedza o handlu i zachowaniach klientów, a także gruntowne poznanie samego siebie i swoich możliwości. Poza pensją nie miał żadnych źródeł finansowych. Posiadał za to cenną umiejętność, którą przejął w dzieciństwie od matki – umiał oszczędzać. Oszczędzanie szło mu tym łatwiej, im ważniejszy stawał się wytyczony przez niego cel. Dzięki 1000 dolarów, które odłożył ze swoich skromnych dochodów, w 1906 roku w Lynn w Massachusetts mógł otworzyć swój pierwszy sklep.

Miał wówczas 30 lat i ciekawy pomysł na firmę, wynikający z wieloletniej samodzielnej nauki tajników handlu, z dotychczasowych doświadczeń w sprzedaży oraz z wnikliwej obserwacji klientów. Grant postanowił zaoferować ludziom to, czego potrzebowali na co dzień po cenach tak niskich, by mogli sobie na to pozwolić. Sam zadawalał się minimalnym zyskiem. Zdecydował, by w dyskontach handlowych otworzyć działy z artykułami kosztującymi nie więcej niż 25 centów. Żeby dla wszystkich oczywisty był profil sklepu, w nazwie oprócz swojego imienia i nazwiska umieścił informację: 25 Cent Store. Narzut wydawał się niewielki, ale w sklepowej kasie każdego dnia gromadziła się znaczna liczba drobnych monet. Samemu Williamowi trudno było uwierzyć w wysokość codziennych zysków.

Sklep sprzedający towary w cenie 25 centów szybko stał się popularny. Pomysł trafił w zapotrzebowania odbiorców, sprzedaż kwitła, a właściciel sklepu 25 Cent Store otwierał punkty sprzedaży w kolejnych dyskontach. Duże obroty w krótkim czasie przyniosły niebywały sukces i zapewniły dynamiczny rozwój firmy. Nowa sytuacja spowodowała, że William Thomas Grant musiał nauczyć się, jak sprawnie zarządzać siecią sklepów, cały czas także obserwował gusty odbiorców swoich towarów. Razem z pracownikami przechodził kolejne szkolenia, wybierał najlepszych producentów oraz urozmaicał asortyment sprzedaży. W końcu zaryzykował i zaczął otwierać kolejne, teraz już samodzielne punkty pod własnym nazwiskiem. Początkowo budowano je na obrzeżach miast, ale z czasem sklepy W.T. Grant można było spotkać w każdej części miasta, a coraz częściej w śródmieściu; zwłaszcza, gdy zaczęły funkcjonować jako centra handlowe. Po raz kolejny Grant skutecznie wykorzystał swój zmysł obserwacji. Zauważył bowiem, że na wielkość sprzedaży znacząco wpływa lokalizacja sklepu blisko klienta. Postanowił więc, że dobrym posunięciem będzie umieszczenie marketu w takim miejscu, by kupujący mógł do niego wejść po drodze z pracy lub podczas spaceru z rodziną po mieście. To był następny celny krok w rozwoju firmy, który sprawił, że przed końcem 1917 roku prężnie działało już 30 sklepów W.T. Grant.

Dzięki stale doskonalonym badaniom rynku Grant wiedział, że popularność swoich sklepów zawdzięcza specyficznemu profilowi sprzedaży opartemu na niedrogich towarach.

Oczywiście rozwój sieci sklepów, a wraz z nim zwiększenie asortymentu spowodowały zróżnicowanie cen sprzedawanych artykułów. Już nie wszystkie mogły kosztować 25 centów, jednak wciąż marka sklepu była oparta na zasadzie oferowania dobrej jakości za niewielką cenę. W 1918 roku Grant nieznacznie podniósł ceny towarów, ale przez dłuższy czas starał się utrzymać je na poziomie około 1 dolara za jeden produkt.

William Thomas Grant bardzo uważał na to, by nie powtórzyć błędów ojca, które wynikały głównie z nieumiejętnego prowadzenia własnego biznesu i za każdym razem kończyły się bankructwem. Stale więc zgłębiał tajniki sztuki handlowej. Wiedział, że rynek się zmienia i on musi za tymi zmianami nadążać. Sklepy W.T. Grant rozpoczynały od sprzedaży najbardziej potrzebnych w gospodarstwach domowych przedmiotów, ale William potrafił wyciągać wnioski z tego, co usłyszał od klientów. W porę dostrzegł, że zakres proponowanych przez jego sklepy produktów przestał klientom wystarczać. Skoro coraz częściej pytali o artykuły, których w tam nie było, np. o sprzęt muzyczny czy ubrania, należało uzupełnić asortyment. Pierwszy sklep Granta składał się z 21 działów, ale z biegiem lat dołączały do nich kolejne oferujące: produkty dla kobiet, odzież, zabawki, książki, meble, płyty i elektronikę, sprzęt ogrodniczy i do pielęgnacji trawników. Znany i popularny, a nawet kultowy stał się dział z elektroniką i płytami muzycznymi, tzw. Bradford (od nazwy miejsca Bradford County w Pensylwanii, gdzie urodził się William). Z czasem sklepy Granta tak się rozwinęły, że zaczęły przypominać najnowocześniejsze współczesne domy towarowe.

Na przełomie lat sześćdziesiątych i siedemdziesiątych Granty stały się bardzo popularne. Kreatywność ich właściciela szła w parze z ogromnym wysiłkiem budowania sieci handlowej. Stale rozwijana siła woli, oszczędność i pomysłowość pomagały mu wspinać się powoli na szczyt handlowego sukcesu. Grant, który całe życie samodzielnie zdobywał wiedzę i uczył się na własnych doświadczeniach, nie bał się innowacji, a im bardziej firma się rozwijała, tym szybciej znikała niepewność w podejmowaniu kolejnych kroków.

Sklepy Williama Thomasa Granta oferowały coraz bogatszy asortyment produktów. To niewątpliwie przyciągało nowe rzesze klientów, ale też powodowało, że spędzali oni w sklepie coraz więcej czasu. Zakupom zaczęło towarzyszyć zmęczenie i znużenie. Grant po raz kolejny wyciągnął wnioski z poczynionych obserwacji i wpadł na następny przełomowy pomysł. Żeby zatrzymać kupujących na dłużej i pozostawić ich ze wspomnieniami mile spędzonego dnia, zaproponował im dodatkowe usługi, np. ciepłe posiłki. Uzupełniono sklepy o miejsca, w których zmęczeni klienci mogli szybko coś zjeść. Tanie przekąski, np. frankfurterki za 15 centów, okazały się znakomitym pretekstem do niedługiego odpoczynku w przerwie na dalsze zakupy, a towarzyszące rodzicom znudzone odwiedzaniem kolejnych stoisk dzieci były zabawiane przez klaunów, którzy przechadzali się po sklepach i rozdawali popcorn. Restauracje w Grantach zostały nazwane Bradford House, a ich maskotką stał się ubrany w niebiesko-żółty strój mały pielgrzym Bucky Bradford, który witał wchodzących słowami: „Mniam, mniam, już czas!". Sklepy W.T. Grant zaczęły spełniać funkcję społeczną. Kupującym kojarzyły się już nie tylko z zakupami, lecz także z miejscem spotkań, rozrywki i najlepszych hot-dogów w mieście.

Z czasem sieć sklepów detalicznych rozrosła się do 1200 lokali w 41 stanach. W 1936 roku osiągnęła zysk 100 mln dolarów rocznie. William Thomas Grant nie myślał przeznaczać zarobionych pieniędzy jedynie dla siebie i rodziny. W tym samym roku założył Fundację Williama T. Granta, która zajęła się wspieraniem badań mogących przyczynić się do rozwoju człowieka i postępu społecznego. Odtąd łączył działalność filantropijną z biznesową.

Do 1940 roku William Thomas Grant posiadał już sklepy w 44 stanach. Nadal stanowiły one konkurencję cenową dla innych centrów handlowych, ponieważ w opinii publicznej utrwaliło się przekonanie, że w popularnych Grantach można kupić dobry produkt za niską cenę. Ich właściciel nie zapomniał o drodze, jaką musiał pokonać, by osiągnąć tak wysoką pozycję w branży handlowej. Od najmłodszych lat z uporem i konsekwencją, a przede wszystkim samodzielnie, zmierzał do obranego celu. Okazało się, że najlepszą szkołą jest praktyka, a życie Granta stało się nieustającą, choć niełatwą nauką w tej szkole. Czas poświęcony na zdobywanie kolejnych doświadczeń, proces poznawania klientów i ich potrzeb, trafne wyciąganie wniosków, rozwój umiejętności zawodowych, a przede wszystkim wymagania stawiane sobie co do nieustannego kształtowania pozytywnych cech osobowości sprawiły, że nigdy nie przestał szanować ludzi odwiedzających jego sklepy, troszczył się o ich zadowolenie z kupowanych produktów i o uczciwość transakcji zawieranych w sklepach W.T. Grant.

KALENDARIUM:

27 czerwca 1876 – narodziny Williama Thomasa Granta w Stevensville, Bratford County w Pensylwanii w USA
1881 – przeprowadzka do Massachusetts
1906 – otwarcie pierwszego sklepu W.T. Grant Co. 25 Cent Store w Lynn, Massachusetts
1917 – sieć W.T. Grant Co. rozrasta się do 30 sklepów
1928 – wejście W.T. Grant Co. na giełdę
1936 – założenie Fundacji Williama T. Granta

1940 – sklepy W.T. Grant istnieją w 44 stanach USA
1966 – odejście z zarządu W.T. Grant i Fundacji Williama T. Granta; nadal pełnieni funkcje honorowe
1972 – sieć W.T. Grant Co. liczy ok. 1200 sklepów w 41 państwach
6 sierpnia 1972 – śmierć Granta w wieku 96 lat w Fall River w hrabstwie Bristol, Massachusetts
1975 – bankructwo spółki W.T. Grant Co.

CIEKAWOSTKI:

- Sytuacja sklepów pogorszyła się po śmierci Williama Thomasa Granta. Zaledwie trzy lata od tego wydarzenia sieć 1200 sklepów, którą z takim uporem i pracowitością tworzył, zbankrutowała. W ciągu kilku lat Granty poddały się ekspansji Sears and Penny's z jednej strony i Wal-Mart & K-Mart z drugiej. Najbardziej oczywistą przyczyną kłopotów była decyzja spółki W.T. Grant o przedłużaniu kredytów dla wszystkich klientów bez próby wykonania oceny zdolności kredytowej klienta. Inicjatywa udzielenia kredytu wszystkim klientom powstała w 1969 roku podczas zamożnego okresu w historii USA, kiedy William Thomas Grant planował ekspansję na nowe obszary kraju. W tym czasie umowy kredytowe wydawały się dobrym pomysłem, ale brak jakiejkolwiek kontroli kredytowej oraz minimalne warunki spłaty oferowane przez spółkę Granta były ryzykowne nawet w tak dobrych gospodarczo czasach. Do końca 1960 roku kilka sklepów trzeba było zamknąć, a w 1974 roku pojawiło się zagrożenie bankructwem. W 1975 roku spółka zbankrutowała. Wówczas było to drugie co do wielkości bankructwo w historii USA.
- William Thomas Grant prywatnie interesował się filozofią i malarstwem. Poza tym, że był prezesem Fundacji Williama

T. Granta, jako filantrop działał też na szczeblu lokalnym. Za pracę Fundacji nad rozwojem nauki przyznano mu tytuły doktora *honoris causa* stopnia U. w Bates College w Maine oraz doktora *honoris causa* na Uniwersytecie w Miami.

DANE LICZBOWE:

Kapitał początkowy firmy Granta to 1000 dolarów uzbieranych oszczędności. Ta skromna suma pozwoliła mu stworzyć przedsiębiorstwo, które w 1936 roku osiągnęło 100 mln dolarów rocznej sprzedaży.

CYTATY:

„Największa wartość nie leży w uzyskaniu rzeczy, ale w robieniu ich, czynieniu ich wspólnie, pracując dla osiągnięcia wspólnego celu, w doświadczeniu koleżeństwa, w stuprocentowym poświęcaniu się dla innych".

„Moim głównym marzeniem jest, aby pomagać ludziom i narodom żyć szczęśliwie, spokojnie i dobrze dzięki lepszej wiedzy o tym, jak wykorzystać wszelkie dobro, które świat ma im do zaoferowania".

ŹRÓDŁA I INSPIRACJE:

Blake A. Bell, *The Estate of W. T. Grant in Pelham Manor*, http://historicpelham.blogspot.com/2005/11/estate-of-w-t-grant-in-pelham-manor.html.

Emily Gendrolis, *Notes from the Archives: Grand Departament Store*, https://mainehistory.wordpress.com/tag/w-t-grant-department-store.
http://wtgrantfoundation.org/history.
http://everything.explained.today/W._T._Grant.
https://sites.google.com/site/zayre88/wt-grant.
http://www.rockarch.org/collections/nonrockorgs/wtgrant.php.
http://thegrantat250.com/history.php.

David Green

(ur. 1941)

założyciel Hobby Lobby – największej na świecie sieci sklepów z artystycznymi i rzemieślniczymi artykułami wyposażenia wnętrz

Historia Davida Greena nie jest opowieścią o wielkich przełomach, spektakularnych sukcesach i biznesowych cudach, których dokonał. To historia systematycznego samokształcenia, ciężkiej pracy, ogromnej determinacji i wiary w ostateczne zwycięstwo. Historia drogi, którą przeszedł od małego, 30-metrowego sklepiku z dwunastoma wzorkami ramek do obrazków do generującego rocznie 2 miliardy dolarów imperium z sześciuset sklepami (w każdym sprzedawanych jest około 100 000 produktów). Drogi, którą podąża konsekwentnie od pół wieku, a gdy stanie na rozdrożu i nie wie, w którą stronę iść, zawsze pyta o to Boga. Najważniejszymi wartościami dla Greena są Bóg i rodzina. Sklepy Hobby Lobby nie pracują w niedziele, a w dni powszednie otwarte są do 20.00. „Chcę, aby moi pracownicy mieli więcej czasu dla swoich najbliższych" – mówi Green. Głęboko wierzący i dający świadectwo swojej wiary uważa, że biznes powinien być oparty na zasadach biblijnych. Swoim życiem i działalnością udowadnia każdego dnia, że nie ma sprzeczności między prowadzeniem ogromnej firmy i kierowaniem się przy tym Słowem Bożym.

David Green urodził się w rodzinie protestanckiego pastora Waltera Greena, który wraz z żoną Marie i piątką dzieci przenosił się z powodu swoich obowiązków duszpasterskich od miasta do miasta. Zmieniający często szkoły David nie radził sobie dobrze w nauce. Powtarzał nawet siódmą klasę. Miał kiepskie oceny, gdyż bał się stanąć przed klasą i odpowiadać na pytania nauczyciela. Zawsze był outsiderem, m.in. z powodu swojej nieśmiałości. Jak sam wspomina, czuł się gorszy od kolegów. Nosił stare, zniszczone ubrania, które rodzina Greenów dostawała od wiernych albo od dalekiego kuzynostwa. Na drugie śniadanie musiał zarabiać, zmywając naczynia w restauracji. Wszystkie dzieci Greenów od najmłodszych lat pracowały. David z rodzeństwem zbierał bawełnę na okolicznych polach. Pracował jako pomocnik mechanika.

Gdy miał 17 lat, w szkołach Altus wprowadzono projekt „rozdzielczej edukacji". Uczniowie mogli cześć dnia poświęcić na naukę, a cześć na pracę u lokalnych przedsiębiorców. David przed 11.00 kończył lekcje i szedł pracować w sklepie McClellans (odpowiednik naszych sklepów 1001 drobiazgów albo Wszystko za 5 zł). Jako uczeń spędzał w pracy 50 godzin tygodniowo! Zarabiał 60 centów na godzinę, a za uskładane pieniądze kupował do domu meble i naczynia, a nawet lodówkę. Mimo że łączył pracę z nauką, udało mu się skończyć liceum w Altus w stanie Oklahoma. Do college'u jednak nie poszedł, gdyż wtedy już znalazł swoje powołanie: pracę w handlu detalicznym. W McClellan's poznał swojego mentora, kierownika sklepu, pana Tylera. David z wypiekami na twarzy słuchał opowieści i wskazówek swojego nauczyciela. Szybko poznawał tajniki sprzedaży detalicznej. Był wręcz zafascynowany procesem sprzedaży – tym, że można coś kupić np. za 10 centów, a odsprzedać za 20, używając odpowiednich technik. Chciał się ich nauczyć. Był bardzo dobrym obserwatorem i jego uwadze nie umknął fakt, że wiele w sprzedaży zależy od tego, w jaki sposób zaprezentuje się towar klientowi. Od pana Tylera dowiedział się, że odpowiednio wystawiając produkty, można potroić wartość sprzedaży, a szczególnie ważne jest umiejętne dekorowanie okien wystawowych. „Wystawa była dla mnie jak czyste płótno obrazu, gdzie wszystko jest możliwe" – pisze Green w swojej książce *More Than A Hobby. How a 600$ startup became America's arts and crafts superstore*. David uwielbiał dekorować wystawy. W końcu znalazł dziedzinę, w której był dobry, choć nie obyło się bez wpadek – pewnego razu zrobił piękną wystawę słodyczy i czekolad. Nie pomyślał tylko, co się stanie, gdy w okno zaświeci słońce... Podczas pracy w McClellan's dowiedział się też, że nie ma zajęć, których robienie jest poniżej jego godności. Gdy pewnego razu z obrzydzeniem mył muszlę toaletową, podszedł do niego pan Tyler, wziął od niego ścierkę i samodzielnie wyczyścił muszlę, pokazując mu, jak to należy robić. Innym razem David zauważył kierownika chodzącego za klientami i dyskretnie zbierającego niedopałki papierosów rzucane na podłogę. Kolejna nauka brzmiała: w sklepie musi być czysto! David już wiedział, czego chce – być kierownikiem sklepu!

Był bardzo ambitnym młodzieńcem, dlatego jego wybór padł na najszybciej rozwijającą się sieć sklepów: TG&Y. Miała ona 1000 marketów i każdego roku otwierała około 70 nowych placówek. W wieku 17 lat rozpoczął tam pełnoetatową pracę. Wszystko wskazuje na to, że postępował zgodnie z boskim planem, ponieważ w nowej pracy poznał... swoją przyszłą żonę Barbarę! Miała wtedy 15 lat i pracowała na stoisku ze słodyczami. Młodzi zakochali się i dwa lata później pobrali. W kolejnym roku David został jednym z najmłodszych kierowników sklepów TG&Y. „To była dla mnie ogromna szansa. Chciałem pokazać, na co mnie stać!" – wspomina.

W kierowanym przez siebie sklepie Green, jak nigdzie indziej w sieci TG&Y, rozbudował dział ze zwierzętami domowymi: rybkami, chomikami, ptakami. Innowacja wprowadzona przez Greena polegała na tym, że zwierzęta były sprzedawane po bardzo niskich cenach, niższych niż u konkurencji, a czasem nawet niższych od ceny zakupu. Taki zabieg opłacał się, ponieważ jeśli ktoś kupił rybki lub chomika, musiał też kupić cały potrzebny sprzęt: akwarium, klatkę itp. W ten sposób zyski sklepu rosły. Ten drobny sukces natchnął Greena.

Oboje z Barbarą zakochani byli w wyrobach artystycznych i rzemieślniczych, których akurat w TG&Y nie było. Postanowili otworzyć produkcję i własny sklep. Był tylko jeden problem – nie mieli oszczędności. David zarabiał 400 dolarów miesięcznie. Wszystko pochłaniały potrzeby 5-osobowej rodziny, bowiem na świecie byli już synowie: Martin i Steven, a rodzina powiększyła się też o adoptowaną dziewczynkę Darsee. Był rok 1970. David z kolegą z pracy wzięli pożyczkę z banku – 600 dolarów. Za 450 dolarów kupili maszynę do obróbki drewna, a za 150 dolarów listwy. Postanowili produkować i sprzedawać ramki do małych obrazków ze zdjęciami, malunkami albo inspirującymi sentencjami, które Amerykanie lubili wieszać na ścianach. Greenowie otrzymali pierwsze zamówienie na 3500 dolarów od lokalnego sprzedawcy, ale nie mieli niestety pieniędzy na zakup materiału. Pożyczyli więc znowu pieniądze, tym razem od zaprzyjaźnionego przedsiębiorcy. Przypominało to jednak błędne koło – pożyczali pieniądze na materiał, sprzedawali ramki i znowu pożyczali pieniądze. Wspólnik poddał się i sprzedał udziały Davidowi. Green nie ustępował. „Wtedy nie chodziło nam o sukces materialny czy o zdobycie bogactwa. Traktowałem to jak zawody sportowe, w których muszę zwyciężyć" – mówił.

W końcu, po dwóch latach zmagań odłożyli nieco pieniędzy, aby w 1972 roku otworzyć swój pierwszy sklep. Miał on zaledwie 56 metrów kwadratowych, z czego połowę stanowił warsztat. Warunki były bardziej niż skromne, jednak dla nich najważniejsze było, że zrobili krok naprzód. Wtedy z pomocą przyszli... hipisi! Greenowie handlowali m.in. koralikami do produkcji bransoletek i naszyjników. Upodobali je sobie właśnie hipisi, którzy zaczęli masowo odwiedzać ich sklep. Sprzedaż biżuterii pozwoliła im wznieść biznes na wyższy poziom, dzięki czemu David mógł w końcu odejść z TG&Y, bo mimo prowadzenia swojego biznesu, cały czas był tam kierownikiem. W pracy spędzał 60-70 godzin tygodniowo, a wieczorami i nocami pomagał Barbarze przy produkcji i w sklepie. Jak wspomina, żona była dla niego wtedy wielkim oparciem i pomocą. Mimo obowiązków domowych wzięła na siebie cały ciężar ich biznesu. W produkcję zaangażowani byli też synowie, którzy dostawali 7 centów za sklejenie ramki. W 1975 roku Greenowie otworzyli drugi sklep, znacznie większy, o powierzchni 550 metrów kwadratowych. Strzałem w dziesiątkę okazało się stworzenie tam działu bożonarodzeniowego z dekoracjami i upominkami. Na nim zarobili w pierwsze święta 2000 dolarów. Za pieniądze te kupili od lokalnej firmy trzy przyczepy gotowych ramek i dzięki ogłoszeniom w lokalnej prasie zorganizowali wyprzedaż na trawniku przed sklepem.

W tym czasie David, który cały czas uczył się, podpatrywał innych i poszukiwał nowych rozwiązań dla swojego biznesu, wpadł na pomysł, aby pozyskiwać drewno z likwidowanych ogrodzeń na okolicznych farmach. Firmy budowlane stawiające nowe ogrodzenia na farmach musiały płacić za utylizację starych. Dlatego bardzo chętnie oddawały to drewno Greenom. Nie dość, że materiał był za darmo, to jeszcze miał bardzo interesujący wygląd i znakomicie się sprzedawał. Do dziś jest to jeden z bestsellerów Hobby Lobby. Przełom lat 70. i 80. to czas rozkwitu firmy. David i Barbara otworzyli kolejne placówki. W 1984 roku mieli ich 12, wszystkie w stanie Oklahoma. Niewielka, ale bardzo dobrze zorganizowana i konkurencyjna sieć przynosiła już spore zyski. W 1985 roku przyszło jednak załamanie rynku spowodowane gigantycznym wzrostem cen ropy naftowej. Green w swoich sklepach handlował luksusowymi towarami, takimi jak: drogie upominki, kosmetyki, galanteria skórzana, walizki. Poniósł wtedy ogromne, blisko milionowe straty.

Głęboko wierzący David doszedł do wniosku, że Bóg wystawia go w ten sposób na próbę. Uznał, że w czasach prosperity stał się zbyt dumny i Bóg postanowił mu przypomnieć o zasadach, którymi powinien kierować się w życiu i w biznesie. „Zrozumiałem, że Bóg mówi do mnie: I co, David, jak dasz sobie teraz radę?" – wspomina Green. Wtedy postanowił wrócić do korzeni, czyli wyrobów artystycznych i rzemieślniczych. Greenowie bardzo ciężko pracowali, aby wyjść z długów. Walczyli o przetrwanie z miesiąca na miesiąc. I dopięli swego! W 1987 roku odnotowali największe w historii zyski, które przyszły po najsłabszym roku. W 1992 roku mieli 50 sklepów, a trzy lata później świętowali uruchomienie setnej placówki. Tylko czterech kolejnych lat potrzebowali, by podwoić tę liczbę. Teraz sieć liczy 600 sklepów, a co dwa tygodnie otwierany jest nowy! Oprócz sieci Hobby Lobby David Green posiada fabrykę luksusowych mebli Hemispheres, fabrykę drewnianych wyrobów wyposażenia wnętrz Worldwood, firmę dystrybucyjną Crafts, Etc!, firmę Basket Market zajmującą się sprzedażą kwiatów i artykułów kwiaciarskich, a także firmę Greco produkującą ramy do obrazów. Centrala grupy Hobby Lobby mieści się w Oklahomie i zajmuje

320 000 metrów kwadratowych. Znajdują się tam biura, magazyny i fabryki. Green zatrudnia około 23 000 pracowników.

Prowadząc firmę, David zadaje sobie często pytania: Czego ode mnie chciałby Bóg? Z jakiej decyzji będzie zadowolony? Green dużo się modli i w modlitwie odnajduje wewnętrzną równowagę i drogę, jaką ma podążać. W swojej pracy koncentruje się na ludziach. Pracownikom stwarza jak najlepsze warunki do wykonywania swoich obowiązków, a klientom oferuje jak najlepsze towary w jak najlepszych cenach – oferuje, jak to określa, „niezapomniane doświadczenie zakupowe", by wchodząc do sklepu, klient miał wrażenie niepowtarzalności i wyjątkowości tego miejsca. Jeśli chodzi o pracowników, to Green zatrudnia ludzi, którzy są zorientowani prorodzinnie. Świetnie ich wynagradza. Podstawowa płaca w Hobby Lobby jest dwukrotnie wyższa od minimalnego wynagrodzenia w Stanach Zjednoczonych. Green dba także o rozwój osobisty i duchowy swoich pracowników. Opłaca dla nich kursy rozwoju osobistego w różnych dziedzinach, np. zarządzania swoimi pieniędzmi, budowania dobrych relacji z innymi, osiągania szczęścia i spełnienia. Zatrudnia u siebie sześciu pełnoetatowych kapelanów, którzy odwiedzają sklepy Hobby Lobby z posługą duchową dla pracowników.

David Green ukończył tylko liceum. Wydawać by się mogło, że to stanowczo za mało, aby zarządzać tak wielką firmą. Jemu przychodzi to z łatwością, gdyż: „jeśli zaufa się Bogu, to wszystko staje się proste". Green jest genialnym samoukiem, który dzięki cechom swojego charakteru: pokorze, konsekwencji i pracowitości, stał się symbolem wielkiego sukcesu. Co ważne, sukces ten ma nie tylko wymiar biznesowy, ale i rodzinny. To rodzina pomaga mu przezwyciężyć trudności, jakie napotyka w życiu, a wiara w Boga jest fundamentem jego decyzji. „Nie mam uniwersalnej porady, jak odnieść sukces – każdy musi znaleźć swoją drogę. Trzeba po prostu próbować i usłyszeć to, co Bóg chce nam powiedzieć" – mówi Green. Jego dzieci usłyszały zapewne, że powinny iść tą samą drogą, co rodzice, ponieważ wszystkie pracują w „chrześcijańskiej firmie", jak o Hobby Lobby mówią Amerykanie.

KALENDARIUM:

13 listopada 1941 – narodziny Davida Greena w Emporii w stanie Kansas

1957 – pierwsza praca w sklepie McClellans w Altus jako pracownik fizyczny

1958 – praca w sklepie sieci TG&Y; tam poznaje swoją przyszłą żonę Barbarę

1960 – David i Barbara pobierają się, on ma 19 lat, a ona 17; z ich związku rodzi się dwóch synów: Martin i Steve, a do tego adoptują dziewczynkę Darsee

1962 – Green zostaje kierownikiem sklepu TG&Y w Shawnee

1970 – wraz z kolegą z TG&Y Larrym Pico Green bierze 600 dolarów pożyczki na uruchomienie produkcji ręcznie robionych ramek do obrazków

1972 – wraz z żoną Davida otwierają pierwszy sklep Hobby Lobby o powierzchni 55 m²; sprzedaż idzie marnie, na produkcję wciąż brakuje pieniędzy, więc Larry Pico wycofuje się z biznesu, zaś Barbara i David walczą o przetrwanie na rynku; udaje im się!

1975 – Greenowie otwierają drugi sklep i sprzedają w nim m.in. biżuterię z koralików, którą bardzo chętni kupują hipisi; dzięki tej sprzedaży biznes zaczyna rosnąć

1984 – Green ma już 12 sklepów; wprowadza do nich także luksusowe towary

1985 – przychodzi kryzys w amerykańskiej gospodarce spowodowany wzrostem cen ropy; Green traci prawie milion dolarów i znowu musi walczyć o przetrwanie
1987 – Hobby Lobby bardzo mądrze i rozważnie prowadzone odnotowuje najlepszy rok w sprzedaży
1995 – Greenowie świętują otwarcie setnej placówki
2008 – Green przekazuje 70 milionów dolarów na ratowanie zadłużonej uczelni chrześcijańskiej Robert Oral University w Dallas
2009 – Hobby Lobby mająca ponad 400 sklepów przynosi zysk w wysokości 2 mld dolarów rocznie. Od tego roku firma nie zaciąga żadnych kredytów w bankach
2014 – Green wygrywa proces przed Sądem Najwyższym USA przeciwko rządowi amerykańskiemu
2016 – Green ma 75 lat i mieszka z rodziną w Oklahoma City

CIEKAWOSTKI:

- Green bardzo ostrożnie podchodzi do nowinek technologicznych. W jego sklepach nie używa się kodów kreskowych. Pracownicy wszystkich sklepów co tydzień robią „ręcznie" remanent i na tej podstawie domawiają towary. Sam Green nie używa komputera. Nigdy nie miał telefonu komórkowego.
- Pierwszą zasadą w sklepach Hobby Lobby jest utrzymanie porządku. Według Greena porządek ułatwia pracę i robi świetne wrażenie na klientach. W pierwszym sklepie, gdzie się zatrudnił, przez miesiąc sprzątał piwnice! Obecnie w każdą sobotę po południu robi porządki w swojej posiadłości. „Gdy sprzątnę sterty liści i zobaczę, jak spod nich wyłania się zielona trawa albo ścieżka spacerowa, uśmiech pojawia się na mojej twarzy" – mówi.

- Jako nastolatek Green wyznaczył sobie trzy cele do realizacji: pierwszy to szczęśliwe małżeństwo, drugi to wychowanie w zdrowiu dzieci, tak by żyły zgodnie z przykazaniami Boga, a trzeci to sukces w biznesie. Po kilkudziesięciu latach i realizacji trzech pierwszych dołożył czwarty: użyć wszystkich swoich możliwości, aby głosić słowo Boże i dać świadectwo Chrystusa jak największej liczbie ludzi.
- David Green wygrał w 2014 roku sprawę przed Sądem Najwyższym USA przeciwko rządowi Stanów Zjednoczonych. Nie chcąc przyczyniać się do zabijania nienarodzonych dzieci, odmówił wprowadzenia w Hobby Lobby jednej z wytycznych reformy systemu zdrowotnego wdrożonego przez administrację prezydenta Baracka Obamy. Zgodnie z nią amerykańskie firmy miałyby finansować tabletki wczesnoporonne dla swoich pracownic.
- Rodzina Greenów znana jest z prowadzenia działalności charytatywnej. Najbardziej spektakularnym przedsięwzięciem było uratowanie zadłużonej artystycznej uczelni chrześcijańskiej w Dallas –Robert Oral University. Green podarował Uniwersytetowi 70 milionów dolarów. Obecnie w radzie uczelni zasiada jeden z synów Greena, a uniwersytet powoli wychodzi z długów.

CYTATY:

„Banki dają Ci parasol, gdy świeci słońce, a zabierają, gdy pada deszcz" (o działalności kredytowej banków).

„Obecnie mamy liderów po znakomitych uczelniach, ale niezwracających uwagi na fundamentalne wartości. Musimy zrozumieć, że bez trzymania się zasad Bożych niczego dobrego nie zrobimy. W słowie Bożym jest wszystko, co potrzebne do prowadzenia biznesu".

„Aby osiągnąć sukces w handlu, trzeba to kochać".

„Bóg nie jest przeciwny biznesowi. On dobrze rozumie pojęcia takie, jak: arkusze kalkulacyjne, marże, konkurencja i zyski".

ŹRÓDŁA I INSPIRACJE:

Meet David Green: Hobby Lobby's Biblical Billionaire, „Forbes", http://www.forbes.com/sites/briansolomon/2012/09/18/david-green-the-biblical-billionaire-backing-the-evangelical-movement/#574028ac3462 .
Wywiad radiowy z Davidem Greenem w Radio Oklahoma: http://www.voicesofoklahoma.com/interview/green-david/ .
More Than a Hobby: How a $600 Startup Became America's Home and Craft Superstore, Nelson Bussines, 2010.

Joyce Clyde Hall

(1891-1982)

amerykański biznesmen, założyciel największej
na świecie firmy zajmującej się produkcją i sprzedażą
okolicznościowych kartek pocztowych Hallmark Cards

Mimo biedy, w jakiej się wychował, i braku formalnego wykształcenia Hall stworzył jedną z największych w swojej branży firm na świecie. Źródło swojego sukcesu upatrywał w ogromie pracy, jaką wykonał przez całe życie. Zaczął pracować w wieku dziewięciu lat, bo musiał pomagać mamie samotnie wychowującej jego i dwóch braci. Od tego czasu aż do śmierci w 1982 roku nie przeżył dnia bez zajęcia! „Nie byłem tak mądry i sprytny jak ludzie, których spotkałem, dlatego musiałem pracować dwa razy ciężej niż oni" – mówił. Tytan pracy. Wymagający dla swoich współpracowników i podwładnych, a jednocześnie wyrozumiały i troskliwy. Od samego siebie oczekiwał doskonałości. Takie też musiały być jego produkty. Był skoncentrowany na jakości, która była dla niego najważniejsza. Pewnie dlatego przez ponad pół wieku osobiście zatwierdzał tysiące projektów kartek, które wypuściła firma Hallmark Cards.

Joyce Clyde Hall urodził się w ubogiej rodzinie w niewielkim mieście David City w Nebrasce. Jego ojciec był duchownym Kościoła metodystycznego. Gdy Joyce miał 7 lat, ojciec porzucił rodzinę. Od tej pory matka sama musiała utrzymywać trzech synów: Joyce'a, Rolliego i Williama (dwóch starszych braci Joyce'a). Chłopcy od najmłodszych lat pracowali, a zarobione pieniądze oddawali mamie, by zrobiła najpotrzebniejsze zakupy. Żyli bardziej niż skromnie. Joyce jako 8-latek sprzedawał perfumy, chodząc po domach. Kilka lat później pomagał braciom jako ekspedient w małej księgarni, którą prowadzili w Norfolk. Mimo wysiłku chłopców w domu cały czas brakowało pieniędzy. Bracia zdecydowali się wówczas na uruchomienie swojego biznesu. Za wspólnie odłożone 500 dolarów kupili kartki pocztowe, które sprzedawali w punktach handlowych i usługowych. Tak powstała ich pierwsza firma Norfolk Post Card Company. Joyce miał wtedy 16 lat.

Niestety, rynek w Norfolk był bardzo ograniczony i po niespełna dwóch latach okazało się, że młodzi biznesmeni nie są w stanie zarabiać na swoim pomyśle, ponieważ nie było już chętnych na zakup kartek. Dwaj starsi bracia poddali się i rzucili biznes, lecz najmłodszy nie. Joyce czuł, że pomysł jest dobry i powinien w końcu wypalić. Jako ograniczenie w rozwoju widział rynek odbiorców. Dlatego postanowił w 1910 roku opuścić Norfolk i spróbować szczęścia w dużo większym ośrodku – Kansas City. Ku rozpaczy matki rzucił szkołę, spakował cały swój dobytek do torby podróżnej, wypełnił dwa kartony po butach niesprzedanymi kartkami pocztowymi i ruszył na podbój świata! Po dotarciu do Kansas City 18-letni przedsiębiorca nie miał nawet pieniędzy, aby dostać się powozem do wynajętego wcześniej pokoiku, który miał mu służyć za biuro, magazyn i sypialnię. Wykazał się przy tym odwagą i pozytywnym podejściem do życia charakterystycznym dla młodych ludzi, którzy wierzą, że świat do nich należy. Wiara i determinacja musiały mu wystarczyć na start. Bez znajomości, poleceń mógł liczyć tylko na siebie. Trudno sobie wyobrazić, jak się czuł. Może jak pionier? Nikt przed nim nie traktował bowiem poważnie sprzedaży kartek pocztowych i kart z życzeniami okolicznościowymi. On jako pierwszy zauważył w tym potencjał i postanowił go wykorzystać.

Pierwsze tygodnie w Kansas Joyce spędził, chodząc od sklepu do sklepu, od apteki do apteki, od drogerii do drogerii i proponując właścicielom sprzedaż dostarczanych przez niego kartek. Dzięki swojej pracowitości oraz uporowi szybko stał się znaną osobą w środowisku sklepikarzy, a jego biznes powoli, lecz systematycznie rozwijał się. Był tak zdeterminowany, by odnieść sukces, że zdecydował się na wysyłkę kartek pocztowych wraz z fakturami na adresy sklepów, które nawet nie zamawiały od niego kartek. Znajdował je w spisie przedsiębiorców i w ciemno wysyłał towar, a potem z niecierpliwością czekał na efekt tego nietypowego posunięcia. Jak łatwo się domyśleć, część sklepikarzy odsyłała mu nierozpakowane paczki z kartkami, których nie zamawiała, część sprzedała towar Joyce'a, nie rozliczając się z nim, natomiast część... przesłała czeki za sprzedane kartki! Joyce uskrzydlony tymi drobnymi sukcesami postanowił działać na większą skalę i rozbudować biznes. Zaczął podróżować pociągami środkowowschodniej magistrali kolejowej, rozwożąc swoje kartki po miastach leżących przy trasie.

Ta mozolna praca przynosiła powoli efekty. Firma rozwinęła się na tyle, że Joyce nie był w stanie sam obsłużyć wszystkich punktów, z którymi współpracował. Jako człowiek rodzinny pomyślał wtedy o swoich braciach, których chciał ściągnąć do Kansas. Na razie udało mu się namówić jednego z nich – Rolliego. Wspólnie otworzyli sklep w centrum Kansas City, w którym obok kartek pocztowych sprzedawali drobne upominki, książki oraz materiały biurowe. Pod koniec 1915 roku, czyli po pięciu latach od przyjazdu Joyce'a do

Kansas City, w ich sklepie wybuchł pożar, który strawił cały towar. To tragiczne wydarzenie nie załamało jednak braci, którzy natychmiast zaciągnęli pożyczkę w banku i zainwestowali w urządzenia do grawerowania i drukowania. To był fundament, jaki położyli pod swoje wielkie imperium, które niebawem mieli zacząć budować – największą na świecie firmę zajmującą się produkcją i sprzedażą kartek okolicznościowych. Joyce Hall odchodził powoli od sprzedaży kartek pochodzących od zewnętrznych producentów na rzecz swoich własnych wyrobów. Jak opowiada w swojej biografii zatytułowanej *When you care enough*, przez ponad pół wieku wszystkie kartki, jakie u nich powstawały, „przechodziły" przez niego. On sam uczestniczył w ich projektowaniu albo brał udział w procesie akceptacji produktu. A trzeba wiedzieć, że firma miała w swojej ofercie tysiące wzorów!

Joyce szybko zrozumiał, że aby rozwinąć swój biznes do naprawdę potężnych rozmiarów, musi zmienić mentalność swoich klientów, którzy przyzwyczajeni byli do wysyłania kartek z trzech okazji: Bożego Narodzenia, Walentynek oraz urodzin. Do sukcesu potrzebował większej liczby okazji, przy których klienci mogliby zakomunikować swój nastrój. I znalazł te powody! Wkrótce sklepy wypełniły kartki braci Hall z dedykacjami na wszelkie okazje. Przy ich pomocy Amerykanie mogli wyrazić każde uczucie przy każdej nadarzającej się okazji. Publikował sentencje znanych osobistości świata polityki, nauki i kultury. Do tworzenia tekstów oraz grafik wynajął największe autorytety jego czasów: pisarzy, poetów, grafików i malarzy. Kartki braci Hall stały się dziełami sztuki.

Dzięki mądrym posunięciom, ciągłej nauce i obserwacji rynku oraz poszukiwaniu nowych rozwiązań firma kwitła. Znowu brakowało rąk do pracy. Jedną parę rąk dwaj bracia znaleźli w Norfolk. W 1921 roku dołączył do nich trzeci brat,

William, który do tej pory prowadził swoją księgarnię. W ten sposób w 1923 roku powstała firma rodzinna Hall Brothers Inc. Ważnym elementem sukcesu braci Hall był fakt, że byli pionierami na rynku kart okolicznościowych i szybko potrafili go zdominować, m.in. dzięki genialnym posunięciom marketingowym Joyce'a. Jego pomysłowość była nieograniczona! To on wymyślił zmianę nazwy firmy na Hallmark Cards. Słowo *hallmark* w branży złotniczej i jubilerskiej oznacza „znak jakości". Na dodatek zawierało w sobie nazwisko Hall. Joyce zakochał się w nim od razu, a w tej sytuacji mógł podjąć tylko jedną decyzję: firma zmieniła nazwę na Hallmark Cards. Mimo że byli liderami w branży, Joyce ciągle zaskakiwał innowacjami wszystkich, zarówno współpracowników, jak i klientów. Często pomysły te wprowadzał na przekór swojemu otoczeniu.

Tak było na przykład z marketingiem i reklamą produktów Hallmark. Wszyscy uważali wtedy, że wydawanie pieniędzy na reklamę w mediach nie ma sensu. Joyce był innego zdania. Sam napisał tekst reklamowy dla swoich kartek i w 1928 roku zamieścił go w ukazującym się na terenie całej Ameryki czasopiśmie dla pań „Ladies Home Journal". Była to pierwsza, ogólnonarodowa reklama firmy z tej branży! Po sukcesie kampanii reklamowej Joyce poszedł za ciosem i zwrócił się ku nowym mediom, jakimi w owym czasie były radio i, nieco później, telewizja. We współpracy z NBC powstała słynna, telewizyjna seria widowisk teatralnych „Hallmark Hall of Fame", która przyniosła firmie ogromną popularność, jednocześnie wprowadzając wartość edukacyjną do amerykańskiej telewizji, za co wielokrotnie ją nagradzano, m.in. statuetkami Emmy Award – nagrodą dla najlepszych produkcji telewizyjnych.

Joyce Clyde Hall stał na czele Hallmark Cards przez 56 lat. W 1966 roku odszedł na emeryturę, choć nie w pełni. Jak mawiał, od dziewiątego roku życia nie było dnia, w którym by nie pracował! Dlatego całkowita rezygnacja z pracy oznaczałaby dla niego tragedię. Nadal doradzał przy podejmowaniu kluczowych decyzji w firmie i poświęcił się swojemu nowemu projektowi – odbudowaniu i przywróceniu świetności centrum Kansas City, które od czasów zakończenia II wojny światowej podupadało. Związany z miastem od 1910 roku Joyce nie mógł patrzeć, jak chyli się ku upadkowi miejsce, w którym spędził prawie całe życie i które pokochał. W ten sposób powstało Crown Center, nowoczesna dzielnica mieszkaniowa z biurowcami, centrami handlowymi i rozrywkowymi. Dzięki temu przedsięwzięciu miasto odżyło, bo dostało zastrzyk nowej energii, która wyciągnęła z marazmu mieszkańców, a jednocześnie przyciągnęła inwestorów.

Prywatnie od 1921 roku Joyce był żonaty z Elizabeth Dildey. Mieli trójkę dzieci: syna Donalda, który jest obecnie (2016) u steru Hallmark Cards, oraz dwie córki: Elizabeth i Barbarę. Wspólny majątek małżonków był głównym źródłem finansowania powołanej do życia w 1943 roku fundacji Hall Family Foundation, która zajmuje się projektami mającymi na celu poprawę warunków życia mieszkańców Kansas City i integrację lokalnej społeczności. Na ten cel małżeństwo Hall przekazało około 100 milionów dolarów z prywatnego majątku. Warto w tym momencie wspomnieć o tym, że Joyce zawsze dbał o swoich pracowników. W 1955 roku uruchomił w Hallmark Career Rewards Program, dzięki któremu zatrudnieni u niego ludzie mogli otrzymać udziały w zyskach firmy. Czasopismo „Fortune" nazwało te inicjatywę „najbardziej korzystnym planem dzielenia zysków dla pracowników, jaki zaproponowała jakakolwiek firma w USA w tamtym okresie".

Choć stał się bogatym człowiekiem, zdobycie majątku nigdy nie było jego celem. Pisał w swojej biografii: „Jeśli człowiek zakłada biznes tylko w celu zarobienia wielkich pieniędzy, są spore szanse na to, że nie zdobędzie ich. Jeśli natomiast wkłada w swój produkt całe serce, to pieniądze same się pojawią". Tak właśnie było w przypadku Joyce'a Halla. Dzięki swojej odwadze, pracowitości i pomysłowości oraz sercu wkładanemu w tworzenie kartek pocztowych odmienił nie tylko swój los, ale zmienił na lepsze życie Amerykanów, którzy od kilkudziesięciu lat znajdują w swoich skrzynkach kartki od rodziny, przyjaciół i znajomych, dzięki czemu wiedzą, że są dla kogoś ważni i że gdzieś jest ktoś, kto o nich myśli, kocha i tęskni...

Joyce C. Hall zmarł w Kansas City 29 października 1982 roku w wieku 91 lat.

KALENDARIUM:

29 sierpnia 1891 – narodziny Joyce Clyde Halla

1898 – ojciec Joyce'a porzuca rodzinę i od tego czasu matka samotnie wychowuje trzech synów

1899 – pierwsza praca Joyce'a przy sprzedaży perfum; chłopiec chodził od domu do domu i proponował zakup kosmetyków

1907 – bracia Hall zakładają swoją pierwszą firmę Norfolk Post Card Company, która zajmuje się sprzedażą kartek pocztowych; biznes upada z powodu zbyt małego rynku zbytu

1910 – osiemnastoletni Joyce rzuca szkołę i wyjeżdża do Kansas City, aby tam rozkręcić biznes sprzedaży kartek pocztowych; zabiera cały swój dobytek i zapakowane w 2 kartony po butach kartki pocztowe

1911 – Joyce ściąga do Kansas City swojego brata Rolliego, ponieważ potrzebuje pomocy w dobrze rozwijającej się firmie

1915 – pożar w sklepie i magazynie braci Hall niszczy wszystko; bracia nie załamują się, lecz pożyczają pieniądze w banku i odbudowują firmę; zaczynają projektować własne kartki (do tej pory handlowali kupowanymi u producentów)

1916 – pierwsza kartka braci Hall na rynku!; był na niej napis: „Chciałbym być dla Ciebie takim przyjacielem, jakim Ty jesteś dla mnie"

1920 – do firmy dołącza trzeci brat William; firma rozwija się dynamicznie, handluje w 46 stanach

1921 – Joyce żeni się z Elizabeth Dildey; ma z nią z czasem trójkę dzieci: Donalda, Elizabeth i Barbarę

1923 – powstaje firma rodzinna Hall Brothers Inc.

1928 – na pocztówkach pojawia się po raz pierwszy nazwa Hallmark; to będzie nazwa firmy, która utrwali się w głowach klientów na kolejne dziesięciolecia

1931 – Hallmark Cards rusza na podbój świata!; obecnie pocztówki z logo Hallmark można kupić na pięciu kontynentach, wydawane są w 30 językach

1943 – małżonkowie Hall zakładają Hall Family Fundation, która zajmuje się pozyskiwaniem środków na pomoc dla najuboższych mieszkańców Kansas City; fundacja pomaga też w budowie nowego centrum miasta – Crown Centre; Hallowie przekazali na ten cel około 100 milionów dolarów

1951 – rusza „Hallmark Hall of Fame" produkcja telewizyjna, która w ciągu 55 lat wyemitowała kilkadziesiąt spektakli telewizyjnych; otrzymała za swoją działalność statuetkę Emmy Award – nagrodę amerykańskiego przemysłu telewizyjnego

1966 – Joyce Clyde Hall odchodzi na emeryturę, poświęcając się przede wszystkim działalności dobroczynnej

29 października 1982 – w wieku 91 lat Joyce Clyde Hall umiera w Kansas City

CIEKAWOSTKI:

- Pierwsza kartka wyprodukowana samodzielnie przez Joyce'a ukazała się w 1916 roku. Widniała na niej sentencja: „Chciałbym być dla Ciebie takim przyjacielem, jakim Ty jesteś dla mnie". Obecnie Hallmark Cards sprzedaje około dziesięciu milionów kartek rocznie na całym świecie. Firma jest obecna w stu krajach, sprzedając kartki w 30 językach.
- Joyce jako pierwszy w branży zaczął wydawać poważne pieniądze na reklamę. Kupował powierzchnie reklamowe w ogólnokrajowych magazynach dla pań oraz czas reklamowy przed audycjami radiowymi o największej słuchalności. Podpisał umowę o współpracy z Walt Disney Company. Dzięki temu na kartkach Hallmark mogli pojawić się bohaterowie z kreskówek Disneya. Joyce był w 1951 roku sponsorem emitowanej na żywo w telewizji NBC opery dla dzieci *Amahl and the Night visitor*. Ta produkcja była wstępem do trwającej ponad 55 lat słynnej telewizyjnej serii „Hallmark Hall of Fame", w której emitowano przedstawienia największych pisarzy i dramaturgów, takich jak Szekspir czy Dickens, i która otrzymała wiele branżowych nagród za propagowanie światowej literatury, m.in. nagrodę Emmy. Emmy Award jest jedną z czterech najważniejszych nagród kulturalnych w USA obok: Oscara (film), Tony Award (teatr), Grammy Award (muzyka).
- W swojej biografii *When you care enough* Hall wspomina rok 1917 tuż przed Świętami Bożego Narodzenia, gdy w sklepie z powodu ogromnego ruchu zabrakło papieru do pakowania upominków. Wtedy Joyce wpadł na pomysł, aby samodzielnie produkować fantazyjne, papierowe opakowania. Nowy papier w przeróżnych wzorach,

zaprojektowanych naprędce przez Joyce'a tak się spodobał klientom, że bracia szybko włączyli go do swojej oferty.
- Joyce Hall jako pierwszy sprzedawca kartek okolicznościowych prezentował je w punktach sprzedaży na specjalnych stojakach. Każdy klient mógł dokładnie obejrzeć i wybrać kartki przed zakupem. Firma opatentowała ten wynalazek nazwany Eye-Vision w latach 30. Wcześniej kartki były zawsze przechowywane przez sklepikarzy w szufladach pod ladami i tylko na wyraźną prośbę klienta były mu prezentowane. Ten prosty wydawałoby się trik marketingowy zwiększył znacznie sprzedaż kartek w sklepach współpracujących z firmą Hallmark Cards. Oczywiście inni sprzedawcy „ściągnęli" ten pomysł od Halla i teraz nie wyobrażamy sobie innej formy ekspozycji kartek w punktach sprzedaży.

CYTATY:

„Tworzenie produktów najwyższej jakości, których potrzebują ludzie, jest największą motywacją do odniesienia sukcesu. O wiele większą niż zarobienie ogromnych pieniędzy".

„Nie lubię siedzieć i czekać, aż coś się wydarzy. O wiele zabawniej jest działać i sprawiać, by coś się stało".

„Wiem, że Bóg zadba o nas, ale nic nie stoi na przeszkodzie, aby troszkę mu pomóc".

„W ciężkich czasach jako młody chłopak robiłem wszystko, aby przeżyć. Wtedy, gdy nie pracowałem, nie jadłem. A ja bardzo lubiłem jeść".

„Gdy rozpoczynaliśmy biznes, nie myśleliśmy o tym, ile pieniędzy zarobimy, ale o tym, jak dobrą pracę jesteśmy w stanie wykonać".

ŹRÓDŁA I INSPIRACJE:

Sylwetka Joyce'a Clyde'a Halla na oficjalnej stronie internetowej Hallmark Cards: http://corporate.hallmark.com/Company/JC-Hall.

Historia Hallmark Cards na oficjalnej stronie firmowej: http://corporate.hallmark.com/Company/Company-History.

Oficjalna strona internetowa Hall Family Fundation: http://hallfamilyfoundation.org/who-we-are.

Joyce C. Hall, Curtiss Anderson, *When You Care Enough*, Hallmark, 1992.

Linda Burson, *Joyce C. Hall*, http://www.evancarmichael.com/library/linda-burson/Joyce-C-Hall.html.

Sylwetka Joyce'a Clyde'a Halla na portalu nnbd.com: http://www.nndb.com/people/270/000164775.

Keneth A. Ken Hendricks

(1941-2007)

przedsiębiorca, twórca firmy ABC Supply – największego
w Stanach Zjednoczonych dystrybutora
materiałów budowlanych

Ken Hendricks przeszedł drogę od robotnika, który skakał po dachach, układając dachówki, do jednego z najbogatszych przedsiębiorców w Stanach Zjednoczonych. Niektórym trudno uwierzyć, że mógł osiągnąć to wszystko w tak „zwykły" sposób. W jego życiu nie było niespodziewanych zwrotów akcji, wzlotów, upadków ani dramatycznych historii. Było ono natomiast przepełnione szacunkiem do współpracowników i klientów, miłością do rodziny i swojej małej ojczyzny – miasteczka Beloit w stanie Wisconsin, a także szczodrością wobec potrzebujących. Ken Hendricks posiadał cechę, która zjednywała mu sympatię innych – niesamowitą wręcz skromność. Nie było człowieka, który by go znał i nie lubił! Jego firma ABC Supply generowała obroty na poziomie 3 miliardów dolarów rocznie, jego prywatny majątek szacowano na 2,6 miliarda, a mimo to on dla wszystkich mieszkańców rodzinnego Jacksonville i pobliskiego Beloit był „zwykłym chłopakiem stąd".

Ken urodził się i dorastał w Janesville w stanie Wisconsin. W 1958 roku, gdy był w 11 klasie, postanowił zrezygnować z dalszej nauki. Chciał rozpocząć „dorosłe życie". Ożenił się z koleżanką z gimnazjum i pomagał ojcu w firmie budowlanej zajmującej się układaniem dachów oraz sprzedażą potrzebnych dekarzom materiałów budowlanych. Już jako młody, kilkunastoletni chłopak miał wielkie marzenia. Marzenia o stworzeniu dużej firmy budowlanej, znacznie większej od tej, którą prowadził jego ojciec. „Pamiętam jak stanąłem przed lustrem, spojrzałem sobie w oczy i powiedziałem: Mój Boże, ile tu jest takich ludzi jak ja? Ludzi, którzy chcą coś zrobić, rozwinąć działalność, tylko muszą mieć na to szansę" – opowiadał w wywiadzie internetowym w 2005 roku, na dwa lata przed tragiczną śmiercią. W firmie ojca poznawał tajniki zawodu dekarza i od podstaw uczył się biznesu. Doskonalił swoje umiejętności i miał głowę pełną nowatorskich pomysłów, dzięki czemu przez kolejnych 17 lat rozwinął, już samodzielnie, tę małą firmę do operującej w kilku stanach struktury, zatrudniającej około 500 osób.

Jeden ze swoich pomysłów oparł na spostrzeżeniu, że większość dekarzy pracuje pojedynczo, przez co nie są tak konkurencyjni i tracą wiele większych zleceń. Postanowił stworzyć firmę z wieloma oddziałami, która systematycznie będzie zdobywać rynek poprzez proponowanie konkurencyjnych cen i szybkich terminów realizacji. Hendrix zorientował się, że klientom prawie zawsze zależy na szybkim terminie rozpoczęcia prac. Chciał, aby jego firma, podzielona na lokalne oddziały, znajdujące się bliżej klienta, dawała taką właśnie możliwość. Już wtedy wiedział, że kluczem do sukcesu jest właściwa obsługa klientów – zadowolony klient poleci firmę swoim znajomym, a być może po jakimś czasie powróci z kolejnym zleceniem.

W 1975 roku podjął zaskakującą decyzję – oddał pracownikom swoje udziały w świetnie prosperującym przedsiębiorstwie, bo chciał, po pierwsze, mieć więcej czasu dla siebie, a po drugie i być może ważniejsze, miał kolejną wizję, którą chciał zrealizować. Jego małżeństwo z koleżanką z lat szkolnych nie przetrwało próby czasu. W 1975 roku spotkał miłość swojego życia Diane. Stała się ona nie tylko jego partnerką życiową, lecz także biznesową. W 1982 roku, w czasach kryzysu gospodarczego w USA spowodowanego drastycznym wzrostem cen ropy naftowej, gdy cała gospodarka kulała i to na obie nogi, oni podjęli odważną decyzję o zakupie trzech dużych centrów zaopatrujących firmy budowlane, należących do firmy Bird&Sons. Misją firmy Kena i Diane było stworzenie amerykańskim firmom budowlanym jak najlepszych warunków współpracy i rozwoju. Ken powiedział: „Wykonawcy powinni być lepiej traktowani przez hurtowników i dostawców. Na pewno lepiej niż ja byłem traktowany przez te wszystkie lata". I tak ruszyła ABC Supply.

Wieści o dobrej obsłudze i konkurencyjnych cenach szybko rozeszły się wśród klientów i sieć hurtowni zaczęła się szybko rozwijać. Po pięciu latach mieli już 50 sklepów, a Ken Hendricks otrzymał tytuł „przedsiębiorcy roku", nadany mu przez firmę konsultingową Ernst & Young. Kolejne 15 lat to czas dynamicznego rozwoju ABC Supply. Hendrixowie mieli w 1988 roku 204 hurtownie i zamknęli rok sprzedażą w wysokości miliarda dolarów.

Ten ogromny sukces nie zmienił go ani trochę. Cały czas był tym samym, prostolinijnym i dobrym człowiekiem. „Jestem facetem z szorstkimi od ciężkiej pracy dłońmi i czapeczką baseballową z napisem ABC Supply!" – mówił. Angażował się w życie lokalnej społeczności. Szczególnie upodobał sobie pomaganie młodym ludziom, bo w nich widział przyszłość Ameryki. Zaangażował się między innymi w projekt utworzenia zespołu rajdowego w Szkole Miejskiej w Wisconsin.

Sponsorował budowę samochodu i toru treningowego. „Dajmy dzieciom możliwości, pokażmy, że mogą być naszymi partnerami w wielu przedsięwzięciach, uczyńmy ich odpowiedzialnymi za swoje życie" – mówił Ken w wywiadzie dla portalu internetowego HotRod. Choć sam nie ukończył szkoły i był samoukiem uczącym się na swoich błędach, uważał, że szkoła może być inspirującym i przyjaznym miejscem dla dzieciaków. Trzeba tylko znaleźć jakiś pomysł, aby zainteresować młodych ludzi naukami ścisłymi, które uważał za szczególnie istotne dla rozwijania ducha przedsiębiorczości. Wiedział, że dzieciaki chętniej pójdą do szkoły, jeśli będzie się tam działo coś interesującego. Pomysł budowy samochodu rajdowego, a potem toru do treningów, nadawał się do tego znakomicie!

Hendrix był bardzo mocno związany z miastem i regionem, w którym się urodził i wychował. W swojej „małej ojczyźnie" sponsorował odbudowę zapomnianych i podupadających dzielnic... Kupił i wyremontował centrum handlowe w Beloit. Nabył udziały w fabryce silników Fairbanks-Morse w Beloit i przywrócił ją do życia. Zaangażował się w budowę stadionu dla młodzieżowej drużyny softbolowej Beloit Snappers. Widział potrzebę zachowania równowagi między rozwojem cywilizacji a ochroną środowiska naturalnego. Był zaangażowany w szukanie ekologicznych rozwiązań w budownictwie. Inwestował w technologie wykorzystujące odnawialne źródła energii: elektrownie wiatrowe oraz inteligentne, oszczędzające energię domy. Zawsze był skromnym człowiekiem. Gdy w 2007 roku jako jeden z pierwszych na świecie (!) odbierał w imieniu swojej firmy nagrodę Gallup Great Workplace Award (Za Najlepsze Miejsce Pracy) przyznawanej naprawdę wyjątkowym pracodawcom, powiedział: „To wszystko dzięki dobremu traktowaniu ludzi i szacunkowi dla nich". Mówiąc o swoich relacjach z pracownikami, zawsze podkreślał, że są jego przyjaciółmi. "Nie czuję się lepszy od nikogo, kto u mnie pracuje. Kimże ja jestem? Rzuciłem szkołę, gdy byłem dzieciakiem! Nie mam prawa nikogo oceniać, bo nie ma we mnie nic nadzwyczajnego!". Był szczególnie dumny z faktu, że połowa jego kadry zarządzającej zaczynała u niego pracę przed laty jako zwykli magazynierzy, kierowcy, sprzedawcy. Wierzył w ludzi, w ich możliwości. Jego ulubionym powiedzeniem było: "Dziś możesz być zbieraczem śmieci, a jutro możesz zmienić swoje życie i odnieść sukces w biznesie!".

Ken Hendricks był bardzo rodzinnym człowiekiem. Miał siedmioro dzieci. Wszystkie kontynuują dzieło ojca, pracując w Hendricks Holding – firmie utworzonej w 2001 roku i skupiającej wszystkie przedsięwzięcia biznesowe Kena i Diane. Możemy tylko zastanawiać się, dokąd by doszedł, czym jeszcze zaskoczył najbliższych i branżę, ile dobrych rzeczy zrobił dla społeczności, gdyby nie wydarzenia z 21 grudnia 2007 roku. Tego dnia wieczorem poszedł na piętro swojego domu, nad garażem, aby zobaczyć, jak idą prace remontowe. Na podłodze leżała brezentowa płachta. Hendricks, chodząc po piętrze niestety, nie zauważył, że w kilku miejscach nie ma desek. Moment nieuwagi wystarczył... Diane znalazła go leżącego w garażu na betonowej podłodze. Odwieziono go do szpitala, gdzie zmarł w wyniku odniesionych obrażeń.

Był człowiekiem, który swój sukces zawdzięczał pracowitości i konsekwencji w dążeniu do realizacji swojego marzenia o stworzeniu dużej firmy budowlanej. Cechami, które z pewnością pomogły mu odnieść sukces, były: odwaga w podejmowaniu trudnych decyzji, których w biznesie nie brakuje, oraz umiejętność czerpania pomysłów z obserwacji, a następnie wdrażania ich w życie. Nigdy nie wywyższał się nad innych i, będąc milionerem, pozostał tym samym "chłopakiem stąd", który przystawał na ulicy i rozmawiał ze starymi kolegami. Dzielił się swoim bogactwem z ludźmi. Wspierał organizacje charytatywne, budował i rozwijał kluby młodzieżowe i harcerskie, pomagał szkołom. Sam, nie mając wykształcenia formalnego, zdawał sobie sprawę, jak ważne jest stworzenie młodym ludziom przyjaznego środowiska w szkole, które inspirowałoby ich do lepszego życia dla dobra „małej ojczyzny", którą tak bardzo ukochał. Swoją rolę w społeczeństwie rozumiał jako obowiązek dzielenia się tym, co osiągnął dzięki swojej pracy i wskazywania drogi młodszemu pokoleniu, któremu często brakuje wzorów do naśladowania.

KALENDARIUM:

8 sierpnia 1941 – narodziny Kena Hendricksa w Janesville w stanie Wisconsin

1958 – jako 17-latek rezygnuje z nauki w szkole i rozpoczyna pracę w firmie ojca; z małej firmy budowlanej tworzy przedsiębiorstwo operujące w kilku stanach i zatrudniające pół tys. osób

1975 – po 17 latach prowadzenia firmy Ken oddaje ją swoim współpracownikom; żeni się z Diane; z tego związku ma siedmioro dzieci

1982 – Ken kupuje trzy centra sprzedaży materiałów budowlanych i zaczyna budować najpotężniejszą sieć hurtowni budowlanych w USA

1987 – firma ABC Supply ma już 50 sklepów, a Ken zostaje uznany przez firmę Ernst & Young za przedsiębiorcę roku

1992 – na 10-lecie działalności firma zajmuje 12 miejsce wśród największych firm prywatnych w stanie Wisconsin; posiada 94 placówki

1997 – ABC Supply ma już 204 sklepy i jest na 321 miejscu wśród największych amerykańskich przedsiębiorstw

1998 – firma Kena i Diane zamyka rok obrotem w wysokości miliarda dolarów!

2003 – Hendricksowie przekazują 100 000 dolarów na budowę Centrum Sztuk Teatralnych w Janesville

2006 – ABC Supply zajmuje 107 miejsce na liście „Forbesa" największych prywatnych firm w USA; roczne obroty są na poziomie 3 mld dolarów, a co dwa tygodnie otwierana jest nowa placówka

2007 – Hendricks pracuje nad kilkoma projektami mającymi na celu poprawę jakości edukacji w stanie Wisconsin; odbiera prestiżową nagrodę Gallupa dla firmy będącej najlepszym miejscem pracy.

21 grudnia 2007 – Ken umiera w wieku zaledwie 66 lat w wyniku odniesionych obrażeń po upadku z dachu remontowanego garażu w swoim domu

CYTATY:

„Moją ulubioną porą dnia jest wieczór, ponieważ wiem, że zrobiłem wszystko, co mogłem".

„Cokolwiek robisz, rób to najlepiej, jak potrafisz. Nigdy nie stawiaj sobie granic, dokąd możesz dojść. Możesz być zbieraczem śmieci i odnieść sukces w biznesie!".

„Jestem na 107 miejscu wśród najbogatszych Amerykanów. Nie mogę uwierzyć, jak łatwo było to osiągnąć. Po prostu robiłem krok za krokiem!".

„Najważniejsze w prowadzeniu biznesu jest szczęście. Być tam gdzie trzeba i kiedy trzeba. Same umiejętności biznesowe są mocno przereklamowane".

„Zła lokalizacja? Przenieś się! Niewłaściwi ludzie? Wymień ich! Zła branża? Nie wierzę! Wszędzie możesz odnieść sukces. Ja mam fabrykę maszyn i narzędzi, która funkcjonuje świetnie. Z chęcią mogę przenieść się do branży górniczej! To to, jak patrzysz na biznes i jak nim zarządzasz, robi różnicę".

ŹRÓDŁA I INSPIRACJE:

Oficjalna strona Hendricks Holding Co.: http://www.hendricksholding.com.

10 questions for Ken Hendricks: http://www.inc.com/magazine/20061201/entrepreneur-questions.html.

"*Billionaire Hendricks died after fall*, „Gazette Xtra", http://www.gazettextra.com/news/2007/dec/21/billionaire-hendricks-dies-after-fall.

Hendricks leid to rest, Beloitdailynews.com, http://www.beloitdailynews.com/news/hendricks-laid-to-rest/article_079657dc-6c7a-57df-8b21-3a2847b60e4a.html.

Milton Snavely Hershey

(1857-1945)

amerykański cukiernik, biznesmen i filantrop,
założyciel The Hershey Company

Postać Miltona S. Hersheya jest ucieleśnieniem amerykańskiego snu i dowodem na prawdziwość tego, że można przejść drogę „od zera do milionera". Urodził się 13 września 1857 roku w miejscowości Derry Township w stanie Pensylwania. Jego przodkowie przybyli do Stanów Zjednoczonych na początku XVIII wieku z Niemiec i Szwajcarii, przez co Milton w dzieciństwie posługiwał się językiem Pennsylvania Dutch – gwarą typową dla przybyszów z Niemiec, Szwajcarii i wschodniej Francji.

Życie młodych ludzi w rolniczej Pensylwanii nie należało do najłatwiejszych. Milton od najmłodszych lat musiał pomagać rodzicom, dzięki czemu wcześnie poznał wartość ciężkiej pracy i wytrwałości, jednak równocześnie ograniczyło mu to dostęp do edukacji. Mama Miltona uważała ponadto, że nauka i książki mogą mieć zły wpływ na jej dziecko i nie przykładała wielkiej wagi do edukacji syna. Ponieważ rodzina często się przeprowadzała, chłopiec ciągle zmieniał szkoły, przez co formalną edukację zakończył na czwartej klasie. Wtedy też musiał podjąć pierwszą prawdziwą pracę. Znalazł zatrudnienie w drukarni w Lancaster drukującej niemiecką prasę. Niestety, ponieważ bardzo słabo czytał i pisał, napotykał w pracy wiele trudności, które sprawiały, że coraz bardziej się do niej zniechęcał. Dzięki pomocy mamy, gdy miał 14 lat, na ucznia przyjął go cukiernik Joseph Rajer. To właśnie słodycze, a nie papier i atrament, stały się wielką pasją chłopca, której poświęcił całe swoje życie.

Joseph Rajer przez cztery lata uczył Miltona tajników cukierniczego rzemiosła. Po tym czasie młody Hershey przeniósł się do to Filadelfii i za pożyczone od wujka pieniądze otworzył pierwszy biznes: M.S. Hershey cukiernik. Sprzedaż hurtowa i detaliczna. Firma początkowo nie prosperowała najlepiej, a Milton nie potrafił zarobić na swoje utrzymanie i spłatę długów. Mimo to nieustannie pragnął się rozwijać. Sprzedał więc interes i wyjechał do Denver, gdzie zatrudnił się u producenta cukierków. Tam prawdopodobnie poznał sekret wyśmienitych karmelków: świeże mleko. Po jakimś czasie opuścił Denver, by próbować swoich sił w różnych miejscach (odwiedził między innymi Chicago i Nowy Jork), ale żadne z jego przedsięwzięć nie powiodło się, więc finalnie w 1883 roku zupełnie bez grosza powrócił do Lancaster. Ponownie dzięki pomocy mamy i wuja wystartował tam z nową fabryką cukierków specjalizującą się oczywiście w karmelkach. Lancaster Caramel Company okazała się fantastycznym pomysłem. Milton skupiał całą swoją energię na wyprodukowaniu rozpływających się w ustach karmelków ze świeżych składników i jego starania opłaciły się – firma w kilka lat zyskała sławę producenta wysokiej jakości słodyczy, co znacznie umocniło jego pozycję w cukierniczym biznesie i przygotowało grunt pod dalsze sukcesy.

Milton karmelowi zawdzięcza pierwszy milion, ale to czekolada przyniosła mu prawdziwą fortunę. W 1893 roku Hershey tak jak miliony innych Amerykanów brał udział w Wystawie

Światowej w Chicago, znanej jako The World's Columbian Exposition. Jednym z wystawców był tam niemiecki producent maszyny służącej do produkcji czekolady. Milton był pod ogromnym wrażeniem tej maszyny i postanowił zakupić ją do swojej fabryki. Tym samym w 1894 roku utworzył Hershey Chocolate Company, która stała się jedną z gałęzi Lancester Caramel Company. Teraz mógł produkować nie tylko karmelki – rozszerzył działalność również na ponad sto rodzajów czekoladek. Co ważne, nikt nie pokazał mu, jak wytwarzać mleczną czekoladę. Do wszystkiego doszedł samodzielnie.

Oprócz sukcesów na polu zawodowym Hershey wyjątkowo dobrze radził sobie też w życiu prywatnym. W 1898 roku poślubił o czternaście lat młodszą od siebie Catherine Sweeney. Wniosła ona wiele radości, energii i ciepła do jego życia. Ponieważ nie mogli mieć własnych dzieci, skupili się na działalności charytatywnej ukierunkowanej przede wszystkim na najmłodszych.

Milton Hershey był idealistą. Pragnął stworzyć idealne miasto z ładnymi domkami, uroczym parkiem, dobrze działającą komunikacją miejską i innymi udogodnieniami potrzebnymi mieszkańcom w każdym wieku. Swoje marzenia zaczął realizować w 1903 roku, kiedy za pieniądze otrzymane ze sprzedaży karmelkowej części swojej firmy zakupił 1200 akrów ziemi niedaleko miejsca swoich narodzin. Jego firma koncentrowała się teraz przede wszystkim na masowej produkcji mlecznej czekolady, a Hershey starał się zaangażować w biznes lokalną społeczność, zapewniając miejsca pracy oraz skupując mleko wprost od lokalnych farm. Wierzył, że jego firma i społeczność, w której się wychował, są ze sobą splecione, więc czuł ogromną odpowiedzialność za swoich pracowników. Skutkiem jego wysiłków jest miasteczko Hershey, znane jako „najsłodsze miejsce na świecie".

Firma świetnie prosperowała. Produkty Hersheya były szeroko dystrybuowane, a jego nazwisko stało się synonimem świetnej jakości czekolady. Rozwój firmy i zgromadzone w konsekwencji bogactwo pozwoliły Miltonowi jeszcze mocniej zaangażować się w działalność dobroczynną. W 1909 roku razem z żoną założył szkołę przemysłową dla osieroconych chłopców. Szkoła ta niedługo później stała się koedukacyjna i funkcjonuje do dzisiaj pod nazwą Milton S. Hershey School. Po śmierci żony w 1915 roku Milton wciąż pomagał szkole, fundując stypendia dla najbiedniejszych uczniów. W 1918 roku przeniósł większość swojego majątku (wliczając w to prawo własności do Chocolate Company) na fundusz powierniczy wspierający rozwój szkoły i jej uczniów.

Po śmierci ukochanej Catherine Milton nie ożenił się ponownie. Był jednak tak przywiązany do zmarłej żony, że podobno nigdy nie rozstawał się z jej fotografią.

Hershey nie zaniechał swojej dobroczynnej działalności nawet w ciężkich ekonomicznie czasach. W latach 30. podczas Wielkiego Kryzysu starał się sam podsycać zapotrzebowanie na swoje towary, tak aby nikt z jego pracowników nie stracił pracy. Zamówił też wtedy projekt wielkiego hotelu, budynków komunalnych i nowej siedziby dla swojej firmy. W czasie II wojny światowej wspierał militarne starania swojego kraju poprzez organizowanie dostaw czekoladowych batoników dla wojska. Opracował recepturę, dzięki której słodycze były nie tylko smaczne, ale również nie roztapiały się w wysokich temperaturach.

Dla tych, którzy znali Hersheya, jego hojność nie była zaskoczeniem. Jednak swoją postawą pozytywnie wyróżniał się na tle innych amerykańskich rekinów biznesu. Chociaż z całą pewnością mógł pozwolić sobie na wiele, nigdy nie epatował bogactwem, żył skromnie i oszczędnie, aby cały majątek przeznaczać na pomoc lokalnej społeczności. Chociaż sam rzadko pisał i czytał, robił wszystko, co w jego mocy, aby mieć pewność, że każdy w jego otoczeniu otrzyma solidne wykształcenie. Do ostatnich lat życia kontynuował pracę zgodnie z etyką wpojoną mu za młodu przez matkę, a przywiezioną przez przodków zza oceanu. Zmarł 13 października 1945 roku w Hershey – mieście, które zbudował od podstaw. Jego wizerunek, wizerunek przedsiębiorczego biznesmena z ogromnym sercem i odwagą realizacji marzeń, który wszystko, do czego w życiu doszedł, zawdzięcza własnej ciężkiej pracy, do dzisiaj może być inspiracją dla tysięcy młodych ludzi.

KALENDARIUM:

13 września 1857 – narodziny Miltona S. Hersheya
1871 – zakończenie edukacji
1872 – rozpoczęcie praktyk w cukierni Josepha Rajera w Lancaster
1876 – Milton zakłada pierwszy biznes w Filadelfii – M.S. Hershey cukiernik. Sprzedaż hurtowa i detaliczna"
1882 – Milton sprzedaje działalność i wyrusza do Denver
1883 – powrót do Lancaster i założenie fabryki The Lancaster Caramel Company
1893 – wystawa światowa w Chicago i spotkanie z producentem maszyn do wyrobu czekolady
1894 – powstaje Hershey Chocolate Company jako jedna z gałęzi głównej firmy
1898 – ślub z Catherine Sweeney
1900 – Hershey sprzedaje karmelową część firmy, by skupić się głównie na wyrobach czekoladowych
1903 – Hershey kupuje 1200 akrów ziemi i zaczyna tworzyć własne miasto

1909 – założenie szkoły przemysłowej
1915 – śmierć Catherine Sweeney
1918 – Hershey przekazuje znaczną część swojego majątku na funduszu powierniczy dla założonej przez siebie szkoły
1935 – powstaje fundacja Hersheya finansująca edukacyjne i kulturalne zajęcia przeznaczone dla wszystkich mieszkańców Hershey
13 października 1945 – śmierć Miltona Hersheya

CIEKAWOSTKI:

- The Hershey Company obejmuje m.in. marki: Almond Yoy, Mounds, Kit Kat, Cadbury, Twizzler.
- Obecnie każdego roku w szkole założonej przez Hersheya uczy się blisko 1900 uczniów.
- Milton razem z żoną mieli zarezerwowane bilety na rejs Titanica. W ostatniej chwili zrezygnowali z podróży.

CYTATY:

„Postawiłem wszystko na czekoladę".

„Weź człowieka o przeciętnej inteligencji, daj mu równe szanse, a wkrótce nauczy się robić to wszystko, co inni podobnie inteligentni ludzie potrafią".

„Można być szczęśliwym tylko w takim stopniu, w jakim uczyniło się innych szczęśliwymi".

„Daj im jakość. To najlepsza reklama na świecie".

ŹRÓDŁA I INSPIRACJE:

Michael D'Antonio, *Hershey: Milton S. Hershey's Extraordinary Life of Wealth, Empire, and Utopian Dreams*, Simon & Schuster, 2006.

Joanne Mattern, *Milton Hershey: Hershey's Chocolate Creator*, Abdo Publishing, 2015.

Greg Rothman, *The 7 Golden Rules of Milton Hershey*, Tremendous Life Books, 2008.

https://www.thehersheycompany.com/about-hershey.aspx.

http://hersheyhistory.org.

http://www.mhskids.org/about/school-history/milton-s-hershey.

http://www.ducksters.com/biography/entrepreneurs/milton_hershey.php.

Sōichirō Honda

(1906-1991)

japoński konstruktor, wynalazca i biznesmen,
twórca marki Honda

Honda – większość ludzi wie, że jest to nazwa firmy produkującej samochody i motocykle, niewielu jednak zna niezwykły życiorys jej założyciela, znakomitego wynalazcy i przedsiębiorcy, którego nazywano Edisonem z Hamamatsu lub japońskim Henry Fordem.

Sōichirō Honda pochodził z rodziny, której nie można było nazwać bogatą. Jego ojciec, z zawodu kowal, założył najlepszy w okolicy sklep rowerowy, a przy nim warsztat naprawy rowerów. Chłopiec od najmłodszych lat łączył naukę z pracą w warsztacie ojca. Tam poznał podstawy mechaniki, które stały się bazą jego wiedzy fachowej. Nauczył się też rzetelności, punktualności oraz szacunku dla ciężkiej pracy.

Gdy Sōichirō skończył siedem lat, na głównej ulicy niewielkiego miasteczka zobaczył tuman kurzu, który przesuwał się przy akompaniamencie niezwykłego warkotu. Ledwo udało mu się w tym dostrzec poruszający się pojazd. Zdziwiony tym widokiem biegł ulicą wzdłuż samochodu tak długo, jak tylko się dało. Zamarzył, by w przyszłości skonstruować coś podobnego i obiecał sobie, że zrobi wszystko, by tak się stało. Tę chwilę zapamiętał na całe życie.

Sōichirō miał niewątpliwie zdolności techniczne, ale nauka w szkole nie była jego pasją. Wyniki osiągał co najwyżej mierne, przez co wielokrotnie miewał kłopoty. Szkoła japońska wymagała, by pod wynikami znajdowała się pieczątka z podpisem rodziny. Sōichirō wymyślił sposób, by ją podrobić i tym samym uniknąć przykrych konsekwencji nie najlepszych ocen. To się jednak szybko wydało, a nauczka, którą otrzymał, była bolesna. Nadal jednak zaniedbywał naukę, zaś do szkoły często przychodził prosto z warsztatu, umorusany smarem, przez co inne dzieci przezywały go i śmiały się z niego. Niewiele sobie z tego robił, bo liczyło się dla niego tylko jedno – śmiałe marzenie o samochodach.

W kwietniu 1922 roku (a więc w wieku 15 lat), na krótko przed ukończeniem szkoły, zobaczył reklamę firmy serwisującej samochody Tokyo Art Shokai i natychmiast postanowił, że musi tam pracować! Znał się tylko na rowerach, samochód widział tylko z daleka, ale siła marzenia, które towarzyszyło mu od niemal 10 lat, była ogromna. Odważył się napisać prośbę, by przyjęto go do firmy Art Shokai jako ucznia. Nietrudno wyobrazić sobie jego ogromną radość, gdy dostał odpowiedź pozytywną. Nie czekał dłużej. Niemal natychmiast wyruszył do Tokio i zaczął pracować w wybranej przez siebie firmie za skromne wyżywienie, nocleg i jeszcze skromniejsze kieszonkowe. Szybko doceniono zalety młodego człowieka: jego niezwykły entuzjazm, chęć do pracy i radość z uczenia się nowych rzeczy. A okazja do nauki była nadzwyczajna. W Art Shokai bowiem naprawiano wszelkie pojazdy silnikowe: motocykle i samochody najróżniejszych firm, niekiedy zbudowane w przedziwny sposób. Po krótkim okresie terminowania z ucznia pomocnika stał się zaufanym mechanikiem. Zakres posiadanej przez niego wiedzy zdumiewał wszystkich, którzy się z nim zetknęli. Jego mistrz w Art Shokai Yuzo Sakakibara był z niego dumny; Sōichirō Honda nigdy nie zapomniał człowieka, który w niego uwierzył i dał mu szansę rozwoju.

Ci, którzy znali Hondę w tamtych czasach, zapamiętali, że mimo iż nie miał wiedzy teoretycznej, stał się ekspertem w rozwiązywaniu różnego rodzaju wyzwań stawianych przez początkującą motoryzację.

Jednocześnie Sōichirō Honda (także dzięki Sakakibarze) zainteresował się rozwijającym się właśnie sportem – wyścigami samochodowymi. W Japonii zdobyły one popularność już w 1920 roku. Sakakibara między innymi z pomocą Hondy zaczął produkować samochody wyścigowe. Już w 1924 roku ich samochód, prowadzony przez Sakakibarę z towarzyszeniem Sōichirō Hondy jako inżyniera, wygrał w pięknym stylu 5 Japan Automobile Competention. Siedemnastoletni Honda po raz kolejny przekonał się, że marzenia mają ogromną moc.

W 1928 roku staż Sōichirō Hondy w Art Shokai dobiegł końca. Dwudziestodwuletni Honda otworzył własny oddział tej firmy w Hamamatsu. Sakakibara dał mu jako jedynemu ze swoich uczniów pełną swobodę w prowadzeniu oddziału. Honda poświęcił tej pracy wszystkie swoje zdolności i umiejętności. Najbardziej podziwiany był za wynalazki. Stąd zresztą się wziął jego przydomek: Edison z Hamamatsu. Wymyślił niezliczone rozwiązania znajdujące zastosowanie w napędzie samochodów oraz ułatwiające pracę ludzi w warsztatach samochodowych. Skonstruował na przykład podnośnik samochodów, bo uznał, że ludzie nie mogą pracować przy samochodach, pełzając pod nimi.

Bardzo szybko oddział Art Shokai z małego warsztatu zatrudniającego jednego człowieka stał się firmą, w której pracowało 30 ludzi. W ciągu kilku Sōichirō lat został jednym z najbogatszych mieszkańców rodzinnego miasta. Później mówił o tym, że tak szybkie wzbogacenie się nie wpłynęło dobrze na jego zachowanie z tego okresu. Zachłysnął się swoimi możliwościami finansowymi. Był stałym uczestnikiem imprez, brylował na salonach. To jednak nie trwało długo. Zakochał się w dziewczynie o imieniu Sachi i ożenił się z nią. Był to rzadki w tamtych czasach w Japonii przypadek ślubu z miłości. Małżeństwo okazało się niezwykle szczęśliwe i trwałe. Sachi podzielała zainteresowania Saichiro i radziła sobie z jego zmiennymi humorami. Była zafascynowana motoryzacją i podobnie jak mąż otwarta na nowe pomysły.

Fima Sōichirō Hondy nadal się rozrastała. To jednak mu nie wystarczało. Pamiętał o swoim marzeniu, którego jeszcze nie zrealizował. Nie chciał naprawiać samochodów, chciał je produkować. W 1936 roku podjął starania w tym kierunku, jednak inwestorzy postanowili, że nowa firma będzie produkowała pierścienie tłokowe. Zaczęło się od pasma niepowodzeń. Hondzie brakowało pewnych podstaw teoretycznych i bardzo wiele wyprodukowanych elementów miało wady uniemożliwiające ich właściwą pracę. Postanowił więc zapoznać się bliżej z metalurgią. Jeździł po zakładach produkujących stal, by dowiedzieć się więcej o jej gatunkach, zastosowaniach i możliwościach. Zaczął studiować ten kierunek, nie potrafił się jednak przystosować do reżimu nauki. Przeszkadzał w zajęciach i chciał słuchać wyłącznie o tym, co było mu potrzebne. Do dyplomu nie dotrwał, ale nigdy tego nie żałował. Swój cel osiągnął. Po dwóch latach produkowane przez Tokai Seiki pierścienie tłokowe uzyskały tak wysoką jakość, że zaczęła je kupować Toyota i wiele innych firm japońskich. Gdy rozpoczęła się wojna i wielu pracowników poszło do wojska, Honda wymyślił i wdrożył automatyzację procesu produkcji pierścieni tłokowych, a potem frezowania drewnianych śmigieł do samolotów. Niestety, naloty bombowe w czasie wojny oraz trzęsienie ziemi przyczyniły się do upadku dobrze dotąd prosperującej spółki. To jednak nie oznaczało upadku Sōichirō Hondy. Pracował dalej i konsekwentnie podążał w stronę realizacji dziecięcego marzenia o produkcji samochodów. Najpierw skupił się na mniejszych pojazdach. Odkupił od wojska zbędne już silniki do generatorów prądu i... montował je do rowerów. Motorowery oszczędnie zużywające paliwo stały się bardzo popularne, głównie ze względu na powojenne trudności ze zdobyciem benzyny.

Honda jednak szedł dalej i w 1948 roku rozpoczął produkcję motocykli pod własną marką w utworzonej przez siebie firmie Honda Motor Company. Kapitał założycielski spółki wynosił zaledwie 1500 dolarów. Honda został jej prezesem i pełnił tę funkcję do przejścia na emeryturę w 1973 roku. Nadal pracował z zapałem nie mniejszym niż ten, z którym naprawiał rowery w warsztacie ojca. Nadal też chciał tworzyć coraz lepsze pojazdy. Firma Honda stała się stopniowo liderem w produkcji motocykli najpierw w Japonii, a potem na całym świecie. Nie obyło się bez chwilowych załamań. Motocykle sprzedawane w Europie okazały się gorsze niż produkowane na tym kontynencie. Jednak Hondę trudności nie zniechęcały, a motywowały. Tak było i tym razem. Po zmodernizowaniu motocykle odniosły spektakularny sukces. Przełomem okazał się model Super Cub, zaprezentowany w 1958 roku, który nadal sprzedaje się doskonale.

Przed Hondą jednak cały czas stała realizacja dziecięcego marzenia o produkcji samochodów. O silnikach wiedział już wszystko. Poza motocyklami jego firma od 1953 roku produkowała różnorodne silniki montowane w urządzeniach i maszynach. Pierwsze samochody wyprodukowane przez firmę Hondy pojawiły się w 1962 roku. Miały motocyklowe silniki i osiągały dużą moc przy wysokich obrotach. Jednak zwieńczeniem jego nowatorskiego myślenia, umiejętności zarażania ludzi entuzjazmem i konsekwencji w dążeniu do celu był model Civic wyprodukowany w 1972 roku. Silnik w tym modelu nie tylko miał dużą moc i był oszczędny, lecz także z ogromną nadwyżką spełniał normy emisji spalin. Samochód szybko stał się popularny. Z marzenia siedmiolatka wyrosła firma o zasięgu światowym, która przetrwała swego założyciela. Echo jego słów i filozofię życia odzwierciedla motto imperium motoryzacyjnego: The Power of Dreams.

Sōichirō Honda w 1973 roku przeszedł na emeryturę, jednak nie przestał pracować dla swojej firmy, wpływając aktywnie na kierunek jej rozwoju. Nadal imponował świeżością umysłu, kreatywnością i entuzjazmem. Z prawdziwą przyjemnością testował nowe modele samochodów. Już po siedemdziesiątce zdobył licencję pilota (jego żona także). Niemal do końca życia uprawiał narciarstwo i latał balonem. Był bardzo skromnym człowiekiem, rzadko udzielał wywiadów. Pracował nie dla sławy, lecz głównie dla przyjemności tworzenia. Może dlatego jego praca przyniosła tak świetne efekty.

KALENDARIUM:

17 listopada 1906 – narodziny Sōichirō Hondy
1913 – Honda po raz pierwszy widzi samochód; postanawia, że zostanie konstruktorem takich pojazdów
1922 – ukończenie szkoły i rozpoczęcie pracy w warsztacie samochodowym Art Shokai w Tokio
1923 – pierwszy udział w wyścigach samochodowych
1928 – otwarcie i poprowadzenie oddziału Art Shokai w Hamamatsu

1936 – powołanie do życia spółki Tokai Seiki i podjęcie produkcji pierścieni tłokowych; powrót do planów konstruowania aut
1945 – upadek spółki Tokai Seiki
1948 – założenie przedsiębiorstwa Honda Motor Company
1949 – wyprodukowanie pierwszego motocykla Dream D-Type
1958 – wejście Hondy na rynek amerykański
1960 – skonstruowanie przez firmę Hondy samochodu
1963 – rozpoczęcie produkcji seryjnej Hondy T360
1972 – Honda Civic
1973 – przejście Sōichirō na emeryturę, ale zachowanie w firmie na stanowiska „najwyższego doradcy"
1976 – Honda Accord
1983 – Honda CR-X
1986 – powstanie luksusowej marki Acura oraz początek rozwoju robotyki
1995 – Honda CR-V
5 sierpnia 1999 – śmierć wielkiego konstruktora i wynalazcy
2005 – Honda FR-V
2010 – Honda CR-Z

O FIRMIE HONDA MOTOR CO.:

Ponad 300 mln motocykli (do września 2014)
124 zakłady w 24 krajach
4 110 000 pojazdów (2012)
Dochody: 9,877 bln jenów (2013)
Zysk z działalności operacyjnej: 544,8 mld jenów (2013)
Zysk netto: 367,1 mld jenów (2013)
Aktywa ogółem: 11,780 bln jenów (2012)
Razem kapitał własny: 4,402 bln jenów (2012)
Pracownicy: 190 338 (2013)

CIEKAWOSTKI:

- Hondę nazywano japońskim Henrym Fordem i Edisonem z Hamamatsu.
- Sōichirō Honda w zaawansowanym wieku zdobył licencję pilota, uprawiał narciarstwo, lotniarstwo i latał balonem.
- Amerykański tygodnik „People" w 1980 roku umieścił Hondę na liście 25 najbardziej intrygujących ludzi roku.

GŁÓWNE ZASADY DZIAŁANIA HONDA MOTOR CO.:

- Szacunek dla indywidualności.
- Trzy radości – radość kupowania, radość sprzedawania, radość tworzenia.

MYŚL NA PODSTAWIE ŻYCIORYSU HONDY:

Jeśli czegoś nie wiesz, sprawdź, czy inni tego nie wiedzą. Honda przemierzył Japonię w poszukiwaniu wiedzy o właściwościach i zastosowaniu metali.

CYTATY:

„Mamy tylko jedną przyszłość i będzie to przyszłość nakreślona przez nasze marzenia pod warunkiem, że podejmiemy wyzwanie".

„Jeśli teoria miałaby rozwijać kreatywność, wszyscy nauczyciele byliby wynalazcami".

ŹRÓDŁA I INSPIRACJE:

Mark Weston, Katie Yamasaki, *Honda: The boy who Dreamed of Cars*, Lee & Low Books, 2014.
Masaaki Sato, *The Honda Myth: The Genius and His Wake*, Vertical, 2006.
Automobiles. Honda, Film Network USA Inc. we współpracy z The History Channel, 1996.
Historia firmy Honda: world.honda.com/history.
Biografia Sōichirō Hondy: http://astrumpeople.com/soichiro-honda-biography-a-great-history-of-japanese-car-manufacturer.
Biografia Sōichirō Hondy: http://www.notablebiographies.com/He-Ho/Honda-Soichiro.html.
Soichiro Honda, Auto Innovator, Is Dead at 84, „New York Times", https://www.nytimes.com/1991/08/06/world/soichiro-honda-auto-innovator-is-dead-at-84.html.
www.mojahonda.pl.
Honda Annual Report 2014: http://world.honda.com/investors/library/annual_report/2014/honda2014ar-all-e.pdf.

Steve Jobs

(1955-2011)

twórca firmy Apple, która zrewolucjonizowała w ostatnich 40 latach rynki: komputerów osobistych, przenośnych odtwarzaczy audio, telefonów

Steve Jobs to postać pełna sprzeczności. Despotyczny szef, wizjoner, tytan pracy, genialny sprzedawca, perfekcjonista, który wyznaczył trendy na rynku komputerów i telefonów. Swoje piętno odcisnął nawet na sposobie, w jaki słuchamy muzyki. Stworzył firmę-ikonę będącą niedoścignionym wzorem w budowaniu wizerunku i społeczności wokół niej. W kontaktach interpersonalnych miał kłopoty ze zbudowaniem dobrych relacji z otoczeniem, często krzywdząc innych i nie licząc się z odmiennymi opiniami. Był ambitny i dumny, nieznoszący odmowy, umiejętnie manipulujący rzeczywistością i ludźmi w celu osiągnięcia celu. Można go było uwielbiać albo...

Steve Jobs był niechcianym owocem miłości syryjskiego muzułmanina oraz Amerykanki niemieckiego pochodzenia, którzy spotkali się na studiach na Uniwersytecie w Wisconsin. Biologiczni rodzice postanowili oddać go do adopcji. W ten sposób trafił do domu Paula i Clary Jobsów w Mountain View. Paul był mechanikiem i to z nim Steve spędzał długie godziny w garażu, ucząc się podstaw mechaniki. Steve był zdolnym uczniem, w pewnym momencie edukacji przeskoczył nawet dwie klasy, jednak był jednocześnie wielkim łobuzem. Doszło do tego, że w szkole był pod specjalnym nadzorem. Miał szczęście, trafił pod skrzydła nauczycielki, która potrafiła zainteresować go nauką. Elektronika i matematyka to były przedmioty, którym młody Jobs poświęcał najwięcej czasu.

Od najmłodszych lat lubił pracować: jako dzieciak roznosił gazety, w szkole średniej pracował jako sprzedawca w sklepie z akcesoriami elektronicznymi. Uczył się i pogłębiał tam swoją wiedzę na temat coraz bardziej skomplikowanych urządzeń. Wpadł wtedy na pomysł zarobienia dodatkowych pieniędzy. Na pchlim targu kupował stare, zepsute urządzenia elektroniczne, następnie wymontowywał to, co nadawało się do użycia, a potem… sprzedawał te części kierownikowi sklepu, w którym pracował! W wieku 15 lat kupił sobie pierwszy samochód. Mniej więcej w tym okresie rozpoczął też niestety swoje eksperymenty z narkotykami. Palił namiętnie marihuanę, a jako 17-latek zaczął brać LSD. Tak ujawniała się inna strona charakteru Steva: destrukcyjna i próbująca uporać się z problemem odrzucenia przez rodziców. Z tą częścią siebie walczył całe życie.

W szkole średniej Jobs poznał Steve'a Wozniaka, o kilka lat starszego inżyniera zafascynowanego komputerami. Razem skonstruowali urządzenie, dzięki któremu mogli za darmo korzystać z ulicznych aparatów telefonicznych. Tak zwane blue boxy sprzedawali – oczywiście za namową Jobsa, który miał smykałkę do biznesu – swoim bliższym i dalszym znajomym. W sumie sprzedali 100 urządzeń po 150 dolarów. Jak wspomina Steve, ten pierwszy sukces dał im pewność, że mogą osiągnąć wszystko – ich mała płytka z obwodem drukowanym mogła kontrolować ogromną strukturę telefoniczną na całym świecie! W 1973 roku rozpoczął studia na jednej z najlepszych i najdroższych uczelni w Stanach

Zjednoczonych – Reed Collage w Portland. Umożliwili mu to rodzice, którzy w jego edukację inwestowali wszystkie oszczędności. Steve zrobił wtedy jedną z rzeczy, których wstydził się do końca życia – nie zgodził się, aby rodzice przyjechali na jego immatrykulację. Był to dla nich wielki cios, uszanowali jednak wolę syna. Niestety, Steve nie wytrwał długo na uczelni, zaledwie jeden semestr... Zajęcia go nie zaciekawiły. Oddał się studiowaniu buddyzmu, filozofii zen i narkotykom. Po pierwszym semestrze rzucił studia. Uczęszczał natomiast jako wolny słuchacz na te zajęcia, które go interesowały. Przez półtora roku na Reed Collage Jobs żył jak biedak: mieszkał w nieogrzewanym garażu, korzystał z darmowych obiadów dla biednych. Przez większość roku chodził boso, tylko zimą wkładał sandały. Aby zarobić pieniądze, konserwował sprzęt elektroniczny na uczelni. Brał w tym czasie sporo narkotyków, przede wszystkim LSD. Stwierdzenie, że czas spędzony w Reed Collage był hedonistyczną fanaberią byłoby nieuprawnione. Steve uważał, że mieszanka buddyzmu i LSD pomogła mu wejrzeć w głąb siebie i dowiedzieć się, co jest dla niego ważne. A ważne nie było dla niego robienie pieniędzy, lecz tworzenie wielkich rzeczy, które miały szanse przejść do historii.

W 1974 roku zdecydował się na powrót do domu. Znalazł pracę w firmie Atari, produkującej gry komputerowe. Nie był tam lubiany ze względu na swoją opryskliwość i bardzo dosadne opinie na temat kolegów z pracy. Był jednak bardzo dobrym pracownikiem, pełnym pomysłów i inwencji twórczej. W Atari usprawnił kilka gier i aktywnie uczestniczył w wielu projektach. Wiedział, że przykładając się do pracy i będąc aktywnym, zdobywa doświadczenie w projektowaniu i biznesie, które potem wykorzystał, startując z Apple. W 1976 roku wraz z Wozniakiem chodzili na spotkania Klubu Komputerowego.

Na spotkaniach miejscowi konstruktorzy przedstawiali swoje pomysły. Coraz więcej mówiło się o komputerach osobistych i możliwości ich zastosowania w biznesie. Zainspirowany pracami członków klubu Wozniak skonstruował swój pierwszy komputer i zaprezentował go na spotkaniu w klubie. Wszyscy byli nim zafascynowani, łącznie z Jobsem. Wozniak jako idealista chciał wszystkim udostępnić szczegóły konstrukcyjne i ujawnić pomysły wykorzystane przy budowie komputera, jednak Jobs ze swoją smykałką do biznesu chciał założyć firmę i sprzedawać komputer Wozniaka.

Dzięki swoim umiejętnościom wpływania na innych Jobs przekonał Wozniaka do swojej koncepcji. „Potraktuj to jako dobrą zabawę. Nawet jeśli nie zarobimy, będziemy mieli swoją firmą, a sam ten fakt jest już ekscytujący" – przekonywał. 1 kwietnia 1976 roku powstała firma Apple. W garażu rodzinnego domu Jobsa rozpoczęła się chałupnicza produkcja komputerów. Aby zdobyć fundusze na zakup podzespołów Jobs sprzedał swój samochód, a Wozniak bardzo drogi w tamtych czasach kalkulator HP. W pierwszym roku działalności sprzedali 50 komputerów sieci Byte Shop. Apple I, bo tak nazywał się pierwszy komputer Wozniaka i Jobsa, nie był komputerem w dzisiejszym rozumieniu. Była to płyta z układem scalonym bez zasilacza, obudowy, monitora i klawiatury. Tak naprawdę była to propozycja dla komputerowców amatorów, którzy samodzielnie musieli złożyć sobie cały zestaw. Nastawiony na zaspokajanie potrzeb klienta Jobs zrozumiał, że nie tędy droga. Jego zdaniem Apple powinna produkować sprzęt dla zwykłych ludzi, czyli w pełni wyposażony w klawiaturę i monitor, który wymagałby tylko podłączenia do prądu. Taki miał być właśnie Apple II. Jego premiera miała miejsce w 1977 roku na Targach Komputerowych Zachodniego Wybrzeża w San Francisco.

Jobs zadbał o to, aby stanowisko wystawowe Apple było bezkonkurencyjne. Wiedział bowiem, że sam produkt nie wystarczy, potrzebne będzie „mocne wejście", dzięki któremu klienci i kontrahenci zwrócą uwagę na ich firmę i produkt. „Każdy szczegół jest ważny" – mówił. Produkt i perfekcja jego wykonania stały się obsesją Jobsa, który dbał o każdy szczegół projektu. Firma sprzedała przez 16 lat sześć milionów egzemplarzy komputera Apple II w różnych wersjach. Komputer ten był tak innowacyjny, a jednocześnie przyjazny dla użytkowników, że odmienił na zawsze rynek komputerów osobistych. Dzięki swojej determinacji, bezkompromisowości przy projektowaniu i przebojowości przy prezentacji Apple II Jobs zapewnił sukces temu przedsięwzięciu. Niestety, nie udało się wprowadzenie na rynek w 1980 roku następcy genialnej „dwójki", czyli Apple III. Jobs w pewnym momencie stracił serce do tego projektu i poszukiwał już innych, ciekawszych jego zdaniem rozwiązań. To go właśnie charakteryzowało – był zawsze o krok przed innymi. Gdy informatycy pracowali nad „trójką", on już miał dwa inne zespoły do dwóch kolejnych projektów. Jednym z nich była Lisa, a drugim projekt stworzenia komputera dla mas, znanego później jako Macintosh.

Jobs całkowicie poświęcał się swoim obowiązkom zawodowym. Zawsze musiało dziać się coś związanego z nowymi projektami. Nienawidził przestojów, a już tylko zwolnienie prac doprowadzało go do szału. Tego samego podejścia wymagał od ludzi. Często wywierał tak wielką presję na swoich podwładnych, że nie wytrzymywali tego psychicznie. Przy pracach nad komputerem Lisa z całą mocą ujawnił się trudny charakter Steve'a. Niesprawiedliwe traktowanie ludzi, zwalnianie z pracy za powiedzenie, że czegoś nie da się zrobić w założonym przez niego, często nierealnym terminie, manipulacje pracownikami. Odsunięty w końcu od Lisy znalazł sobie przystań w zespole Macintosha, jednak na krótko, bowiem szybko udało mu się zantagonizować obie grupy, wprowadzając między zespołami Lisy i Macintosha niezdrową rywalizację. W końcu miarka się przebrała i Jobsa odsunięto najpierw od spraw bieżących, proponując jedynie funkcję prezesa zarządu bez wpływu na sprawy operacyjne, a potem zaproponowano odejście z Apple. Jobs bardzo mocno to przeżył jednak pozbierał się i w roku 1985 założył firmę NEXT, w której zajął się budową stacji roboczej – potężnego komputera, który chciał sprzedawać uczelniom wyższym. Niestety, mimo zainwestowania ogromnych pieniędzy efekt projektu był mizerny. Komputer miał zbyt małą możliwość obliczeniową w stosunku do ceny, a jego sprzedaż zakończyła się klapą. Rok 1997 to powrót Jobsa do Apple. Firma przeżywała trudne czasy (Macintosh nie sprzedawał się tak dobrze, jak kilka lat wcześniej, nie było nowych pomysłów na rozwój) i wszystkim wydawało się, że tylko Steve dzięki swojej charyzmie i umiejętnościom może uratować własne dziecko. Znany z umiejętności podejmowania szybkich i trudnych decyzji Jobs od razu pozamykał projekty, które były nierentowne i nie rokowały na przyszłość. Zmuszony był przy tym do zwolnienia 3000 osób. „Musiałem to zrobić" – tłumaczył w jednym z wywiadów. „Gdy przyszedłem do Apple, od bankructwa dzieliło nas tylko 90 dni!".

Po opanowaniu sytuacji Jobs wyznaczył strategię na kolejne lata. Jego zdaniem Apple potrzebowało zaledwie czterech linii produktów komputerowych: dwóch dla odbiorcy indywidualnego i dwóch dla biznesowego. W każdej linii miał być jeden komputer stacjonarny i jeden laptop. Jak pokazały kolejne lata, pomysł był świetny. Jobs, jak nikt inny, potrafił wejść w rolę klienta i zrozumieć, czego chcą ludzie. Wiedział, że jego urządzenia powinny być proste w obsłudze jak toster, a przy tym piękne. Komputery nowej generacji iMac były kolorowe i po prostu znakomicie zaprojektowane. Wyróżniały się na tle szaroburej konkurencji. Oczywiście Jobs nad wszystkim czuwał osobiście. Samo zatwierdzanie kolorów obudów komputerów trwało w Apple kilka miesięcy, gdy w innych firmach zajmowało kilka dni.

Po iMacu przyszła pora na iPoda wraz z serwisem muzycznym w sieci, czyli iTunes. Tajemnicą Jobsa pozostanie, w jaki sposób namówił szefów wielkich wytwórni płytowych, aby zgodzili się na sprzedaż swoich utworów muzycznych w Internecie. Kolejne premiery to wprowadzenie na rynek urządzeń z dotykowymi wyświetlaczami: iPada (tablet) oraz iPhona (smartfon). Ten ostatni zrewolucjonizował na zawsze rynek telefonów komórkowych.

W 1991 roku Jobs ożenił się z Laurene Powell i miał z nią trójkę dzieci: syna Reeda oraz córki Erin i Eve. Steve mimo swej obsesji na punkcie pracy i trudnego charakteru starał się być dobrym ojcem dla całej trójki, choć najlepszy kontakt miał z synem. Spędzali wspólnie wiele czasu. Kiedy u Steve'a zdiagnozowano raka trzustki, powiedział, że chce zobaczyć, jak syn kończy szkołę. Udało się. Steve zmarł 5 października 2011 roku w swoim domu w Palo Alto w otoczeniu najbliższych.

Steve Jobs był twórczym, pomysłowym biznesmenem, niebojącym się ryzyka. Zawsze podnosił się po porażkach, a w decydujących momentach życia potrafił położyć na szalę całą swoją karierę. Prywatnie był brutalnie szczery i nie przejmował się innymi. Zrażał tym do siebie wiele osób, ale taki już pozostał: bezkompromisowy. Potrafił niszczyć ludzi słabszych psychicznie. Potrafił jednak także z ludzi, którymi się otaczał, jak i z siebie samego wydobyć to, co najlepsze. Tym, którzy umieli z nim pracować, pomagał przekraczać granice oraz osiągać to, co nieosiągalne. Udawało mu się to dzięki tytanicznej pracy, do której zawsze był gotowy, ciągłej nauce oraz wierze w swoje możliwości. Wierzył w ogromny potencjał jednostki. Wierzył, że ludzka wola może zmienić rzeczywistość i tylko od nas zależy, dokąd dojdziemy i co osiągniemy. Trzeba tylko trzymać się wyznawanych wartości i nie zbaczać z kursu.

KALENDARIUM:

24 lutego 1955 – narodziny Steve'a w San Francisco; oddanego do adopcji chłopca adoptują Paul i Clara Jobs

1960 – państwo Jobs przeprowadzają się do Mountain View w Dolinie Krzemowej

1968 – Steve dostaje pierwszą wakacyjną pracę przy taśmie w Hawlett Packard

1969 – Jobs poznaje Steve'a Wozniaka, inżyniera zafascynowanego komputerami

1972 – Jobs i Wozniak konstruują urządzenia do darmowego korzystania z telefonów ulicznych; rozpoczynają chałupniczą produkcję i sprzedają 100 sztuk po 150 dolarów każda

1973 – Steve rozpoczyna studia na Reed Collage w Portland, jednak po pierwszym semestrze rezygnuje i chodzi jako wolny słuchacz na wybrane, interesujące go zajęcia

1974 – wraca ze studiów i pracuje kilka miesięcy w Atari nad grami komputerowymi

1974 – wyrusza w 7-miesięczną podróż do Indii w poszukiwaniu swojego „wewnętrznego ja", zafascynowany buddyzmem i filozofią zen

1 kwietnia 1976 – powstaje firma Apple, a Jobs z Wozniakiem rozpoczynają w garażu domu rodziny Steve'a produkcję komputera Apple I; sprzedają 50 egzemplarzy sieci sklepów Byte Shop

1977 – premiera komputera Apple II, który okazuje się wielkim przebojem, zapewniając bogactwo jego twórcom; w ciągu 16 lat sprzedaje się prawie 6 milionów sztuk

1978 – na świat przychodzi Lisa, córka Jobsa z nieformalnego związku z Chris-Ann Brennan; Steve nie przyznaje się do ojcostwa; córkę uznaje dopiero po wielu latach.

1980 – na rynku debiutuje Apple III, jednak ten komputer okazuje się wielką klapą

1983 – premierę ma kolejne przedsięwzięcie Apple: komputer Lisa; sam Steve Jobs krytykuje publicznie Lisę, co nie wróży dobrze sprzedaży; premiera komputera przechodzi bez echa

1986 – Steve zostaje zmuszony do odejścia z Apple; otwiera nową firmę NEXT; próbuje sprzedawać wydajny komputer dla uczelni wyższych, ale nie cieszy się on zainteresowaniem; Jobs odnotowuje kolejne niepowodzenie

1986 – kupuje udziały w studiu Pixar produkującym filmy animowane, na którym w perspektywie 10 lat zaribi ponad miliard dolarów

1987 – powrót Steve'a do mającego kłopoty finansowe Apple

1991 – Steve żeni się z Laurene Pawell, z którą potem ma trójkę dzieci: Reeda, Erin i Eve

2003 – Apple otwiera słynny sklep z muzyką online, iTunes; projekt rewolucjonizuje rynek muzyczny w USA, gdyż ludzie za niewielką opłatą mogą kupować pojedyncze, ulubione piosenki z sieci

2003 – Jobs dowiaduje się, że ma raka trzustki, zwleka jednak 9 miesięcy z podjęciem terapii

2007 – premiera iPhone'a, telefonu, który designem i dostępnymi funkcjami wywrócił do góry nogami rynek telefonii komórkowej na całym świecie

2010 – Jobs prezentuje iPada, pierwszy tablet w historii

24 października 2011 – Steve umiera w swoim domu w Palo Alto w otoczeniu najbliższych

CIEKAWOSTKI:

- Jako 13-latek Steve zapisał się do Klubu Odkrywców, gdzie młodzi ludzie konstruowali pierwsze urządzenia elektroniczne i prezentowali swoje wynalazki. Budując miernik częstotliwości, nie mógł nigdzie dostać kilku części do swojego urządzenia. Wtedy po raz pierwszy ujawnił się jego uparty charakter i determinacja w dążeniu do celu, jaki sobie wyznaczył. Zadzwonił do domu dyrektora firmy Hawlett Packard, która produkowała potrzebne mu elementy. Po 20 minutach rozmowy nie tylko załatwił sobie części do miernika, ale też wakacyjną pracę w HP.
- Czasy Jobsa w szkole podstawowej to pasmo nieprzerwanych żartów i kawałów. Pewnego razu na szkolnych korytarzach wywiesił ogłoszenie: „Przyjdź do szkoły ze swoim pupilem". Następnego dnia po korytarzach biegały psy i koty. Innym razem namówił kolegów, aby podali mu kombinację cyfr do zapięć w swoich rowerach. Steve pozamieniał szyfry w blokadach i nikt nie mógł odpiąć swojego roweru! Do jego najsłynniejszych numerów należało podłożenie małego ładunku wybuchowego pod krzesłem jednej z nauczycielek. Kobieta w wyniki eksplozji nabawiła się tiku nerwowego. Po tym zdarzeniu Steve znalazł się pod specjalnym nadzorem w szkole.

- Jobs przez większość swojego życia stosował przeróżne diety: wegetariańską, wegańską, a nawet frutariańską. Potrafił całymi tygodniami jeść tylko owoce. Był utrapieniem dla swoich współlokatorów i współpracowników, ponieważ bardzo rzadko się kąpał. Uważał, że jego ciało odżywiane w „zdrowy" sposób nie poci się i nie wydziela żadnych zapachów! Przez to na przykład w firmie Atari pracował tylko na nocne zmiany, bo nikt nie mógł wytrzymać smrodu, jaki mu towarzyszył.
- Pracując w połowie lat 70. w Atari, do stworzenia gry komputerowej w ping-ponga zaangażował swojego kumpla Steve'a Wozniaka, którego tak zmobilizował do pracy, a wręcz natchnął, że ten zaprojektował grę w cztery dni, podczas gdy normalnie praca nad nią trwałaby kilka tygodni! Jobs wierzył, że ludzka wola może zmieniać rzeczywistość i tę wiarę przekazał Wozniakowi. Jak wspomina wielu ludzi z otoczenia Jobsa, potrafił on „zniekształcać rzeczywistość", aby osiągnąć to, co chciał. Miał prostą receptę na sukces: „Jeśli zachowujesz się tak, jakbyś potrafił coś zrobić, to wtedy się uda". Nawet gdy nie był pewny osiągnięcia celu (oczywiście przed nikim się do tego nie przyznawał), robił wszystko w taki sposób, jakby tę pewność miał.
- Jobs miał obsesję na punkcie jakości produktu. Całymi miesiącami trwały prace i dyskusje nad najdrobniejszymi szczegółami komputerów Apple. Na przykład, gdy doszło do wyboru koloru obudowy komputera Apple II, Steve'owi przedstawiono dwa tysiące odcieni beżu, jednak żaden z nich mu nie odpowiadał. W końcu udało się go przekonać do wyboru jednego z nich, bo już sam chciał zająć się projektowaniem wymarzonego koloru. Podobnie było z zaokrągleniami kantów w komputerach Apple. Steve potrafił godzinami wpatrywać się w obudowy i szukać idealnego promienia.

Znacznie spowalniało to pracę, lecz kiedy produkty Apple ukazywały się, były kwintesencją perfekcji w każdym aspekcie. Jobs dbał nawet o to, aby ładnie wyglądały płytki z układami scalonymi pod nieotwieralną obudową!

- W 1980 roku Apple weszło na giełdę, a Jobs szukał dyrektora zarządzającego, który wprowadziłby firmę w kolejną dekadę. Jego wybór padł na szefa Pepsico Johna Sculleya. To właśnie w jednej z rozmów obu biznesmenów Jobs wypowiedział słynne zdanie: „Chcesz zmieniać świat, czy do końca życia sprzedawać słodzoną wodę?". Sculley wolał zmieniać świat. Jednak po kilku latach szorstkiej przyjaźni drogi obu biznesmenów rozeszły się.
- Mimo że był dzieckiem, którego rodzice oddali do adopcji, Jobs w wieku 23 lat sam wyparł się swojej córki Lisy, która narodziła się ze związku z Chris-Ann Brennan. Zaprzeczał swojemu ojcostwu nawet, gdy po badaniach DNA okazało się, że prawdopodobieństwo, iż jest ojcem wynosi ponad 94 procent. W końcu, po latach uznał córkę, która systematycznie go później odwiedzała, a w czasie nauki w liceum mieszkała nawet z nim i jego rodziną przez 4 lata. Nigdy jednak nie udało im się zbudować prawdziwie dobrych relacji.
- W 1985 roku Jobs kupił za 10 milionów dolarów 70 procent udziałów w studiu animacji komputerowych Pixar należącym do George'a Lucasa. W studiu nakręcono kilka filmów animowanych, a najbardziej znanym z nich był *Toy story*. Produkcja ta dostała Oskara. Gdy w 1995 roku wartość notowanego na giełdzie studia poszła w górę, akcje Jobsa były warte 1,5 miliarda dolarów!
- tym, że ma raka trzustki, Jobs dowiedział się w 2003 roku. Jak zwykł czynić w takich sytuacjach, nie przyjął do wiadomości niechcianej informacji i bagatelizował poważny stan

swojego zdrowia. Zwlekał przez wiele miesięcy z rozpoczęciem terapii lekarskiej, gdyż najpierw chciał leczyć się swoimi dietami. Zdania lekarzy są podzielone, lecz wielu z nich uważa, że opóźnienie interwencji medycznych spowodowało szybszy i bardziej agresywny rozwój choroby, którego nie dało się już cofnąć.

- Aby prześcignąć konkurencję nie tylko pod względem designu i technologii, ale także pod kątem wiarygodności firmy i zabezpieczenia interesów klientów, Jobs zdecydował się na roczną gwarancję komputera Apple II, gdy tymczasem konkurenci proponowali zaledwie gwarancje 90-dniowe. To był kolejny element, który przyciągał klientów do produktów Apple.

CYTATY:

„Pozostań nienasycony, pozostań nierozsądny".

„Lepiej być piratem, niż wstąpić do marynarki".

„Oglądając telewizję, wyłączasz mózg, a gdy chcesz go włączyć, to pracujesz na swoim komputerze".

„My nigdy nie wstydziliśmy się kradzieży świetnych pomysłów".

„Wierzę, że ludzka wola może zmieniać rzeczywistość".

„Nie zależy mi na tym, by zostać najbogatszym człowiekiem na cmentarzu. Pójść spać, mogąc powiedzieć, że zrobiło się coś cudownego – to jest dla mnie ważne".

„Wasz czas jest ograniczony, więc nie marnujcie go, żyjąc cudzym życiem".

„Ludzie wystarczająco szaleni, by sądzić, że mogą zmienić świat, są tymi, którzy go zmieniają".

ŹRÓDŁA I INSPIRACJE:

Strona anglojęzyczna All about Steve Jobs: http://allaboutstevejobs.com.
Biografia Steve'a Jobsa na stronie zapowiadającej premierę filmu *Steve Jobs*: http://www.spidersweb.pl/2015/11/steve-jobs.html
Walter Isaacson, *Steve Jobs*, Insignis, 2011.

Henry John Kaiser

(1882-1967)

amerykański przedsiębiorca, wizjoner, twórca
legendarnego imperium przemysłowego, założyciel
ponad 100 firm, filantrop

Henry John Kaiser był człowiekiem, który pomógł nadać kształt współczesnemu światu. Budował drogi, mosty i tamy, dostarczał cementu i stali, tworzył miejsca pracy w branży, która stała się główną siłą napędową gospodarki USA. Statki masowo wypuszczane z jego stoczni pomogły wygrać II wojnę światową. A zorganizowanie systemu leczenia dla własnych pracowników przyczyniło się do powstania nowoczesnej opieki zdrowotnej w USA. Magazyn „Forbes" zaliczył go do najbardziej wpływowych biznesmenów wszechczasów. Był ulubieńcem mediów, a reporterzy nadali mu przydomek Człowieka od cudów (The Miracle Man). Nazywano go też Kolosem Zachodu.

Henry John Kaiser jest doskonałym ucieleśnieniem amerykańskiego mitu o awansie z pucybuta na milionera. Przyszedł na świat w biednej rodzinie niemieckich imigrantów. Jego ojciec był szewcem i z trudem udawało mu się zapewniać byt rodzinie. Trzynastoletni chłopiec porzucił szkołę i zaczął pracować, żeby pomóc ojcu. Był chłopcem na posyłki, a potem fotografem. Spędzał całe dnie w studiu fotograficznym jeszcze w wieku 20 lat i nic nie wskazywało na to, że coś się w jego życiu zmieni.

Pozornie. Bo on sam cierpliwie i systematycznie oszczędzał pieniądze. I snuł marzenia. W 1906 roku przeniósł się na zachodnie wybrzeże USA. Podejmował tam różne prace, rozglądał się, podpatrywał, aż w końcu znalazł dla siebie szansę. Jeden z jego klientów zrezygnował z działalności. Była to kanadyjska firma drogowa. Kaiser dzięki niezwykłemu zapałowi, wyobraźni, odwadze i optymizmowi zdobył kredyt na przejęcie jej zlecenia. W 1914 roku założył swoją pierwszą firmę, mając jedynie 32 lata. I udało się! Sukces przyniosła mu pewna innowacja, a mianowicie zastosowanie po raz pierwszy do tego rodzaju prac ciężkich maszyn budowlanych. To „po raz pierwszy" okazało się bardzo symptomatyczne. W późniejszej działalności zawodowej wiele przedsięwzięć podejmował jako jeden z pierwszych.

Od 1914 do 1930 roku firma Kaisera zdobywała wielomilionowe kontrakty rządowe na budowę autostrad, zapór i inne roboty publiczne w Kanadzie, na Kubie i w USA. Wydawało się, że jej właściciel ma talent do znajdowania się w odpowiednim miejscu w odpowiednim czasie, ale w rzeczywistości dostrzegał on jedynie i odważnie wykorzystywał każdą nadarzającą się okazję. Wszystko, co robił, robił szybko i dokładnie. Bił konkurencję na głowę precyzją, jakością, tempem i rozmachem. I wraz z każdym kolejnym przedsięwzięciem zyskiwał wiedzę oraz doświadczenie.

W 1927 roku stało się coś, o czym marzył przez lata. Otrzymał kontrakt na budowę drogi na Kubie wart 20 milionów dolarów, który pomógł mu rozwinąć skrzydła. Już cztery lata później, w 1931 roku, dołączył do kilku innych wielkich wykonawców budowy zapory Hoovera na rzece Kolorado. Zbudował też tamy Bonneville w Oregonie i Grand Coulee w stanie

Waszyngton, obie na rzece Kolumbia. To były tak gigantyczne przedsięwzięcia, że wydawały się niemożliwe do zrealizowania. Ale nie dla niego. Aby dostarczyć cement potrzebny do budowy tamy Shasta w 1939 roku wzniósł własną cementownię. W cztery miesiące. Wygrał przetarg, oferując niższą cenę za baryłkę cementu niż proponowali doświadczeni producenci. Oczywiście nigdy przedtem nie wyprodukował nawet garści betonu. Nie było jednak dla niego rzeczy niemożliwych!

Największy sukces i rozgłos przyszedł podczas II wojny światowej. Niemcy w krótkim czasie podbili większość Europy i stało się jasne, że osamotniona Anglia przetrwa tylko wtedy, gdy będzie miała dostęp do surowców i zaopatrzenia. Aby je zapewnić, trzeba było zbudować ogromną flotę statków transportowych. Prostych w konstrukcji, niezbyt szybkich frachtowców według gotowej angielskiej dokumentacji. Słynnych „liberciaków". Właśnie tego zadania podjął się Kaiser.

Mimo że nie wiedział nic o budowie statków, nie tylko zaczął je produkować, ale znacznie skrócił czas ich wytwarzania z ponad 8 miesięcy do 40 dni, a rekordowy transportowiec Robert E. Peary zbudował w ciągu zaledwie 4 dni, 15 godzin i 29 minut, wywołując uznanie całego społeczeństwa. Wszyscy otwierali usta ze zdumienia. To wtedy amerykańskie media nadały Kaiserowi przydomek Człowieka od cudów. Jak mu się to udało? Jako pierwszy zastosował wszystkie techniki właściwe dla produkcji masowej na czele ze spawaniem. Na to nie wpadł nikt przed nim.

Stocznie Kaisera były największymi stoczniami świata. W czasie wojny dały Ameryce 1490 statków z serii Liberty, Victory (będącej kolejnym typem tanich transportowców) oraz małych lotniskowców za sumę o 100 milionów niższą od tej, którą rząd USA wydał na podobne statki z innych stoczni. Powstawały w takim tempie, że Niemcy nie mieli szans, by nadążyć z ich zatapianiem. Jednak na początku 1942 roku pojawił się problem. W pracujących na najwyższych obrotach amerykańskich stoczniach zaczęło brakować stali. Co zrobił Kaiser? Już w grudniu tego samego roku otworzył pierwszą na zachód od Gór Skalistych stalownię. Czy robił to wcześniej? Oczywiście... nie. A jednak zbudował jedną z największych stalowni Ameryki Północnej. Liczył sobie wówczas 60 lat.

W roku 1945 Kaiser kierował imperium zajmującym się budową statków, produkcją cementu, stali i innych podstawowych materiałów budowlanych. Dorobił się na tym niezłej fortuny. Jego niespożyta energia, pasja, chęć zdobywania nowych doświadczeń nie pozwalały mu spocząć na laurach. W jego głowie rodziły się kolejne pomysły. Założył spółkę motoryzacyjną Kaiser-Frazer, która wypuściła na rynek kilka dobrych modeli aut, włącznie z pierwszym w Ameryce samochodem kompaktowym – małym i tanim modelem Henry J (1951 rok). Wcześniej odkupił i postawił na nogi upadającą fabrykę aluminium, żeby mieć materiał do produkcji aut. Niestety Henry J nie zyskał dużej popularności. Ale już Kaiser Aluminum tak, rozszerzając działalność na praktycznie wszystkie aspekty branży aluminiowej.

Na początku lat pięćdziesiątych Henry Kaiser wkroczył na rynek nieruchomości. Inwestował m.in. w rozwój Panorama City i Oakland. Jego uwaga szybko jednak przeniosła się na Hawaje. W latach 1954-1960 zbudował tam hotel Kaiser Hawaiian Village, dziś znany jako Hilton Hawaiian Village. W Honolulu spędził większość późnych lat życia, z ogromną pasją, obsesyjnie wręcz, udoskonalając tamtejszy krajobraz. Zainwestował także w sieć stacji radiowych i telewizyjnych, która stała się znana jako Kaiser Broadcasting. O wszystkich tych branżach wcześniej nie wiedział nic. To jednak nigdy nie powstrzymało go przed działaniem.

Kaiser to nie tylko legendarny biznesmen, ale także wielki filantrop. W czasie wojny zajmował się w ramach międzynarodowej pomocy organizowaniem zaopatrzenia w odzież ofiar działań wojennych. Ogromną część swojego majątku przeznaczył na polepszenie ogólnej sytuacji mieszkańców Stanów Zjednoczonych. Angażował się w budowę centrów miejskich, szkół i szpitali. Zawsze pozostawał w doskonałych stosunkach ze swoimi pracownikami. Płacił najwyższe możliwe stawki za pracę niezależnie od rodzaju przemysłu, za który się brał. Nigdy nie zwalczał związków zawodowych. Słynął nawet z powiedzenia, że „kopać związki po kostkach, to kopać samego siebie w tyłek". W trosce o swoich pracowników i ich rodziny w 1942 roku stworzył Kaiser Permanente, największą w kraju instytucję chroniącą zdrowie. Zainicjował także powstanie charytatywnej organizacji non profit Kaiser Family Foundation, skupiającej się na głównych problemach zdrowotnych, przed którymi stoi społeczeństwo.

Kaiser zmarł w wieku 85 lat, ale wiele jego dzieł przeżyło go. Słynna zapora Hoovera, którą podziwiają tysiące turystów z całego świata, hotel na Hawajach, system opieki medycznej Kaiser Permanente… W 1991 roku ukazała się książka napisana przez jego bliskiego współpracownika Alberta Heinera. Kaiser został w niej nazwany Kolosem Zachodu.

KALENDARIUM:

9 maja 1882 – narodziny Henry'ego Johna Kaisera
1906 – przeprowadzka na zachodnie wybrzeże USA
1907 – ślub z Bessie Kaiser
1908 – narodziny syna Edgara Fosburgha Kaisera
1914 – założenie firmy drogowej

1917 – narodziny syna Henry'ego Kaisera juniora
1927 – kontrakt na budowę dróg na Kubie
1931 – rozpoczęcie budowy zapory Hoovera
1933 – rozpoczęcie budowy tamy Grand Coulee
1938 – rozpoczęcie budowy tamy Bonneville
1939 – powstanie Kaiser Cement Plant
1939 – powstanie Kaiser Shipyards
1942 – powstanie Kaiser Steel
1942 – zbudowanie w rekordowym czasie transportowca Robert E. Peary
1942 – powstanie Kaiser Permanente
1945 – powstanie Kaiser-Frazer
1946 – powstanie Kaiser Aluminum
1948 – założenie Kaiser Family Foundation
1951 – ślub z Alyce Kaiser
1951 – wprowadzenie na rynek samochodu Henry J
1954 – rozpoczęcie budowy Kaiser Hawaiian Village
1958 – powstanie Kaiser Broadcasting
24 sierpnia 1967 – śmierć Henry'ego Johna Kaisera

CIEKAWOSTKI:

- Henry John Kaiser w 2009 roku znalazł się w California Hall of Fame, które powstało w 2006 roku z inicjatywy ówczesnego gubernatora Kalifornii Arnolda Schwarzeneggera, jego żony Marii Shriver oraz The California Museum w Sacramento, by uhonorować ludzi zasłużonych dla Kalifornii, działających w najróżniejszych dziedzinach.
- W trakcie wojny Henry John Kaiser wpadł na pomysł zrewolucjonizowania transatlantyckiego transportu i stworzenia latającego odpowiednika statku transportowego.

Namówił do zaprojektowania takiego samolotu słynnego Howarda Hughesa – producenta filmowego, pilota i milionera. Była to bardzo malownicza postać, której życie stało się podstawą trzech filmów, m.in. *Aviatora* z 2004 roku w reżyserii Martina Scorsese. Kaiser zdobył też dotację amerykańskiego rządu. Jednak poprawiająca się sytuacja na frontach spowodowała porzucenie tego pomysłu – dla wszystkich stało się jasne, że budowa wielkiego transportowca nie ma już sensu. Dla wszystkich z wyjątkiem Hughesa, który postanowił dokończyć samolot na własną rękę. Wyłożył ze swojej kieszeni 18 mln dolarów i w 1947 roku, dwa lata po zakończeniu wojny, prototyp był gotowy. Tyle tylko, że był... nielotem. Mimo to Hughes zbudował klimatyzowany hangar, w którym przez kolejne lata samolot był utrzymywany w stałej gotowości do „lotu". Obecnie można go oglądać w Muzeum Lotnictwa w McMinnville.

- Model samochodu skonstruowany w fabryce Kaisera, Henry J, mimo że nie odniósł sukcesu w Ameryce, stał się bardzo popularny na Kubie. Do dziś jeździ tam zaskakująco dużo tych aut. Wyjaśnienie jest proste. Na Kubie wielu Amerykanów, niekoniecznie bardzo bogatych, miało domy letniskowe. Fantastycznie spędzali tam czas, ale brakowało im samochodów. Kupowali więc najtańszy używany wóz, żeby na nich tam czekał. A jakie auto spełniało ten warunek? Henry J! Oczywiście współczesne modele czasem od oryginału mocno się różnią. Wszystkie mają silniki od Łady albo od czego popadnie, zaskakuje także bogactwo innych przeróbek, choćby oświetlenia.
- Ustawienie wszystkich wybudowanych statków typu Liberty w jednym ciągu dziób–rufa dałoby łączną długość 370 kilometrów (odległość z Gdańska od Warszawy).

- Podczas II wojny światowej jeden „liberciak" SS Opole znajdował się w składzie Polskiej Marynarki Wojennej. Był dzierżawiony przez GAL – Gdynia-America-Line i zwrócony Stanom Zjednoczonym w 1947 roku. Jednostkę opisał znany rysownik Marian Walentynowicz, który płynął nią z Wielkiej Brytanii do Normandii razem z 1 Dywizją Pancerną generała Maczka. „Statki typu Liberty są to takie funkcjonalne szkielety bez dywanów, salonów, barów, sal jadalnych. Mają kilka bardzo prymitywnie wykończonych kabin przeznaczonych dla brygadierów i generałów. Reszta wiary śpi pokotem na ziemi na najwyższej kondygnacji przepaścistych ładowni wypełnionych czołgami, działami, samochodami i innym sprzętem wojskowym".

CYTATY:

„Robię postępy, bo otaczam się ludźmi mądrzejszymi od siebie i uważnie ich słucham. Zakładam też, że każdy wie na dany temat więcej ode mnie".

„Znajdź potrzebę i zaspokój ją".

„Problemy to możliwości ubrane w odzież roboczą".

„Kiedy Kaiser bierze się za jakiś projekt, zadaje sobie dwa pytania. Po pierwsze, czy to jest finansowo do zrealizowania. Po drugie, czy projekt będzie jakimś wkładem w życie społeczne – czy uczyni coś dostępniejszym dla coraz większej liczby ludzi po lepszej cenie" (John Gunther, słynny amerykański reporter).

ŹRÓDŁA I INSPIRACJE:

Stephen B. Adams, *Mr. Kaiser Goes to Washington*, „The Business History Review" 1988, t. 72, nr 2.
Mark S. Foster, *Henry J. Kaiser: Builder in the Modern American West*, University of Texas Press, 1989.
Albert P. Heiner, *Henry J. Kaiser: Western Colossus*, Halo Books, 1991.
Donald Robinson, *Stu najważniejszych ludzi dzisiejszego świata*, 1952.
http://gadzetomania.pl/3580,swierkowa-ges-z-brzozowej-sklejki--najwiekszy-na-swiecie-samolot-ktory-nie-chcial-latac.
Biografia Henry'ego Kaisera, „Encyclopaedia Britannica", http://www.britannica.com/biography/Henry-J-Kaiser.
The Most Influencial Businessman, „Forbes", http://www.forbes.com/2005/07/28/cx_bizmanslide.html.
http://www.geni.com/people/Henry-J-Kaiser/6000000023042655931.
http://www.objawienia.pl/sub/text/kaiser.html.
http://www.u-s-history.com/pages/h1829.html.
http://www.zlomnik.pl/index.php/2014/11/25/poznajemy-samochody-henryk-j-cesarz.

Ingvar Kamprad

(1926-2018)

szwedzki przedsiębiorca, twórca marki IKEA

Ingvar Kamprad urodził się na farmie na południu Szwecji. Od dziecka pomagał w gospodarstwie, które prowadziła jego babcia. Gdy jej mąż popełnił samobójstwo, ta silna i mądra kobieta wyprowadziła rodzinny biznes z długów. Ona też miała największy wpływ na wychowanie młodego Ingvara. Chłopak umiał świetnie liczyć i był bardzo spostrzegawczy. Sam wymyślił, że jeśli sprzeda na sztuki kupione hurtowo zapałki, może na tym zarobić. Wspominał, że czuł wielką radość, gdy udało mu się w ten sposób zdobyć pierwsze pieniądze – miał wtedy nie więcej niż pięć lat.

Jego pasja do biznesu stale się rozwijała. Uczył się, obserwując otoczenie i zachowania ludzi. Szukał sytuacji, w których mógłby sprzedawać ludziom drobne przedmioty w momencie, kiedy ich najbardziej potrzebowali. Kolegom z klasy sprzedawał ołówki, a sąsiadom nasiona ogrodowe. Oszczędzał każdą koronę i bardzo wiele od siebie wymagał. Starał się nie tracić czasu. Żeby zawsze móc wstawać przed szóstą rano i poskromić chęć dłuższego spania, wymontował nawet wyłącznik z budzika.

Mimo że borykał się z dysleksją, a czas wolny dzielił między pomoc w gospodarstwie i własny mały biznes, ukończył szkołę z bardzo dobrymi wynikiem. Jego ojciec dał mu za to w nagrodę znaczną sumę pieniędzy. Miał nadzieję, że Ingvar wyda je na studia. Ingvar jednak w wieku 17 lat miał już ponad dekadę doświadczenia w sprzedaży, a jego „przedsiębiorstwo" obejmowało swoją działalnością teren większy niż najbliższe sąsiedztwo. Był pewny, że chce wszystkie oszczędności oraz pieniądze, które dostał, zainwestować w spełnienie marzenia o założeniu prawdziwej firmy.

W rozpoczęciu oficjalnej działalności musiał pomóc mu wujek, bo Ingvar nie był przecież jeszcze pełnoletni. Nie miał też samochodu transportowego, więc musiał korzystać z pomocy dostawcy mleka. Codziennie rano wysyłał do swoich klientów zamówione przez nich drobne przedmioty, na przykład ramki do obrazów czy ozdoby świąteczne. Tak wyglądały początki firmy IKEA, która miała niebawem stać się globalnym gigantem.

Ingvar nie miał mentorów, od których mógłby się uczyć sztuki biznesu. W tej dziedzinie był prawdziwym samoukiem – wszystkiego musiał nauczyć się sam, uważnie przyglądając się swoim klientom i działaniom konkurencji. Od konkurencyjnego sklepu przejął pomysł, by sprzedawać meble. Po wojnie w Szwecji wybudowano ponad milion nowych mieszkań, a dla wielu ludzi wyposażenie dostępne na rynku było zbyt drogie. Ingvar rozumiał, że to jest wielka szansa dla jego firmy, chciał ją wykorzystać, ale najpierw musiał zmierzyć się z kilkoma problemami, a przy okazji wykazać się kreatywnością.

Pierwszym był system oznaczeń mebli. Jako dyslektyk nie był w stanie zapamiętać numerów, którymi oznaczane były ich kategorie. Wymyślił więc własny system, który okazał się dużo bardziej praktyczny. Każdej kategorii mebli nadał nazwy pochodzące od szwedzkich imion, nazw miejscowości lub wysp. W takim systemie poruszał się bez problemu. Klienci przyjęli ten pomysł z zachwytem, bo meble z „imionami" miały bardziej ludzki i unikatowy charakter.

Kolejną trudnością, z którą musiał się zmierzyć Ingvar, były koszty transportu. W latach pięćdziesiątych meble składano u producenta i dostarczano klientowi w całości. Skutek był taki, że zajmowały dużo miejsca, a samochody transportowe woziły głównie powietrze. Któregoś dnia jeden ze stolarzy, zdenerwowany, że nie może zmieścić stołu w transporcie, odczepił od niego nogi i zapakował osobno. Ingvar równie uważnie jak poczynania konkurencji oraz zachowania klientów obserwował pomysły swoich pracowników i potrafił je wykorzystywać. Spostrzegł więc, że to było rozwiązanie z ogromnym potencjałem. Zainspirowany, rozpoczął prace nad specjalną linią mebli, które można transportować w płaskich paczkach i składać już u klienta. Pomysł szeregowego pracownika był tak przełomowy, że przerodził się w motto firmy IKEA: „We hate air" (Nie cierpimy [wozić] powietrza).

Dwa lata później meble do samodzielnego złożenia, opatrzone szczegółowymi instrukcjami, trafiły do sprzedaży. Klienci początkowo byli zdziwieni faktem, że kupując takie meble muszą wykonać część pracy, która do tej pory należała do stolarza, ale oszczędzali tak dużo, że godzili się na to bez większego wahania. Ceny w sklepach IKEA stały się nie do pobicia.

Od tej pory największym zmartwieniem Kamprada były już tylko konkurencyjne sklepy. Sprzedawcy mebli nie byli w stanie konkurować z nim ani ceną ani jakością, stosowali więc wszelkie możliwe chwyty, by utrudnić mu dotarcie do klienta. Bojkotowali jego obecność na targach i namawiali stolarzy, by zrywali z nim kontakty. Ingvar był zmuszony otworzyć własną fabrykę mebli. Żeby zyskać przewagę nad innymi firmami sprzedającymi wysyłkowo, założył także pierwszy showroom, gdzie klienci mogli na żywo zobaczyć meble i ich dotknąć.

Dociekliwy Ingvar zauważył, że w latach 60. duża część szwedzkich rodzin korzystała już z samochodów. To otwierało zupełnie nowe możliwości robienia zakupów. Założył swój showroom, a potem także sklep, z dala od centrum miasta. Za trudy dotarcia oferował klientom ciepłą przekąskę. To pozwoliło mu poczynić kolejne oszczędności. Zbudowało też nową kulturę zakupów, w której wycieczka do sklepu IKEA stała się rytuałem i rodzajem spędzania wolnego czasu. Klienci najpierw oglądali produkty w showroomie, potem robili przerwę na obiad, następnie przechodzili do strefy odbioru, w której odbierali zamówione towary zapakowane w płaskie paczki. Za kasami czekała na nich kawa i ciepła przekąska. Korzyścią dla sklepu okazał się fakt, że przechodząc przez tak złożony proces, klienci nie chcieli wychodzić z pustymi rękami. Okazało się też, że wysiłek, który musieli włożyć w to, by samodzielnie złożyć meble, sprawiał, że czuli się z nimi bardziej związani. Mieli poczucie, że w części sami je zrobili.

IKEA podbijała serca coraz większej rzeszy klientów i tworzyła nowy styl życia. Im bardziej jednak popularność marki rosła, tym usilniej konkurencja pracowała nad podkopaniem jej pozycji. Nieugięty Kampard jednak i na to znalazł radę. Zdecydował o przeniesieniu produkcji poza granice Szwecji. Zrobienie tego bez podnoszenia kosztów graniczyło z cudem. Wielu myślało, że to koniec jego firmy.

Ingvar jednak nie należał do ludzi, którzy łatwo się poddają i już nieraz udowodnił, że potrafi znajdować nietypowe rozwiązania i uczyć się także w sytuacjach dla siebie niekorzystnych. Tym razem jednak to, co wymyślił, graniczyło z szaleństwem: postanowił rozpocząć współpracę z producentami w Polsce. Polska w latach 60. była krajem komunistycznym pod silnym wpływem ZSRR i praktycznie nie utrzymywała kontaktów biznesowych za „żelazną kurtyną". Współpraca polsko-szwedzka była czymś bardzo nietypowym, ale pozwoliła firmie Kamprada przetrwać i dalej się rozwijać. Sklepy IKEA pojawiały się w kolejnych krajach Europy, choć do Polski zawitały dopiero w 1994 roku.

Ingvar włożył wiele pracy nie tylko w rozwój firmy, lecz także w rozwój jej filozofii. Kiedy powstawały kolejne sklepy na terenie Europy, coraz wyraźniej rysował się nowy styl mieszkania, w którym meble przestawały być wyznacznikiem statusu materialnego. Zarówno bogatsze, jak i biedniejsze rodziny kupowały takie same meble ze względu na ich funkcjonalność. W swoim manifeście *Testament sprzedawcy mebli* z 1973 roku Ingvar pisał, że tym właśnie objawia się dobry design: można osiągnąć doskonałe efekty niskim kosztem przede wszystkim dzięki myśli projektowej, która zakłada, że trzeba osiągnąć jak największą funkcjonalność, wykorzystując optymalnie wszelkie dostępne zasoby.

Bardzo ważna była też dla niego kultura pracy – dbał o to, by mieć bliski kontakt z pracownikami, także najniższego szczebla. Słuchał ich rad i często odwiedzał w zwykłe dni robocze. Wiedział już z wcześniejszych doświadczeń, że od nich również może się wiele nauczyć. Wyznawał też zasadę, że jeśli oczekuje jakiegoś zachowania od swoich pracowników, to musi sam zachowywać się podobnie, dlatego będąc jednym z najbogatszych ludzi w Europie, żył skromnie, poruszał się klasą ekonomiczną i... często wpadał na obiad do restauracji w sklepach IKEA.

Jednakże w filozofii oszczędności Kamprad był konsekwentny aż do przesady. Ludzi dziwiła jego skromność w codziennym życiu, ale prawdziwe kontrowersje wywołała jego decyzja, by oszczędzić na podatkach, przenosząc własność firmy na fundację INGKA założoną w Holandii. Statutową misją tej fundacji jest „promocja technologii związanych z designem i architekturą wnętrz". Nawet wliczając w koszty działalność charytatywną, przejęcie przez fundację przyniosło firmie IKEA ogromne korzyści finansowe.

Ingvar pracował przez 90 lat, zmagając się z własnymi słabościami i przeciwnościami rynku. Jego lata pracy włożone w to, by zbudować dobre relacje ze swoimi pracownikami, mogły zostać zniweczone w 1994 roku, gdy w prasie ukazały się rewelacje o tym, że jako nastolatek Ingvar utrzymywał kontakty ze szwedzką partią narodowosocjalistyczną (Szwedzka Koalicja Socjalistyczna). Kamprad napisał osobisty list do swoich pracowników, w którym szczerze przeprosił, tłumacząc, że jako nastolatek był głupi, a tamta decyzja była największym błędem jego życia. Dla ludzi, którzy do tej pory widzieli w nim nieomylnego przywódcę, to był sygnał, że Ingvar to także zwykły człowiek, który popełnia błędy i docenili, że potrafi się do nich przyznać. To spowodowało, że nie odwrócili się od niego.

W 2006 roku wycofał się ze stanowiska szefa firmy, oddając je swojemu najmłodszemu synowi Mathiasowi. Ingvar Kamprad przez całe życie opierał się na intuicji i łamał ustalone konwencje, dzięki czemu sam wyznaczał trendy. Mimo że mógł studiować, wolał sam zdobywać wiedzę, korzystając ze zmysłu obserwacji, własnych doświadczeń oraz stale przez niego rozwijanej kreatywności. Doceniał też pomysły i wiedzę swoich pracowników, od których także wiele się uczył. W ten sposób stworzył jedną z najsilniejszych marek świata.

KALENDARIUM:

1926 – Ingvar Kamprad rodzi się w Pjätteryd w Szwecji
1943 – założenie firmy IKEA
1945 – pojawia się pierwsza reklama produktów IKEA w lokalnej gazecie
1948 – IKEA zaczyna sprzedawać meble od lokalnych wytwórców
1951 – pojawia się pierwszy katalog IKEA
1951 – pojawia się idea, by meble sprzedawać w płaskich paczkach do złożenia u klienta
1953 – pierwszy showroom
1955 – konkurencja wywiera presję na lokalnych wytwórców, wskutek czego IKEA zaczyna samodzielnie produkować meble
1956 – w sprzedaży pojawiają się meble do złożenia u klienta
1958 – pojawia się pierwszy sklep
1960 – pojawia się pierwsza restauracja w sklepie ze słynnymi klopsikami
1976 – Ingvar wydaje swój manifest zatytułowany *Testament sprzedawcy mebli* (*A Testament of a Furniture Dealer*), w którym opisuje swoją filozofię tworzenia firmy
1976 – Ingvar wyprowadza się do Szwajcarii, gdzie mieszka przez kolejne 40 lat
1982 – Ingvar zakłada Stichting INGKA Foundation
1993 – IKEA posiada 114 sklepów w 25 krajach
2006 – INGKA Foundation zostaje ogłoszona przez „The Economist" najbogatszą fundacją świata. Niedługo potem wyprzedza ją fundacja Billa i Melindy Gatesów
2006 – magazyn „Forbes" ocenia fortunę Ingvara na 28 mld dolarów
2013 – w wieku 87 lat Ingvar ustępuje z funkcji szefa firmy IKEA; stanowisko przejmuje jego syn Mathias

CIEKAWOSTKI:

- Nazwa IKEA pochodzi od imienia Ingvara i miejsca skąd pochodził: Ingvar Kamprad z farmy Elmtaryd w wiosce Agunnaryd.
- Katalog IKEA to największe darmowe papierowe czasopismo świata. Na katalogi IKEA przeznacza 70% swojego budżetu marketingowego.
- W firmie IKEA 40% managerów najwyższego stopnia to kobiety.
- IKEA postawiła sobie jako cel, by używać tylko energii odnawialnej.
- Od 2008 roku można kupić wirtualne meble IKEA w grze The Sims.
- W 1994 w reklamie IKEA wystąpiła para homoseksualna – IKEA była jedną z pierwszych globalnych firm, które zdecydowały się na taki krok wizerunkowy.
- Co 10 Europejczyk śpi na łóżku wyprodukowanym przez IKEA.
- IKEA zużywa 1% światowej produkcji drewna na cele komercyjne.
- Największy sklep IKEA na świecie położony w Korei Południowej ma 59 000 m^2 powierzchni.

O FIRMIE IKEA:

340 sklepy w 52 krajach (2016)
Przychody: 34 mld euro (2016)
Pracownicy: 208 000 (2016)

FILOZOFIA FIRMY ZAWARTA W MANIFEŚCIE *TESTAMENT SPRZEDAWCY MEBLI*:

- Postaw sobie za cel tworzenie wysokiej jakości produktów za rozsądną cenę.
- Jakość nie jest celem samym w sobie – patrz na nią zawsze w odniesieniu do kosztów jej uzyskania. Nie należy tworzyć mebla, który będzie wyjątkowo wytrzymały, jeśli jego użytkowanie tego wcale nie wymaga. Każdy zaprojektuje dobry stół za 5 tysięcy koron, ale potrzeba doskonałego projektanta, by zaprojektował równie dobry stół kosztujący jedynie 100 koron.
- Marnowanie zasobów to straszna choroba ludzkości – staraj się osiągnąć jak najwięcej tym, co już masz.
- Wyłamuj się z utartych ścieżek i dbaj o wolność podejmowania decyzji – to jedyny sposób, by móc się rozwijać. Eksperymentuj i nie bój się popełniania błędów.
- Jeśli chcesz, by twoi pracownicy coś robili, przede wszystkim sam dawaj im przykład.
- Skoncentruj się na kluczowych produktach – nie próbuj zaspokoić wszystkich potrzeb i wszystkich gustów.
- Rozwój to nie to samo, co postęp – nie wystarczy, by firma się rozrastała, musi też zmieniać się na lepsze.
- Pieniądze są ważne, bo dają możliwość rozwoju. Zarządzaj finansami, patrząc na długoterminowe cele i nie poświęcaj ich dla celów krótkoterminowych. To, co jest dobre dla naszych klientów, w dłuższej perspektywie jest dobre dla nas.
- Skomplikowane zasady w firmie i biurokracja paraliżują jej pracę. Jeśli ludzie boją się popełniać błędy, bo boją się odpowiedzialności, to też mnoży biurokrację.
- Popełnianie błędów to przywilej ludzi aktywnych i podejmujących odważne decyzje.

- Najlepsze zwycięstwa to te, w których nikt nie przegrywa.
- Czas jest twoim najcenniejszym zasobem.

MYŚL NA BAZIE ŻYCIORYSU:

Stwórz produkt, który da zwykłemu człowiekowi luksus, na jaki wcześniej stać było tylko najbogatszych.

CYTATY:

„Prostota i zdrowy rozsądek zawsze powinny charakteryzować planowanie strategicznego kierunku".

„Szybkie pieniądze przeważnie szybko się kończą".

„Szybkie zarabianie przeważnie polega na niszczeniu innych, a nie na budowaniu".

„Tylko śpiąc, nie popełnia się błędów".

ŹRÓDŁA I INSPIRACJE:

IKEA: http://www.ikea.com.
Serial o kulturze IKEA, EasyToAssembleTV, https://www.youtube.com/user/EasyToAssembleTV.
Bertil Torekull, *Ingvar Kamprad, Leading By Design: The Ikea Story Book*, Collins, 1999.

Ingvar Kamprad, *The Testament of a Furniture Dealer*, 1973, http://www.ikea.com/ms/en_US/pdf/reports-downloads/the-testament-of-a-furniture-dealer.pdf.

Johan Stenebo, *The Truth about IKEA: The Secret Success of the World's most Popular Furniture Brand*, Gibson Square Books, 2010.

Anders Dahlvig, *The IKEA Edge: Building Global Growth and Social Good at the World's Most Iconic Home Store*, McGraw-Hill Education, 2011.

Sara Kristoffersson, *Design by IKEA: A Cultural History*, Bloomsbury Academic, 2014.

House Perfect, „New Yorker", http://www.newyorker.com/magazine/2011/10/03/house-perfect.

The secret of IKEA's success, „The Economist", http://www.economist.com/node/18229400.

Flat-pack accounting, „The Economist", http://www.economist.com/node/6919139.

Rhymer Rigby, *28 Business Thinkers Who Changed the World: The Management Gurus and Mavericks Who Changed the Way We Think about Business*, Kogan Page, 2011.

Business Heroes: Ingvar Kamprad, London Business School, https://www.london.edu/faculty-and-research/lbsr/business-heroes-ingvar-kamprad#.VtmxMZMrKhd.

Kerkor „Kirk" Kerkorian

(1917-2015)

Amerykanin ormiańskiego pochodzenia, biznesmen, inwestor i filantrop, właściciel linii lotniczych, wytwórni filmowych i największych hoteli w Las Vegas

Był dzieckiem ormiańskiego emigranta analfabety. W ósmej klasie wyrzucono go ze szkoły za wagarowanie i bijatyki. Jako młodzieniec w czasie II wojny światowej z narażeniem życia dostarczał bombowce dla Brytyjskich Sił Powietrznych z Kanady do Wielkiej Brytanii. Po wojnie handlował używanymi samolotami z demobilu. Następnie kupił linię lotniczą i przewoził bogatych Amerykanów z Los Angeles do Las Vegas. W tym mieście się zakochał i postawił tam trzy największe hotele na świecie. Później zainteresował go przemysł filmowy, więc został właścicielem jednej z największych wytwórni filmowych Metro-Goldwyn-Meyer. Miał również udziały w gigancie motoryzacyjnym – Chryslerze. Jego firma International Leisure Inc. kontrolowała połowę kasyn i salonów gier w Las Vegas.

Kirk Kerkorian urodził się we Fresno w stanie Kalifornia 6 czerwca 1917 roku jako najmłodsze z czwórki dzieci ormiańskich emigrantów, którzy prowadzili farmę i produkowali między innymi rodzynki. W czasie Wielkiego Kryzysu musieli zamknąć farmę i przeprowadzić się do Los Angeles.

Kirk nie znał angielskiego, bo w domu rozmawiali ze sobą wyłącznie w ojczystym języku. Angielski poznał dopiero, gdy poszedł do szkoły. Być może dlatego nigdy nie był dobrym uczniem. Rodzina często przeprowadzała się, więc Kirk zmieniał szkoły. To nie sprzyjało jego nauce. Na dodatek jako 9-letni chłopiec musiał już pracować: sprzedawał gazety i wykonywał inne dorywcze prace. Powiedział potem w jednym z wywiadów: „Z powodu biedy miałem dodatkowy napęd, to znaczy większą motywację i siłę od ludzi, którzy dziedziczyli jakiś majątek. Ja wiedziałem, że mogę liczyć tylko na siebie. Dlatego byłem silniejszy psychicznie od innych". Swoją siłą fizyczną i psychiczną musiał wielokrotnie udowadniać, także na ulicy. W Los Angeles należał do gangu ulicznego o nazwie Liga Narodów, ponieważ skupiał on dzieci tamtejszych emigrantów. Z powodu wagarowania oraz licznych bójek został w ósmej klasie usunięty ze szkoły i skierowany do zakładu dla trudnej młodzieży, gdzie porządek był utrzymywany przy pomocy skórzanego pasa nabijanego metalowymi ćwiekami. Przebywanie w środowisku zdemoralizowanych młodych ludzi zmusiło go do walki o godność i o szacunek. Tyle tylko, że nie musiał już tego robić na ulicy. Wtedy okazało się, że miał talent do boksu. Po opuszczeniu zakładu nie wrócił do bójek ulicznych, lecz rozpoczął systematyczne treningi. Pomagał mu w nich starszy brat Nish i to tak skutecznie, że Kirk został mistrzem Los Angeles w wadze lekkośredniej. Połączenie talentu z wytrwałością przyniosło rezultaty. Przez krótki czas Kirk marzył o karierze profesjonalnego pięściarza, jednak inna pasja miała okazać się silniejsza…

W 1939 roku pracował jako pomocnik zduna i zarabiał 45 centów na godzinę. Jego szef Ted O'Flaherty był miłośnikiem lotnictwa i pewnego dnia zabrał go na pokład małego samolotu. Odtąd Kirk wiedział, że chce zostać pilotem. Nie miał jednak pieniędzy na kurs. Nie miał też zwyczaju rezygnować tylko dlatego, że pojawiają się trudności. Zastanowił się, co zrobić w tej sytuacji. Umiejętność niebanalnego myślenia podsunęła mu wkrótce pomysł, który inni prawdopodobnie uznaliby za zupełnie nierealny. Pojechał bowiem do ekscentrycznej pionierki kobiecej awiacji Florence „Pancho" Barnes. „Nie mam wykształcenia, nie mam pieniędzy, a chcę być pilotem. Pomożesz mi?" – zapytał. Kobieta zgodziła się nauczyć go pilotażu. W zamian zajmował się jej farmą: doił krowy, sprzątał, wynosił gnój z obory. Po 6 miesiącach był licencjonowanym pilotem. I osiągnął to człowiek, który uznawany był w szkole za mało zdolnego! Jak się okazuje, jeśli wyznaczymy sobie cel i będziemy do niego uparcie dążyć, mamy ogromną szansę na jego osiągnięcie. Kirk zaczął nawet pracować jako instruktor lotnictwa, jednak to już go nie pasjonowało tak jak latanie. W czasie II wojny światowej dostarczał jako pilot bombowce z Kanady do Szkocji i za zarobione w ten sposób pieniądze po wojnie kupił mały samolot Cessna. Kilka razy w tygodniu biznesmeni z LA wynajmowali go na loty do Las Vegas. Był tym miastem zachwycony. Inspirowało go i podsuwało nowe, niezwykle śmiałe pomysły, które urzeczywistniał z zegarmistrzowską precyzją.

Postanowił, że uruchomi połączenie lotnicze z Los Angeles do Las Vegas. Widząc zapotrzebowanie na tego typu usługi wśród bogatej klienteli LA i okolic, wiedział, że będzie to bardzo dochodowe przedsięwzięcie. Miał nieco oszczędności, resztę pieniędzy pożyczył z banku i za 60 000 dolarów kupił małą linię lotniczą Trans International Airlines. Potem dokupił kilka bombowców z demobilu, którymi woził do Las Vegas żądnych przygód biznesmenów, celebrytów i aktorów z Los Angeles. Pożyczkę spłacił błyskawicznie dzięki swojej pomysłowości i umiejętności wykorzystania okazji. Kupione przez niego samoloty wojskowe miały pełne baki paliwa, a w tych czasach benzyna była bardzo droga. Kirk wypompował paliwo z baków i sprzedał je na wolnym rynku, zarabiając w ten sposób dodatkowe pieniądze! Właścicielem linii był do 1968 roku, gdy sprzedał ją Transsamerica Corporation za 104 miliony dolarów. Kirk zawsze zachowywał spokój nawet w najtrudniejszych momentach, zarówno przy podejmowaniu decyzji biznesowych, jak i przy stole w kasynie. Jednej nocy potrafił przegrać kilkadziesiąt tysięcy dolarów, jednak nigdy nie pogrążył się w długach, ponieważ potrafił wstać od stołu w odpowiednim momencie. Po latach wspominał: „Zawsze zostawiałem sobie otwarte drzwi, takie wyjście awaryjne, zarówno w hazardzie, jak i w biznesie. Możesz stracić dużo pieniędzy, ale zawsze miej coś na kolejną inwestycję". A tą kolejną inwestycją, mającą zmienić jego całe życie, był zakup w 1962 roku 30 hektarów gruntu na Las Vegas Strip – najbardziej reprezentacyjnym miejscu w mieście, gdzie mieszczą się najlepsze kasyna i największe hotele. Transakcję tę magazyn „Forbes" nazwał „jednym z największych sukcesów w handlu gruntami w historii Las Vegas". Cena nie była wygórowana jak na tę lokalizację: 960 tysięcy dolarów. Był tylko jeden problem – był to wewnętrzny pas gruntu. Kerkorian wytargował jednak od sąsiadów po kilka akrów ziemi, na której i tak nic nie mogli zbudować, w ten sposób zapewniając sobie dojazd z głównej ulicy. Na tej nieruchomości zarobił... 9 milionów dolarów: 4 miliony dzierżawy za grunt, na którym stanął hotel Ceasars Palace zbudowany przez milionera Jaya Sarno, i 5 milionów, gdy sprzedawał mu ten grunt w 1968 roku.

Mając pieniądze ze sprzedaży linii lotniczych i ziemi, Kerkorian był gotowy do postawienia swojego pierwszego wielkiego hotelu typu mega resort w Las Vegas. Wierzył, że ludzie z całego kraju będą chcieli przyjeżdżać z dziećmi do Las Vegas i spędzać tu czas. Miał wizję i postanowił ją zrealizować punkt po punkcie. Dlatego w największym wtedy hotelu na świecie, czyli International Hotel, zbudowanym za 52 miliony dolarów oprócz tradycyjnej części dla dorosłych przygotowano moc atrakcji dla najmłodszych, tak by miały co robić, gdy rodzice będą zajmować się swoimi sprawami. Były place zabaw, baseny, organizowano dla dzieci wycieczki. Kerkorian podejmując decyzję o tego typu działalności, ryzykował. Opowiadał o tym w jednym z wywiadów: „Możesz pytać o zdanie wiele osób, jednak gdy dojdzie do podjęcia najważniejszej decyzji, musisz polegać na sobie". Okazało się, że instynkt go nie zawiódł. Działał na wielką skalę, inwestując ogromne pieniądze w ściągnięcie do hotelu największych gwiazd estrady: Barbary Streisand, Tiny Turner i Elvisa Presleya. Elvis występujący przez 30 wieczorów pod rząd za każdym razem przyciągał do kasyna ponad 4000 osób, które, jak się można domyśleć, zostawiały tam masę pieniędzy. W 1973 roku Kirk otworzył jeszcze większy obiekt – MGM Grand Hotel and Casino. Nazwa hotelu nie była przypadkowa, gdyż właśnie w tym czasie Kerkorian był właścicielem wytwórni filmowej Metro-Goldwyn-Meyer. Hotel posiadał 2100 pokoi, funkcjonowało w nim 26 sklepów. Sala widowiskowa mogła pomieścić 1200 osób. Niestety, hotel spalił się w 1980 roku w największym pożarze w historii miasta. Zginęło wtedy 87 osób. Nikt nie wierzył w to, że hotel można będzie odbudować, ale Kirk tak. „Nie mogłem po prostu tego zostawić, gdy wszyscy moi ludzie tam byli. Musiałem go odbudować" – wspominał później. I znów okazał się w swoich działaniach konsekwentny. Po trwającym 8 miesięcy remoncie hotel otwarto ponownie! W 1985 roku Kirk sprzedał swoje hotele firmie Bally Manufacturing za ponad pół miliarda dolarów, ale w 1993 roku zbudował trzeci i największy hotel na świecie – MGM. Ochrzcił go imieniem

Potwora z Las Vegas. Hotel miał 5000 pokoi, własne centrum handlowe, arenę sportową, baseny, pole golfowe.

Kerkorian był człowiekiem dalekowzrocznym. Działał w różnych branżach i w ten sposób uniezależniał się od możliwych lokalnych kryzysów rynkowych. Na początku lat 90. zaczął inwestować w znajdujący się wtedy w dołku przemysł motoryzacyjny. Wierzył w swoją intuicję biznesową, która podpowiadała mu, że inwestycja się opłaci. Kupił udziały w Chryslerze. Po 7 latach nakłady zwróciły mu się trzykrotnie!

Działania biznesowe, które podejmował, wzbudzały szacunek, a często nawet strach w zarządach wielu wielkich firm, które nastawione były wyłącznie na utrzymanie status quo. Jego metodą było bowiem kupienie pakietu większościowego akcji jakiegoś przedsiębiorstwa, przejęcie nad nim kontroli, a następnie podzielenie go na mniejsze firmy, które znacznie lepiej sobie radziły i przynosiły w sumie większe dochody. Następnie odsprzedawał je z zyskiem, czasami poprzedniemu zarządowi, za co jego konkurenci oskarżali go nawet o nieetyczne działanie. W przypadku wytwórni MGM potrafił tak zrobić trzykrotnie. W okresie 35 lat trzy razy ją kupował i następnie sprzedawał – ostatni raz w 2004 roku firmie Sony za pięć miliardów dolarów! Kupując po raz pierwszy w 1969 roku zadłużone i obciążone kredytami MGM, szybko postawił je na nogi. Podjął odważną decyzję, która na pierwszy rzut oka była wbrew logice. Zrezygnował z drogich produkcji uznawanych za najbardziej dochodowe na rzecz sprzedaży największych hitów kinowych do telewizji i na tym zbił fortunę. Wiedział, że czasem, aby odnieść sukces, trzeba iść w górę rzeki, podczas gdy inni płyną z prądem. Jako wizjoner potrafił spojrzeć na biznes z innej perspektywy – gdy wszyscy widzieli szansę w wielkich produkcjach, on poszedł zupełnie inną drogą, niewymagającą na dodatek żadnych nakładów finansowych.

Nie wszystko mu się oczywiście udawało w biznesie. Wśród niezrealizowanych inwestycji można wymienić próby przejęcia General Motors, 20th Century Fox, Columbia Picture, Walt Disney Production. Nie znosił przegrywać, potrafił jednak przełknąć te porażki i pójść dalej. Wierzył w siebie, wiedział, że da sobie radę, nawet gdy nie wszystko układało się po jego myśli. Miał jednak kompleksy z powodu braku formalnego wykształcenia. „Żałuję, że nie potrafię się tak wysławiać, jak Donald Trump albo Steve Wynn" – powiedział w 2005 roku w wywiadzie dla Los Angeles Times, nawiązując do swoich konkurentów na rynku nieruchomości. Właśnie brak wykształcenia był powodem tego, że rzadko udzielał wywiadów i nigdy nie przemawiał publicznie. Prywatnie był nieśmiałym, skrytym i bardzo „normalnym" człowiekiem. Mając wszystkie dostępne luksusy – rezydencje, jachty, luksusowe limuzyny – jeździł starym fordem taurusem albo jeepem. Mógł spędzać czas z największymi postaciami swoich czasów, takimi jak Cary Grant czy Frank Sinatra, wolał jednak pograć w tenisa z przyjaciółmi albo iść do kina. Nigdy nie zapomniał o kraju swoich rodziców – Armenii. W różnych akcjach charytatywnych przekazał swoim rodakom około miliarda dolarów.

Biznesmen zmarł w Beverly Hills w Kaliforni w wieku 98 lat. Gdy był u szczytu swoich przedsięwzięć, wartość jego majątku wyceniano na 16 miliardów dolarów. Światowy kryzys z 2011 roku bardzo mocno uderzył w biznesy Kerkoriana, okrutnie redukując jego wartość do „zaledwie" 4 miliardów. „Wielu ludzi pyta mnie, jak doszedłem do tego wszystkiego. Odpowiadam, że miałem szczęście. Zawsze marzyłem, że jeśli uda mi się zarobić 50 000 dolarów, to będę najszczęśliwszym człowiekiem na świecie" – mówił skromnie w wywiadzie dla Los Angeles Times. Synowi niepiśmiennego farmera z Armenii udało się zarobić znacznie więcej. Na szczęście, o którym mówił, ciężko, ale z dużą przyjemnością pracował przez całe życie. W osiągnięciu sukcesu pomogły mu między innymi: nieskrępowane marzenia, umiejętność szybkiego podejmowania decyzji, a także „zimna" głowa. Mimo swojej odwagi nigdy nie grał va banque, zawsze zostawiał sobie wyjście awaryjne – środki finansowe na kolejną inwestycję. Brak wykształcenia nadrabiał hartem ducha, ambicją, odwagą i myśleniem wizjonera.

KALENDARIUM:

6 czerwca 1917 – narodziny Kirka we Fresno w stanie Kalifornia
1920 – przeprowadzka z rodziną do Los Angeles
1926 – jako 9-latek podejmuje pierwszą pracę: roznosiciela gazet
1931 – w ósmej klasie zostaje relegowany ze szkoły z powodu wagarowania i notorycznych bójek
1939 – uzyskuje licencję pilota samolotów, a w czasie II wojny światowej dostarcza RAF (Brytyjskie Siły Powietrzne) bombowce z Kanady do Wielkiej Brytanii
1942 – Kirk żeni się z Hildą Szmidt; po 10 latach rozstają się; nie mają dzieci
1944 – uruchamia prywatne przeloty dla hazardzistów z Los Angeles do Las Vegas
1947 – za 60 000 dolarów kupuje małą linię lotniczą Trans American Airlines, 20 lat później sprzeda ją za 104 mln dolarów
1954 – Kerkorian żeni się ponownie, tym razem wybranką jego serca jest tancerka Jean Maree Hardy; mają dwie córki: Lindę i Tracy; małżeństwo trwa 30 lat i kończy się rozwodem w 1984 r.
1962 – za 960 tysięcy dolarów kupuje 30 ha ziemi w centrum Las Vegas; wynajmuje je pod budowę hotelu, a następnie sprzedaje, zarabiając na tym 9 milionów dolarów

1968 – otwiera swój pierwszy hotel International; budynek kosztował 52 mln dolarów i był wtedy największym hotelem na świecie

1969 – kupuje większość udziałów w studiu filmowym Metro-Goldwyn-Meyer (Kirk trzy razy kupował i sprzedawał wytwórnię, za każdym razem z zyskiem; ostatni raz sprzedał ją firmie Sony w 2004 r. za 5 mld dolarów)

1973 – w Las Vegas rozpoczyna działalność nowy hotel Kerkoriana – MGM Grand Hotel and Cassino, znowu największa tego typu inwestycja na świecie, która kosztowała go 82 mln dolarów

1980 – W pożarze w MGM Grand Hotel ginie 87 osób, a budynek zdaniem wielu nie nadaje się do remontu; mimo to Kerkorian decyduje się na odbudowę i 8 miesięcy później obiekt wznawia działalność!

1993 – Kirk otwiera w Las Vegas swój trzeci i znowu największy hotel na świecie – MGM; hotel posiada 5000 pokoi, własne centrum handlowe, arenę sportową, baseny, pole golfowe; nazywano go „potworem z Las Vegas"

1995 – Kerkorian kupuje udziały w koncernie Chrysler mającym kłopoty finansowe; po 7 latach sprzeda je z trzykrotnym zyskiem

1998 – żeni się po raz trzeci; jego żoną przez... miesiąc jest amerykańska tenisistka Lisa Bonder

2010 – decyduje się wypłacić 10 milionów dolarów córce Lisy Bonder; tenisistka twierdzi, że dziewczynka jest córką Kerkoriana, co okazuje się nieprawdą, jednak Kirk nie zmienia swojej decyzji

15 czerwca 2015 – Kerkorian umiera w swoim domu w Beverly Hills

CIEKAWOSTKI:

- W czasie II wojny światowej Kirk latał bombowcami z Kanady do Szkocji. Brytyjskie Siły Lotnicze (RAF) walczące z Niemcami potrzebowały wówczas pilotów do transportu nowych bombowców z Kanady do Szkocji i płaciły za lot 1000 dolarów. Były to bardzo niebezpieczne misje, wręcz szalone. Trasa z Kanady do Szkocji liczyła 2200 km, a paliwa w samolotach było na 1400 kilometrów. Jak zatem można było dolecieć? Piloci wykorzystywali tzw. islandzką falę, czyli silne wiatry wiejące z zachodu na wschód, które rozpędzały bombowce do ogromnych prędkości. Nie było jednak gwarancji ciągłości tych prądów powietrznych. Gdy wiatr przestawał wiać, samolot mógł spaść do Atlantyku. Kirk w czasie II wojny światowej wykonał trzydzieści trzy takie „szalone loty", a przy jednym z nich był bliski pobicia rekordu prędkości przelotu. Na pokonanie 2200 km potrzebował 7 godzin i 9 minut. Zabrakło mu 25 minut do rekordu J.D. Woolridge'a, swojego dowódcy. Jako bardzo ambitny chłopak długo nie mógł się pogodzić z tym faktem. Nie lubił po prostu przegrywać.
- Kerkorian był trzy razy żonaty. Przez 10 lat był w związku z Hildą Szmidt (lata 1942-1952). Kolejną wybranką jego serca była tancerka Jean Maree Hardy (lata 1954-1984), z którą miał dwie córki: Tracy i Lindę. Trzecią żoną Kirka była młodsza od niego o 48 lat tenisistka Lisa Bonder. Ich związek trwał zaledwie miesiąc. W 2010 roku Kerkorian zgodził się wypłacić jednorazowo 10 milionów dolarów oraz ustalić rentę po 100 tysięcy dolarów mającej wtedy 12 lat córce Lisy Bonder. Kobieta nigdy nie udowodniła, że Kirk jest ojcem dziewczynki. Co więcej, później przyznała

się, że sfałszowała test DNA! To nie zmieniło decyzji Kirka o wypłacaniu pieniędzy domniemanej córce.

CYTATY:

„Ciągle jestem zajęty. Lubię nowe wyzwania".

„Powinieneś zadawać wiele pytań i słuchać ludzi, ale ostatecznie musisz zaufać swojemu instynktowi".

„W głębi serca jestem graczem. To jest moje życie".

„Były czasy, gdy moim celem było 100 000 dolarów. Potem pomyślałem, że osiągnę swoje cele, gdy zarobię milion. Teraz wiem, że nie chodzi o pieniądze".

„Nigdy nie miałem planu na swoje życie. Miałem ogromne szczęście".

„Nie doradzam nikomu, jak być szczęśliwym. Mogę się mylić, a nie chcę nikogo wprowadzać w błąd".

ŹRÓDŁA I INSPIRACJE:

Dial Torgerson, *Kerkorian: An American Success Story*, Dial Press, 1974.
Christina Binkley, *Winner Takes All. The Race to Own Las Vegas*, Hachette Books, 2009.
Kirk Kerkorian, businessman who bet on The Las Vegas Strip, died at 98, „The Washington Post", https://www.washingtonpost.com/

business/kirk-kerkorian-self-made-billionaire-who-bet-on-the-las-vegas-strip-dies-at-98/2015/06/16/95e65494-6a6f-11e2-95b3-272d604a10a3_story.htm.

Kirk Kerkorian. The businessman who delighted in deal, „Independent UK", http://www.independent.co.uk/news/people/kirk-kerkorian-businessman-who-delighted-in-deal-making-and-made-a-fortune-in-the-gambling-motor-and-10327416.html.

Kirk Kerkorian, „Las Vegas Review Journal", http://www.reviewjournal.com/news/kirk-kerkorian.

Rajmund Albert (Ray) Kroc

(1902-1984)

amerykański przedsiębiorca, założyciel McDonald's Corporation, filantrop

Na hasło „fast food" większości ludziom od razu staje przed oczami McDonald's. Niezwykła sieć restauracji rozsianych po całym świecie, wszędzie wyglądających tak samo i serwujących to samo. Mało kto wie jednak, że stworzył ją tylko jeden człowiek, wizjoner Ray Kroc. Biznes fastfoodowy uczynił go miliarderem i przyniósł mu miano Króla Hamburgerów. Ale zanim to nastąpiło, na Kroca mówiono całkiem inaczej: Anty-Midas, bo w przeciwieństwie do mitologicznego królowi, każde jego przedsięwzięcie zamieniało się w proch, a nie w złoto. I trwało to wiele, wiele lat.

Ray Kroc przyszedł na świat w podchicagowskiej miejscowości Oak Park. Niewielkiej, ale bardzo znanej, bo mieszkali tam architekt Frank Lloyd Wright, pisarz i noblista Ernest Hemingway, a także… najsłynniejszy gangster świata Al Capone. Jednak rodzice Raya słynni nie byli; wręcz przeciwnie. Zaledwie kilka lat przed jego narodzeniem przyjechali do USA z Czech i żyli bardzo skromnie. Ojciec pracował jako technik w Wester Electric Union, a matka udzielała lekcji gry na pianinie. Ze swojego czeskiego pochodzenia Ray całe życie był bardzo dumny i nieustannie je podkreślał, ale biedny postanowił nie być. To wiedział od najmłodszych lat. Nigdy nie interesowała go nauka w szkole. Chciał mieć biznes! Jego młodszy o trzy lata brat Bob został endokrynologiem, jednak Ray zawsze wolał działanie przynoszące natychmiastową korzyść. Poza tym przyjemność sprawiała mu jedynie nauka gry na fortepianie pod okiem matki.

Zarabiać zaczął już w latach szkolnych. Okazał się oszczędny i konsekwentny. W wakacje pracował w aptece wuja, a każdy zapracowany grosz odkładał. Za te pieniądze otworzył swój pierwszy biznes. Z dwoma kolegami wynajął lokal, który przekształcili w sklep. Sprzedawali w nim nuty i harmonijki. Interes szybko padł, rozpoczynając w życiu Kroca długą serię nietrafionych inwestycji i bankructw, ale przyniósł mu jasność dotyczącą jego własnej przyszłości. Od tej pory z niezachwianą pewnością wiedział, że będzie się zajmował biznesem. I że kiedyś przyniesie mu to miliony.

Przy pierwszej nadarzającej się okazji Ray porzucił szkołę. Wybuchła I wojna światowa. Kroc miał wówczas 14 lat i był za młody, by zasilić szeregi armii, niemniej... trochę lat sobie dodał i został skierowany na kurs dla kierowców karetek Czerwonego Krzyża. Ale zanim został wykwalifikowanym kierowcą, wojna się skończyła. Wrócił więc do Chicago. Zaczął pracę jako sprzedawca wyrobów pasmanteryjnych. Choć zatrudniająca go firma była niewielka i ambitny Ray nie mógł rozwinąć w niej skrzydeł, wiele nauczył się o sprzedaży. To doświadczenie procentowało w całej jego dalszej karierze. Nie został jednak dłużej w tym miejscu. Dość szybko się zwolnił, a następnie zatrudnił jako pianista w popularnej w stanie Michigan orkiestrze. Tam poznał pierwszą żonę.

Po ślubie zaczął szukać bardziej stałego i lepiej płatnego zajęcia. Udzielał lekcji muzyki, sprzedawał pianina i sztućce. Imał się wielu zajęć w różnych branżach, aż w końcu natknął się na firmę Lily Tulip produkującą papierowe kubki. To było to, czego szukał. Intuicja mówiła mu, że te papierowe kubki podbiją świat, a jemu przyniosą bogactwo, mimo że na razie zapotrzebowanie na nie było niewielkie. Zaangażował się w ich sprzedaż całym sercem. Przekonywał klientów, że kubki „są higieniczne i się nie tłuką...". Przez niemal cały dzień wytrwale wędrował. Docierał w najdalsze zakątki Chicago, szukając nowych nabywców. Po południu zaś szedł do radia, w którym pracował jako pianista, i grał na żywo do drugiej w nocy. Znosił to mordercze tempo, bo dzięki niemu mógł żyć na poziomie, o jakim marzył. Nauczył się błyskawicznie regenerować. Wystarczało mu zaledwie kilka godzin snu, by być wypoczętym i gotowym do działania.

Mimo że interes z kubeczkami rozwijał się powoli, Ray coraz bardziej utwierdzał się w wierze w swoje możliwości. Miał zaledwie 23 lata, gdy postanowił spróbować czegoś innego... Całkowicie nowego! Zapakował się do forda T i wyjechał na Florydę uważaną wówczas za miejsce nieograniczonych możliwości, w którym każdy zdeterminowany i pracowity człowiek może osiągnąć sukces. Początkowo wszystko wskazywało na to, że w przypadku Kroca okaże się to prawdą. Znalazł pracę w firmie W.P. Morgan & Son pośredniczącej w handlu nieruchomościami w Fort Lauderdale. Wyszukiwał milionerów zainteresowanych nabyciem posiadłości na Florydzie. Był w tym tak dobry, że firma dała mu do dyspozycji limuzynę wraz z szoferem. Stał się jednym z dwudziestu najlepszych akwizytorów, bo znowu działał z pełną mocą. Wykorzystywał całą zdobytą wcześniej wiedzę i cały czas szlifował nabyte wcześniej umiejętności. Ale już dwa lata później musiał wrócić do Chicago i papierowych kubków. Sen o eldorado prysł. Okazało się bowiem, że tereny, w których sprzedaży pośredniczył, to grunty podmokłe i bagienne, a gdy nagłośniła to prasa, koniunktura się załamała.

Kroc nie stracił jednak ani zapału, ani determinacji, mimo że sprzedaż papierowych kubków nie była tym, o czym marzył. W latach 1927-1937 stopniowo poszerzał zasięg działalności. Docierał ze swoimi produktami na tory wyścigowe, stadiony, kąpieliska, zoo – wszędzie tam, gdzie mógł znaleźć nabywców. Pracował jak zawsze z entuzjazmem i wiarą w sukces. To spowodowało, że zwiększył obroty, a zespół, którym kierował, rozrósł się do piętnastu sprzedawców! Mimo to współpraca z kierownictwem firmy nie układała się pomyślnie. Wzrost obrotów zamiast poprawić, tylko pogarszał jego sytuację w firmie. A to obniżono mu pensję i fundusz na wydatki firmowe, a to krytykowano jego pomysły motywowania ludzi do pracy. Te utarczki studziły jego entuzjazm do pracy. Nie chciał na to pozwolić. Miał plan na życie i jeśli to, co robił, miało go zniweczyć, rezygnował.

Nie miał zwyczaju zostawać tam, gdzie nie czuł się usatysfakcjonowany. Pewnego dnia rzucił więc papierowy biznes i zainwestował czas, zapał, energię oraz fundusze w całkiem nowy wynalazek – multimikser do mieszania mlecznych koktajli wyposażony w sześć wirujących łopatek. Opatentował go inżynier Earl Prince, założyciel sieci lodziarni o nazwie Prince Castle. Roy poznał go, sprzedając mu kubki Lily Tulip. Teraz stał się wyłącznym przedstawicielem handlowym wynalazku Prince'a. Earl zajmował się produkcją mikserów, a Roy rozprowadzał je w całych Stanach. Zyski dzielili po połowie. Mając 35 lat, zaczął kolejny etap w życiu i jak poprzednio podszedł do niego z zapałem i wiarą w sukces.

Nie był to jednak łatwy chleb. Restauratorzy niechętnie wymieniali tradycyjne miksery na nowe urządzenie. Trzeba ich było długo do tego przekonywać. W dodatku wybuchła wojna i miedź używana do produkcji urządzenia stała się niedostępna. Handel zamarł. Roy zajął się sprzedażą słodzonego mleka w proszku. Jednak po wojnie, gdy w całej Ameryce zaczęły lawinowo powstawać nowe punkty gastronomiczne, interes znów ruszył pełną parą. W 1948 roku Kroc pobił swój własny rekord – sprzedał osiem tysięcy mikserów. Jego entuzjazm i upór w działaniu przynosiły wreszcie efekty. To go jednak nie uspokajało, raczej napędzało do dalszej pracy i szukania nowych pomysłów na rozwój biznesu. Pewnego dnia trafił do lokalu braci McDonaldów w San Bernardino. Kupili aż osiem mikserów. Roy osłupiał. Tyle zwykle sprzedawał przez miesiąc albo i dłużej. Jedno urządzenie potrafiło równocześnie mieszać aż sześć koktajli, wywnioskował więc, że ruch w tej restauracji musi być ogromny. Rozbudziło to ciekawość Kroca i jego wyobraźnię. Chciał wiedzieć, jak to się dzieje, że niektórym nie jest potrzebne nawet jedno takie urządzenie, a w tym miejscu zdecydowano się na zakup ośmiu. Postanowił przyjrzeć się temu fenomenowi. Zaparkował samochód na parkingu przed lokalem i obserwował jego pracę. Zauważył niespotykany gdzie indziej porządek, zdyscyplinowanie pracowników, nienaganną i szybką obsługę. Pomyślał, że to właśnie jest źródło popularności lokalu. Wyobraził sobie takie restauracje przy wszystkich skrzyżowaniach dróg w całym kraju. Ile wówczas mógłby sprzedać mikserów?! Pomysł, choć niesłychanie nowatorski, wydał mu się całkiem realny. Nie miał zwyczaju tracić czasu, więc nie zwlekając, zaproponował braciom McDonaldom interes – utworzenie ogólnokrajowej sieci lokali według istniejącego wzorca. Na początku nie chcieli się zgodzić, w końcu jednak przekonał ich do swojej idei. Miał już konkretny plan, jak wszystko zorganizować.

Jako samouk, odkąd zajął się handlem, interesował się wszystkim, co działo się w tej branży i co mogło mu pomóc w jego własnej działalności. Jeszcze w czasie wojny przeczytał książeczkę wydaną przez Izaaka Singera, w której opisywał on zasady dystrybucji swojego wynalazku – maszyny do szycia – na zasadzie franszyzy. Kroc już wtedy zafascynował się tym pomysłem, ale dopiero teraz przyszło mu do głowy, jak może go wykorzystać. Szybko opracował schemat organizacyjny i standardy funkcjonowania franszyzy McDonald's. Otrzymał od braci koncesję na budowę sieci restauracji na całym obszarze USA, identycznych jak ta pierwsza, z taką samą nazwą. Jednakowe miały być także posiłki i napoje. Umowa szczegółowo przewidywała, jaki procent obrotów każdego lokalu trafi do Kroca. I tak w 1955 roku powstała w Des Plaines na przedmieściach Chicago pierwsza franszyza – początek imperium McDonald's.

Roy miał wówczas 53 lata, a za sobą dwa bankructwa i utratę domu na licytacji. Historia jego karty kredytowej obrosła legendą. Nie mógł kupić budynku, lokalu ani nawet wyposażenia kuchni, bo nie miał takich funduszy, a żaden bank nie dałby mu wówczas tak wysokiego kredytu. To nie było jednak przeszkodą, a wręcz zdopingowało go do jeszcze odważniejszych kroków i dalekosiężnego myślenia. Zamiast kupować na własność, Kroc pożyczał, dzierżawił i brał w leasing. Dzierżawę i pracowników opłacał ze sprzedaży multimikserów, której nie porzucił. Pieniądze, jakie przyniósł mu pierwszy lokal, zainwestował w następne. Już po roku otworzył trzy nowe lokale, a do końca 1956 roku kolejnych osiem. Takie tempo nie byłoby możliwe, gdyby wszystko kupował – musiałby poczekać, aż spłaci jeden kredyt, dopiero potem mógłby wziąć drugi na kolejny lokal... A tak, dzięki franszyzie, restauracje z charakterystycznym logo powstawały jedna po drugiej, zaś Kroc wypłynął na szerokie wody biznesu. W 1961 roku odkupił firmę braci McDonaldów za kwotę 2,7 miliona dolarów. Wyliczył, że będzie spłacać zaciągnięte kredyty przez trzydzieści lat, a tymczasem uregulował wszystkie swoje zobowiązania prawie dwadzieścia lat wcześniej – po jedenastu latach.

Firma rozwijała się fantastycznie. W 1977 roku, kiedy Kroc wydał swoją autobiografię, sieć posiadała już 4177 lokali w Stanach Zjednoczonych i 21 za granicą. Choć to bracia McDonaldowie wymyślili restaurację, dzięki Krocowi stała się ona marką rozpoznawalną na całym świecie. Nie przypisywał jednak sobie całej zasługi. Z dużą skromnością upatrywał przyczyn sukcesu w ludziach, z którymi pracował. Sam obsadzał najważniejsze stanowiska. Skupiał wokół siebie i swojej idei współpracowników, prawników, doradców finansowych. Był przy tym pedantycznym organizatorem, ale i ciepłym, dowcipnym człowiekiem o niezwykłym uroku, optymistą zarażającym swoją pasją innych. Najważniejsza była jego pracowitość. Sam kontrolował dostawców, sieć transportu, chłodnie, zadowolenie klientów. Potrafił o trzeciej nad ranem polecieć do jakiejś dalekiej miejscowości, by sprawdzić, jak radzi sobie restauracja pod jego szyldem, czy ma czyste stoliki i podłogi, umyte okna, usunięte błoto lub śnieg z parkingu. Miał obsesję na punkcie czystości. Rozdawał pracownikom przyborniki z pilnikami do paznokci, szczoteczkami do zębów, grzebieniami, a nawet nożyczkami do obcinania włosów. Zwracał uwagę na pomięte ubrania. W pracy nie tolerował wąsów ani żucia gumy.

Do końca życia był niezwykle aktywny. Nieustannie wyszukiwał miejsca dla nowych restauracji. Podróżował i chodził do biura mimo narastających bólów biodra. Od połowy lat 70. nie uczestniczył już w zarządzaniu firmą, wciąż jednak interesował się najdrobniejszymi elementami jej działania. Z okna swojego biura potrafił obserwować przez lornetkę ruch i tempo obsługi w pobliskiej restauracji. Takie podejście do życia miało jednak swoją cenę. Sukcesy opłacił licznymi chorobami (w tym cukrzycą i artretyzmem, wycięto mu także woreczek żółciowy i część tarczycy), nieudanym życiem rodzinnym i nałogiem.

W ostatnich lata życia często spotykał się ze studentami różnych uczelni, którym przekazywał swoje bogate doświadczenia w biznesie. Zmarł w wieku 81 lat na niewydolność serca. W 1990 roku tygodnik „Time" umieścił go na liście stu najważniejszych Amerykanów XX wieku.

KALENDARIUM:

5 października 1902 – narodziny Raya Kroca
1922-1961 – małżeństwo z Ethel Fleming
1922-1937 – praca dla Lily Tulip
1925-1927 – praca dla W.P. Morgan & Son
1937 – rozpoczęcie sprzedaży multimikserów Earla Prince'a
1955 – pozyskanie licencji na prowadzenie sieci restauracji w systemie McDonald's; otwarcie lokalu w Des Plaines w Illinois; początek korporacji McDonald's
1961 – wykupienie prawa do sytemu i znaku towarowego od braci McDonaldów
1963-1968 – małżeństwo z Jane Dobbins Green
1966 – debiut na Nowojorskiej Giełdzie Papierów Wartościowych (NYSE)
1969 – ślub z Joan Mansfield
1976 – przejście na emeryturę
14 stycznia 1984 – śmierć Roya Kroca w szpitalu San Diego w Kalifornii

CIEKAWOSTKI:

- W Polsce pierwszy McDonald's zaczął działać 17 czerwca 1992 roku w Warszawie. Ulokowano go w szklanym pawilonie przylegającym do nieistniejącego już domu towarowego Sezam na rogu ulic Marszałkowskiej i Świętokrzyskiej. Uroczystość otwarcia uwiecznioną przez kronikę filmową (kroniki takie puszczano dawniej w kinach przed rozpoczęciem seansu) uświetniła obecność znanych osób, takich jak Agnieszka Osiecka, Kazimierz Górski (legendarny trener polskiej reprezentacji w piłce nożnej) czy Jacek Kuroń (ówczesny minister pracy i polityki społecznej), którego skłonił do tego datek firmy na biedne dzieci. Przed lokalem strzeżonym przez dużą grupę ochroniarzy ustawiła się długa kolejka. Do środka początkowo wpuszczano tylko osoby z zaproszeniami.
- W San Bernardino w Kalifornii znajduje się muzeum McDonald's. W tym samym miejscu, w którym w 1948 roku powstała pierwsza restauracja, przy Route 66, pieczołowicie zrekonstruowano wygląd tamtego lokalu. Przed barem zaparkowano nawet chevrolety i cadillaki, popularne wówczas samochody.
- W 1961 roku firma otworzyła Uniwersytet Hamburgera, w którego salach wykładowych uczono odpowiedniego smażenia mięsa i ziemniaków. Już w lutym tego roku pierwszą klasę ukończyło 14 studentów. Od tamtego czasu uniwersytet wyszkolił ponad 80 tysięcy menedżerów, kierowników i innych. Skromna salka z czasem przerodziła się w duże centrum szkoleniowe z własną kadrą naukową, bogatym programem, zapleczem technicznym oraz tysiącami kursantów.

- Dla Kroca najważniejszą sprawą w rozbudowie sieci była jej jednolitość. Każdy lokal miał wyglądać tak samo, kojarzyć się tak samo i serwować to samo. Dotyczyło to nie tylko Stanów Zjednoczonych, ale także lokali powstających poza granicami kraju. W 1967 roku otwarto pierwszą restaurację za granicą, w Richmond w Kanadzie. Zaraz potem takie lokale pojawiły się w Portoryko, Kostaryce, Australii, Japonii oraz Europie. W 1988 roku otwarto pierwszy McDonald's w bloku wschodnim, w Jugosławii, a zaraz potem następny na Węgrzech. W 1990 roku rozpoczął działalność pierwszy McDonald's w Moskwie.
- Pamięci Kroca poświecono Fundację Ronald McDonald Children Charites, która – po późniejszym połączeniu z programem Domów Ronalda McDonalda i przyjęciu nazwy Ronald McDonald House Charites – stała się jedną z największych na świecie instytucji dobroczynnych działających na rzecz dzieci i młodzieży. Łączna suma udzielonej pomocy osiągnęła wartość kilkuset milionów dolarów.

CYTATY:

„Szczęście jest dywidendą od potu. Im więcej się pocisz, tym szczęśliwszy się stajesz".

„Myśl o rzeczach wielkich, a wielkim się staniesz".

„Świat pełen jest utalentowanych ludzi, którzy nie odnieśli sukcesu".

„Nikt z nas nie jest tak dobry, jak my wszyscy razem".

„Jeśli chcesz zdobyć fortunę, powinieneś być ambitny i niezmordowany. Nie licz na szybkie pieniądze. Licz na to, że będziesz dużo robił, mało zarabiał, ale nauczysz się tyle, że niepotrzebne ci będą żadne szkoły, kursy, studia".

„Naucz się wykorzystywać potencjał ludzi. Dobra perspektywa pracy jest lepsza niż większe pieniądze. Daj im szansę na karierę, a będą pracować wydajnie nawet za minimalne wynagrodzenie. Ale dotrzymuj słowa! Jeśli tylko możesz, awansuj tych, którzy są najlepsi".

„Cały czas szukaj nowych celów. Nawet jeśli jesteś już bogaty, nawet gdy masz ustabilizowaną firmę. Wciąż pytaj, patrz, szukaj, główkuj, co jeszcze innego można zrobić. To znakomicie wpływa na twoją psychikę, ale także zabezpiecza przed nagłą katastrofą".

„Są trzy klucze do sukcesu:
1) być we właściwym miejscu o właściwym czasie,
2) wiedzieć, że tam się jest,
3) zacząć działać".

ŹRÓDŁA I INSPIRACJE:

Rhimer Rigby, *Wielcy świata biznesu*, Wolters Kluwer, 2011.
Johna F. Love, *McDonalds. Historia złotych łuków*, VFP Comunications, 2007.
Radosław Nawrot, *Ray Kroc, człowiek, który dał nam fast foody*, http://www.logo24.pl/Logo24/1,125389,18248399,Ray_Kroc___czlowiek__ktory_dal_nam_fast_foody.html.

Rafał Fabiński, *Ray Kroc – ojciec chrzestny McDonald's*, http://www.mensview.pl/2015/04/ray-kroc-ojciec-chrzestny-mcdonalds.

Martyna Tymińska, *„Uniwersytet" hamburgera*, http://www.wiadomosci24.pl/artykul/uniwersytet_hamburgera_131603.html.

Jan M. Fijor, *Epitafium dla restauratora*, http://www.fijor.com/epitafium-dla-restauratora.

Wojciech Rudny, *Kroc i jego hamburgerowe imperium*, http://www.racjonalista.pl/kk.php/s,3483.

Biografia Raya Kroca na Wikipedii: https://en.wikipedia.org/wiki/Ray_Kroc.

McDonald's Corporation: http://mcdonalds.pl.

Carl Lindner Jr

(1919-2011)

amerykański przedsiębiorca i filantrop, założyciel American Financial Group Inc. (jednej z największych w USA firm ubezpieczeniowych) oraz innych przedsiębiorstw w wielu branżach

Szkołę porzucił jako 15-latek w czasach Wielkiego Kryzysu, bo musiał pomagać rodzicom. Samodzielną drogę w biznesie rozpoczął w wieku 21 lat od pożyczenia z banku 1200 dolarów na uruchomienie sklepu z nabiałem. Zakończył na 32 miliardach dolarów, bo taką wartość miała założona przez niego gigantyczna instytucja finansowa American Financial Group. Przez pół wieku prowadzenia biznesu był właścicielem albo współwłaścicielem firm w różnych branżach: produkcji żywności, handlu nieruchomościami, finansach, mediach, rozrywce. Był nawet właścicielem klubu bejsbolowego Cincinnati Reds. W biznesie – bezwzględny, w życiu prywatnym – bardzo łagodny i przez wielu uznawany za... nieśmiałego. Głęboko wierzący chrześcijanin, kochający stan Cincinnati, z którego się wywodził. Prowadząc biznes na wielką skalę, zawsze znajdował czas i siły na działalność charytatywną. Trudno zliczyć instytucje, organizacje i osoby prywatne, którym pomógł.

Carl Lindner urodził się w Dayton w stanie Ohio w rodzinie mleczarza. Gdy miał 11 lat, wraz z rodzicami i trójką rodzeństwa przeprowadził się do Cincinnati. Kiedy przez USA przechodziła fala Wielkiego Kryzysu, był jeszcze dzieckiem. Rodzinie Lindnerów, tak jak wielu innym Amerykanom, żyło się w tych czasach bardzo ciężko.

Być może dlatego Carl bardzo wcześnie wykazywał się przedsiębiorczością. Chciał sam zarabiać pieniądze i pracował jako roznosiciel mleka. Przez wiele godzin każdego dnia chodził od drzwi do drzwi i zostawiał pod nimi butelki. Praca ta nie pozwalała mu kontynuować nauki w trybie dziennym, dlatego zdecydował wraz z rodzicami, że pójdzie do szkoły wieczorowej. Przez jakiś czas próbował łączyć naukę z pracą. Gdy miał 15 lat, zmuszony był jednak rzucić naukę, aby pomagać ojcu w sklepie z produktami mlecznymi.

W 1940 roku Carl, który od kilku lat zaangażowany był w branżę mleczarską i pilnie obserwował ten rynek, wpadł na pomysł założenia małego sklepiku z wyrobami mlecznymi, a właściwie dyskontu. Idea była prosta – sprzedawać mleko i nabiał w niskich cenach. Produkty kupowałby bezpośrednio od rolników lub producentów, co pozwoliłoby mu na ominięcie pośredników, których marże podwyższały cenę końcową. Dzięki niskim cenom mógł myśleć o pokonaniu konkurencji. 21-letni Carl, pewny powodzenia swojego projektu, pożyczył w miejscowym banku 1200 dolarów na uruchomienie działalności. Wraz z rodzeństwem (Carl miał dwóch braci i siostrę) systematycznie rozwijał biznes, otwierając kolejne sklepy z nabiałem w Cincinnati. Ludzie, którzy znali Lindnerów mówili: „Ta czwórka pracuje dniami i nocami". Tytaniczna praca się opłaciła. W ciągu 20 lat otworzyli kilkadziesiąt placówek, tworząc sieć pod nazwą United Dairy Farmers. W połowie lat 60. liczyła ona 100 sklepów, a do końca XX wieku ta liczba została podwojona! Na handlu nabiałem Carl zarabiał swoje pierwsze poważne pieniądze, lecz nie chciał na tym poprzestawać. Równolegle wszedł w biznes nieruchomości, który, jak się okazało, znakomicie się uzupełniał z interesem mleczarskim. W jaki sposób? Carl wyszukiwał grunty w atrakcyjnych miejscach Cincinnati i w okolicznych miastach, kupował je, a następnie stawiał na nich swoje sklepy. „On ma szósty zmysł do handlu nieruchomościami" – mówili o nim inni brokerzy i bankowcy.

W połowie lat 50. Lindner miał tyle nieruchomości, że zainteresowali się nim najwięksi gracze na tym rynku, którzy chcieli, aby dla nich pracował. W ten sposób wszedł do zarządu Central Trust Bank. To był początek jego kariery w sektorze finansów. Cały czas pracował i uczył się zasad rynku inwestycji finansowych, który był dla niego zupełną nowością. Jako człowiek czynu i samodzielny przedsiębiorca postanowił po kilku latach pracy w Central Trust Bank, że zakupi trzy niewielkie firmy pożyczkowe. W nich, prowadząc interesy na własną rękę, szlifował swoje umiejętności i dalej zgłębiał branżę. Dokładnie obserwował rynek i analizował potencjał poszczególnych firm. Planował ogromną inwestycję: zakup udziałów w dużej instytucji finansowej w Cincinnati. Wybór padł na Cincinnati Provident Bank. Biznesmen w 1966 roku kupił za 18 milionów dolarów akcje tego banku. W 2004 roku odsprzedał swoje udziały za ponad dwa miliardy! Jak widać, opłacało się poczekać blisko 40 lat na taki zysk. Do tego potrzebna była przede wszystkim cierpliwość, której wielu przedsiębiorcom brakuje.

W latach 70. i 80. Lindner rozwijał swoje imperium zgodnie z zasadą dywersyfikacji przychodów. Przejmował firmy w przeróżnych branżach. Konkurenci złośliwie nazywali go „wilkiem w owczej skórze". A ten wilk potrafił polować na świetne okazje biznesowe. W latach 80. wyspecjalizował się w kupowaniu tak zwanych akcji śmieciowych, wypuszczanych przez firmy mające kłopoty finansowe w celu podreperowania swojego budżetu. Był wtedy jednym z największych inwestorów tego typu w USA. Podejmował ryzykowne decyzje, które najczęściej się opłacały i przynosiły mu spory zarobek.

Od czasu do czasu zdarzały mu się jednak gorsze lata. Tak było w 1992 roku, kiedy stracił ponad 700 milionów dolarów. Musiał sprzedać swoje udziały w kilku przedsiębiorstwach. Nie należał jednak do ludzi, którzy długo by rozpamiętywali takie sytuacje. Nie traktował ich jak porażki, lecz jako informacje zwrotne, że coś powinien zmienić w swoim działaniu. Analizował sytuacje i wyciągał wnioski na przyszłość. Uczył się, jak nie popełniać błędów. Ta nauka pozwoliła mu przewidzieć krach rynku obligacji śmieciowych i wycofać się w odpowiednim czasie.

Bezwzględny w biznesie, w życiu prywatnym był tego przeciwieństwem – spokojny, życzliwy, delikatny, a nawet nieśmiały. Był patriotą. Kochał Cincinnati i mieszkańców swojego stanu. Mimo że prowadził rozliczne biznesy, nie szczędził sił i czasu, aby uczestniczyć w życiu lokalnej społeczności. Stworzył kilkadziesiąt tysięcy miejsc pracy, lokując centrale wszystkich swoich firm w Cincinnati. Wspierał finansowo miejscowe placówki oświatowe, kulturalne oraz organizacje społeczne. Był osobą wierzącą i religijną. Należał do zboru baptystów. Jego religijność miała swoje odbicie w codziennym życiu. Zawsze stosował się do zasady: kochaj swojego bliźniego jak siebie samego. Tak też odnosił się do ludzi, których spotkał w życiu. Zawsze był pełen wyrozumiałości, co zaskarbiało mu przyjaźń wielu kontrahentów i lojalność podwładnych. Do legendy przeszły jego imprezy z okazji świąt Bożego Narodzenia organizowane dla pracowników, podczas których każdy otrzymywał prezenty. Lindner, pomimo że prowadził wiele biznesów i był powszechnie znany ze swojej działalności dobroczynnej, do końca życia pozostał człowiekiem skrytym i bardzo ceniącym swoją prywatność. Uwielbiał spędzać czas z najbliższymi: żoną Edyth, która pomagała mu przy organizacji wszelkiego rodzaju przedsięwzięć charytatywnych, i trzema synami: Kaithem, Craigiem, Carlem Lindnerem III. Wszystkich synom zapewnił wyższe wykształcenie, którego jemu nie dane było zdobyć oraz wprowadził ich do rodzinnego biznesu.

Oprócz cech, które charakteryzują ludzi przedsiębiorczych – uporu, pracowitości, wiary we własne siły i pomysły, innowacyjności – Carla Lindnera bardzo dobrze określały jeszcze dwie inne: optymizm i cierpliwość. Pogodnym usposobieniem zarażał wszystkich. Cierpliwości mogliby się od niego uczyć tybetańscy mnisi. Potrafił czekać wiele, wiele lat, aby osiągnąć zyski ze swoich inwestycji. Tak było na przykład z inwestowaniem w udziały w instytucjach finansowych. Miał rzadką umiejętność dostrzegania szans tam, gdzie nie widzieli ich inni. Inwestował i zarabiał między innymi na nieruchomościach, które brokerzy omijali szerokim łukiem. Prywatnie znany był z umiejętności motywowania ludzi poprzez wręczanie im białych karteczek z wydrukowanymi sentencjami motywacyjnymi. Na działalność charytatywną dla instytucji, organizacji społecznych i osób prywatnych przeznaczał każdego roku miliony dolarów. Nie znaczy to jednak, że rozdawał pieniądze na prawo i lewo. Zawsze zbierał dokładne informacje o instytucji lub osobie, którą chciał wesprzeć. Jednym z jego powiedzeń było: „Bardzo chętnie pomagam, lecz muszę wiedzieć, dokąd wędrują moje pieniądze". Swoją misję rozumiał jako dawanie możliwości rozwoju ludziom, którzy takiej szansy z różnych względów nie otrzymali. Wypełniał ją do końca swojego długiego, bo 92-letniego życia. Zmarł w 2011 roku w szpitalu w Cincinnati w otoczeniu rodziny.

KALENDARIUM:

22 kwietnia 1919 – narodziny Carla Lindnera w Dayton w stanie Ohio
1930 – przeprowadzka z rodziną do Cincinnati
1940 – otwarcie sklepu z produktami mlecznymi, który dał początek ogromnej sieci United Dairy Farmers
lata 40. – Carl wchodzi na rynek nieruchomości i dokonuje mnóstwa udanych transakcji zakupu działek i budynków
1942 – żeni się z Ruth Wiggerlingloh; po 7 latach para rozwodzi się; nie mają dzieci
1951 – ślub z Edyth Bailey, która da mu trzech synów
1952 – narodziny syna Keith'a
1955 – będąc czołowym pośrednikiem nieruchomości w Cincinnati, otrzymuje pracę w Central Trust Bank – tak zaczyna się jego kariera w bankowości
1956 – na świat przychodzi Craig, drugi syn
1958 – rodzina świętuje narodziny trzeciego syna Carla Lindnera III
1959 – Carl wraz z braćmi kupuje trzy firmy zajmujące się udzielaniem pożyczek; dają one początek finansowemu gigantowi ubezpieczeniowemu American Financial Group Inc.
1966 – za 18 mln dolarów Lindner kupuje udziały w Provident Bank of Cincinnati; sprzeda je po blisko 40 latach, w 2004 roku, za ponad 2 mld dolarów!
lata 70. i 80. – czas inwestycji w kilka firm w różnych branżach: finansowej, handlowej, medialnej, produkcyjnej
1989 – imperium Lindnera przeżywa trudne chwile; biznesmen musi sprzedać swoje udziały w kilku firmach, m.in. w studiu produkcji kreskówek Hannah Barbera
1995 – otrzymuje Międzynarodową Nagrodę Pokojową przyznaną mu przez Jewish National Fund za działalność charytatywną

1999 – kupuje pakiet kontrolny Cincinnati Reds, drużyny bejsbolowej; zarządza klubem przez 5 lat

2003 – Lindner wycofuje się z działalności biznesowej; kierownictwo w poszczególnych firmach przejmują jego synowie; on sam wraz z żoną poświęcają się działalności dobroczynnej

17 października 2011 – Carl Lindner umiera w wieku 92 lat w szpitalu w Cincinnati w otoczeniu najbliższych

CIEKAWOSTKI:

- Rola edukacji w życiu człowieka była szczególnie bliska sercu Lindnera. Przede wszystkim dlatego, że sam nie miał wyższego wykształcenia. W swojej działalności charytatywnej szczególnie upodobał sobie finansowanie szans edukacyjnych młodym ludziom pochodzącym z biednych rodzin, których nie stać było na posłanie swoich dzieci na studia. Finansował również inwestycje mające na celu polepszenie bazy dydaktycznej amerykańskich uczelni wyższych. W ramach podziękowań otrzymał między innymi tytuł doktora nauk handlowych od Uniwersytetu w Cincinnati
- Carl Lindner miał nietypowy sposób wyrażania myśli, którymi kierował się w życiu i motywował innych. Nosił przy sobie małe karteczki, na których miał wydrukowane swoje złote sentencje. Gdy kogoś spotkał i chciał mu którąś z tych myśli zaprezentować, wręczał mu po prostu karteczkę z takim na przykład przemyśleniem: „Pieniądze są środkiem wymiany, z którego należy mądrze korzystać", albo: „Bardzo chętnie pomagam, lecz muszę wiedzieć, dokąd wędrują moje pieniądze". Carl był wielkim amerykańskim patriotą, dlatego na jednej z jego karteczek znalazła się i taka myśl: „Boże, tylko w Ameryce jestem szczęśliwy".

- Jako młody człowiek Carl jeździł na randki z dziewczynami autem dostawczym. Większość jego kolegów miała wtedy samochody osobowe, a wiadomo, że auto ma duże znaczenie dla młodych chłopaków. Wtedy Lindner obiecał sobie, że kiedyś kupi samochód osobowy i to nie byle jaki, bo rolls royce'a! Kilkadziesiąt lat później można było go zobaczyć na ulicach Cincinnati, gdy dostojnie przemierzał miasto swoim kabrioletem marki Rolls Royce z opuszczonym dachem.
- Carl był człowiekiem bardzo skromnym, żeby nie powiedzieć – outsiderem. Nigdy nie próbował dostać się do śmietanki towarzyskiej Cincinnati. Nie należał też nigdy do żadnego tamtejszego klubu biznesu. Był bardzo pracowity. Jak sam mówił, pracował około 80 godzin tygodniowo! Wolny czas, o ile go miał, spędzał przede wszystkim z rodziną. Miał trzech synów i wiedział, jak ważny jest dla nich ojciec. Wszyscy trzej po ukończeniu studiów rozpoczęli pracę w rodzinnym biznesie.
- Gdy Carl otworzył swój pierwszy sklep z nabiałem w Cincinnati przy Montgomery Road, zarobił pierwszego dnia 8 dolarów i 28 centów! W pierwszych tygodniach sprzedaż była nadal bardzo kiepska. Nie zniechęciło go to, tylko zmobilizowało do dalszej pracy. Wraz z rodzeństwem, pracując dosłownie dniami i nocami, stworzył wielką sieć sklepów znaną pod nazwą United Dairy Farmers, zatrudniającą ponad 2300 osób i mającą ponad 200 placówek w Cincinnati i kilku sąsiednich stanach.
- Lindner prowadził zdrowy styl życia. Nidy nie palił papierosów, nie pił alkoholu. Był człowiekiem o łagodnym usposobieniu, a nawet dość nieśmiałym jak na człowieka, który odnosił tak wielkie sukcesy w biznesie.

CYTATY:

„Moje hobby to praca. Uwielbiam to".

„Pracuję 80 godzin tygodniowo. Muszę trzymać kurs".

ŹRÓDŁA I INSPIRACJE:

Wspomnienie o Carlu Lindnerze na stronie Kongresu USA: https://www.congress.gov/congressional-record/2011/10/19/senate-section/article/S6758-2.
Sylwetka Carla Lindnera w internetowym wydaniu „New York Times": http://www.nytimes.com/2011/10/19/business/carl-h-lindner-jr-founder-of-american-financial-dies-at-92.html.
Carl Lindner Jr., Cincinnati Business Courier, http://www.bizjournals.com/cincinnati/news/2011/10/18/carl-lindner-jr-1919-2011.html?page=all.

Marcus Loew

(1870-1927)

amerykański potentat finansowy i pionier przemysłu filmowego w Stanach Zjednoczonych, założyciel jednej z największych wytwórni filmowych Metro-Goldwyn--Mayer, twórca sieci kin Loew's Theatres

Marcus Loew przyszedł na świat 7 maja 1870 roku w Nowym Jorku w ubogiej rodzinie żydowskiej. Jego ojciec Herman był kelnerem i kilka lat przed narodzinami Marcusa wyemigrował z Wiednia do Stanów Zjednoczonych. Tu ożenił się z młodą niemiecką wdową Idą Sichel, która była już matką dwóch chłopców. Herman i Ida Loew mieli trójkę wspólnych dzieci: oprócz Marcusa jeszcze córkę Fanny i syna Henrego.

Rodzina Marcusa mieszkała w Lower East Side zwanej Małymi Niemcy (Kleindeutschland lub Deutschländle), położonej w południowo-wschodniej części Manhattanu wśród niemieckiej i żydowskiej społeczności imigrantów. Dla małego chłopca ta społeczność była przedłużeniem domu. Rodzice chcieli zapewnić chłopcu chociaż podstawowe wykształcenie i religijne wychowanie. Niestety, zła sytuacja materialna rodziny sprawiła, że w wieku sześciu lat Marcus musiał podjąć pracę. Przed pójściem do szkoły sprzedawał gazety i cytrusy. Czasami nocował na ulicy, by być pierwszym, który dotrze do klienta. W 1879 roku w wieku dziewięciu lat rzucił szkołę oraz dotychczasowe zajęcie. Zatrudnił się w drukarni i za 35 centów (równowartość 8 dolarów w 2010 roku) pracował po 10 godzin dziennie przez sześć dni w tygodniu, wyjmując mapy spod pras drukarskich. Praca, którą wykonywał, była prosta, ale pozwalała mu poznawać tajniki zawodu drukarza. Marcus szybko się uczył, obserwował i wyciągał wnioski. Zaczął marzyć o tym, by wykorzystać umiejętności, które posiadł. Postanowił, że zacznie pracować na własny rachunek i otworzy własną drukarnię. Brakowało mu jednak odpowiedniego sprzętu. Chociaż miał zaledwie dziesięć lat, był zdeterminowany i odważny. To były cechy, dzięki którym udało mu się przekonać człowieka posiadającego ręczną prasę do drukowania, aby wspólnie wydawać reklamy właścicieli lokalnych sklepików. Pomysł okazał się trafiony i tak powstał tygodnik „*East Side Advertiser*". Szybko udało im się osiągnąć tygodniowy zysk w wysokości prawie 12 dolarów. Niestety, ich spółka mimo sukcesu finansowego rozpadła się, gdy żona jego partnera biznesowego zażądała większego udziału w zyskach dla swojego męża.

Kolejne prace, które podjął Marcus, były kiepsko opłacane i nie dawały mu ani satysfakcji, ani możliwości rozwoju. W wieku 12 lat zatrudnił się w fabryce futer na Manhattanie, gdzie wykonywał podrzędne prace za małe pieniądze. Gdy skończył 18 lat, ponownie postanowił spróbować własnych sił w biznesie. Miał wystarczająco dużo wiedzy, a jeszcze więcej determinacji. Otworzył firmę zajmującą się pośrednictwem w sprzedaży i kupnie futer. Zainwestował w tę firmę wszystkie oszczędności: 63 dolary. Przecenił jednak swoje możliwości, bo nie wziął pod uwagę, że handel futrami charakteryzuje się sezonowością. Po roku zbankrutował. Zatrudnił się więc jako ekspedient w innej firmie futrzarskiej. Zarabiał już jednak 100 dolarów tygodniowo i w ciągu kilku lat udało mu się spłacić wierzycieli.

To był czas dużych zmian w jego życiu osobistym. Zakochał się w Caroline Rosenheim i 4 marca 1894 roku ożenił się z nią. Wcześniej jednak, by zapewnić byt przyszłej rodzinie, założył znowu własną firmę futrzarską. Ponownie nie dopisało mu szczęście. Tym razem do bankructwa doprowadził krach finansowy, który trwał od 1893 roku do połowy 1894 roku. Szybko więc musiał znaleźć sobie nową pracę. Tym razem trafił doskonale. Zatrudnił się jako sprzedawca u prawdziwego mistrza. Był nim Herman Baehr, niemiecki imigrant, który doskonale znał się na kuśnierstwie, wiedział, gdzie kupić najlepsze skóry, jak je wyprawić i co z nich uszyć. Za to Loew okazał się świetnym kupcem i menedżerem firmy. Doświadczenie i umiejętności jakie zdobył, gdy wydawał tygodnik z reklamami, procentowały w obecnej firmie. Podróżował po wschodnim i środkowym wybrzeżu Stanów Zjednoczonych i sprzedawał wyroby ze skór i futer. Skupił całą swoją energię na tym, co potrafił robić najlepiej i to szybko przyniosło widoczny efekt. W krótkim czasie fabryczka znajdująca się na poddaszu Union Square na Manhattanie stała się znaną firmą Baehr & Loew.

W 1897 roku 27-letni Loew, od 15 lat związany z branżą futrzarską, zaczął szukać innych możliwości biznesowych. On i Caroline byli teraz rodzicami bliźniaków Davida i Arthura i chociaż należeli już do zamożniejszej części społeczeństwa, Loew czuł potrzebę zapewnienia rodzinie większego bezpieczeństwa finansowego. Poza tym od dziecka pragnął mieć własne przedsiębiorstwo i dążył do pełnej niezależności.

W 1899 roku spółka Baehr & Loew zainwestowała niewielką część zysków w nieruchomości. Podczas inspekcji jednego ze swoich budynków przy West 111th Street Loew poznał znanego aktora Davida Warfielda. Ta przypadkowa znajomość przerodziła się w przyjaźń, która przetrwała do końca życia

Loewa. Jednak to dopiero Adolph Zukor, człowiek związany również z branżą futrzarską, którego Marcus poznał w Chicago podczas swoich podróży biznesowych, zmienił jego życie i wprowadził go do kinematografii.

Zukor wszedł do branży filmowej w 1903 roku, gdy wraz z innymi przedsiębiorcami związanymi z handlem futrami założył Automatic Vaudeville Company obsługujące *penny arcade* – zwykłe szafy sklepowe z automatami wrzutowymi oferującymi rozrywkę w postaci ruchomych obrazów. Urządzenie działało po wrzuceniu monety, a w jego wnętrzu pod zamontowanym w pokrywie okularem przesuwała się taśma filmowa. Kilkuminutowe filmiki oglądano na stojąco, tak jak w fotoplastykonie.

Zukor zaproponował Loewowi inwestycję w Automatic Vaudeville Company. Początkowo Loew nie okazał specjalnego zainteresowania tego typu działalnością i ulokował w firmie kolegi tylko niewielką część swoich pieniędzy. Jednak, gdy okazało się, że inwestycja przyniosła znaczące zyski, Loew zobaczył w tym swoją szansę na realizację dziecięcych marzeń, których nigdy nie porzucił. Postanowił założyć własną firmę People's Vaudeville Company. Wymagało to jednak zdobycia większych środków finansowych niż te, które posiadał. Dotychczasowe doświadczenia pozwoliły mu przygotować plan sfinansowania przedsięwzięcia. Był odważny i konsekwentny. Wiedział już, że inwestycje wymagają odpowiedniego finansowania, a ewentualne długi można spłacić w dość krótkim czasie, jeżeli jest się pracowitym i odpowiedzialnym. Pieniądze pożyczył od swej owdowiałej matki i od Morrisa Druckera, znajomego kupca z Manhattanu. Namówił też Baehra i Warfielda, aby wycofali swoje udziały z Automatic Vaudeville Company i zainwestowali je u niego. Nie wpłynęło to jednak na relacje między Loewem i Zukorem. Pozostali przyjaciółmi, bo Nowy Jork był na tyle duży, że nie stanowili dla siebie konkurencji.

Loew szybko nauczył się poruszać w nowej branży. Jego umiejętności handlowe, zdolności przewidywania i bystrość obserwacji sprawiły, że biznes się rozwijał. W styczniu 1905 roku Loew wynajął wolne pomieszczenia przy 172 East 23rd Street i zainstalował w nich swoje *penny arcade*. Zafascynowany popularnością krótkich filmów dynamicznie rozszerzał działalność. Skupił się na zakupie tanich lokali w starych budynkach, w których czynsz był niski. Dzięki temu mógł otwierać kolejne *penny arcade* i nie ponosić nadmiernych kosztów.

Loew do swoich *penny arcade* wprowadzał kolejne formy rozrywki. Przykładem było tak zwane *scenic tours*. Sale urządzano jak wnętrze wagonu kolejowego, a na ekranie wyświetlano filmy z pięknymi krajobrazami. Siedzący w środku ludzie mogli poczuć się, jakby rzeczywiście podróżowali: nie tylko oglądali przesuwające się widoki, lecz także słyszeli stukot kół i gwizd lokomotywy, a siedzenia kołysały się jak w czasie podróży pociągiem.

Początkowo Loew swój biznes prowadził przede wszystkim w Nowym Jorku, jednak wkrótce przejął istniejące już *penny arcade* w centrum Cincinnati (w stanie Ohio) na Fountain Square. A kiedy dowiedział się, że w Covington w Kentucky pojawił się nowy rodzaj rozrywki, zaciekawiony natychmiast tam pojechał. Intuicja mu podpowiadała, że to może być przydatne w jego rozwijającym się biznesie. Właściciel tamtejszego pasażu wynajął projektor filmowy, kilka krótkich filmów i wyświetlał je za 5 centów za seans. Te pierwsze kina zwane nikielodeonami (*nickel* to moneta pięciocentowa i zarazem cena biletu) cieszyły się ogromną popularnością. Były to krótkie produkcje komediowe lub melodramaty z podkładem muzycznym granym na żywo. Tak zaczęła się era kina niemego. Loew postanowił wprowadzić te filmy również do swoich centrów rozrywki. Pierwszy swój nikielodeon założył w Cincinnati, a po spektakularnym sukcesie zaczął zakładać następne w Nowym Jorku. Znów wykazał się odwagą, umiejętnością przewidywania i dynamicznością działań. Teraz było to tym łatwiejsze, że wiedział już wystarczająco dużo na temat działalności biznesowej, by móc szybciej dostrzegać zagrożenia i omijać przeszkody.

Loew znakomicie orientował się w koniunkturze na rynku i potrafił ją wykorzystać. Nowa rozrywka swoją oryginalnością porwała znaczną część społeczeństwa, ale to nie była jedyna zewnętrzna przyczyna jego sukcesu. W latach 1900--1910 do Ameryki przyjechało za chlebem około 10 milionów Europejczyków, którzy w większości nie mówili po angielsku. Loew szybko dostrzegł w tej grupie imigrantów (głównie robotników) ogromną rzeszę potencjalnych klientów. Tanie nieme filmy niewymagające znajomości języka stały się dla nich idealną rozrywką. *Penny arcady*, nikielodeony, *scenic tours* przyciągały tłumy i zapewniły Loewowi stały strumień dochodów.

W 1910 roku Loew był właścicielem lub dzierżawcą teatrów we wszystkich dzielnicach Nowego Jorku. Współpracował z wieloma ważnymi osobami związanymi z filmem i rozrywką, był członkiem kilku spółek i stowarzyszeń rozrywkowych. W 1912 roku Loew posiadał już sieć ponad 400 kin w USA i nie poprzestawał na tym. Sieć nikielodeonów nie satysfakcjonowała Marcusa w pełni, chciał docierać także do zamożniejszej części społeczeństwa. Zaczął przejmować teatry, które widzom oferowały również wodewile i filmy, ale mogli oni obejrzeć je w znacznie lepszych warunkach. Już w 1907 roku Loew kupił zniszczony budynek teatru wystawiającego wodewile w centrum Brooklynu zwany Watson's Cozy Corner.

Odnowił go, wstawił 2000 foteli i przemianował na Theater Royal. Wnętrze przypominało pałac. Dzięki wspaniałemu wystrojowi mógł podnieść ceny biletów. W pierwszym roku działalności (1908) Theatre Royal osiągnął zysk szacowany na 60 tysięcy dolarów.

Chociaż Loew i Zukor prowadzili odrębne przedsięwzięcia, a ich drogi często się krzyżowały, potrafili współpracować i nigdy nie rywalizowali ze sobą. Zukor skupił się na produkcji i dystrybucji filmów, a Loew najlepiej czuł się jako właściciel zarządzający ogromną siecią teatrów będących jednocześnie ekskluzywnymi kinami. W październiku 1910 roku Loew otworzył National Theater w Bronksie, który przez pewien czas był jego „flagowym" teatrem – w tamtym czasie był największym, najnowocześniejszym i bardzo wytwornym miejscem tego typu. Dzięki temu zaczęli go odwiedzać przedstawiciele klasy średniej i zamożni mieszkańcy Nowego Jorku.

W październiku 1919 roku otwarto na Broadwayu luksusowy Capitol Theatre z 4000 miejsc, zaprojektowany przez znanego architekta Thomasa Lamba. Loew kupił go w 1924 roku i sprawił, że Capitol stał się wizytówką jego luksusowych kin. Po 1924 roku odbywały się tu premiery większości filmów MGM.

Stany Zjednoczone bardzo szybko uległy magii kinematografii. Loew był człowiekiem przewidującym, bystrym obserwatorem i chociaż uważał, że „ludzie kupują bilety do kina, a nie filmy", uznał, że powinien mieć wpływ na ich produkcję.

Loew jeszcze raz zmienił strukturę swojej firmy, przekształcając ją w Loew's Incorporated. Aby rozszerzyć obszar swoich wpływów, pożyczył 9,5 miliona dolarów i wypuścił na rynek akcje. Dzięki temu był w stanie kupić wytwórnię filmową Metro Pictures Corporation. Metro znane było z produkcji filmów niskobudżetowych klasy B. *Jakość i ilość produkowanych filmów nie zadawalały Loewa*. Zaczął się nawet zastanawiać, czy produkcja filmów była warta zawracania sobie nią głowy. Uważał, że „właściciele sal kinowych mogą sobie pozwolić na zapłacenie dużych pieniędzy za dobre filmy i wszystko, co jest związane z ich produkcją, ale nie mogą płacić za ekstrawagancję, marnotrawstwo i małą wydajność producentów". Rozważał sprzedaż Metro Pictures, jednak gdy w 1924 roku podczas zimowego wypoczynku w Palm Beach na Florydzie spotkał Franka Goldsola, który zaproponował mu kupno Goldwyn Pictures Corporation, zmienił zdanie. Postanowił kupić wytwórnię i połączyć z Metro Pictures.

Loew nie znał się na produkcji filmów i nie był zainteresowany poznawaniem tajników sztuki filmowej. Wolał pozostawić to fachowcom. Za to doskonale znał się na zarządzaniu i wiedział, że bez silnego kierownictwa połączone wytwórnie filmowe nie będą przynosiły zysku. Skupił się na znalezieniu odpowiedniego człowieka znającego się na produkcji filmów i będącego dobrym menedżerem. Przypomniał sobie spotkanie z niezależnym producentem filmowym Luisem B. Mayerem, który z powodzeniem działał w Los Angeles, kręcąc od kilku lat niskobudżetowe melodramaty. Wiedział też, że Mayer wcześniej był jednym z założycieli Metro Pictures, znał więc tę wytwórnię. Po tygodniach negocjacji udało mu się przekonać Mayera i doprowadzić do połączenia trzech wytwórni w jedną. W taki oto sposób 17 kwietnia 1924 roku powstało Metro-Goldwyn-Mayer (MGM). Jak się później okazało, było to genialne posunięcie biznesowe. Dzięki temu Loew Inc. zapewniło sobie stały dostęp do najlepszych filmów, które mogły być prezentowane w ogromnej ilości kin stanowiących własność Marcusa. Loew wraz ze swym zaufanym partnerem Nicholasem Schenckiem zdecydował się zostać w Nowym Jorku, a Mayer został powołany na wiceprezesa i dyrektora generalnego studia produkcyjnego w Culver City w Kalifornii. Chociaż MGM zarządzał Mayer, to Loew nakreślił nowy kierunek działania wytwórni. Miała ona skupić się na jakości filmów i zatrudnieniu największych gwiazd kina niemego, które przyciągną widzów do kin.

Ponadto Loew zastosował w Loew Inc. wprowadzony przez Zukora świetny trik handlowy. Właściciel kina mógł kupić film z wybranym przez siebie aktorem jedynie z pakietem innych filmów z jego wytwórni. Stało się to standardem w branży filmowej.

Jednocześnie Loew kontynuował rozszerzanie swoich wpływów w całych Stanach Zjednoczonych i za granicą, zwłaszcza w Wielkiej Brytanii, Francji i RPA. Zainteresował się również kolejną nowinką w branży rozrywkowej, jaką było radio. W 1923 roku Loew Inc. kupiło małą stację radiową w Queens i przeniosło ją do State Building na Manhattanie, zapewniając sobie w ten sposób darmową reklamę dla swoich teatrów. Pojawienie się filmu dźwiękowego *The Jazz Singer* wyprodukowanego przez konkurencyjną firmę Warner Brothers w 1927 roku zmusiło Loewa do wprowadzenia dźwięku w swoich studiach filmowych i modernizacji sal kinowych.

Od czasu utworzenia Metro-Goldwyn-Mayer Loew był postrzegany jako magnat przemysłu filmowego. Jego reputacja i prestiż przyniosły mu szacunek w branży filmowej. W jego działaniach widać elastyczność w podejściu do sytuacji i ludzi, przekraczanie i łamanie utartych zasad, ale zawsze z zachowaniem norm etycznych, bez czynienia szkody innym. Starał się unikać konfliktów i nigdy nie prowadził otwartej walki z konkurencją. Mimo to zawsze z ogromną determinacją dążył do celu, a wszystkie jego działania były głęboko przemyślane. Od pracowników wymagał lojalności i długich godzin pracy.

Mimo to większość ludzi, których zatrudnił, pozostawała w firmie przez cały okres swojej aktywności zawodowej.

Braki w edukacji nadrabiał ambicją, jednak do końca życia pozostał człowiekiem skromnym i gdy w 1926 roku został zaproszony do Harvardu, aby wygłosić wykład, powiedział: „Nie mogę się doczekać, by przekazać wam, jak wielkie wrażenie robi na mnie to, że mogłem przybyć do tak wspaniałego miejsca jak wasz college i wygłosić tu wykład. Miejsca, które mogłem do tej pory oglądać tylko z zewnątrz".

Loew uważany jest za wzór amerykańskiego biznesmena, gdyż jego kariera zawodowa stanowiła kwintesencję amerykańskiego snu. Dobrobyt i bogactwo, których się dorobił, były owocami jego ciężkiej pracy i determinacji. Nie posiadał wykształcenia, uczył się, pracując w różnych firmach, obserwując i poznając innych przedsiębiorców. Był modelowym samoukiem. To jego cechy charakteru, takie jak pracowitość, odwaga, siła woli, konsekwencja w dążeniu do celu, entuzjazm i wizjonerstwo, doprowadziły go do sukcesu i niebywałego majątku. Imperium rozrywki, które stworzył, powstało w zadziwiający sposób. Zajął się bowiem nie produktem, a sposobem jego rozpowszechnienia. To nie filmy, lecz sieć kin i teatrów stała się podstawą jego spektakularnego sukcesu. Robert Sobel w swojej książce *The Entrepreneurs: Explorations Within the American Business Tradition* rozdział poświęcony Marcusowi Loewowi zatytułował: „Artysta mimo woli". Loew bowiem na trwale zapisał się w historii kinematografii, chociaż ani nie był artystą, ani nie interesował się filmem bardziej niż przeciętny widz. Film był dla niego swego rodzaju towarem niezbędnym dla działalności jego przedsiębiorstwa Loew Inc. Tak jak doskonale zarządzał swoimi nieruchomościami, tak też umiał precyzyjnie sformułować swoje oczekiwania co do filmów, które chciał oferować klientom.

Zawał serca w 1923 roku zmusił Loewa do częściowego wycofania się z działalności. Zmarł w 1927 roku w wieku 57 lat.

Przedstawiciele branży filmowej zawsze wspominali Marcusa Loewa ciepło i z szacunkiem. 19 października 1927 roku tygodnik „Variety" opublikował artykuł będący hołdem dla Marcusa. Pod nagłówkiem „Ku pamięci" ukazały się teksty licznych celebrytów od Ala Jolsona po Gretę Garbo. Louis B. Mayer napisał, że przyjaźń z Loewem była dla niego jedną z najcenniejszych rzeczy w życiu. Dodał, że „geniusz, odwaga i dar przewidywania cechujące przyjaciela czyniły z niego wspaniałego przywódcę, a miłość, którą darzył rodzinę i przyjaciół przydawała jego osobowości wyjątkowego ciepła". Co godne uwagi, Loew cieszył się również uznaniem wśród swoich konkurentów z branży filmowej. W pamiątkowym numerze „First National Pictures Inc." znalazła się wypowiedź zawierająca pochwałę Loewa jako człowieka, który nigdy nie pozwolił, by władza, jaką zdobył, była dla niego powodem do pychy, i który był zawsze uczciwy wobec siebie i innych. Co więcej: „był dobrym, prawdziwym i prawym człowiekiem, a jego zasług dla przemysłu filmowego nie da się przecenić". W dowód szacunku wszystkie konkurujące z Loew Inc. teatry i kina na znak żałoby zostały na godzinę zamknięte.

KALENDARIUM:

7 maja 1870 – narodziny Marcusa Loewa w Nowym Jorku
1876 – pierwsza praca: roznoszenie prasy
1879 – porzucenie szkoły i pracy
1879-1880 – praca w drukarni
1880 – Marcus drukuje (ze wspólnikiem) tygodnik „East Side Advertiser"

1881 – praca w sklepie z męską odzieżą

1882-1889 – praca w fabryce futer

1888-1889 – własna działalność: broker futer; bankructwo

1889-1893 – praca w firmie futrzarskiej na stanowisku sprzedawcy

4 marca 1894 – ślub z Caroline Rozenheim

1893-1894 – firma handlująca futrami, bankructwo

1895-1910 – praca u kuśnierza Hermana Baehra; powstanie firmy Baeher & Loew

5 października 1897 – narodziny synów Davida i Arthura

1899 – firma Baeher & Loew inwestuje w nieruchomości

1899-1900 – Loew poznaje aktora Davida Warfielda oraz handlowca Adolpha Zukora z Chicago

1903 – Zukor zakłada Automatic Vaudeville Company, otwiera działalność *penny arcade* i proponuje Loewowi, by zainwestował również swoje pieniądze

1904 – Loew otwiera własną firmę z *penny arcade*

14 listopada 1904 – założenie firmy People's Vaudeville Company

1904-1905 – Marcus kupuje lokale przy 172 East 23rd Street, 125 Street i Lenox Avenue, a także w Cincinnati w Ohio; otwiera w nich *penny arcade* oraz nikielodeony

1907-1908 – kupuje zniszczony budynek teatru wystawiającego wodewile w centrum Brooklynu zwany Watson's Cozy Corner, odnawia go i przemianowuje na Theatre Royal

1909 – namawia braci Josepha i Nicholasa Schencków, aby dołączyli do jego imperium rozrywki

1909 – podpisuje kontrakt z braćmi Lee i Jacobem Schubertami, producentami wodewili, na obsługę dwóch swoich teatrów w Nowym Jorku

1910 – Loew jest właścicielem lub dzierżawcą teatrów we wszystkich pięciu dzielnicach Nowego Jorku; konsoliduje wszystkie swoje przedsiębiorstwa pod firmą Loew's Consolidated

1914 – kupuje Sullivan & Considine Theatrical Syndicate; staje się właścicielem około 30 teatrów na środkowym zachodzie i na zachodnim wybrzeżu USA

1915 – zawiera umowę z Samuelem Rachmannem z Berlina na zakup niemieckich filmów i wodewili, które mają być prezentowane w Stanach Zjednoczonych, podczas gdy amerykańskie produkcje mają być pokazywane w Niemczech i w Austro-Węgrzech; wybuch I wojny światowej uniemożliwia realizację tych planów

1919 – restrukturyzacja firmy i przekształcenie jej w Loew's Incorporated; rozszerzenie wpływów w Mildwest – kupno Ackerman & Harris, sieci 18 kin na zachodnim wybrzeżu

1920 – kupno wytwórni filmowej Metro Pictures Corporation

29 sierpnia 1921 – Loew otwiera na Broadwayu przy 45th Street kino na 3200 miejsc, przenosi też tam biura Loew's Incorporated

1923 – kupuje małą stację radiową w Queens

1924 – kupuje Capitol Theatre

1924 – kupuje wytwórnię filmową Goldwyn Pictures Corporation

1924 – jedzie do Włoch na plan filmu *Ben-Hur*

17 kwietnia 1924 – powstaje Metro-Goldwyn-Mayer (MGM)

1927 – Loew wprowadza udźwiękowienie w swoich studiach filmowych

5 września 1927 – śmierć Marcusa Loewa w Glen Cove w Nowym Jorku; zostaje pochowany na cmentarzu Majmonides w Brooklynie

CIEKAWOSTKI:

- Pierwszy nikielodeon otwarto w 1905 roku w amerykańskim Pittsburghu.

- Hollywood zostało założone przez Harveya Hendersona Wilcoxa, który w 1886 roku wykupił 160 akrów ziemi i 1 lutego 1887 roku zarejestrował nazwę Hollywood dla nowo powstałego i zaprojektowanego przez niego miasta. Nazwa została zaproponowana przez żonę Wilcoxa Daeidę, a nie pochodzi – jak się powszechnie uważa – od nazwy krzewów, które bez powodzenia próbowano zaszczepić na okolicznych wzgórzach (*English holly* – ostrokrzew).
- Pierwsze studio filmowe w Hollywood to Nestor Studio założone w 1911 roku przez producentów Ala Christiego i Davida Horsleya. W latach dwudziestych powstało tam 5 wielkich wytwórni: Fox (później 20th Century Fox), Loew's Incorporated (później Metro-Goldwyn-Mayer), Paramount Pictures, RKO (Radio-Keith-Orpheum) i Warner Bros., działających zarówno jako producenci filmowi, jak i dystrybutorzy i właściciele kin
- *Ben Hur* – najdroższy film kina niemego powstał w Metro-Goldwyn-Mayer w 1925 roku.
- Loew nie interesował się produkcją filmów i nigdy nie postawił stopy w Hollywood.
- Loew był człowiekiem przesądnym, nigdy nie podpisał żadnej umowy i niczego nie rozpoczynał w piątek.
- Marcus Loew ma swoją gwiazdę w hollywoodzkiej Alei Sław za znaczący wkład w rozwój przemysłu filmowego.
- W 1927 roku osobisty majątek Loewa miał wartość ponad 30 milionów dolarów.
- Logo/czołówka wytwórni Metro-Goldwyn-Mayer zaprojektowane zostało dla studia Goldwyn Pictures w 1917 roku. Jest to lew umieszczony w okręgu utworzonym z taśmy filmowej, na której zapisano sentencję łacińską *Art Gratia Artis* (Sztuka dla sztuki). Łącznie do projektu zaangażowano pięć lwów, a pomocniczo wykorzystano wizerunek jeszcze

dwóch. Pierwszy lew wabił się Slats i jego wizerunek był wykorzystywany w latach 1924-1928. Slats jest jedynym lwem w logo MGM, który nie ryczy a jedynie rozgląda się wokół.
- W słynnym serialu rysunkowym *Tom i Jerry* Metro--Goldwyn-Mayer sparodiowała swoje logo – ryczącego lwa przez chwilę zastępuje miauczący Tom.
- Pierwszy z prawdziwego zdarzenia zwiastun filmowy pojawił się w 1913 r. Kidy Nils Granlund – kierownik działu reklamy sieci kin Marcusa Loewa – wyprodukował krótki film promocyjny do musicalu *The Pleasure Seekers*, który został wyświetlony w Winter Garden Theatre na Broodwayu. Trailer składał się ze zdjęć z prób i innych wydarzeń związanych z produkcją filmu. Od tego momentu Loew przyjął praktykę promowania swoich filmów za pomocą krótkich materiałów filmowych. „Daily Star", gazeta z Lincoln w Nebrasce, opisała to jako całkowicie nowy i wyjątkowy chwyt marketingowy.
- Obaj synowie Loewa Arthur i David pracowali w firmie ojca. Arthur zajmował się dystrybucją filmów zagranicą (jako prezes Loew's International), a po połączeniu w MGM pracował z ojcem w Loew's Incorporated. Po odejściu Schencka (14 grudnia 1955 roku) został wybrany na prezesa firmy, ale pełnił tę funkcję tylko do 8 stycznia 1957 roku (sam zrezygnował). Jeszcze raz na krótko wrócił na stanowisko prezesa, aby 20 listopada 1957 roku ostatecznie zrezygnować z prezesowania Loew's Incorporated. David natomiast opuścił firmę ojca w połowie 1930 roku i stał się niezależnym producentem, zakładając David L. Loew Productions.
- Syn Loewa Arthur poślubił córkę Zukora Mildred.
- Loew i Zukor znajdowali się w Chicago, gdy dowiedzieli się o narodzinach wnuka (26 grudnia 1925 roku). Ruszyli

pociągiem do Nowego Jorku, zakładając się, kto pierwszy dotrze do szpitala. Loew jeszcze ogolił się przed tą wizytą, a Zukor nie i być może dlatego był pierwszy.

CYTATY:

„Aby osiągnąć duży sukces, musisz go potrzebować i się nie poddawać" (alternatywna wersja: „Aby osiągnąć prawdziwy sukces, trzeba tego chcieć i wszystko temu podporządkować").

„Ludzie kupują bilety do kina, a nie filmy".

„Dawno temu dotarło do mnie, że miernikiem sukcesu nie są pieniądze. W konfrontacji z rzeczywistością człowiekiem sukcesu jest ten, kto świat zmienia na lepszy, a ludzi na choć trochę szczęśliwszych".

ŹRÓDŁA I INSPIRACJE

A Documentary on the Life of Marcus Loew, https://www.youtube.com/watch?v=oW2F7z2WxEU.

Caso Frank, *Marcus Loew (1870-1927)*, http://www.immigrantentrepreneurship.org/entry.php?rec=88.

Bosley Crowther, *The Lion's Share: The Story of an Entertainment Empire*, Ams Pr Inc., 1957.

Peter Hay, Woolsey Ackerman, *MGM-When the Lion Roars*, Turner Publishing Inc., 1981.

Biografia Marcusa Loewa na portalu IMDB: http://www.imdb.com/name/nm0517343/bio.

Biografia Marcusa Loewa w Wikipedii: https://en.wikipedia.org/wiki/Marcus_Loew.

Marcus Loews Facts, http://biography.yourdictionary.com/marcus-loew.

Judy Riley, *Marcus Loew 66 Success Facts – Everything you need to know about Marcus Loew*, Emereeo Publiishing, 2014.

Robert Sobel, *The Entrepreneurs: Explorations within the American Business Tradition*, Beard Books, 2000.

The Film 100: Marcus Loew, no. 41, https://www.fandor.com/keyframe/the-film-100-marcus-loew-no-41.

Konosuke Matsushita

(1894-1989)

**japoński konstruktor, wynalazca i biznesmen,
twórca marki Panasonic**

Konosuke Matsushita nie jest tak znaną postacią jak Henry Ford czy Saichiro Honda, ponieważ nie firmował swoich produktów własnym nazwiskiem. Ale marka Panasonic, którą stworzył, dotarła do domów na całym świecie, a filozofia jej twórcy ukształtowała sposób pracy Japończyków na całe pokolenia.

Konosuke urodził się w małej japońskiej wsi jako najmłodszy z ośmiorga rodzeństwa. Gdy miał zaledwie kilka lat, jego ojciec stracił rodzinny majątek, prowadząc spekulacje na rynku ryżu. Rodzina popadła w skrajną biedę. Rodzice nie czekali, aż dziewięcioletni Konosuke skończy obowiązkowe cztery lata szkoły podstawowej. Wysłali go do pracy w najbliższym mieście – Osace. Gdy chłopiec pytał, czemu nie może kontynuować nauki, jego ojciec mówił, że to niepotrzebne, bo jak będzie wielkim biznesmenem, to zatrudni u siebie wykształconych ludzi. Konosuke zrozumiał, że w takim razie musi uczynić wszystko, by zostać tym „wielkim biznesmenem".

Już od pierwszych lat jako młody asystent w sklepie bardzo przykładał się do pracy, odpowiedzialnie zarządzał własnymi finansami i próbował swoich sił w sprzedaży. Był przekonany, że swoją przyszłość zwiąże z rowerami, bo wydawało mu się, że nie ma nic innego, co by tak bardzo poprawiało życie ludzi. Zmienił jednak zdanie, gdy po raz pierwszy zobaczył w Osace tramwaj elektryczny. Pojął, że to elektryczność ma moc zmieniania świata i zapragnął nauczyć się o niej wszystkiego. W tym celu musiał dokonać ważnej zmiany. Porzucił pracę w sklepie i zatrudnił się w firmie zakładającej instalacje elektryczne – Osaka Electric Light Company. Mimo że regularnie chorował, pracował ciężej niż jego koledzy z zespołu. Dołożył też starań, by wieczorowo przejść podstawowy kurs nauk ścisłych. Bardzo chciał uczyć się dalej, ale za słabo znał japońskie pismo i nie był w stanie nadążyć z robieniem notatek. Uznał też, że ważniejsza od wiedzy teoretycznej będzie wiedza praktyczna.

W wieku 22 lat awansował na stanowisko inspektora. Był pracowity i dokładny. Sprawdzanie instalacji szło mu szybko i sprawnie – zazwyczaj już przed południem zdążał wykonać wszystkie wyznaczone zadania. Chciał jednak robić coś bardziej rozwijającego i twórczego. Marzył, by projektować nowe urządzenia elektryczne. Realizował to marzenie po pracy. Jedną z pierwszych wymyślonych przez niego konstrukcji był nowy model oprawki do żarówki – tańszy i bardziej wytrzymały od tego, który był powszechnie stosowany. Był dumny ze swojego wynalazku, gdyż w jego powstanie włożył całą swoją wiedzę, umiejętność niebanalnego myślenia i wiele godzin pracy. Gdy jednak pokazał swój model przełożonemu, ten nie był zachwycony. Odrzucił go, mówiąc, że nie jest dość dobry, by wdrożyć go w Osaka Electric.

Konosuke czuł się zawiedziony. Nie zniechęcił się jednak. Wręcz przeciwnie. Uznał, że czas uniezależnić się od pracodawcy. Wierzył w siebie i był pewny, że to co wymyślił, ma wartość rynkową, dlatego postanowił zająć się produkcją na własną rękę. Otworzył własny warsztat, w którym zaczął wytwarzać pierwsze urządzenia elektryczne, korzystając z pomocy żony i szwagra. Tak narodziła się firma Matsushita Electric.

Szybko przekonał się, że od stworzenia produktu do zbudowania firmy wiedzie daleka droga. Nie miał rozległych kontaktów, nie znał się na sprzedaży ani zarządzaniu, więc produkty, które wytwarzał, zalegały w magazynie. Był bliski bankructwa. Uratował go przypadek – nadspodziewanie duże zamówienie na płytki izolacyjne do wentylatorów. To pozwoliło mu funkcjonować aż do chwili, kiedy zaczął sprzedawać własne produkty.

Konosuke starał się jak najlepiej wykorzystać zdobyte wcześniej doświadczenia. Wyciągał wnioski z obserwacji zachowań klientów. Zauważył, że dla mieszkańców Osaki sprzęt elektryczny był dobrem luksusowym. Kupowali wyłącznie to, co rzeczywiście ułatwiało im życie, na przykład lampy pozwalające pracować po zmroku czy pralki oszczędzające czas. Zrozumiał, że powinien dostarczyć im produkty dokładnie odpowiadające ich rzeczywistym potrzebom, a jednocześnie tańsze i bardziej wytrzymałe od tych, które już były na rynku. Pierwszym małym sukcesem okazały się rozgałęziacze prądu. Niezbędne niemal dla każdego, bo mieszkania w Osace miały zazwyczaj tylko jedno gniazdko, a sprzętu elektrycznego było coraz więcej.

Matsushita nieustannie wprowadzał innowacje nie tylko w produkcji, lecz także w sprzedaży. Zdawał sobie sprawę, że zewnętrzni handlowcy podchodzą sceptycznie do wielu wynalazków. Gdy więc hurtownicy nie wykazali zainteresowania jego nowym modelem lampy rowerowej, wysłał darmowe egzemplarze prosto do sprzedawców rowerów, by mogli się przekonać o ich dobrej jakości. To był znakomity pomysł. Lampy stały się hitem, a mieszkańcy Osaki zaczęli ich używać nie tylko do rowerów, ale nawet do oświetlania mieszkań.

Warsztat z miesiąca na miesiąc rozwijał się, a Konosuke opracowywał kolejne produkty i zatrudniał kolejnych ludzi do produkcji. Martwił się jednak, bo wielu pracowników rzucało pracę w jego małym warsztacie na rzecz stabilniejszego zatrudnienia w dużych fabrykach. Matsushita szukał sposobów na to, by utrzymać pracowników przy sobie i marzył o tym, by móc im obiecać dożywotnie zatrudnienie. Na razie jednak mógł im zaoferować szacunek, zaufanie i poczucie przynależności do zespołu. Okazało się, że to bardzo dużo.

Chwila próby dla Matsushita Electric nastała, gdy w latach 30. światem wstrząsnął wielki kryzys. Sprzedaż spadła o połowę, w magazynach zalegały niesprzedane towary, a przyjaciele doradzali Konosuke, by zmniejszył liczbę pracowników. Widzieli w tym jedyną możliwość ocalenia firmy. On jednak bardzo cenił swoich ludzi. Uparł się, by nie zwolnić ani jednego człowieka i nie obniżyć nikomu pensji. Zamiast tego nakazał zredukować o połowę produkcję i wezwał wszystkich zatrudnionych do pomocy przy sprzedaży towarów. Ci rozumieli powagę sytuacji, a że im też zależało na utrzymaniu firmy, z entuzjazmem zaangażowali się w sprzedaż. Towary z magazynów zostały wyprzedane w ciągu dwóch miesięcy. Konosuke utwierdził się w przekonaniu, że jego diagnoza była trafna: biznes to przede wszystkim ludzie.

Konosuke rozwijał swoją firmę i jednocześnie pracował nad swoją filozofią pracy. Wiele czasu spędzał w świątyni, rozmyślając o tym, jak religia służy niwelowaniu cierpienia i dążeniu do szczęścia. Był człowiekiem pełnym empatii i ta sama idea przyświecała mu w prowadzeniu biznesu. Widział, że jego produkty ułatwiają życie ludziom, którzy wcześniej nie mogli sobie pozwolić na elektryczne gadżety: lampa rowerowa pozwalała przemieszczać się bezpiecznie po zmroku, rozgałęziacz pozwalał korzystać w mieszkaniu jednocześnie z lampy i wentylatora, a niebawem w produkcji miało się pojawić pierwsze tanie żelazko i radio. Konosuke kupował patenty i zmieniał konstrukcje urządzeń tak, by produkcja była jak najtańsza, a produkt był dostępny dla jak najszerszego grona ludzi. Umożliwiając wszystkim ludziom dostęp do urządzeń poprawiających życie, chciał doprowadzić do całkowitej eliminacji biedy w kraju. To stało się jego głównym celem. Był przekonany, że da się to osiągnąć, ale na realizację tego planu potrzeba 250 lat.

W 1932 roku zwołał pracowników, by przedstawić im tę wizję, a także podstawowe zasady, którymi powinien kierować się każdy z nich. Na pierwszych miejscach stawiał służbę społeczeństwu, uczciwość i solidarność z zespołem. Było dla niego ważne, by każdy, nawet szeregowy pracownik rozumiał, że służy większej sprawie. A żeby robić to dobrze, niezależnie od tego, jak firma się rozrośnie, każdy powinien zachować nastawienie drobnego sprzedawcy – takiego, któremu zależy na zaufaniu klientów, który jest wdzięczny za udaną współpracę, oszczędny i pełen pokory. Sam każdego dnia starał się dawać przykład takiej postawy. Pracownicy przyjęli jego wizję z wielkim entuzjazmem.

W czasie II wojny światowej Matsushita Electric była zmuszona zająć się produkcją dla wojska. Gdy Japonia się poddała i kontrolę nad jej gospodarką przejęli alianci, na firmę nałożono kary finansowe, a sam Konosuke został wezwany do ustąpienia ze stanowiska. Wówczas pracownicy firmy wstawili się murem za swoim szefem. Aż 15 tysięcy z nich podpisało petycję, w której domagali się pozostawienia Matsushity. To był wielki sukces. Alianci pozwolili Konosuke dalej piastować dotychczasową funkcję, a on sam przekonał się, że może liczyć na swoich ludzi tak samo, jak oni mogli na niego liczyć przez te wszystkie lata. Po wojnie Konosuke znów zagłębił się w refleksje nad tym, co zrobić, by jego kraj mógł odbudować zniszczoną gospodarkę i na nowo cieszyć się dobrobytem. Pojął, że tworzenie firm, które dają ludziom dobre produkty, to tylko jeden element układanki. W 1946 roku Konosuke założył instytut PHP, którego zadaniem miało być zbadanie, jakie czynniki składają się na budowę szczęśliwego społeczeństwa. Wnioski pojawiły się szybko: aby biznes i społeczeństwo mogły się rozwijać, konieczne jest wsparcie ze strony polityki. Potrzeba jednak lat na znalezienie sposobu, by w mądry sposób móc wywierać na nią wpływ.

Wojna i stale zmieniające się warunki gospodarcze uzmysłowiły mu też, że wielkie plany budowania firmy i dobrobytu w kraju nie są realne, jeśli nie uwzględni się w nich zarządzania ryzykiem. W latach 60. Matsushita ogłosił swoim pracownikom koncepcję *dam management* – zarządzania zaporowego. Powiedział, że tak jak ludzie budują na rzekach zapory i zbiorniki retencyjne, by gromadzić nadmiar wody podczas powodzi i wypuszczać podczas suszy, tak w biznesie trzeba tworzyć zapory i rezerwy – w każdym dziale produkcyjnym i na każdym szczeblu – dzięki którym przetrwa się kryzysy i zastoje gospodarcze. Mimo, że była to koncepcja trudna do przyjęcia, Matsushita uznał, że jest to niezbędne do przetrwania. Dwa lata później w Japonii nastał czas recesji, dekadę później wielki kryzys paliwowy, a na początku lat 90. japoński kryzys gospodarczy. Dzięki temu, że Konosuke spodziewał się tych kryzysów, jego firma mogła przez cały ten czas stabilnie się rozwijać, nie ponosząc większych strat. W latach 70., gdy inne firmy walczyły o przetrwanie, produkty Matsushity zdobywały popularność na rynku amerykańskim pod nowo przyjętą marką Panasonic. Kierując się odkrytą na początku działalności zasadą, by dostarczać produkt tańszy i bardziej wytrzymały od tego, który już jest na rynku, Matsushita zaczął konkurować z największymi amerykańskimi producentami elektroniki.

W 1973 roku po przepracowaniu 55 lat Konosuke postanowił ustąpić z funkcji szefa firmy. Nie odstąpił jednak od swojej misji służenia ludziom. Zainwestował swoją fortunę w założenie Matsushita Institute of Government and Management – szkołę wyższą, której zadaniem miało być wykształcenie nowego pokolenia polityków zdolnych do mądrego kierowania krajem.

Umarł w wieku 94 lat, pozostawiwszy po sobie firmę zarabiającą miliardy dolarów rocznie. Ważniejsze było jednak, że na bazie własnych doświadczeń i przemyśleń, mimo braku formalnego wykształcenia, zbudował filozofię pracy, która na pierwszym miejscu stawia potrzeby ludzi. Zawsze podkreślał, że pieniądze są jedynie środkiem do celu, zaś celem jest służenie ludziom. Spisał swoją wiedzę w ponad 40 książkach o zarządzaniu. Podkreślał w nich między innymi, że przedsiębiorca powinien utrzymywać stan umysłu zwany *sunao*, w którym człowiek bez uprzedzeń patrzy na to, co jest, a nie na to, co mu się wydaje. Konosuke udowodnił, że człowiek, który zna swoje możliwości, z pokorą przyjmuje krytykę i jest przygotowany, że szczęście nie zawsze będzie mu sprzyjać, może zrealizować nawet najśmielsze marzenia.

KALENDARIUM:

1894 – rodzi się Konosuke Matsushita w wiosce Wakayama niedaleko Osaki w Japonii
1895 – kończy się wojna chińsko-japońska i nastaje boom gospodarczy; japońscy rolnicy zaczynają się szybko bogacić, prowadząc spekulacje na handlu ryżem; bierze w tym udział też ojciec Konosuke
1899 – ojciec Konosuke traci cały rodzinny majątek, rodzina popada w biedę, a trójka starszego rodzeństwa Konosuke umiera na choroby zakaźne
1904 – Konosuke rozpoczyna pracę jako pomocnik w sklepie w Osace
1910 – 15-letni Konosuke rozpoczyna pracę w Osaka Electric Light Company jako członek ekipy zakładającej instalacje elektryczne
1913 – Konosuke przechodzi roczny podstawowy kurs nauk ścisłych: algebry, fizyki i chemii
1915 – ślub z przyjaciółką rodziny Mumeno Iue; jest to aranżowane małżeństwo, co jest powszechnym zwyczajem w owym czasie w Japonii
1916 – Konosuke zostaje inspektorem instalacji elektrycznych w Osaka Electric Light Company
1918 – porzuca pracę w Osaka Electric Light Company i zakłada własny warsztat – powstaje firma Matsushita Electric (Matsushita Electric Housewares Manufacturing Works)
1927 – Konosuke rejestruje oficjalnie markę National
1932 – Konosuke oficjalnie ogłasza misję firmy i plan jej realizacja przez kolejne 250 lat; 5 maja 1932 roku zostaje ustanowiony oficjalnym dniem powstania firmy, mimo że działa ona już od 13 lat

1935 – firma oficjalnie przyjmuje nazwę Matsushita Electric Industrial Co.

1941 – firma Matsushita Electric jest zmuszona współpracować z wojskiem – powstają firmy-córki: Matsushita Shipbuilding Company oraz Matsushita Airplane Company; podczas wojny Matsushita traci 32 budynki, fabryki i biura, głównie w Tokio i Osace

1946 – poruszony ogromnymi stratami, jakie Japonia poniosła w czasie wojny, Konosuke zakłada organizację PHP (Peace and Happiness trough Prosperity), której zadaniem ma być poszukiwanie sposobów na stabilny i pozbawiony cierpienia rozwój ludzkości; instytut PHP działa do dziś

1952 – rozpoczęcie współpracy z holenderską firmą Philips

1947 – przekonany petycją pracowników Naczelny Dowódca Sił Alianckich wydaje pozwolenie, by Konosuke pozostał na stanowisku Matsushita Electric

1961 – japońska gospodarka rozwija się w niespotykanym wcześniej tempie; Konosuke przewiduje, że niebawem musi nastąpić czas recesji i zarządza przygotowywanie firmy do kryzysu

1961 – telewizory produkcji Matsushita Electric pojawiają się na rynku amerykańskim po raz pierwszy pod marką Panasonic

1962 – Matsushita pojawia się na okładce magazynu Time

1964 – w Japonii nastaje czas recesji; Konosuke zwołuje konferencję, na której przez 14 godzin słucha zażaleń pracowników i kontrahentów, analizuje je i zarządza wprowadzenie kolejnych reform w firmie – proponuje wprowadzenie systemu zarządzania ryzykiem

1965 – wprowadzenie 5-dniowego tygodnia pracy

1973 – z okazji 55. rocznicy pracy Konosuke ustępuje ze stanowiska szefa firmy
1974 – kryzys paliwowy uderza w gospodarkę na całym świecie
1978 – Konosuke przeznacza 7 miliardów jenów na założenie Matsushita Institute of Government and Management
1983 – otwarcie Kyoto Colloquium on Global Change
1987 – Konosuke otrzymuje Order Kwiatów Paulowni – drugi pod względem ważności order przyznawany przez rząd Japonii
1989 – Konosuke umiera, zostawiając fortunę ponad 3 mld dolarów
2008 – koncern zmienia nazwę na Panasonic Corporation

CIEKAWOSTKI:

- W 1909 roku Japończycy uważali elektryczność za coś niezwykle niebezpiecznego, co może w każdej chwili zabić człowieka, dlatego ludzie pracujący przy instalacjach elektrycznych byli darzeni wielkim szacunkiem.
- Konosuke wymyślił nazwę National dla swoich produktów, nie znając angielskiego. Natrafił na to słowo przypadkiem i przeczytał, że oznacza ono coś powiązanego z krajem lub narodem, uznał więc, że to doskonale opisuje jego produkty.
- Wojska Aliantów, które przejęły władzę w Japonii, miały na celu odbudowanie na nowo gospodarki w modelu zachodnim. Aby to osiągnąć, wprowadzono między innymi związki zawodowe i delegalizację *zaibatsu*, czyli rodzinnych, prowadzonych od pokoleń biznesów, które de facto utrzymywały monopol w poszczególnych branżach. Wojska chciały odsunąć Konosuke ze stanowiska pod pozorem

walki z *zaibatsu*, mimo że jego firma nie kwalifikowała się do tej kategorii.
- Konosuke zapoczątkował w Japonii ideę dożywotniego zatrudnienia.
- Pierwszy nabór do Matsushita Institute of Government and Management miał miejsce w 1980 roku. W 1993 roku 23 absolwentów wystartowało w wyborach, z czego 15 dostało się do parlamentu.

O FIRMIE PANASONIC:

Dochody: 7,7 biliona jenów (2015)
Zysk z działalności operacyjnej: 325,8 miliarda jenów (2015)
Zysk netto: 179,4 miliarda jenów (2015)
Aktywa ogółem: 6 bilionów jenów (2015)
Razem kapitał własny: 1,8 biliona jenów (2015)
Pracownicy: 254 084 (2015)

7 ZASAD DZIAŁANIA FIRMY WEDŁUG MISJI OGŁOSZONEJ W 1932 ROKU:

1. Służenie społeczeństwu (Contribution to society).
2. Uczciwość i szczerość (Fairness and Honesty).
3. Współpraca i poczucie przynależności do zespołu (Cooperation and Team Spirit).
4. Ciągłe dążenie do innowacji (Untiring effort for Improvement).
5. Uprzejmość i skromność (Courtesy and Humility).
6. Przystosowywanie się (Adaptability).
7. Wdzięczność (Gratitude).

MYŚL NA PODSTAWIE ŻYCIORYSU:

Biznes to przede wszystkim ludzie. Zbuduj solidarność i zaufanie w swoim zespole i dbaj o swoich pracowników.

CYTATY:

„Misją wytwórcy jest pokonanie biedy, uwolnienie całego społeczeństwa z tragedii biedy i przynoszenie bogactwa. Biznes i produkcja nie służą jedynie wzbogacaniu sklepów czy fabryk danego przedsiębiorstwa, ale całego społeczeństwa".

„Zadaniem ucznia nie jest znalezienie kogoś, kto dobrze uczy, tylko kogoś, kto dobrze zna się na swoim fachu".

„Usługi posprzedażowe są ważniejsze od usług przed sprzedażą. To dzięki nim zyskuje się stałych klientów".

„Wierzę, że najważniejszym obowiązkiem wytwórcy wobec klienta jest dostarczenie produktu bez defektów".

„Nikt nie starzeje się wyłącznie przez liczbę lat; ludzie starzeją się, gdy porzucają swoje ideały".

„Kluczową rzeczą konieczną do prosperowania jest struktura społeczna, która pozwala ludziom w pełni rozwijać ich osobiste talenty i możliwości".

ŹRÓDŁA I INSPIRACJE:

http://konosuke-matsushita.com/en/.
http://matsushita-library.jp/en/history/index.html.
Biografia na głównej stronie firmy Panasonic: http://www.panasonic.com/global/corporate/history/konosuke-matsushita.html.
Biografia na głównej stronie instytutu PHP: http://www.php.co.jp/en/think.php#05.
Konosuke Matsushita, *The Path*, 1968.
Konosuke Matsushita, *Business is People*, 1974.
Konosuke Matsushita, *Not for bread alone*, 1973.
John Kotter, *Matsushita Leadership*, Free Press, 1997.
Krótkometrażowy dokument o życiu Konosuke Matsushita: https://www.youtube.com/watch?v=9OEvoTV_wIc.

Werner Arthur Arnold Otto

(1909-2011)

niemiecki biznesmen, twórca popularnej firmy wysyłkowej OTTO, charyzmatyczny przedsiębiorca i wielki społecznik

Werner Otto urodził się 13 sierpnia 1909 roku w małym miasteczku Seelow w Brandenburgii, niedaleko granicy polskiej. Jego ojciec Wilhelm Otto był właścicielem sklepu spożywczego; matka Frieda zmarła w 1910 roku, krótko po urodzeniu córki Elli. Po okresie żałoby ojciec ożenił się ponownie z Marie Gertrud Roquette z Prenzlau. Z tego związku urodziło się troje dzieci: bliźnięta Hans i Margarete w 1914 roku i dwa lata później córka Elisabeth. Rodzina przeniosła się do Prenzlau.

Ojciec Wernera był człowiekiem łagodnym, któremu jednak brakowało cech prawdziwego przedsiębiorcy. Odpowiedzialność za rodzinę sprawiała, że był ostrożny i bał się ryzyka. Nastoletni Werner wolał spędzać wakacje u krewnych swojej matki, w gospodarstwie wuja Arnolda Mühlbacha. Codzienny kontakt ze zwierzętami i przyrodą rozbudziły w nim miłość do natury, która towarzyszyła mu do końca życia. Postawa wuja, który prowadził swoje gospodarstwo z wielkim oddaniem i bardzo cenił sobie własną niezależność, uzmysłowiła mu, że w przyszłości musi wybrać taki zawód, który da mu samodzielność.

I wojna światowa zakończyła się klęską Niemiec, gospodarka kraju weszła w trudne lata kryzysu, a ogromna inflacja przyczyniła się do upadku wielu firm i przedsiębiorstw. Sklep spożywczy ojca zbankrutował i Werner musiał porzucić edukację na krótko przed ukończeniem gimnazjum, gdyż jego rodziny nie było stać na opłacenie szkoły. W tym czasie próbował swoich sił jako pisarz. Inspirowała go twórczość Balzaka i Hamsuna. Napisał dwie powieści, ale szybko porzucił młodzieńczą fascynację literaturą i w wieku 17 lat rozpoczął trzyletnią praktykę handlową w Angermündzie. Pierwszą samodzielną pracę podjął w Stettin, czyli w Szczecinie, gdzie otworzył mały sklep. Trudna sytuacja polityczna i społeczna i kryzys lat 20. ukształtowały postawę Wernera jako przedsiębiorcy. Był bystrym i uważnym obserwatorem, rozumiał, że może polegać tylko na sobie. Zauważył, że aby stworzyć własny biznes, który będzie istniał i rozwijał się, musi mieć poczucie celu, skupić się na kliencie i być elastycznym w prowadzeniu strategii biznesowych. W tym czasie wybrał też swoją dewizę życiową, słynną myśl Heraklita: *panta rhei* (wszystko płynie), która towarzyszyła mu we wszelkich przedsięwzięciach i dawała siłę do działania.

W 1934 roku Werner Otto, który wówczas prowadził dobrze prosperujący sklep z wyrobami tytoniowymi w pobliżu Alexanderplatz w Berlinie, został aresztowany. Znaleziono u niego antyhitlerowskie ulotki przemycane z Czech do Niemiec i skazano na dwa lata więzienia w Plotzensee. Po uwolnieniu Otto przeniósł się z żoną Evą Haffner do Kulm nad Wisłą (Chełmno), gdzie otworzył sklep obuwniczy. Tu urodziły się jego dzieci Ingvild i Michael. Przeprowadzka do Chełmna była swego rodzaju ucieczką od stałego nadzoru policyjnego, jaki czekałby go w Berlinie.

Po II wojnie światowej wrócił do Niemiec. Czteroosobowa rodzina zamieszkała w jednym pokoju w Bad Segeberg. Kraj był zniszczony, pogrążony w kryzysie gospodarczym, społecznym i politycznym. Werner Otto powiedział wtedy: „Można upaść, ale trzeba się podnieść". Pomimo trudnych warunków nawiązał kontakty i rozpoczął nową działalność w rejonie Hamburga. Początkowo otworzył małą fabrykę obuwia, którą niestety musiał zamknąć m.in. z powodu konkurencji. Zbankrutował, bo jego firma produkująca tanie, ale kiepskie obuwie, nie mogła przebić się na rynku, na który powrócili producenci dobrej jakości obuwia z południowo-zachodniej części Niemiec. W życiu osobistym też mu się nie wiodło. W 1948 roku jego małżeństwo zakończyło się rozwodem. Chociaż dzieci zostały z matką, nie zerwał z nimi kontaktu, czuł się odpowiedzialny za ich los. Był to ciężki okres w jego życiu, ale nie załamał się, pamiętał o swojej dewizie życiowej (*panta rhei*) i niezrażony kłopotami szukał nowych możliwości pracy „na swoim".

W tym czasie przypadkowo trafił do jego rąk katalog jednej z firm wysyłkowych. Wpadł na pomysł, który odmienił jego życie. Zrezygnował z produkcji obuwia i postanowił sprzedawać dobre jakościowo buty innych wytwórców. Już 17 sierpnia 1949 roku, cztery dni po swoich 40. urodzinach, zarejestrował firmę sprzedaży wysyłkowej w Państwowym Ministerstwie Gospodarki i Transportu w Hamburgu. Z kapitałem początkowym sześciu tysięcy marek niemieckich i trzema pracownikami rozpoczął nową działalność. Siedziba firmy mieściła się w dwóch małych barakach w hamburskiej dzielnicy Schnelsen, a jej kanały dystrybucji były dość proste. Część dostaw realizowano, wykorzystując rowery do przewozu towaru. Pierwszy katalog został wykonany ręcznie. Miał tylko 14 stron i prezentował zaledwie 28 par butów. Wydano go w niewielkim nakładzie 300 egzemplarzy. Szybko jednak okazało się, że Werner Otto postawił na właściwego konia. W 1951 roku firma Werner Otto Versandhandel wydała katalog, który zawierał już 28 stron i został wydrukowany w nakładzie półtora tysiąca egzemplarzy. Firma osiągnęła obroty w wysokości jednego miliona marek niemieckich. Potrzebne były dodatkowe budynki w Schnelsen i zatrudnienie nowych pracowników. W 1952 roku ich liczba wzrosła do 150 osób. W 1953 roku firma osiągnęła obroty rzędu pięciu milionów marek, a dwa lata później już 28 milionów. Jednak to nie pęd do bogactwa motywował Wernera i napędzał do działania, lecz wrodzona pracowitość, kreatywność i ambicja.

Dlaczego Otto osiągnął taki sukces? Nie wymyślił przecież tej formy sprzedaży, a w tym czasie w Niemczech istniały już setki firm wysyłkowych. Czym różnił się od innych przedsiębiorców? Przede wszystkim zaufał klientom indywidualnym. Wbrew dotychczas panującym zasadom jako jeden z pierwszych zrezygnował z przesyłek za pobraniem, dostarczając faktury do zapłaty. Nowością było też wprowadzenie opcji zakupów grupowych. Klienci, którzy zamawiali razem ze znajomymi, krewnymi lub sąsiadami, otrzymywali dodatkowe rabaty w wysokości 5%. Ponadto postawił na wysoką jakość sprzedawanych towarów, a nie na niskie ceny. Być może do takiej decyzji przyczyniło się niedawne niepowodzenie w sprzedaży tanich butów, które produkował w swojej fabryce. Wysoka jakość oferowanego obuwia zdjęła z jego firmy odium taniochy i odróżniała go od konkurencji. W ten sposób poszerzył krąg nabywców, zdobywając nowych klientów w zamożniejszej części społeczeństwa. Jego katalogi były starannie wydawane, bogate w zdjęcia oferowanych produktów. Już w 1951 roku ukazał się pierwszy drukowany katalog, który oprócz obuwia oferował aktówki, kurtki przeciwdeszczowe i spodnie. W kolejnych katalogach poszerzał asortyment towarów – wprowadził do oferty męskie koszule, damskie płaszcze oraz elegancką bieliznę.

Lata 50. sprzyjały rozwojowi firm wysyłkowych. Werner Otto uważnie obserwował rzeczywistość. Szybko się zorientował, że znaczna część społeczeństwa zamieszkiwała na wsiach lub w małych miasteczkach, gdzie nie było wielkich domów towarowych, co utrudniało dostęp do atrakcyjnych towarów. Postanowił wypełnić tę lukę. Początkowo korzystał z usług poczty niemieckiej. Jednak okazało się, że to nie jest najlepszy pomysł. Potrzebował gwarancji, że towar nawet na najdalszą prowincję dotrze szybko i tanio. Wymyślił więc i uruchomił swój transport. Założył firmę Hermes Versand. Jego jasnoniebieskie samochody (rozpoznawalne z daleka) dostarczające towar do najodleglejszych wsi i wiosek sprawiły, że szybko znalazł się w czołówce branży i stał się konkurencją dla poczty niemieckiej.

W latach 50. siedemnastogodzinny dzień pracy nie był czymś wyjątkowym dla Wernera Otto, lecz regułą. Mimo ciężkiej pracy nigdy nie zapominał o swoich pracownikach. Inaczej niż większość ówczesnych przedsiębiorców rozumiał prowadzenie biznesu. Dbał o swoich pracowników i starał się, aby identyfikowali się z firmą. W 1955 roku otworzył w firmie kuchnię, która zapewniała pracownikom trzy razy w tygodniu ciepły posiłek. Już w 1956 roku jako jeden z pierwszych przedsiębiorców w Niemczech wprowadził pięciodniowy tydzień pracy. Na początku 1957 roku w firmie powstał fundusz socjalny na wypłatę zasiłków losowych, rent rodzinnych, świadczeń emerytalnych i innych form pomocy. Organizował imprezy firmowe, pamiętał o premiach i bonusach z okazji Bożego Narodzenia. Potrafił inspirować swoich pracowników do działania na rzecz firmy. Wyznawał zasadę: „Jeżeli firma odnosi sukces, pracownicy też powinni w tym uczestniczyć".

W 1952 roku Werner Otto ożenił się po raz drugi. Jego żoną została Jutta Becker. W 1957 roku przyszedł na świat ich syn Frank, jedyne dziecko z tego związku. To małżeństwo również nie przetrwało. Być może zbyt wiele czasu poświęcał firmie i bardziej był skupiony na rozwoju przedsiębiorstwa niż na życiu rodzinnym.

W 1956 roku Werner Otto przeniósł szybko rozwijającą się firmę do większych budynków w hamburskiej dzielnicy Hamm. W 1959 roku położono kamień węgielny pod budowę nowego kompleksu budynków Otto Versand w Hamburgu, w Bramfeld, gdzie od 1961 roku do dziś znajduje się główna siedziba Otto Group.

W tamtym czasie wszyscy niemieccy przedsiębiorcy musieli zmagać się z ogromnymi trudnościami w prowadzeniu i rozwijaniu firm. Ale tempo i jakość wdrażanych innowacji w Otto Versand nie miały sobie równych. Jeżeli weźmiemy pod uwagę fakt, że Werner Otto uczył się tylko zawodu sprzedawcy i nie posiadał wcześniej wiedzy ani doświadczenia w prowadzeniu większych firm, to ogrom włożonej w rozwój biznesu pracy i jej efekty są osiągnięciem bez precedensu w historii powojennych Niemiec.

Ogromna ilość napływających zamówień sprawiła, że dotychczasowy sposób wysyłki stał się niewystarczający. Werner Otto wiedział, że musi skrócić czas, jaki mija od zamówienia do jego realizacji. Postawił na rozwój techniki, wprowadził komputery, które umożliwiały automatyzację procesu wysyłki towarów do klientów. Pierwsze komputery pojawiły się w firmie w 1955 roku, co umożliwiło zapisywanie i przetwarzanie rachunków na perforowanych kartach. W 1960 roku zainstalowano w firmie pierwszy elektroniczny komputer UNIVAC.

Trzy lata później Werner Otto zakupił i zainstalował nowszą wersję komputera UNIVAC III, która umożliwiała przetwarzanie danych na dużą skalę. Wszystkie prace związane z zamówieniem – przetwarzanie danych, sprawdzanie błędów, księgowanie – można było wykonać dużo szybciej. Werner Otto opanował do perfekcji system realizacji zamówień. Bardzo dużą wagę przykładał też do kontroli jakości. Jego zdaniem klient nie mógł czekać i powinien otrzymać towar, który zamówił, najszybciej, jak to możliwe.

Biznes rozwijał się w tak szybkim tempie dzięki innowacyjności w sposobie promocji. W 1963 roku Werner Otto jako pierwszy wprowadził przyjmowanie zamówień drogą telefoniczną, a od 1995 roku zamówienia realizowane były już online. Wcześniej niż inni przedsiębiorcy Otto zrozumiał, że reklama jest bardzo ważna w handlu. Nie było wtedy dobrych specjalistów, którym można było zlecić to zadanie, dlatego sam starał się nauczyć się i zdobyć doświadczenie w tej dziedzinie. Wysiłek opłacił się. Dzięki opracowaniu różnych strategii reklamowych, restrukturyzacji firmy, gotowości do wprowadzania zmian i umiejętnemu wykorzystaniu potencjału odpowiednio dobranych pracowników Werner Otto wyprzedził konkurencję i zdobył pozycję lidera na rynku. Obecnie Otto Group zatrudnia 50 tysięcy osób i ma roczne przychody w wysokości 11,4 miliarda euro (14,9 miliarda dolarów).

W 1963 roku Werner Otto ożenił się po raz trzeci. Jego żoną została Maren, która urodziła mu dwoje dzieci – Katharinę i Alexandra. Tym razem spotkał kobietę, z którą spędził ponad czterdzieści lat i stworzył udany związek.

Ogromny sukces firmy nie sprawił, że Werner Otto spoczął na laurach. Wręcz przeciwnie, zaczął myśleć o innych możliwościach rozwoju. Uważał bowiem, że „nie należy wszystkich jajek umieszczać w jednym koszyku". W 1962 roku sprzedał część swojej firmy w celu zwiększenia bazy kapitałowej dla nowych projektów.

Otto starał się nie popełnić kardynalnego błędu wielu właścicieli firm – nie ingerował w szczegóły codziennej działalności firmy, za to przykładał dużą wagę do tworzenia wysoko wykwalifikowanych zespołów zarządzających. Było to możliwe, ponieważ nadal obdarzał dużym zaufaniem ludzi, z którymi pracował. Starannie ich dobierał, ale potem dawał im dużą samodzielność.

Uważał też, że żaden przedsiębiorca nie powinien bać się podejmowania decyzji, które mogą być nietrafione. Sam nie uniknął błędów na przykład, gdy zbudował kilka myjni samochodowych lub gdy zainwestował w fabrykę pończoch. Twierdził, że przedsiębiorczość to proces twórczy, a błąd jest wkalkulowany w cenę sukcesu. Kto nie ryzykuje, może i nie traci, ale też nie daje sobie szansy na sukces. Błędy można naprawić. Brak działań to stagnacja, brak rozwoju i niemożność poznania swoich mocnych i słabych stron.

Gdy rówieśnicy Wernera myśleli o emeryturze, on rozpoczął nowy etap swojego zawodowego życia. Na początku lat 60. zaczął myśleć o rozszerzeniu swojej działalności i inwestowaniu w innych krajach. W tym czasie nie mówiło się jeszcze o globalizacji, ale Werner Otto już ją przeczuwał. Rozpoczął tworzenie Grupy Sagitta (obecnie Park Property) w Toronto, która dziś zarządza ośmioma tysiącami mieszkań i około 150 tysiącami metrów kwadratowych powierzchni przemysłowej i jest jedną z największych firm tego typu w Kanadzie.

Werner Otto był jednym z niewielu pionierów handlu XX wieku, którzy mieli znaczący wpływ na gospodarczy, społeczny i polityczny rozwój Republiki Federalnej Niemiec. Czynił to z wizjonerską pasją, wyjątkową pomysłowością i przedsiębiorczą odwagą. W swoim życiu nie bał się podejmowania nowych wyzwań, stale wyznaczał sobie nowe cele. Miał też wyjątkową cechę – czuł się zobowiązany do służenia społeczeństwu. Uważał, że swoim ogromnym majątkiem powinien tak zarządzać, aby część tych zasobów wróciła do społeczeństwa. Chciał dzielić się swoim sukcesem, także tym finansowym, z innymi członkami społeczeństwa, szczególnie z tymi najsłabszymi, bezbronnymi, którzy potrzebują pomocy – z dziećmi. Dlatego w 1969 roku powstała Fundacja Wernera Otto finansująca badania medyczne i centrum leczenia dzieci z chorobami nowotworowymi przy Klinice Uniwersyteckiej w Hamburgu.

Werner Otto był też hojnym darczyńcą. Podarował nowy budynek Werner Otto Hall Muzeum przy Uniwersytecie Harvarda, aby pokazać ekspresjonistyczną sztukę niemieckojęzycznych artystów w USA. W swojej rodzinnej miejscowości Seelow sfinansował odbudowę kościoła i odnowienie nawy. Znaczne środki przeznaczył na odbudowę i renowację belwederu na wzgórzu Pfingstberg w Poczdamie. Ufundował dodatkową nowoczesną scenę w Konzerthaus w Berlinie. Wspierał przebudowę promenady handlowej Jungfernstieg w Hamburgu.

Otto twierdził, że „o naszym losie decyduje odwaga i stanowczość" – ta myśl jest widoczna w jego przedsiębiorczych działaniach. Nigdy nie bał się nowych wyzwań, patrzył w przyszłość w sposób wizjonerski, wiedział, że wszystko się zmienia, więc i on musi być gotowy do zmian. Dzięki temu, że myślał nieschematycznie, mógł pokonać konkurencję i odnosić sukcesy. Nigdy nie pozwolił, by jakieś niepowodzenia go pokonały. Mimo braku wykształcenia potrafił wykorzystać instynkt przedsiębiorcy i swoje doświadczenie w realizacji oryginalnych projektów.

KALENDARIUM:

13 sierpnia 1909 – narodziny Wernera Arthura Arnolda Otto w Seelow (Brandenburgia) w rodzinie Wilhelma i Friedy Otto
5 października 1910 – śmierć matki Friedy
1911 – przeprowadzka z ojcem i macochą do Prenzlau
1926-1929 – trzyletnia praktyka handlowa w Angermündzie
1934 – Werner prowadzi sklep z cygarami; zostaje aresztowany za działalność antyhitlerowską
1934-1936 – dwa lata więzienia w Plotzensee
1939 – ślub z Evą Haffner; przeprowadzka do Chełmna
1941 – narodziny córki Ingvild
12 kwietnia 1943 – narodziny syna Michaela
1943 – Otto zostaje wcielony do Wermachtu, walczy na froncie wschodnim
1945 – powrót do Niemiec, do Hamburga
1948 – otwarcie małej fabryki obuwia w Hamburgu-Schnelsen, która wkrótce bankrutuje
1948 – rozwód z Evą Haffner
17 sierpnia 1949 – rejestracja firmy wysyłkowej Werner Otto Versandhandel
1950 – firma rozsyła do klientów pierwszy katalog, wykonany ręcznie w 300 egzemplarzach
1951 – firma wydaje pierwszy drukowany katalog w nakładzie 1500 egz.
1952 – firma zatrudnia 150 robotników, katalog ofertowy ukazuje się w nakładzie 10 000 egz.
1952 – ślub z Juttą Becker
1953 – katalog ofertowy posiada już 82 strony i jest wydawany w nakładzie 37 000 egz.; przychód firmy wynosi 5 mln marek

1954 – katalog (106 stron) zostaje wydany w nakładzie 80 000 egz.; przychód firmy osiąga 12 mln marek

1955-1958 – dalszy rozwój firmy

7 lipca 1957 – narodziny syna Franka

1957 – śmierć ojca Wilhelma

13 sierpnia 1959 – wbudowanie kamienia węgielnego kompleksu firmowego w Hamburgu-Bramfeld

1961 – firma Otto Versand przenosi się do nowej siedziby w Hamburg-Bramfeld

1961 – kupno w kanadyjskim Edmonton gospodarstwa, co stanowi początek działalności na amerykańskim rynku nieruchomości; powstaje Grupa Sagitta

1962 – Otto Versand po gwałtownej powodzi w Hamburgu przekazuje potrzebującym mieszkańcom odzież o wartości ponad 100 000 marek

1962 – Werner sprzedaje część Otto Versand firmie E. Brost & J. Funke, właścicielom WAZ Gruppe

1963 – ślub z Maren Stücker

1963 – Otto Versand wprowadza przyjmowanie zamówień drogą telefoniczną

1964 – narodziny córki Kathariny

22 stycznia 1965 – Otto zakłada firmę Werner Otto Vermögensverwaltung GmbH, która później zmienia się w Werner Otto Grundstücks-Entwicklung GmbH (WOG), zaś od 1979 r. przyjmuje nazwę ECE Projektmanagement GmbH

1966 – w katalogu Otto Versand po raz pierwszy pojawiają się towary takich projektantów, jak Nina Ricci i Christian Dior; w Hongkongu zostaje otwarte pierwsze biuro firmy na kontynencie azjatyckim

1967 – narodziny syna Alexandra

1968 – powstaje The Otto Parammount Group; Otto Versand wydaje pierwszy katalog dla młodzieży oraz dwa foldery: *Jak żyjemy* i *Wykaz prezentów*

1968 – umiera macocha Wernera Marie Gertrude

1969 – powstaje Fundacja Wernera Otto finansująca badania medyczne i centrum leczenia dzieci z chorobami nowotworowymi

1971 – do Zarządu Otto Versand wchodzi syn Wernera Michael

1974 – powstaje Werner Otto Institut; po raz pierwszy pojawia się katalog KIKO przeznaczony dla dzieci

1977 – Wernerowi zostaje nadany tytuł doktora honoris causa przez Uniwersytet w Hamburgu

1991 – otwarcie Werner Otto Hall przy Uniwersytecie Harvarda

1996 – fundacja stypendium Wernera Otto

1997 – sfinansowanie odbudowy kościoła i odnowienie nawy w Seelow

2000 – otwarcie Werner Otto Haus

2003 – otwarcie ufundowanej przez Wernera nowoczesnej sceny w Konzerthaus w Berlinie

11 sierpnia 2009 – Werner zostaje Honorowym Obywatelem Berlina

25 lutego 2009 – w Warszawie w hotelu Hilton na gali CEE Real Estate Award Alexander Otto odbiera nagrodę przyznaną jego ojcu za całokształt działalności

2009 – powstaje Fundacja Wernera i Maren Otto

21 grudnia 2011 – Werner Otto umiera w Berlinie

CIEKAWOSTKI:

- Każdy, kto chce zrozumieć, jak pracował Werner Otto, i znaleźć klucz do jego niespotykanego sukcesu, powinien poznać jego dwanaście zasad przedsiębiorczości:

1. Poznaj siebie: swoje słabe i mocne strony.
2. Bądź wolny od pracy (może ją wykonać inny pracownik, a ty możesz poświęcić się nowym twórczym zadaniom).
3. Bądź otwarty na pomysły innych. Dyskutuj, słuchaj, dziel się pomysłami. Żadna idea nie jest aż tak dobra, żeby nie można było już nic zmienić, poprawić.
4. Uprość problemy. Sprowadź każdy problem do prostego elementu.
5. Usystematyzuj wiedzę i korzystaj z know-how firmy.
6. Nie bój się krytyki. Analizuj błędy, wyciągaj wnioski i działaj.
7. Działaj konsekwentnie.
8. Uważaj na ukryte zagrożenia.
9. Bądź gotowy do zmian.
10. Rozwijaj się i bądź gotowy do przyjęcia nowych partnerów do swojej firmy.
11. Inteligencja nie zastąpi doświadczenia.
12. Reaguj na zmiany i pamiętaj o dalekowzrocznej strategii.

- W 1943 roku Wernera Otto wcielono do Wermachtu. Walczył na froncie wschodnim i został poważnie ranny w głowę. Trafił do szpitala, gdzie doczekał końca wojny.
- Jednym z osiągnięć Wernera Otto było przeniesienie koncepcji centrów handlowych ze Stanów Zjednoczonych do Niemiec. W 1965 roku założył Werner Otto Vermögensverwaltung GmbH, które później stało się Werner Otto Grundstücks-Entwicklung GmbH (WOG), a od 1979 roku przyjęło nazwę ECE Projektmanagement. W ciągu zaledwie kilku lat ECE stała się jedną z najważniejszych firm budujących i zarządzających centrami handlowymi w Europie. W 2000 roku syn Wernera Alexander został prezesem ECE. Obecnie ECE działa w Niemczech, Polsce, Czechach, na Węgrzech, w Austrii, Szwajcarii, Litwie, Rosji, na

Ukrainie, w Serbii, Rumunii, Bułgarii, Grecji, Turcji i Katarze. Firma jest jedną z największych firm budowlanych i deweloperskich w Europie.

- W 1968 roku Werner Otto założył The Paramount Group – firmę, która specjalizuje się kupowaniu, sprzedaży, zarządzaniu, wynajmie i budowie nieruchomościami. Paramount jest jedną z największych firm tego typu z siedzibą w Nowym Jorku.
- W ciągu ponad 60 lat firma Otto Versand zmieniła nazwę na Otto Group i stała się największą grupą wysyłkową na świecie. Działa w 20 krajach w Europie, Ameryce i Azji, a od kilku dziesięcioleci jest jedną z najbardziej dochodowych firm w tej branży. W 1981 roku Werner przekazał zarządzanie firmą najstarszemu synowi Michaelowi, który w 2007 roku został przewodniczącym Rady Nadzorczej.
- W 1974 roku Werner Otto założył Werner Otto Institut z siedzibą w Hamburgu-Alsterdorf. Był to pierwszy i jak dotąd jedyny specjalistyczny instytut w północnych Niemczech zajmujący się wczesnym diagnozowaniem i terapią chorób rozwojowych dzieci i młodzieży. Co dwa lata Fundacja Wernera Otto przyznaje nagrodę za ważne dokonania w pracy naukowej lekarzom działającym w Hamburgu.
- Od 1996 roku istnieje stypendium Wernera Otto dla młodych naukowców medycznych z Uniwersytetu w Hamburgu.
- W 2000 roku w Berlinie w dzielnicy Neukölln został otwarty Werner Otto Haus – centrum rehabilitacji po wszczepieniu implantów ślimakowych. Jest to nowoczesna placówka, gdzie dzieci i młodzież z upośledzeniem słuchu uczą się słyszeć ponownie po operacji wszczepienia implantu ślimakowego.
- Polska spółka ECE Projektmanagement Polska sp. z o.o. powstała w 1997 roku w Warszawie. Centrum handlowe

Silesia City w Katowicach oraz Galeria Krakowska w Krakowie należą do najbardziej znanych centrów handlowych zarządzanych przez ECE Projektmanagement Polska. Inne centra handlowe zarządzane w Polsce przez tę firmę to: Alfa Centrum i Galeria Bałtycka w Gdańsku, Galeria Dominikańska we Wrocławiu, Galeria Kaskada w Szczecinie, Galeria Łódzka, City Center w Poznaniu i Zielone Arkady w Bydgoszczy.
- Z okazji 100. urodzin Wernera, on i jego żona założyli w 2009 roku Fundację Wernera i Maren Otto. Celem fundacji, której fundusze założycielskie wynoszą pięć milionów euro, jest pomoc osobom starszym z regionu Berlina i Brandenburgii oraz wspieranie opieki nad nimi.
- Z okazji 100. Urodzin Wernera Otto Wydawnictwo Societäts-Verlag opublikowało jego biografię *Werner Otto – człowiek stulecia*, napisaną przez hamburskiego historyka i dziennikarza Matthiasa Schmoocka.
- Werner Otto otrzymał wiele nagród i odznaczeń za swój wkład w rozwój przedsiębiorczości w kraju i na świecie oraz za zaangażowanie w działalność społeczną. Został odznaczony Wielkim Krzyżem pierwszej klasy – Orderem Zasługi Republiki Federalnej Niemiec. Był doktorem honoris causa i honorowym senatorem Uniwersytetu w Hamburgu, a także profesorem Wolnego i Hanzeatyckiego miasta Hamburg. Otrzymał też Nagrodę Społecznej Gospodarki Rynkowej za przedsiębiorczość.

CYTATY:

„Kto myśli zachowawczo i z obawy przed błędami nie odważa się pójść naprzód, nie powinien zostać przedsiębiorcą".

„Oczywiście, czasami można w życiu upaść, ale trzeba się podnieść".

„Wprawdzie szczęście może komuś podać rękę, ale na sukces trzeba zapracować samemu".

„Każda firma ma swój charakter. Kiedy go straci, zniknie też jej sukces".

„Ludzie są [dla mnie] ważniejsi od bilansów".

„Myślenie o obrotach musi być ponad myśleniem o kosztach".

„Wartość życia musi poprzedzać wartość rynkową".

„Nie jestem typowym liberałem, ale jestem postępowy".

„W żadnym razie nie jestem skromny, ale nie robię wokół siebie szumu jak inni".

„Rozstrzygnięcie nie jest lepsze, gdy się wiele razy naradzamy. Ono jest po prostu droższe".

„Utrata zaufania człowieka jest gorsza niż straty w sprzedaży. Straty materialne można zrekompensować poprzez wydajność, szkody niematerialnej nie da się spłacić".

„Często zastanawiałem się, dlaczego nasza firma wysyłkowa tak dobrze się rozwinęła, przecież w innych firmach też pracowano. Myślę, że to nasza wewnętrzna gotowość do naprawdę wielkiego wysiłku dla klienta. Nawet dla specjalisty linii montażowej czy elektronika jest jasne, że za każdym zamówieniem stoi człowiek ze swoimi nadziejami i życzeniami".

„Należy trenować ciało i ducha. Gdy się tego nie robi, gdy nie ma się przed sobą nowych wyzwań, przegrywa się".

„Współczesne przedsiębiorstwo jest oceniane nie tylko na podstawie danych sprzedaży i wielkości produkcji, ale coraz częściej przez to, co jest gotowe zrobić dla społeczeństwa, co wynika z jego społecznej odpowiedzialności".

„Odwaga i zdolność podejmowania decyzji określają los".

ŹRÓDŁA I INSPIRACJE:

Schmoock Matthias, *Werner Otto – Der Jahrhundert Mann*, Societäts-Verlag, 2009.
Herb Verena, *German retail pionier Werner Otto turns 100*, http://www.dw.com/en/german-retail-pioneer-werner-otto-turns-100/a-4559607.
Nicolai Briger, *Der König des Versandhauses wird 100 Jahre*, https://www.welt.de/wirtschaft/article4294975/Der-Koenig-des-Versandhauses-wird-100-Jahre-alt.html.
Ritter Johannes, *Werner Otto gestorben*, „Frankfurter Allgemeine Zeitung", http://www.faz.net/aktuell/wirtschaft/versandhaus-gruender-werner-otto-gestorben-11581357.html.
Prof. Dr. H. c. Werner Otto. Unternehmer Und Mäzen, http://www.werner-otto.info/vita_e.html.
Biografia Wernera Otto w Wikipedii: https://en.wikipedia.org/wiki/Werner_Otto_(entrepreneur).

Werner Otto ist tot. Vom Schuster zum Versandhauskönig, http://www.handelsblatt.com/unternehmen/mittelstand/werner-otto-ist-tot-vom-schuster-zum-versandhauskoenig/5996622-all.html.

Wolfgang Puck

(ur. 1949)

Amerykanin austriackiego pochodzenia,
kucharz celebryta, właściciel imperium kulinarnego
Wolfgang Puck Group

Jako 14-latek wyprowadził się z domu, by uczyć się gotowania od profesjonalnych kucharzy. W wieku 20 lat był już szefem kuchni w paryskich restauracjach. Gdy miał 24 lata, opuścił Europę, by rozpocząć karierę w Stanach Zjednoczonych. Tam w ciągu 30 lat stworzył imperium kulinarne. W jego skład wchodzi 100 restauracji w USA (dane z 2016 roku), firma cateringowa obsługująca klientów premium oraz firma zajmująca się dystrybucją i sprzedażą sprzętu do kuchni. Puck jest autorem kilku książek kucharskich, które sprzedały się w milionowych nakładach. Prowadzi cieszące się wielką popularnością telewizyjne programy kulinarne. Zarabia ogromne pieniądze, ale nie jest ich niewolnikiem – mówi: „Nie jestem zainteresowany pieniędzmi, dopóki wystarcza ich do jutra". Od ponad 20 lat angażuje się w wiele inicjatyw charytatywnych. Tylko przez swoją fundację dobroczynną przekazał potrzebującym około 13 milionów dolarów w ciągu ostatnich 20 lat.

Wolfgang Puck, a właściwie Wolfgang Topfschnig, (nazwisko zmienił na Puck, gdy matka wyszła po raz drugi za mąż) urodził się w małym miasteczku w austriackiej Karyntii. Nie miał łatwego dzieciństwa. Jego ojciec był nadużywającym alkoholu bokserem, który systematycznie się upijał i bardzo źle traktował syna i żonę. Rodzinie nie powodziło się dobrze. Wolfgang wspomina: „Dorastałem w takiej biedzie, że nigdy nie wyjechałem na wakacje". Jego matka pracowała jako kucharka w jednym z hoteli w rodzinnym mieście Wolfganga Saint Veit an der Glan. Często zabierała syna ze sobą do pracy, aby nie siedział w domu z ojcem pijakiem. Podczas wielogodzinnych pobytów w kuchni (lub jej pobliżu) Wolfgang najpierw z nudów, a potem z coraz większym zaangażowaniem i zainteresowaniem pomagał mamie w prostych pracach. Rozpoczął, jak każdy szanujący się pomocnik kucharza, od obierania ziemniaków. Z czasem dostawał coraz bardziej odpowiedzialne zadania.

Jako 14-latek był już pewny, czego chce: być szefem kuchni w prestiżowej restauracji. Wtedy wydawało się to nierealnym marzeniem. Jednak marzenie miało się spełnić, dlatego że chłopak był zdeterminowany do zmiany swojego życia. Marzył o tym, by wydostać się spod wpływów ojca alkoholika, skończyć z biedą i robić to, czego pragnie. Gdy o planach syna dowiedział się ojciec, wpadł w szał. „Gotowanie to praca dla kobiet! Ty masz zostać cieślą!" – krzyczał. Młody Wolfgang wiedział, że w domu rodzinnym nie ma dla niego miejsca. „Gotowanie to było coś, co pomogło mi wyrwać się z domowej beznadziejności i było dla mnie szansą na lepsze życie, tym większą, że ja naprawdę lubiłem gotować" – wspomina Puck w jednym z wywiadów prasowych. Znajomy załatwił mu trzyletnią praktykę w niewielkim hotelu, gdzie Wolfgang miał nauczyć się podstaw sztuki kulinarnej. Jego pierwsza przygoda z gotowaniem nie trwała długo, bo zaledwie miesiąc. Szef kuchni powiedział mu: „Wracaj do domu, do mamy, bo jesteś beznadziejny". Po prostu wyrzucił go na bruk. To był bardzo trudny moment dla kilkunastoletniego chłopaka. Wolfgang Puck w swoich wspomnieniach pisze, że tego wieczora, gdy stracił pracę, stał godzinę na moście nad rzeką i chciał się zabić. Wtedy do głowy przyszła mu jednak myśl, której się uchwycił jak koła ratunkowego: „Nie poddam się, jutro wrócę do hotelu i zobaczę, co będzie". Właściciel bardzo zadziwiony determinacją młodego kandydata na kucharza zlitował się nad nim i postanowił zatrudnić w innym swoim hotelu. Ta sytuacja nauczyła Pucka, że warto być upartym i bardzo wzmocniła na kolejne lata drogi do realizacji marzeń.

Z Austrii wyjechał do Francji. Tam znalazł pracę w restauracji w Dijon, którą prowadził Raymond Thuilier. To on nauczył młodego chłopaka z Austrii, jak być prawdziwym szefem kuchni, ale nie tylko tego. „Patrząc na Raymonda, zrozumiałem, że nie chcę być tylko świetnym kucharzem, lecz również właścicielem restauracji jak on" – wspomina Wolfgang, który odebrał od życia kolejną lekcję: „Gdy chcesz coś osiągnąć, poszukaj kogoś, kto to już zrobił. Znajdź mentora, który wskaże Ci drogę i będzie Cię motywował, a gdy trzeba, wytknie ci błędy". Swoje umiejętności szlifował jeszcze w kilku paryskich restauracjach, między innymi w słynnym Maximie. Pracował też w Monte Carlo. Uczył się i zbierał doświadczenia, podpatrywał najlepszych, bo od nich właśnie chciał się uczyć. Zawsze chciał być w miejscu cieszącym się największym prestiżem. Marzył o pracy z najlepszymi kucharzami.

Gdy Europa stała się dla niego „za mała", a miał wtedy zaledwie 24 lata, wyruszył na podbój Stanów Zjednoczonych. Posiadał kilkuletnie doświadczenie zdobyte w dobrych restauracjach, trochę odłożonych pieniędzy na start i ambitne plany na przyszłość. Zawsze myślał w szerokich kategoriach: o pracy w najlepszych hotelach, o gotowaniu dla klientów z górnej półki. Po rocznym pobycie w Indianapolis przeniósł się do Kalifornii, do Los Angeles, bo czy może być lepsze miejsce dla ambitnego kucharza z wielkimi planami na przyszłość? Tam znalazł pracę w lokalu Ma Maison. Jako nowy szef kuchni zaproponował potrawy przygotowywane według przepisów z Francji na bazie naturalnych produktów dostępnych w Kalifornii. Ta mieszanka miała być według niego gwarancją sukcesu. Potrzebował bardzo dobrych produktów, między innymi owoców i warzyw, bo to, co zastał w kuchni Ma Maison, nie spełniało jego oczekiwań. „Nie wiem, jak klienci mogli to jeść" – opowiada Puck. Osobiście wyszukiwał rolników, którzy mieli dostarczać najlepsze produkty. Dbałość o jakość była jego pasją. Nowe menu zostało bardzo dobrze przyjęte przez klientów, a Ma Maison szybko stała się jedną z bardziej popularnych restauracji w Los Angeles.

Po sześciu latach sukcesów Puck podjął trudną decyzję o odejściu. Zafascynowany swoim pierwszym mentorem z Francji, chciał być swoim własnym szefem i pozostał wierny temu postanowieniu. W swoją pierwszą restaurację zainwestował wszystkie oszczędności, dodatkowo pożyczył 60 tysięcy dolarów z banku i ponad pół miliona od inwestorów, których swoim entuzjazmem przekonał do tego projektu. W 1982 roku otworzył lokal o nazwie Spago (czyli spaghetti), na którego punkcie oszaleli mieszkańcy Los Angeles. Przez wiele lat Spago było „najgorętszą" restauracją w mieście. Można tu było spotkać największe gwiazdy kina, muzyki oraz celebrytów. Jak była tajemnica sukcesu Pucka? Innowacyjność. Ciekawy wystrój, otwarta, tętniąca życiem kuchnia i nowe smaki ze wszystkich stron świata. To, czego nauczył się podczas pracy w Ma Maison, udoskonalił w Spago. Komponował zupełnie nowe dania, mieszając składniki z różnych części świata. Serwował na przykład pizzę z kawiorem lub łososiem. Inspiracji szukał w Chinatown, Małym Tokyo i dzielnicach zamieszkałych przez emigrantów z Europy. Wiedział, że w Los Angeles mieszkają ludzie pochodzący z różnych zakątków świata. Każdy miał znaleźć coś dla siebie w restauracji Pucka. Po tym sukcesie przyszła pora na otwarcie kolejnych restauracji Spago w Chicago, Las Vegas, Beverly Hills i Palo Alto. Szukając wciąż nowych inspiracji, wpadł na jeszcze jeden pomysł. Skoro ludziom tak bardzo smakowały dania z jego restauracji, postanowił uruchomić produkcję mrożonych potraw przygotowanych z najlepszych składników według receptur Spago. Wolfgang Puck w kolejnych latach systematycznie rozwijał swoje imperium kulinarne. Otwierał następne restauracje dedykowane różnym nacjom zamieszkującym USA: chińskie, włoskie, koreańskie.

Puck znalazł swoje miejsce nawet w branży fast food, lecz na swoich warunkach: serwując naturalne, świeże produkty w zestawach zainspirowanych kuchniami wielu narodów. W jego sieci można było znaleźć wpływy greckie, meksykańskie, włoskie i chińskie. Potem przyszła pora na rozwinięcie systemu franczyzowego, dzięki czemu restauracje z jego logo można znaleźć na terenie całych Stanów Zjednoczonych. Obecnie koncern kulinarny Pucka przynosi około 400 milionów dolarów rocznego dochodu. Pracuje w nim ponad pięć tysięcy osób.

Zbudowanie tak dużej firmy było możliwe tylko przy pełnym poświęceniu samego Wolfganga i jego najbliższych. Ogromne tempo życia, popularność, ciągłe przebywanie w pracy (w ciągu roku Puck spędza około 200 dni poza domem w podróżach służbowych) sprawiły, że związki Pucka z kobietami przechodziły, delikatnie mówiąc, różne momenty.

Był żonaty trzy razy. Obecnie jest w związku z Gelilą Asafetą, z którą ma dwóch synów: Aleksandra i Olivera. Pierwszą jego żoną była w latach 1975-1980 Marie Trouillot, z którą nie miał dzieci. Po rozwodzie poślubił w 1983 roku Barbarę Lazaroff. Z tego związku ma dwóch synów: Camerona i Byrona. Z Barbarą założył fundację charytatywną, która pomaga ubogim. W ciągu 20 lat przekazali na cele dobroczynne około 13 milionów dolarów. Prywatnie Wolfgang jest wielkim miłośnikiem narciarstwa. Jeśli tylko ma czas, szusuje na stokach gór Kolorado. Jego codzienną rutyną jest spacer. Jak mówi, wtedy najlepiej zbiera mu się myśli i do głowy przychodzą mu najlepsze pomysły. Być może tak dużo spaceruje, aby spalić trochę kalorii, bowiem jego ulubionym daniem jest… makaron! „Makaron to najlepsze jedzenie na świecie" – śmieje się mistrz.

Od kilkunastoletniego chłopaka, który załamany stał na moście, myśląc o samobójstwie, do jednego z najpopularniejszych kucharzy w USA, zarabiającego miliony dolarów – to droga, jaką przeszedł Wolfgang Puck. Pochodząc ze zmagającej się z ciężkim życiem rodziny, mając ojca alkoholika i nie mając perspektyw na przyszłość, potrafił znaleźć w sobie siłę i determinację, by szukać nowego, lepszego życia. Za cechę, która pozwoliła mu tak wiele osiągnąć, uważa gotowość na zmiany. Zmiany na lepsze mogły nastąpić, ponieważ cały czas się uczył i udoskonalał wszystko, co tylko mógł: przepisy, obsługę klienta, pomysły na biznes i… siebie samego. Codziennie wstawał i mierzył się z kolejnymi wyzwaniami. W jednym z wywiadów powiedział: „Jeśli chcesz osiągnąć coś naprawdę dużego w swoim życiu, przygotuj się na ogrom pracy i mnóstwo przeciwności, które napotkasz". Sam dowiódł, że wszelkie przeszkody można pokonać, jeśli wystarczy wiary w siebie, wytrwałości i entuzjazmu.

KALENDARIUM:

8 września 1949 – narodziny Wolfganga Pucka

1961 – Wolfgang opuszcza dom, by uczyć się sztuki kulinarnej w Austrii, a potem we Francji

1973 – wyjazd do USA; pierwszy przystanek to Indianapolis, w którym spędza dwa lata

1975 – przeprowadzka do Los Angeles i rozpoczęcie pracy w restauracji Ma Maison

1975 – Wolfgang bierze ślub z Marie Trouillot; małżeństwo przetrwa 5 lat; para nie będzie miała dzieci

1980 – rozstanie z Marie Trouillot i publikacja pierwszej książki kucharskiej (w sumie wydał 6 poradników kucharskich)

1981 – otwarcie Spago w Los Angeles

1983 – otwarcie Chinois on Main w Santa Monica

1983 – Puck żeni się po raz drugi, jego wybranką jest Barbara Lazaroff; związek przetrwa 20 lat i urodzi się w nim dwóch synów: Cameron i Byron

1987 – Puck uruchamia linię mrożonek z potrawami, jakie podawane są w jego restauracji Spago

1989 – kolejna restauracja Pucka Postrio otwiera swoje podwoje w San Francisco

1991 – rusza sieć restauracji Wolfgang Puck Express serwujących dania typu fast food

2002 – Wolfgang i Barbara rozwodzą się po 20 latach małżeństwa

2006 – powstaje pierwszy lokal o nazwie CUT w Beverly Wilshire – jest to restauracja typu steakhouse

2007 – Wolfgang staje po raz trzeci na ślubnym kobiercu, tym razem żeni się z Gelilą Asafetą; ma z nią dwóch synów: Aleksandra i Olivera

CIEKAWOSTKI:

- Wolfgang Puck jest autorem sześciu książek kucharskich, które przyniosły mu nieprawdopodobną popularność w Stanach Zjednoczonych. Wszystkie rozeszły się milionowych nakładach. Szczególnie znana jest pierwsza, zatytułowana *Modern French Cooking for the American Kitchen*, którą wydał w 1981 roku. Ponad pięć milionów osób czyta cotygodniowe felietony kulinarne Austriaka zatytułowane „Kuchnia Wolfganga Pucka". Ukazują się one w 30 amerykańskich gazetach.
- Jak przystało na celebrytę, Wolfgang Puck pojawia się od czasu do czasu na małym ekranie, grając epizodyczne role w filmach i serialach telewizyjnych. Ma ich na koncie kilkanaście. Bierze udział w programach kulinarnych typu reality show. Prowadzi też programy, podczas których reklamuje urządzenia do kuchni sprzedawane przez jego firmę.
- Prywatnie Puck jest wielkim fanem piłki nożnej. Szczególnie lubi oglądać mecze ligi angielskiej. Kibicuje mocno dwóm londyńskim drużynom: Chelsea i Arsenalowi. Największy problem ma, gdy obie grają przeciwko sobie. Wtedy, jak mówi, ma rozdarte serce.
- Firma Wolfganga Pucka przygotowuje menu i dostarcza catering na bal Amerykańskiej Akademii Filmowej, który odbywa się po wręczeniu Oscarów.

CYTATY:

„Potrawa powinna zapadać w pamięć; jeśli jest „tylko" dobra, to za mało".

„Gotowanie jest jak malowanie albo komponowanie piosenki".

„Tylko Ty możesz osądzić swoje życie. Musisz żyć zgodnie ze swoimi oczekiwaniami".

„Nauczyłem się więcej w jednej restauracji, która nie działa, niż w stu, które odnoszą sukcesy".

„Wiele restauracji serwuje dobre jedzenie, niewiele ma jednak dobrą obsługę".

„Jedząc wspólnie posiłki z rodziną i znajomymi, jesteśmy szczęśliwsi".

ŹRÓDŁA I INSPIRACJE:

Oficjalna strona internetowa Woflganga Pucka: http://www.wolfgangpuck.com

Sylwetka Wolfganga Pucka w internetowym wydaniu „Los Angeles Times": http://articles.latimes.com/2010/mar/07/business/la-fi-himi-puck7-2010mar07

Wolfgang's Puck Kitchen Adventures, „The Wall Street Journal", http://www.wsj.com/articles/SB10001424053111904006104576504120231813228

Biografia Wolfganga Pucka na portalu biography.com: http://www.biography.com/people/wolfgang-puck-9542381

Sylwetka Wolfganga Pucka na portalu Culinary Hall of Fame: http://www.culinaryhalloffame.com/inductees/wolgang_puck.htm.

10 pytań do Wolfganga Pucka, gayot.com, http://www.gayot.com/interviews/wolfgang-puck.html.

Yves Rocher

(1930-2009)

francuski przemysłowiec i polityk lokalny, założyciel koncernu kosmetycznego Yves Rocher produkującego kosmetyki na bazie składników naturalnych

Rozpoczynał od samodzielnej produkcji kremu na hemoroidy na strychu swojego rodzinnego domu. Absolwent szkoły podstawowej o bardzo wątłym zdrowiu przez 5 dekad stworzył jeden z największych koncernów kosmetycznych na świecie, posiadający 40 milionów klientów i przynoszący roczny zyskiem 2 miliardów euro. Przeszedł tę drogę dzięki poszukiwaniu nowych rozwiązań i ciągłej samodzielnej nauce. Miłośnik botaniki i… kobiecej urody. Wykorzystuje rośliny, by podkreślać i jak pielęgnować kobiece piękno. Mawiał: „Dzięki naszym produktom każda kobieta ma się czuć jak królowa". W produkcji naturalnych kosmetyków widział nie tylko biznes, ale przede wszystkim powrót do natury i mądre korzystanie z tego, co dała nam matka Ziemia.

Yves Rocher urodził się w malutkiej miejscowości La Gacilly w Bretanii. Jego ojciec szył kapelusze. Rodzinie nie powodziło się najlepiej i chłopiec od najmłodszych lat pomagał ojcu w zakładzie. Po ukończeniu szkoły podstawowej rozpoczął naukę w szkole średniej w pobliskim Redon, lecz po roku musiał zrezygnować. Opuszczał bowiem mnóstwo zajęć z powodu ciągłych przeziębień, a braki były zbyt duże, by można je było nadrobić. Konieczność przerwania nauki to był pierwszy cios od życia. Drugi cios przyjął w wieku 14 lat , gdy umarł jego ojciec. Yves zmuszony był do przejęcia obowiązków szefa firmy, którą prowadził wraz z mamą. Wywiązywał się z nich poprawnie, jednak prowadzenie zakładu kapeluszniczego oraz handel tkaninami nie okazały się jego pasją. Praca polegała między innymi na chodzeniu od domu do domu i namawianiu klientów na zakup towarów. Yves czuł, że nie odnajduje się w tym zajęciu. Jego prawdziwą pasją była botanika.

Pasja ta zaczęła się przypadkowo, gdy Yves trafił na stary zielnik swojego dziadka. Zafascynowany światem roślin potrafił godzinami siedzieć nad książkami przyrodniczymi albo chodzić po okolicznych polach i łąkach w poszukiwaniu ciekawych okazów. W pewnym momencie musiał sobie odpowiedzieć na pytanie, w jaki sposób może ze swej pasji uczynić źródło zarobków. Z pomocą przyszedł mu jego ojciec chrzestny, lekarz Joseph Pierre Ricud, który interesował się zielarstwem. Doktor pokazał mu, jak można wykorzystać rośliny w leczeniu różnych przypadłości. Drugim sprzymierzeńcem Yvesa okazał się miejscowy zielarz, od którego dostał przepis na maść wykonaną na bazie nagietka, która przyśpieszała gojenie ran i leczenie blizn.

Yves Rocher był wielkim miłośnikiem urody kobiet. Wiedział, że jak najdłużej chcą wyglądać młodo i pięknie. Wtedy przyszedł moment olśnienia: a gdyby tak produkować i sprzedawać naturalne kremy dla kobiet?! Na strychu swojego domu rozpoczął swoje kilkuletnie eksperymenty z maściami i kremami dla pań. Była to żmudna praca, lecz dla Yvesa fascynująca. Miał poczucie misji. Po pierwsze był jednym z nielicznych producentów, którzy pracowali nad naturalnymi kosmetykami. Wtedy kosmetyki tworzono syntetycznie z użyciem związków chemicznych, więc były bardzo drogie i niedostępne dla kobiet o mniej zasobnych portfelach. I to był drugi punkt misji Rochera: stworzyć niedrogie kosmetyki dostępne dla wszystkich! Po trzech latach doświadczeń, prób, eksperymentów i samodzielnego uczenia się od podstaw nowego zawodu w 1959 roku Yves rozpoczął sprzedaż swojego pierwszego kremu. Zaczął w swojej rodzinnej wsi i najbliższej okolicy, zyskując tam wielką popularność. Później podjął odważną decyzję o rozszerzeniu obszaru działania. Potrzebował jakiegoś niedrogiego sposobu na dystrybucję swoich produktów. Nie miał pieniędzy na uruchomienie sklepów lub zatrudnienie przedstawicieli, dlatego zdecydował się pójść inną, innowacyjną w tamtych czasach drogą. Postanowił, że jego krem dostępny będzie tylko i wyłącznie na zamówienie. Stworzył własny dom wysyłkowy. Reklamował się w prasie, a zainteresowane panie zamawiały kosmetyki, które następnie dostarczano im pocztą.

Biznes kręcił się znakomicie dzięki kolejnemu nietypowemu pomysłowi Yvesa: w 1965 roku wydał on cieszącą się wielką popularnością *Zieloną księgę piękna*, w której opisywał lecznicze i kosmetyczne działanie roślin, lansując modę na naturalne kosmetyki. Książka ta stała się katalogiem firmy Yves Rocher. Przetłumaczono ją do tej pory na 20 języków (i zapisano alfabetem Braille'a). Przyniosła francuskiemu przedsiębiorcy wielką popularność i otworzyła drzwi na europejskie rynki. Najpierw jednak Yves w 1969 roku uruchomił w Paryżu swój pierwszy sklep. Zdecydował się na ten krok po 10 latach od rozpoczęcia produkcji, bo jako perfekcjonista potrzebował czasu na dokładne przygotowanie każdego przedsięwzięcia. Innym powodem zwlekania z uruchomieniem sprzedaży stacjonarnej był fakt, że firma oparta na sprzedaży wysyłkowej bardzo dobrze prosperowała. Yves wiedział jednak, że „kto się nie rozwija, ten stoi w miejscu". Intuicja i doświadczenie zdobyte przez dekadę obecności na rynku podpowiedziały mu, że należy pójść dalej. Na początku lat 70. rozpoczął ekspansję w Europie, a później na całym świecie. Dziś jego sklepy można znaleźć w 88 krajach na pięciu kontynentach. Szacuje się, że firma ma rocznie około 40 milionów klientów i co rok przynosi zysk na poziomie 2 miliardów euro.

Mimo prowadzenia działalności na wielką skalę Yves Rocher zawsze pamiętał, skąd się wywodzi. Ukochał swoją małą ojczyznę Bretanię, a przede wszystkim wioskę La Gacilly, w której się urodził. Bardzo bolało go to, że w drugiej połowie XX wieku małe miejscowości pustoszały, bo ludzie chcieli mieszkać w dużych ośrodkach miejskich. Postanowił zatrzymać w swojej miejscowości ten trend i rozpoczął walkę na dwóch frontach: gospodarczym oraz politycznym. Obiecał mieszkańcom i sobie, że „pewnego dnia La Gacilly będzie znana w całej Francji" i dotrzymał słowa. W swojej rodzinnej wsi uruchomił fabrykę kosmetyków i dał zatrudnienie wielu okolicznym mieszkańcom zarówno przy produkcji, jak i przy uprawie roślin potrzebnych do tworzenia kosmetyków. Na kilkudziesięciu hektarach uprawia się tam ponad tysiąc gatunków roślin służących do produkcji kremów Yves Rocher. Przez 46 lat (1962-2008) był burmistrzem, który dbał o rozwój tego regionu. Ściągał inwestorów z całej Francji, skutecznie rozpropagował również turystyczne walory tej części Bretanii. Pod jego rządami ludność La Gacilly podwoiła się! Mimo swoich sukcesów biznesowych i politycznych Yves Rocher pozostał skromnym człowiekiem.

Był przy tym bardzo rodzinny. To właśnie od najbliższych czerpał inspirację i siły do podejmowania kolejnych wyzwań. Całe życie spędził z żoną Edith, z którą miał piątkę dzieci: dwie córki i trzech synów. Najstarszy syn Didier zginął tragicznie w 1994 roku w wyniku postrzelenia w niejasnych okolicznościach. Obecnie grupą Yves Rocher zarządza 31-letni wnuk Yves'a Bris (syn zmarłego Didier). Synowie Jacques i Daniel również pracują w firmie założonej przez ojca. Zgodnie z koncepcją założyciela koncern Yves Rocher do dziś pozostał firmą rodzinną. Aż 97 procent udziałów w firmie należy do najbliższych. Yves był konsekwentnie przeciwny wejściu na giełdę, nie chciał bowiem, aby obcy inwestorzy mieli wpływ na kluczowe decyzje dotyczące przyszłości koncernu. Ta chęć posiada kontroli nad wszystkimi aspektami działania firmy oraz perfekcjonizm Yves'a objawiły się w decyzji niedopuszczenia firm zewnętrznych do procesu produkcji kosmetyków. Wszystko od A do Z robione jest i kontrolowane w zakładach Yves Rocher. Ma to pozytywny wpływ na dobrą jakość produktu jak i cenę.

Yves dzięki doświadczeniu oraz intuicji bardzo dobrze rozumiał swoje klientki. Wiedział, czego oczekują i zawsze im to dawał. Nie nauczył się tego w żadnej szkole. Od 14 roku życia samodzielnie rozwijał najpierw sklep odzieżowy po ojcu, a później swoją firmę kosmetyczną. Ciężka, wieloletnia praca nie była katorgą, ponieważ miał silne poczucie, że to, co robi, jest słuszne i dobre zarówno dla jego klientek, jak i dla środowiska naturalnego, z którym jako botanik amator był bardzo mocno związany. To pasja i poczucie misji wsparte ciągłą nauką zaprowadziły go na sam szczyt świata biznesu. Z tego szczytu oglądał zielone pola, błękitne wstążki rzek, słyszał szumiące drzewa i widział ludzi żyjących i pracujących, tak jak on, zgodnie z rytmem natury. Pokazał, że przemysł może współistnieć w zgodzie ze środowiskiem naturalnym, a gdy będziemy mądrze gospodarować zasobami naturalnymi, Ziemia będzie naszym sprzymierzeńcem.

KALENDARIUM:

7 kwietnia 1930 – narodziny Yves'a Rocher w La Gacilly w Bretanii

1941 – Yves kończy szkołę podstawową

1944 – umiera ojciec Yves'a Józef z powodu powikłań po grypie, a rodzinny biznes (sklep z kapeluszami i tekstyliami) przejmuje 14-letni Yves

1947 – Yves tworzy swój warsztat odzieżowy i rozwija sprzedaż w sklepie z kapeluszami

1959 – Yves zakłada swoje laboratorium na strychu rodzinnego domu, gdzie pracuje nad udoskonaleniem przepisu na krem na hemoroidy, jaki dostał od lokalnego zielarza

1960 – uruchamia sprzedaż wysyłkową swojego pierwszego kremu bazującego na naturalnych składnikach

1962 – zostaje wybrany na burmistrza La Gacilly; tę funkcję pełni nieprzerwanie przez 46 lat, do 2008 r.

1965 – wydaje *Zieloną Księgę Piękna* (katalog firmy Ives Rocher), która zdobywa popularność w całej Europie

1969 – uruchamia pierwszy sklep stacjonarny w Paryżu

1970 – otwiera sklep w Belgi, a w kolejnych latach placówki w większości państw Europy Zachodniej

1990 – kolejne międzynarodowe otwarcia: Azja, Europa Wschodnia, Ameryka Łacińska

1991 – utworzenie Fundacji Yves'a Rocher zajmującej się ekologią; prezesem zostaje jego syn Jacques

1994 – w tragicznym wypadku na strzelnicy ginie najstarszy syn Yves'a Didier, pełniący w tym czasie funkcję dyrektora zarządzającego koncernem; Yves musi wracać do pracy z emerytury, na którą odszedł kilka lat wcześniej

1998 – Yves Rocher tworzy w La Gacilly Vegetarium – muzeum botaniki współpracujące z Muzeum Historii Naturalnej

26 grudnia 2009 – Yves Rocher umiera z powodu udaru; dyrektorem zarządzającym całą grupą firm Rocher zostaje jego wnuk Bris, syn zmarłego tragicznie Didier

CIEKAWOSTKI:

- Wszystkie produkty Yves Rocher tworzone są na bazie roślin. W ogrodzie botanicznym w siedzibie firmy w La Gacilly uprawianych jest ponad 1100 gatunków roślin, z których produkowane są kosmetyki. By podkreślić swój związek z naturą, w 1998 roku w La Gecilly Yves Rocher otworzył muzeum botaniki o nazwie Vegetarium. Przy tym przedsięwzięciu współpracował z Muzeum Historii Naturalnej.
- Pozostawienie kolejnym pokoleniom Ziemi w takim stanie, w jakim ją otrzymaliśmy, było zawsze nadrzędnym celem Yves'a Rocher. Postępując zgodnie z tą filozofią, założył w 1991 roku fundację mającą na celu ochronę przyrody. Jej honorowym prezesem został Jacques Rocher, syn założyciela marki. Jedną z kluczowych akcji prowadzonych przez Fundację Yves'a Rocher jest konkurs nagradzający inicjatywy kobiet, dla których ekologia to ważny element życia i które podejmują działania mające na celu ochronę środowiska. Nagrody otrzymało do tej pory ponad 300 kobiet z ponad 50 krajów na świecie.

CYTATY:

„Naszą zasługą nie jest to, że odkryliśmy lecznicze właściwości roślin, lecz to, że udostępniliśmy je wszystkim".

„Tradycja jest światłem, które nas prowadzi, a nauka narzędziem, z którego korzystamy".

„Rośliny nigdy nie zawiodły zaufania, jakie w nich pokładaliśmy".

ŹRÓDŁA I INSPIRACJE:

Yves Rocher. Odszedł Pionier, „Le Journal de Entreprises Morbihan", http://www.lejournaldesentreprises.com/editions/56/actualite/rencontre/yves-rocher-disparition-d-un-pionnier-08-01-2010-86264.php.

Oficjalna, polska strona koncernu Yves Rocher: http://www.yves-rocher.pl.

Żegnaj pionierze naturanych kremów, El Blog Alternativo, http://www.elblogalternativo.com/2009/12/30/yves-rocher-adios-al-pionero-de-la-cosmetica-verde-cuya-primera-crema-seguia-la-formula-de-una-curandera-local/#.

Oficjalna strona internetowa Grupy Yves Rocher: http://www.groupe-rocher.com.

Strona internetowa Fundacji Yves'a Rocher: http://www.yves-rocher-fondation.org.

Nekrolog Yves'a Rocher w dzienniku „The Guardian": https://www.theguardian.com/theguardian/2010/mar/07/yves-rocher-obituary.

John Davison Rockefeller

(1839-1937)

amerykański przedsiębiorca, założyciel Standard Oil,
uważany za najbogatszego człowieka w historii ludzkości,
filantrop (na cele charytatywne przeznaczył
ponad pół miliarda dolarów)

Był synem oszusta i… pobożnej baptystki. Od najmłodszych lat musiał pracować, aby pomóc w utrzymaniu piątki rodzeństwa. Zawsze pomagał ubogim, ale jednocześnie był bezwzględny dla konkurentów w biznesie. Źródeł swojego sukcesu upatrywał w ofiarowaniu własnego losu Bogu. Udowodnił, na co go stać, ponieważ zaczynał od zera, a stał się najbogatszym człowiekiem w historii ludzkości. U szczytu swojej potęgi pod koniec XIX wieku kontrolował 95 procent rynku wydobycia ropy naftowej w USA i jako prywatna osoba odpowiadał za 1 procent produkcji przemysłowej Stanów Zjednoczonych! Był filantropem, fundatorem Uniwersytetu Chicagowskiego i założycielem Fundacji Rockefellerów. Według magazynu „Forbes" majątek zarządzanych przez niego firm wynosił w przeliczeniu na dzisiejszą wartość waluty około 305 miliardów dolarów (dane z 2007 roku).

John D. Rockefeller urodził się w Richford w stanie Nowy York jako jedno z sześciorga dzieci Williama Rockefellera i Elizy Davison. Był drugim dzieckiem w kolejności i najstarszym synem, w związku z tym przypadł mu obowiązek zarabiania pieniędzy już od najmłodszych lat. Rodzinie nie powodziło się dobrze. Ojciec Johna, mówiąc najdelikatniej, nie miał smykałki do pracy. Próbował prowadzić farmę, był też komiwojażerem i oszustem podającym się za lekarza cudotwórcę wciskającego ludziom własne mikstury zdrowotne. W okolicy znany był jako Doc. Rockefeller albo Bill Devil (Bill Diabeł). Podczas podróży służbowych znikał na całe tygodnie i zapominał o najbliższych. W końcu porzucił rodzinę i został bigamistą, żeniąc się z inną kobietą. John miał wtedy 16 lat. Matka Johna, pobożna baptystka, troskliwie zajmowała się dziećmi i wpajała im, że w życiu liczy się skromność, pobożność, oszczędność i pracowitość. John dobrze zapamiętał jej słowa. Jako nastolatek za drobne opłaty wykonywał prace dla sąsiadów, sprzedawał dzieciom słodycze, a dorosłym samodzielnie wyhodowane indyki. Chodził do szkoły, ale odebrał tylko podstawowe wykształcenie.

Gdy miał 16 lat, rodzina wyprowadziła się na przedmieścia Cleveland w stanie Ohio. Tam całymi godzinami wydeptywał ulice w poszukiwaniu pracy. W końcu udało się – został asystentem księgowego w małej firmie pośrednictwa handlowego i spedycji Hewitt and Tuttle. Od świtu do późnego wieczora z wielką gorliwością poświęcał się pracy biurowej. Niewiele umiał, więc początki były trudne. Samodzielnie poznawał podstawy księgowości i bilansów „winien–ma". Szczególnie upodobał sobie kontrolę i obniżanie kosztów transportu w celu podniesienia zysków firmy. Ta umiejętność przydała mu się później, gdy prowadził swoją rafinerię. Nauczony oszczędności, mimo niskich zarobków (12,5 dolara miesięcznie) systematycznie odkładał pieniądze i wkrótce został wspólnikiem w firmie pośredniczącej w handlu. Był człowiekiem bardzo ambitnym, więc praca asystenta księgowego nie była spełnieniem jego marzeń. Uważał, że człowiek nie powinien bezczynnie czekać na to, co mu życie przyniesie, tylko wziąć sprawy w swoje ręce i samodzielnie wykuwać swój los. Wiedział, że każdy człowiek ma swoje zadanie do wykonania w życiu. Jego zadaniem było pomnażanie pieniędzy. W jednym z późniejszych wywiadów prasowych powiedział: „Wierzę, że pomnażanie pieniędzy to mój obowiązek względem rodziny i kraju". Konsekwentnie ten cel w kolejnych latach realizował, nie zważając na przeciwności losu. Głęboko wierzył w siebie i swoje możliwości. W realizacji ambitnych planów pomogła mu między innymi umiejętność szybkiego podejmowania odważnych decyzji i wykorzystywania nadarzających się okazji. Gdy dzięki wzrostowi cen towarów spowodowanemu wojną secesyjną w latach 1861-1865 wzbogacił się wystarczająco, by pomyśleć o samodzielnych przedsięwzięciach finansowych, jego wybór inwestycyjny padł na dynamicznie rozwijający się w okolicach Cleveland przemysł naftowy. Wykazał się mądrością i zdolnością przewidywania, gdyż przyszłość tej branży widział nie w żmudnych poszukiwaniach złóż ropy, lecz w jej przetwarzaniu. Intuicja podpowiedziała mu, że produkcja ropy naftowej będzie jedną z najbardziej dochodowych gałęzi przemysłu. Z natury był bardzo ostrożny, ale w 1863 roku, mając zaledwie 24 lata, zainwestował wszystkie swoje oszczędności w budowę na peryferiach Cleveland pierwszej rafinerii. Decyzja wymagała od niego wyjścia ze strefy komfortu, była bowiem sprzeczna z jego naturą i naukami, jakie odebrał od swojej matki. Po dwóch latach spłacił udziałowców i został samodzielnym właścicielem.

Niestety, w 1866 roku stanął na skraju bankructwa. Powodem jego kłopotów były bardzo wysokie ceny kolejowego transportu ropy. Pochłaniały one większość zysku z produkcji. Transport ten był bardzo niebezpieczny, zdarzały się eksplozje pociągów, więc właściciele linii kolejowych windowali niebotycznie ceny usług. Dramatyczna sytuacja go nie przeraziła. Raczej wzmogła jeszcze jego odwagę i zwiększyła motywację do szukania rozwiązań. Mimo że nie był jeszcze wtedy znanym przedsiębiorcą, znalazł sposób, by umówić z ówczesnym potentatem kolejowym Corneliusem Vanderbiltem, z którym zamierzał porozmawiać o stawkach za przewóz ropy. Chciał pojechać do Nowego Jorku pociągiem, ale spóźnił się o włos. Miał dużo szczęścia, ponieważ pociąg, na który kupił bilet, wykoleił się. Rockefeller prawdopodobnie uniknął śmierci. Już wcześniej był człowiekiem religijnym, jednak wtedy uznał, że Bóg powierzył mu wyjątkową misję. Spotkał się w końcu z Vanderbiltem, a podczas rozmowy wykorzystał swoje doświadczenie wyniesione z pracy w księgowości w Hewitt and Tuttle. Tam właśnie nauczył się, jak operować kosztami transportu, by przynieść firmie jak największe zyski. Mógł podziękować sobie za całe dnie mrówczej pracy nad bilansami księgowymi. Dzięki swojej pracowitości i uporowi uratował firmę. Podsunąwszy Venderbiltowi pomysły rozwiązań korzystne dla obu stron, wynegocjował dla siebie bardzo dobre warunki transportu.

W 1870 roku Rockefeller założył Standard Oil Company. Zdobyta samodzielnie wiedza i stale doskonalona umiejętność strategicznego myślenia pomogły mu przejąć kontrolę nad 22 z 26 rafinerii w okolicach Cleveland – miasta, które było jednym z pięciu największych w Stanach Zjednoczonych centrów wydobycia i produkcji ropy naftowej. Biznes prowadził wspólnie z bratem Williamem. Ufał tylko jemu. Bracia mieli nawet własny kod językowy, którego inni nie rozumieli. Naczelna zasada w biznesie Rockefellerów brzmiała: „Sukces przychodzi dzięki otwartym uszom i zamkniętym ustom". John cierpliwie budował swoje imperium. Dotychczasowe doświadczenie podpowiadało mu, że największe możliwości daje samodzielne zarządzanie zarówno przedsiębiorstwem, jak i całym sektorem. Wykupywał kolejnych konkurentów. Posiadacze akcji rozmaitych spółek naftowych przekazywali mu swoje udziały, a w zamian otrzymali certyfikaty trustu, które zapewniały im dywidendę, ale uniemożliwiały jakiekolwiek wpływ na funkcjonowanie firmy.

Rockefeller ciągle rozwijał umiejętności negocjacyjne i wchodził w posiadanie coraz większej części rynku ropy. Imponował szybkością analizy danych i błyskawicznym podejmowaniem decyzji. Tak było podczas załamania gospodarki w 1873 roku. Po raz pierwszy zamknięto nowojorską giełdę. Zaczął się pierwszy wielki kryzys. Rockefeller uznał to za znakomitą okazję do wykupienia za półdarmo konkurentów, którzy wpadli w panikę. Kiedy gospodarka wychodziła z kryzysu, John posiadał już największe imperium korporacyjne w Ameryce. Przed czterdziestką kontrolował 95 procent rynku produkcji ropy w USA!

Wzrost potęgi Rockefellera niepokoił jego konkurentów i polityków, łącznie z prezydentem Rooseveltem. Konkurenci zjednoczyli się i narzucili wyższe ceny transportu. Rockefeller wykazał się w tej sytuacji umiejętnością niestandardowego myślenia. Jego odpowiedzią była budowa własnego rurociągu przesyłowego o długości sześciu tysięcy kilometrów z Ohio do Pensylwanii. Równocześnie wykupił ogromne połacie terenów, by utrudnić innym skopiowanie jego pomysłu! Po raz kolejny w trakcie prowadzenie firmy wykazał się odwagą oraz konsekwencją w działaniu – rozpoczął wojnę cenową z liniami kolejowymi i wyszedł z niej zwycięsko. Niestety, obniżka cen spowodowała spadek zysków właścicieli kolei, a to doprowadziło do obniżenia pensji szeregowym pracownikom, co poskutkowało protestami kolejarzy. Aby uspokoić nastroje, właściciele linii odsprzedali swoje udziały w rynku naftowym Rockefellerowi, jednak atmosfera wokół Standard Oil gęstniała. Ze wszystkich stron na biznes Rockefellera sypały się gromy: od konkurentów, przez polityków, po zwykłych Amerykanów. Nazywali Rockefellera „złodziejskim baronem", zarzucając jemu i innym magnatom przemysłowym zdobycie majątku w nieuczciwy, bezwzględny sposób. John był tym faktem przygnębiony. Postrzegał samego siebie jako „kapitana biznesu" – wizjonera i wręcz zbawcę branży naftowej, a nie jako rozbójnika. Tym bardziej, że był znakomitym pracodawcą. Dbał o swoich pracowników i płacił więcej niż konkurencja, a także nagradzał pomysły ulepszające prowadzenie przedsiębiorstwa, dzięki czemu firma nie doświadczała powszechnych w owym czasie strajków. Bezsenność, stres i walka o każdy segment firmy nadszarpnęły jego zdrowie. Wspominał w jednym z wywiadów: „Cały majątek, jaki zgromadziłem w tym czasie, nie był w stanie zrekompensować mi trwogi, jaką wtedy przeżywałem". W wieku niespełna 60 lat odszedł na emeryturę i zajął się działalnością charytatywną.

Prywatnie John D. Rockefeller był altruistą i człowiekiem pełnym empatii. Chęć pomocy innym wyniósł z domu. To matka nauczyła go pomagania słabszym i uboższym. Łączyło się to z jego wiarą, że przypisana jest mu przywódcza rola w społeczeństwie, co pojmował między innymi jako konieczność dzielenia się majątkiem z potrzebującymi. Rockefeller rozdawał swoje pieniądze za pośrednictwem swojego Kościoła i inwestował miliony w edukację.

Inwestycje w edukację mogą dziwić u człowieka, który miał minimalne formalne wykształcenie i oficjalnie mówił, że nie jest ono potrzebne do osiągnięcia sukcesu. Jednak wszystkie jego dzieci, a miał ich czworo (trzy córki: Elizabeth, Altę i Edith, oraz syna Johna Davisona Juniora), ukończyły najlepsze amerykańskie wyższe uczelnie. Był to rodzaj luksusu na jaki on jako młodzieniec nie mógł sobie pozwolić, więc chciał go zapewnić swoim potomkom.

W 1864 roku Rockefeller ożenił się z Laurą Spellman. Ich związek trwał 51 lat, do roku 1915, gdy Laura zmarła na zawał serca. Mieli pięcioro dzieci, lecz wieku dorosłego dożyła czwórka: Elizabeth, Alta, Edith i John Davison Junior. Urodzona w 1869 roku Alice zachorowała i zmarła rok później. Małżonkowie byli sobie bardzo bliscy. Rockefeller odbywał wiele podróży służbowych i znikał z domu na wiele dni, a nawet tygodni. Gdy czuł się samotny, pisał listy do Laury i dzieci. W jednym z nich, jak czytamy w książce Granta Segalla, pisał: „To dar niebios, że mam tak cudowną i kochającą żonę. Ile bym dał, aby przylecieć na skrzydłach i być z Tobą dziś wieczorem, Lauro…". Z natury nieufny John wielokrotnie ujawniał żonie swoje plany biznesowe i konsultował z nią swoje decyzje. „Jej ocena sytuacji zawsze była lepsza od mojej. Bez jej cennych porad dziś byłbym biednym człowiekiem" – mówił.

John D. Rockefeller zmarł 23 maja 1937 roku w wieku 98 lat. W dzieciństwie powiedział ponoć: „Mam dwa marzenia: pierwsze, by zarobić 100 tysięcy dolarów, a drugie, by dożyć 100 lat". Pierwsze zrealizował z nawiązką, a drugie prawie… Był typowym przykładem *self made man*, czyli człowieka, który samodzielnie tworzy swój los i zawdzięcza wszystko sobie. Uważał, że wykształcenie formalne nie jest potrzebne, a przynajmniej nie jest ono warunkiem sukcesu. Ponad wiedzę akademicką przedkładał ducha przedsiębiorczości oraz pracowitość i konsekwencję w dążeniu do realizacji celów zarówno w życiu prywatnym, jak i zawodowym. I chociaż w swojej działalności biznesowej był bezwzględny dla rynkowych konkurentów, nigdy nie zapominał o swoich pracownikach oraz osobach potrzebujących wsparcia. Na działalność charytatywną przekazywał 10 procent swoich dochodów, czyli w sumie ponad pół miliarda dolarów. Zawsze twierdził, że pracuje dla kraju i społeczeństwa, bo tak właśnie pojmował swoją rolę „nieformalnego arystokraty amerykańskiego".

KALENDARIUM:

8 lipca 1839 – narodziny Johna D. Rockefellera w Richford w stanie Nowy Jork

1853 – przeprowadzka z rodziną do Cleveland

1855 – John rozpoczyna swoją pierwszą pracę jako asystent księgowego w firmie Hewitt and Tuttle, pośredniczącej w handlu

1863 – John inwestuje swoje oszczędności w spółkę zarządzającą rafinerią w okolicach Cleveland

1864 – ślub z Laurą Spelman; ze związku urodzą się 4 córki (Elizabeth, Alice, Alta, Edith) i syn John Davison Junior; Alice umarła jako dziecko

1870 – John D. Rockefeller powołuje do życia Standard Oil i rozpoczyna budowę swojego naftowego imperium, skupując udziały w innych rafineriach w okolicach Cleveland; w ciągu dwóch dekad przejmie kontrolę nad amerykańskim rynkiem ropy naftowej; walczy z konkurencją na wszelkie możliwe sposoby, odnosząc spektakularne sukcesy

1880 – w rękach Rockefellera znajduje się 95 procent rynku produkcji ropy naftowej w Stanach Zjednoczonych; jego zakłady zatrudniają 100 000 pracowników; politycy, konkurenci i opinia społeczna zarzucają Rockefellerowi praktyki monopolistyczne

1884 – Rockefeller funduje Spelman Collage, uczelnię dla afroamerykańskich kobiet w Atlancie

1890 – Kongres USA przyjmuje ustawę antytrustową mającą przeciwdziałać monopolowi Standard Oil, na mocy której w 1911 roku koncern Rockefellera zmuszony zostaje przez Sąd Najwyższy do podziału na 34 mniejsze, odrębne firmy

1890 – Rockefeller przekazuje 80 milionów dolarów na budowę Uniwersytetu Chicagowskiego

1895 – przechodzi na emeryturę w wieku 56 lat i poświęca się całkowicie działalności charytatywnej; firmę przejmuje jego jedyny syn John D. Junior

1901 – Rockefeller tworzy i finansuje Uniwersytet Medyczny w Nowym Jorku, który w 1965 roku zostaje przemianowany na Uniwersytet Rockefellera

1913 – powstaje Fundacja Rockefellera wspierająca służbę zdrowia, rozwój medycyny i walkę z problemem głodu na świecie

1915 – umiera Laura, żona Johna

23 maja 1937 – John D. Rockefeller umiera w Ormond Beach na Florydzie w wieku 97 lat

CIEKAWOSTKI:

- Jako 16-latek John D. Rockefeller przekazywał 6 procent swoich dochodów na pomoc najuboższym. Wszystkie wydatki zapisywał w swoim notatniku, nawet kwoty wydane na kwiaty dla dziewczyny i romantyczną kolację! Gdy powodziło mu się nieco lepiej, około 20 roku życia na cele charytatywne przekazywał już 10 procent zarobków. Gdy zdobył wielki majątek, zdawał sobie sprawę z obowiązku, jaki ciąży na nim właśnie ze względu na bogactwo. Był przedstawicielem nowej arystokracji amerykańskiej, a w związku z tym wierzył, że przypada mu wyjątkowa rola w społeczeństwie. Postrzegał ją między innymi jako obowiązek dzielenia się majątkiem z potrzebującymi. Dlatego w 1884 roku ufundował uczelnię dla afroamerykańskich kobiet w Atlancie, która nosiła nazwę Spelman Collage (od nazwiska żony Rockefellera Laury Spelman). Przekazał 80 milionów dolarów na Uniwersytet w Chicago. Zbudował też uczelnię medyczną w Nowym Jorku – Rockefeller Institute For Medical Research, która w 1965 roku została przemianowana na Uniwersytet Rockefellera. Budował szkoły oraz biblioteki.

- W drugiej połowie XIX wieku w USA była grupa takich ludzi jak John D. Rockefeller zwanych nową arystokracją amerykańską. Najczęściej wywodzili się oni z biednych rodzin i samodzielnie doszli do wielkich majątków. Nazywali siebie kapitanami biznesu.

- W ciągu 4 miesiecy 1874 roku Rockefeller, rozbudowując swoje naftowe imperium, wykupił 22 z 26 rafinerii ropy w okolicach Clieveland, ustanawiając tym samym monopol w przemyśle przetwórstwa ropy naftowej. Przejęcia były szybkie i bezwzględne, dlatego historycy nazwali je podbojem w Cleveland albo dosadniej: masakrą w Clevelend. Rockefeller składał swoim konkurentom tylko jedną ofertę finansową. Pokazywał przy tym swoje księgi finansowe, udowadniając swój potencjał. Większość naftciarzy sprzedawała mu swoje udziały. Ci, którzy się nie zgadzali, byli zastraszani doprowadzeniem do bankructwa, a następnie wykupem ich udziałów przez Rockefellera za bezcen na aukcjach.

- Prezydent Roosevelt wystąpił z serią procesów sądowych przeciwko monopolistycznym działaniom Standard Oil, które w efekcie doprowadziły do rozbicia trustu na kilkadziesiąt mniejszych podmiotów gospodarczych.

- W Standard Oil prowadzono oszczędną gospodarkę surowcami. Wszelkie odpady, w tym również benzynę, wykorzystywano powtórnie. Kiedy inne firmy zatruwały rzeki odpadami, w Standard Oil wykorzystywano odpady benzynowe do napędzania maszyn. Działania te pozwoliły obniżyć koszty sprzedaży ropy, co miało pozytywny wpływ na cały rynek.
- Rockefeller przekazał swoim dzieciom wartości, jakimi kierował się w swoim życiu: szacunek dla ciężkiej pracy, kultywowanie więzi rodzinnych oraz potrzebę dzielenia się majątkiem ze społeczeństwem. Już po śmierci Johna jego syn podarował Organizacji Narodów Zjednoczonych grunt w Nowym Jorku wart 8,5 miliona dolarów. Na nim zbudowano siedzibę ONZ.
- Przy grobowcu rodziny Rockefellerów na cmentarzu w Cleveland zbudowano pomniejszoną kopię iglicy z pomnika Jerzego Waszyngtona, pierwszego prezydenta USA. Być może John uważał, że jego wkład w rozwój gospodarki Stanów Zjednoczonych był równie istotny jak dokonania Waszyngtona na polu polityki.

CYTATY:

„Nie wystarczy postępować słusznie, trzeba jeszcze uświadomić ludziom, że się postępuje słusznie".

„Umiejętność postępowania z ludźmi jest takim samym towarem do kupienia jak cukier czy kawa i za ten towar jestem gotów płacić więcej niż za jakkolwiek inny".

„Zawsze starałem się wykorzystać każdą katastrofę jako szansę".

„Największym ograniczeniem w drodze do bogactwa jest sposób myślenia".

„Kto cały dzień ciężko pracuje, ten nie ma czasu zarabiać pieniędzy".

„Kto jest najbiedniejszy na ziemi? Ten, kto nie ma nic prócz pieniędzy".

ŹRÓDŁA I INSPIRACJE:

Wielka kariera Rockefellera, czyli spełniony sen, „Postacie XX wieku", red. Sławomir Szof, Polskie Radio, http://www.polskieradio.pl/39/156/Artykul/864010,Wielka-kariera-Rockefellera-czyli-spelniony-amerykanski-sen.

Biografia Rockefellera na History TV: http://www.historytv.pl/biographies/john-d-rockefeller.

Biografia Johna Davisona Rockefellera na biography.com: http://www.biography.com/people/john-d-rockefeller-20710159.

Ron Chernow, *Titan. The Life of John D. Rockefeller, Sr*, Vintage Books, 1998.

Grant Segall, *John D. Rockefeller: Anointed with Oil*, Oxford University Press, 2001.

Anita Roddick

(1942-2007)

angielska bizneswoman, założycielka marki The Body Shop

Spacerując po centrach handlowych całej Europy, z łatwością znajdziemy sklepy z kosmetykami The Body Shop. Niewiele osób ma świadomość, jak fascynującą postacią była twórczyni tej marki Anita Roddick.

Anita urodziła się 23 października 1942 roku w nadmorskiej miejscowości Littlehampton w Wielkiej Brytanii. Jej rodzice byli włoskimi imigrantami żydowskiego pochodzenia, których z ojczyzny wygnał strach przed prześladowaniem. Anita oraz jej trójka rodzeństwa bardzo wcześnie poznali, co znaczy ciężka praca, gdyż od najmłodszych lat pomagali rodzicom w prowadzeniu kawiarni. Mama Anity nakłaniała całą rodzinę do segregowania odpadów. Obsesja na punkcie recyklingu nie była jednak motywowana chęcią dbania o środowisko. Był to nawyk z czasów II wojny światowej – okresu, kiedy wszystkiego brakowało, a dzięki segregacji część surowców można było wykorzystać ponownie.

Nastoletnia Anita była outsiderką, którą ciągnęło do innych indywidualistów i buntowników. Kiedy w szkolnej bibliotece znalazła książkę o Holokauście, przerażające zdjęcia oraz opisy życia w obozach koncentracyjnych zrobiły na niej wielkie wrażenie i bardzo uwrażliwiły na krzywdę drugiego człowieka. Po skończeniu liceum zdecydowała się na dalszą naukę w Bath College of Higher Education. Marzyła o zostaniu nauczycielką, aby przez swoją pracę kształtować światopogląd młodych ludzi.

W 1962 roku dzięki otrzymanemu stypendium Anita wyjechała do kibucu w Izraelu. To tam pierwszy raz zetknęła się ze stylem życia tak odmiennym od tego, który znała z Wielkiej Brytanii. Zafascynowało ją to, że ludzie żyją tam prościej, bliżej natury i zawsze mogą liczyć na pomoc członków swojej wspólnoty. Pobyt w Izraelu zaszczepił w niej również wielką pasję podróżniczą. Od tej pory chwytała się wielu dorywczych zajęć, a wszystkie zarobione pieniądze przeznaczała na dalekie podróże. Była bibliotekarką w Paryżu, następnie uczyła angielskiego i historii w Anglii, pracowała również dla Organizacji Narodów Zjednoczonych, jednak to wyprawy do tak egzotycznych miejsc jak Tahiti, Australia czy Północna Afryka stanowiły wtedy główną część jej życia. Z każdej z podróży wracała zainspirowana przez napotkanych ludzi, a w jej głowie rosło postanowienie, że jeśli kiedyś założy własny biznes, to będzie go prowadzić inaczej, niż jest to powszechne w krajach Europy Zachodniej.

Po blisko dziesięciu latach podróży i zbierania doświadczeń Anita wróciła do Anglii i w 1971 roku wyszła za Gordona Roddicka. Pragnąc zapewnić córkom bezpieczne i szczęśliwe dzieciństwo, razem z mężem prowadziła restaurację połączoną z malutkim, ośmiopokojowym pensjonatem. Jednak ustabilizowane życie nie było tym, o czym marzą tak niespokojne dusze, jakimi bez wątpienia byli Anita i Gordon. Oboje czuli, że utknęli w miejscu. Anita zgodziła się więc, aby mąż wyjechał w podróż po Ameryce Południowej, sama natomiast została w Anglii z dwiema córeczkami, nie mając pomysłu, co zrobić ze swoim życiem.

Konieczność zapewnienia środków do życia sobie i dzieciom sprawiła, że Anita zdecydowała się otworzyć sklep z kosmetykami własnej produkcji. Było to ryzykowne posunięcie. Chociaż przez prowadzenie restauracji Anita zdobyła doświadczenie w prowadzeniu przedsiębiorstwa, to jednak branża gastronomiczna znacznie różni się od rynku kosmetycznego. Anita nie miała doświadczenia w efektywnym marketingu, więc nieocenione okazały się doświadczenia zdobyte w podróżach. Anita na własne oczy widziała, jak kobiety żyjące z dala od cywilizacji dbają o swoje ciała, wykorzystując do tego dary natury i postanowiła, że właśnie naturalne składniki oraz nieskomplikowany proces produkcji oparty na jak najmniejszej liczbie tych składników będą wyróżniać jej kosmetyki. Nie bez znaczenia okazały się również zaradność oraz umiejętność recyklingu. Kiedy w 1976 roku otworzyła swój pierwszy sklep w Brighton, fundusze pozwoliły jej na zaoferowanie jedynie piętnastu produktów. Ponieważ jednak każdy z nich zamknięty był w opakowaniach w przynajmniej pięciu różnych rozmiarach, wydawało się, że jest ich co najmniej sto.

Kosmetyki z The Body Shop szybko zaczęły cieszyć się dużym zainteresowaniem. Anita wiedziała, że jest to zasługa dobrego pomysłu, ale też umiejętnego dopasowania się do czasów. Swój pierwszy sklep otworzyła, gdy w Europie zaczęła budzić się moda na ekologię. Kolor zielony od samego początku kojarzył się z The Body Shop, jednak początkowo wcale nie miał budzić ekologicznych skojarzeń – był to po prostu jedyny odcień, który zakrył brudne ściany w wynajmowanym na sklep lokalu. Gdy po sześciu miesiącach Gordon wrócił do Anglii, biznes szedł na tyle dobrze, że oboje zdecydowali się otworzyć kolejny sklep. Wkrótce potem niektórzy klienci doceniający wyjątkową jakość kosmetyków zaczęli pytać, czy sami nie mogliby zacząć ich sprzedawać pod marką The Body Shop. W ten sposób Anita stanęła przed kolejnym wyzwaniem, jakim było przygotowanie i wprowadzenie w życie systemu franczyzowego.

Anita całe życie wierzyła, że jej przedsiębiorstwo ma moc czynienia dobra. Nadrzędną zasadą, jaką kierowała się w biznesie, była pomoc innym ludziom. Dlatego jej marka zawsze chętnie angażowała się w kampanie społeczne promujące ekologię. W 1991 roku Anita osobiście włączyła się w pomoc plemieniu Ogoni z Nigerii, kiedy koncern paliwowy Shell wyniszczał ich kraj w poszukiwaniu nowych źródeł ropy. Dzięki między innymi jej naciskom kilka lat później Shell dołączył do karty pracy zapis o respektowaniu praw człowieka i dbaniu o środowisko.

Jednak troska o ludzi i środowisko naturalne, którą wykazywała Anita, nie przejawiała się jedynie poprzez kampanie społeczne. Od samego początku istnienia jej firmy ważne było dla niej kupowanie produktów prosto od lokalnych społeczności. Gdy w 1989 roku głośno zrobiło się o strajku Indian z rejonu Amazonki przeciwko budowie hydroelektrowni, Anita ani chwili nie wahała się przed przystąpieniem do protestu. Jednak zamiast biernej postawy i pisania nic nieznaczących petycji zaczęła myśleć nad praktycznym rozwiązaniem, które mogłoby ocalić środowisko i kulturę plemienia. Zaczęła kupować od nich orzechy brazylijskie, z których olej ma niezwykłe właściwości pielęgnacyjne. Pierwsze stosunki handlowe pomiędzy ludźmi z tak dalekich sobie kultur były oczywiście pełne pułapek i niebezpieczeństw. Wymagały więc olbrzymich pokładów dobrej woli i nieustannej nauki obu stron. Jednak ten wysiłek nie idzie na marne. Po kilkunastu latach od powstania The Body Shop wciąż skupował orzechy od tych samych ludzi, a nawet stworzono specjalną linię kosmetyków opartą na tradycyjnych recepturach tego plemienia.

The Body Shop nie odniósłby takiego sukcesu, gdyby nie nieustanny rozwój jego pomysłodawczyni. Anita nie zrezygnowała ze swojej pasji podróżniczej, jednak teraz wyprawy stały się jej narzędziem pracy – to właśnie wtedy poznała osobiście swoich dostawców. Przez całe życie pokazywała własnym przykładem, że The Body Shop to nie tylko sklep z kosmetykami, lecz przede wszystkim instytucja mająca na uwadze prawa człowieka oraz ochronę zwierząt i środowiska naturalnego. W ten sposób klienci kupujący oferowane przez markę produkty mogli poczuć, że realnie pomagają naprawiać świat. Swoją wizję upowszechniała też poprzez książki, w których łączyła tematykę biznesową i kosmetyczną z ekologiczną. Nie tylko je pisała, lecz także upowszechniała na całym świecie.

Anita Roddick przez wiele lat chorowała na marskość wątroby. Odeszła 10 września 2007 roku w Szpitalu Św. Ryszarda w Chichester. Jest przykładem osoby, której niestraszne było podejmowanie coraz to nowych wyzwań na drodze do realizacji własnych marzeń. Jednym z nich było uczynienie świata, w którym żyją jej córki, odrobinę lepszym. I to się jej chyba udało.

KALENDARIUM:

23 października 1942 – narodziny Anity Roddick
1952 – przeczytanie książki o Holocauście
1961 – rozpoczęcie nauki w Bath College of Higher Education
1962 – wyjazd na stypendium do Izraela
1971 – ślub z Gordonem Roddickiem

1976 – pierwszy The Body Shop w Brighton
1984 – The Body Shop weszło na giełdę
1984 – tytuł Bizneswomen Roku od organizacji Veuve Clicquot
1988 – Anita otrzymuje Order Imperium Brytyjskiego (OBE)
1989 – protest Indian z okolic Amazonki przeciwko hydroelektrowni
1990 – powstaje fundacja Children on the Edge
1991 – pomoc plemieniu Ogoni w Nigerii
2003 – przyznanie tytułu Damy Komandora Orderu Imperium Brytyjskiego (DBE)
2006 – odkupienie marki The Body Shop przez firmę L'Oreal
10 września 2007 – śmierć Anity Roddick
2016 – powstaje fundacja Enrich Not Exploit

CIEKAWOSTKI:

- Aby zachęcić przechodniów do odwiedzania jej pierwszego sklepu, Anita Roddick rozpylała przed wejściem mgiełkę o zapachu truskawek.
- Przez ponad 30 lat działalności firma The Body Shop może poszczycić się wieloma sukcesami. Firma zrobiła wiele w zakresie ochrony środowiska (dbając, by produkcja kosmetyków na każdym etapie była jak najmniej szkodliwa i inwazyjna dla środowiska naturalnego) oraz recyklingu (zachęcając swoich klientów do oddawania zużytych opakowań w sklepach). Natomiast najsłynniejszą kampanią społeczną The Body Shop było wyprodukowanie Ruby – lalki przypominającej Barbie, jednak w rozmiarze 44.
- W 1990 roku po wizycie w rumuńskim sierocińcu Anita założyła fundację Children on the Edge pomagającą dzieciom

upośledzonym, a także dotkniętym przez konflikty, klęski żywiołowe, niepełnosprawność, HIV i AIDS.
- Anita jest autorką i współautorką wielu książek oraz publikacji o tematyce ekologicznej, kosmetycznej oraz biznesowej. Najciekawsze z nich to: *Globalization: take it personaly* (Globalizacja: potraktuj to osobiście), *Brave Hearts, Rebel Spirits: The Spiritual Activists Handbook* (Odważne serca, buntownicze umysły: podręcznik duchowych aktywistów), *Troubled water: Saints, Sinners, Truth & Lies About the Global Water Crisis* (Problem wody: święci, grzesznicy, prawdy i kłamstwa na temat globalnego kryzysu wodnego).
- Najważniejszą książką w pisarskiej karierze Anity Roddick jest *Business as Unusual* (Niecodzienny biznes). Opisała w niej swoją filozofię dotyczącą prowadzenia własnego przedsiębiorstwa, kładąc nacisk na społeczną odpowiedzialność firm i przypominając, że każdy biznes powinien mieć na celu przede wszystkim dobro wspólne, a nie tylko przynoszenie pieniędzy.
- W 2015 roku sprzedano produkty The Body Shop o łącznej wartości ponad 1,5 miliarda euro.
- Obecnie produkty The Body Shop sprzedawane są w trzech tysiącach sklepów w 66 krajach.
- Wiele kontrowersji wokół The Body Shop pojawiło się z chwilą wykupu marki przez L'Oreal – firmę, która przez wiele lat znana była z testowania swoich produktów na zwierzętach. Anita tłumaczyła w wywiadach, że The Body Shop będzie siłą napędzającą pozytywne zmiany ukierunkowane na ekologię w wielkim koncernie.
- W 2016 roku The Body Shop zainspirowany filozofią Anity Roddick głoszącą, że biznes ma siłę czynienia dobra, założył fundację o nazwie Enrich Not Exploit (Wzbogacaj, nie wykorzystuj).

CYTATY:

„Jeśli myślisz, że jesteś za mały, by mieć na coś wpływ, spróbuj położyć się do łóżka z komarem w tym samym pokoju".

„Na świecie są trzy miliardy kobiet, które nie wyglądają jak modelki i tylko osiem, które wyglądają".

„Chciałam pracować dla firmy, która jest częścią społeczności. Chciałam nie tylko w coś zainwestować, ale również w to uwierzyć".

ŹRÓDŁA I INSPIRACJE:

Anita Roddick, *Business As Unusual: My Entrepreneurial Journey*, Anita Roddick Books, 2005.
Paul Brown, *Anita Roddick and The Body Shop*, Exley, 1996.
Anita Roddick Biography, The Famous People, http://www.thefamouspeople.com/profiles/anita-roddick-3606.php.
About Dame Anita Roddick, Anita Roddick, http://www.anitaroddick.com/aboutanita.php.

Henry Royce

(1863-1933)

Anglik, konstruktor i projektant najbardziej prestiżowego samochodu w historii motoryzacji: rolls-royce'a

Tytaniczna pracowitość, wiara w sukces i uparte dążenie do celu – te cechy charakteru połączone z wiedzą inżynierską, umiejętnością obserwacji, wyciągania wniosków oraz ulepszania istniejących urządzeń doprowadziły syna młynarza bankruta z pól w okolicach Peterborough w Anglii, gdzie jako 4-latek zarabiał… jako strach na wróble, do stworzenia samochodu, który stał się symbolem prestiżu, luksusu i bogactwa.

Henry Royce urodził się 27 marca 1863 roku we wsi Alwalton niedaleko Peterborough w Anglii. Pochodził z rodziny farmerów i młynarzy, a jego dziadek był pionierem instalacji silników parowych w młynach. James, ojciec Henry'ego, zajmował się najpierw rolnictwem zgodnie z tradycją rodzinną, a potem wynajął młyn. W 1852 roku ożenił się z córką miejscowego farmera Mary King. Mieli pięcioro dzieci: trzy córki, dwóch synów. Gdy rodził się Henry (najmłodszy z rodzeństwa), rodzina była już w sporych tarapatach finansowych. Powodem była choroba nowotworowa ojca (ziarnica złośliwa), przez którą nie miał sił pracować. Zmuszony był do zastawienia młyna. Doszło do tego, że Henry już jako czterolatek zarabiał pierwsze pieniądze, strasząc ptaki na okolicznych polach. W 1867 roku rodzina przeprowadziła się do Londynu, a pięć lat później, w 1872 roku, James Royce umarł, mając zaledwie 41 lat.

Po śmierci ojca Henry sprzedawał gazety na ulicach i dostarczał telegramy. Gdy miał 14 lat, jedna z ciotek ze strony matki ufundowała mu stypendium w wysokości 20 funtów rocznie (w przeliczeniu na dzisiejszą wartość waluty to około 2000 funtów). Dzięki tym pieniądzom Henry został w 1978 roku uczniem w słynnych na całą Anglię zakładach kolejowych Great Northern Railway. W tych czasach była to szkoła wielu znakomitych, brytyjskich inżynierów. Henry w dzień pracował, a wieczorami chodził do szkoły, ucząc się między innymi matematyki, angielskiego, mechaniki i tokarstwa. Mimo trudności finansowych i poświęcania całego czasu na pracę i naukę był bardzo zadowolony, bo mechanika okazała się jego pasją, tak samo jak jego dziadka, który zajmował się silnikami parowymi. Niestety, po trzech latach pieniądze ciotki się skończyły. Dla Henry'ego była to prawdziwa tragedia. Nie ukończył szkoły, więc nie miał tytułu wykwalifikowanego pracownika, a na dodatek musiał znowu szukać pracy. Znalazł ją w Leeds, w firmie Greenwood and Batley produkującej narzędzia. Niestety, nie pracował tam długo, ponieważ z powodu zapaści gospodarczej wiele firm zwalniało pracowników, a nawet upadało. Tak też stało się z jego pracodawcą.

Royce interesował się elektrycznością. Jako 20-latek znalazł pracę w Electric Light and Power Company w Londynie. Odpowiadał za instalacje oświetlenia ulic w angielskich miastach. Niestety, znowu czekała go niemiła niespodzianka. Kompania upadła i młody Royce ponownie znalazł się na bruku. Wtedy postanowił wziąć sprawy w swoje ręce. Zajęcia, jakich się podejmował w ostatnich kilku latach, sprawiły, że miał ponadprzeciętną wiedzę z zakresu mechaniki oraz elektryczności.

Czuł, że jest gotowy na duże wyzwania! W roku 1884 założył firmę FH Royce and Co z kapitałem początkowym 70 funtów. 20 funtów to były jego własne oszczędności, a pozostałe 50 funtów zainwestował drugi pasjonat elektryczności Ernest Claremont. Siedzibą firmy był Manchester. W tym czasie najpopularniejszym źródłem oświetlenia były lampy gazowe. Instalacji elektrycznych było mało, bo do ich zasilania potrzebne były przydomowe elektrownie. Royce upatrywał jednak w elektryczności przyszłość. Na początku działalności firma Royce'a i Cleremonta produkowała osprzęt elektryczny dla prywatnych domów: dzwonki do drzwi, oprawki do żarówek, włączniki, bezpieczniki oraz całe instalacje elektryczne. Byli pionierami. Produkowali i usprawniali. Uczyli się na swoich błędach i wyciągali z nich naukę. To były trudne, ale i fantastyczne czasy – czasy ciężkiej pracy, nauki, niepewności i nieustannego rozwoju. Johnathan Wood w swojej książce *The Rolls-Royce* przytacza słowa Royce'a: „Przez wiele lat ciężko pracowaliśmy. Maszyny były włączone nawet w sobotę. Nasza pozycja na rynku była wciąż niepewna, a czasem wydawała się beznadziejna. Przetrzymaliśmy to. W końcu przyszły zamówienia na prądnice do młynów, statków i inne instalacje elektryczne. Doczekaliśmy okresu rozkwitu". Zaczęli produkować coraz bardziej skomplikowane urządzenia: dźwigi elektryczne, windy, prądnice i silniki zasilane prądem. W końcu rozwinęli skrzydła! Claremont zajął się marketingiem i sprzedażą, a Royce konstrukcją urządzeń. Najtrudniejsze chwile pozwoliła im przetrwać nie tylko wiara w przyszły sukces i całkowite poświęcenie przedsięwzięciu, ale też przyjaźń. Royce i Claremont żyli jak bracia. Razem spędzali całe dnie, pracowali i razem dzielili mały pokój nad warsztatem. Jeśli mieli jeszcze siły po pracy, to grali w karty w grę o nazwie grab będącą połączeniem pokera i… zapasów!

Siłą i znakiem firmowym FH Royce and Co nie była wyjątkowość czy innowacyjność pomysłów i konstrukcji, a umiejętność ulepszania istniejących urządzeń i maszyn. Royce potrafił w sobie tylko znany sposób stworzyć w swojej głowie wizję doskonalszego urządzenia niż to, które miał przed swoimi oczami, a następnie wcielał ją w życie, tworząc jego perfekcyjną wersję. Niestety, był przy tym pracoholikiem. Potrafił pracować po kilkadziesiąt godzin bez odpoczynku. Wielokrotnie znajdowano go rano w warsztacie śpiącego przy urządzeniach. Był tak pochłonięty pracą, że zapominał o jedzeniu i piciu. Współpracownicy wysyłali do warsztatu małego chłopca, który chodził za Roycem ze szklanką mleka i kanapką! W pewnym momencie nawet i to okazało się niewystarczające. Pracoholizm doprowadził go całkowitego wyczerpania. Royce'owi zdarzały się zasłabnięcia z powodu permanentnego przepracowania, a zaniepokojeni jego stanem zdrowia lekarze nakazywali mu odpoczynek. O tym jednak genialny ulepszacz nie chciał słyszeć! W końcu jeden z lekarzy zaproponował mu zakup samochodu, aby ułatwić mu podróżowanie z domów do pracy (w owym czasie Henry dzielił swoje życie między fabrykę i trzy posiadłości). Royce przystał na ten pomysł i zakupił swój pierwszy samochód, nie podejrzewając, że ta decyzja sprawi, iż stanie się jednym z najsłynniejszych konstruktorów w historii motoryzacji!

Firma Royce'a i Claremonta pod koniec XIX wieku przeżywała rozkwit. Zamówienia spływały z różnych stron świata. Potrzebne było nowe miejsce do produkcji. Royce, wykorzystując swoje umiejętności zdobyte w poprzednich latach, osobiście zaprojektował nową fabrykę, która stanęła w Manchesterze. Gdy wydawało się, że czeka go świetlana przyszłość, nastąpił kryzys i załamanie gospodarki po II wojnie burskiej (wojna w latach 1899-1902 między Wielką Brytanią a potomkami osadników holenderskich, niemieckich i belgijskich w Afryce Południowej). Na rynek trafiały tańsze dźwigi z Niemiec i Stanów Zjednoczonych. Perfekcjonista Royce nie zgadzał się na obniżenie cen swoich produktów. Przez to tracił zamówienia, a dobre czasy skończyły się. W tej sytuacji zwrócił uwagę na raczkujący rynek motoryzacyjny. Czuł, że samochód jest przyszłością cywilizacji.

Pierwszym samochodem Royce'a był model marki Decauville. Już po pierwszej przejażdżce stwierdził on, że sam zaprojektowałby lepszy samochód i... postanowił podjąć kolejne, nowe wyzwanie w swoim życiu: stworzyć swój pierwszy pojazd. W roku 1903 zapadła decyzja o budowie pierwszego prototypu samochodu, w którym Henry zastosował kilka ulepszeń. Nie miał wcześniejszych doświadczeń z samochodami. Był po prostu genialnym samoukiem. Wał łańcuchowy zastąpił korbowym, usprawnił zawory w silniku, o lata wyprzedzając konkurencję, wyeliminował hałas poprzez zastosowanie tłumika i lepszego układu wydechowego. Jego auto miało silnik o mocy 10 koni mechanicznych chłodzony powietrzem. Rozwijało prędkość do 30 mil na godzinę. Samochód wyposażony był w trzystopniową skrzynię biegów. Auto o nazwie 10hp Royce było gotowe wiosną 1904 roku. Pierwsza przejażdżka odbyła się 1 kwietnia, a trasa 15 mil została pokonana bez kłopotu! W tym samochodzie nie było niczego rewolucyjnego. Rewolucyjna była jego doskonałość!

Royce wnikliwie potrafił analizować działanie i konstrukcję istniejących urządzeń i wykorzystywał w nich to, co najlepsze. To, co uważał za nieudane, usprawniał dzięki swojej kreatywności. W tym czasie wyprodukował jeszcze dwa auta modelu 10hp. Pierwsze trafiło do wspólnika Royce'a Ernesta Claremonta, a drugie kupił Henry Edmunds. Ten ostatni był przyjacielem Charlesa Rollsa, bogatego biznesmena, który miał salon samochodowy w Londynie. 4 maja 1904 roku doszło do historycznego spotkania Rollsa i Royce'a w Midland Hotel w Manchesterze. Rolls był pod wrażeniem jakości samochodów Royce'a. „Spotkałem najlepszego inżyniera na świecie" – tak miał powiedzieć, a słowa te przytacza strona internetowa koncernu Rolls-Royce. Panowie zgodzili się utworzyć firmę, która stała się synonimem „wszystkiego, co najlepsze" – czytamy dalej na stronie. W 1905 roku na rynku pojawił się nowy samochód o symbolu 20hp. Całą produkcję Royce'a Rolls sprzedawał na pniu. Aby sprostać zamówieniom od klientów, potrzebna była nowa, większa fabryka. Otwarto ją w 1908 roku w Derby. Tam powstał model Silver Ghost nazwany „najlepszym autem świata". Nazwę ghost (duch) zawdzięczał bardzo cichej, jak na tamte czasy, pracy silnika.

W tym czasie lata katorżniczej pracy dały znać o sobie. Praca po kilkadziesiąt godzin bez jedzenia odbiła się na zdrowiu Royce'a, doprowadzając go niemal do śmierci! Długoletnie niedojadanie wywołało chorobę żołądka i w 1912 roku Royce przeszedł bardzo poważną operację. Lekarze dawali mu tylko kilka miesięcy życia. Wtedy zrozumiał, że musi zwolnić. Co prawda, wrócił do Derby, gdzie znajdowała się jego ukochana fabryka, ale już w niej nie bywał. Wszystkie projekty konsultował w domu. Za pracoholizm życie wystawiło mu jeszcze jeden rachunek: w 1912 roku, po 19 latach, rozpadło się jego bezdzietne małżeństwo z Minnie Punt. Pięć lat później Royce wyprowadził się na wieś West Wittering we wschodnim Sussex. Pod koniec lat 20. rozpoczął tam prace projektowe nad słynnym silnikiem „R". Jak głosi legenda, geniusz samouk omawiał swoje koncepcje i dyskutował z inżynierami, rozrysowując pomysły na piasku na plaży. Wyposażony w ten silnik samolot pobił w 1929 roku rekord prędkości, osiągając 357,7 mili na godzinę.

Henry Royce zmarł w 1933 roku w wieku 70 lat. Jego życie wypełnione było tytaniczną pracą i walką z przeciwnościami losu: skrajną biedą w rodzinnym domu, późniejszym brakiem pieniędzy na naukę (do 10 roku życia spędził zaledwie niecały rok na edukacji), wielokrotną utratą pracy. Nigdy nie przestał dążyć do celu. Wierzył w siebie, swoje umiejętności i możliwości. W projekty angażował się w stu procentach. To, co osiągnął, zawdzięczał sobie. Nie ustrzegł się w swoim życiu błędów związanych z chorobliwym uzależnieniem od pracy – omal nie zmarł z przepracowania i związanego z nim niedojadania. Przez pracę rozpadło się jego małżeństwo. To ciemne strony jego życia. Dla nas pozostanie przede wszystkim genialnym inżynierem i konstruktorem samochodów RR będących synonimem „tego, co najlepsze".

KALENDARIUM:

27 marca 1863 – narodziny Henry'ego Royce'a, najmłodszego w piątki rodzeństwa, w ubogiej farmerskiej rodzinie w środkowej Anglii

1872 – ojciec Henry'ego umiera na raka

1878 – rozpoczęcie przez Henry'ego nauki i pracy w kuźni brytyjskich inżynierów Great Northern Railway

1880 – rezygnacja z nauki z powodów finansowych

1883 – praca w Electric Light and Power Company w Londynie

1884 – założenie wraz ze wspólnikiem Ernestem Claremontem firmy FH Royce and Co zajmującej się elektrycznymi instalacjami domowymi

1893 – małżeństwo z Minnie Punt, siostrą żony swojego wspólnika

1894 – rozpoczęcie produkcji prądnic oraz słynnych ze swej niezawodności dźwigów elektrycznych (ostatni dźwig Royce'a wyprodukowano w 1964 roku!)

1903 – zapada decyzja o budowie pierwszego samochodu osobowego Royce'a – 10hp Royce

4 maja 1904 – historyczne spotkanie Henry'ego Royce'a i Charlesa Rollsa w Midland Hotel w Manchesterze, podczas którego zapada decyzja o stworzeniu firmy produkującej auta pod marką Rolls-Royce

1905 – na rynek wchodzi kolejny samochód o symbolu 20hp

1908 – otwarcie nowej fabryki RR w Derby; tam powstaje auto o nazwie Silver Ghost uznane wówczas za najlepszy samochód świata

1910 – tragiczna śmierć Charlesa Rollsa w katastrofie samolotowej

1912 – rozwód Royce'a z Minnie

1915 – rusza produkcja silników lotniczych na zamówienie rządu brytyjskiego w czasie I wojny światowej

1928 – rozpoczęcie prac nad słynnym lotniczym silnikiem R

1929 – samolot wyposażony w silnik R bije rekord świata w prędkości lotu (357,7 mili na godzinę)

1930 – Royce otrzymuje tytuł baroneta za zasługi dla brytyjskiego lotnictwa

22 kwietnia 1933 – Royce umiera w wieku 70 lat

CIEKAWOSTKI:

- Jako nastolatek Royce chodził od drzwi do drzwi w poszukiwaniu zajęcia. W końcu znalazł pracę w niewielkim warsztacie. Pracował 54 godziny tygodniowo za 11 szylingów (w przeliczeniu na obecną wartość waluty to około 60 funtów tygodniowo). Zaczynał pracę o 6.00, a kończył

o 22.00. Gdy prowadził już własną firmę, takiego samego zaangażowania wymagał od swoich podwładnych.
- Jedyną pasją Royce'a poza pracą było ogrodnictwo. Był zwolennikiem przycinania korzeni w drzewach i krzewach. Jego drzewa, jabłonie i grusze, nie były duże, wydawały natomiast mnóstwo przepysznych owoców. Niewielkie krzewy róż rosnące w jego ogrodzie były ponoć przepiękne.
- Firma FH Royce and Co produkująca legendarne ze względu na swoją niezawodność dźwigi warta była pod koniec lat 90. XIX stulecia blisko 3000 funtów, co w przeliczeniu na obecną wartość waluty stanowi około 300 000 funtów. Zamówienia spływały z różnych krajów. Kapitał zakładowy nowo utworzonej firmy produkującej dźwigi opiewał na 30 000 funtów – odpowiednik dzisiejszych trzech milionów. Gdy startowali nieco ponad 10 lat wcześniej, w 1884 roku, zainwestowali w nią… 70 funtów!
- Rolls, wielki miłośnik awiacji, namawiał Royce'a, aby ten skonstruował silnik lotniczy. Inżynier długo się przed tym bronił, lecz w czasie I wojny światowej został zmuszony przez rząd brytyjski do uruchomienia produkcji jako wkład fabryk RR w wysiłki wojenne królestwa. Produkcja silników lotniczych trwa do dziś; w silniki ze znaczkiem RR wyposażony był między innymi francuski super odrzutowiec pasażerski Concorde.

ŹRÓDŁA I INSPIRACJE:

Peter Pugh, *The Magic of a Name: The Rolls-Royce Story*, Part 1: *The First Forty Years*, Icon Books Ltd., 2000.
Jonathan Wood, „*The Rolls-Royce*", Shire, 2003.

Biografia Henry'ego Royce'a w Wikipedii: https://en.wikipedia.org/wiki/Henry_Royce.

Aviation News, „Flight Global", https://www.flightglobal.com/pdfarchive/view/1956/1956%20-%201423.html.

Oficjalna strona firmy Rolls-Royce: https://www.rolls-roycemotorcars.com.

Helena Rubinstein

(1872-1965)

Polka żydowskiego pochodzenia, jedna z pierwszych na świecie kobiet-przedsiębiorców, twórczyni pierwszego w historii imperium kosmetycznego, w chwili śmierci jedna z najbogatszych na świecie bizneswoman

Urodziła się w ubogiej, jedenastoosobowej, żydowskiej rodzinie na krakowskim Kazimierzu. Jako 12-latka pracowała już na „pełen etat" jako domowy zaopatrzeniowiec i opiekunka młodszego rodzeństwa. Gdy miała lat szesnaście, zajmowała się sklepem ojca, który nie dawał sobie rady w interesach. Jednak zanim skończyła 20 lat, wyrzucono ją z domu za nieposłuszeństwo. Bez pieniędzy, bez wykształcenia, z dwunastoma słoiczkami kremu do twarzy w wieku 24 lat wyruszyła na drugi koniec świata: do Australii. Na przekór wszystkiemu odniosła sukces. Cesarzowa piękna – mówiono o niej. Byłs pomysłodawczynią spa i jedną z najbogatszych kobiet XX wieku. Z kosmetyki stworzyła gałąź przemysłu. Rozwinęła swój biznes na trzech kontynentach. Wytyczyła kierunki rozwoju współczesnej kosmetyki i przekonała miliony kobiet na całym świecie, że dbanie o wygląd nie jest fanaberią, tylko prawem do demonstrowania swojej osobowości i niezależności.

Helena, a właściwie Chaja Rubinstein urodziła się w 1872 roku w podkrakowskim Kazimierzu jako najstarsza córka

Gitel i Hercla Rubinsteinów, właścicieli sklepu handlującego naftą i produktami spożywczymi. Helena miała siedmioro młodszych sióstr i brata. 11-osobowa rodzina zajmowała dwie niewielkie izby w kamienicy w centrum Kazimierza. Ojciec, mimo że miał sklep, ledwo wiązał koniec z końcem. To, że firma jakoś funkcjonowała, było tylko i wyłącznie zasługą... najstarszej córki, która odkąd tylko nauczyła się pisać, czytać i liczyć, pomagała ojcu w prowadzeniu ksiąg rachunkowych, targowała się z dostawcami, negocjowała zamówienia i zdobywała klientów! To tam właśnie uczyła się podstaw biznesu, a naukę tę wykorzystywała przez całe życie. W czasie „wolnym" Helena pomagała mamie w domu i pilnowała młodszego rodzeństwa. Dzień miała wypełniony pracą od rana do wieczora, ale to jej nie przeszkadzało, była bowiem bardzo pracowita. W wieku 12 lat odpowiadała za całą organizację i zaopatrzenie domu w najważniejsze produkty. Właśnie te obowiązki rozwinęły jej talenty organizacyjne. Była też rozjemcą i pośrednikiem w kontaktach między swoim młodszym rodzeństwem a rodzicami. Po latach w jednym z wywiadów powiedziała: „Trudna sytuacja materialna w moim rodzinnym domu przygotowała mnie do pracy jako właściciela firmy, który musi zarządzać finansami, organizować pracę i rozwiązywać konflikty między podwładnymi".

Z domu rodzinnego wyniosła coś jeszcze, co stało się w ciągu kolejnych kilkudziesięciu lat obiektem pożądania milionów kobiet na całym świecie – krem, jakim co wieczór mama Gitel smarowała twarze swoich córek. Taki był zwyczaj w domach żydowskich – każda rodzina miała swoją „tajną" recepturę na krem do pielęgnacji cery. Miała ją także rodzina Rubinsteinów.

Zgodnie z ortodoksyjną tradycją żydowską Helena musiała przerwać naukę w wieku 16 lat. Była tym załamana, ponieważ bardzo lubiła się uczyć, a jej pasją była przede wszystkim matematyka. Marzyła nawet o studiach. I właśnie jako 16-letnia dziewczyna zakochała się w ubogim studencie medycyny na Uniwersytecie Jagiellońskim – Stanisławie. Rodzice nie chcieli jednak słyszeć o małżeństwie córki z gojem, więc znaleźli jej o kilkadziesiąt lat starszego, bogatego wdowca, właściciela dużej kamienicy i kilku sklepów. Helena przeciwstawiła się woli rodziców, co w tamtych czasach w żydowskim środowisku było rzadkością. Ujawniła w ten sposób swój silny charakter, który już niebawem pomógł jej zawojować trzy kontynenty. Krnąbrna córka została zmuszona do opuszczenia rodzinnego domu. W wieku niespełna 20 lat wyjechała do mieszkającej w Wiedniu rodziny matki. Już nigdy nie zobaczyła swojego rodzinnego domu...

W stolicy Austrii pomagała ciotce w wychowaniu dzieci oraz w sklepie z futrami, który prowadził wuj. Tam nauczyła się handlowania luksusowymi towarami. Doskonaliła również język niemiecki, którego znajomość bardzo przydała jej się później. To dowodzi, że warto wykorzystywać każdą okazję do nauki nowych umiejętności. Tam też z pełną mocą ujawniła się jej miłość do drogich, pięknych przedmiotów, do luksusu, który poznała w bogatej rodzinie ciotki. Oczarowana miejscowymi teatrami, muzeami i kawiarniami wiedziała już na pewno, że chce wieść takie życie. Nie ograniczyła się jednak do marzeń o takim stylu życia, lecz postanowiła go osiągnąć. Po nieco ponad roku Wiedeń stał się dla niej za mały. Ku rozpaczy swojej matki, a uldze ciotki (która przez cały czas szukała dla niej męża, zaś Helena wszystkich kandydatów notorycznie odrzucała) 20-latka zdecydowała się na podróż życia do Australii, gdzie mieszkała siostra jej matki. Ciotka wyszła za farmera, urodziła mu kilkoro dzieci i potrzebowała pomocy w opiece nad nimi. Helena ze swoim doświadczeniem wyniesionym z domu rodzinnego idealnie się do tego nadawała.

Na podróż do Nowego Świata dostała... dwanaście słoiczków cudownego kremu rodziny Rubinsteinów. Po dwóch miesiącach podróży statkiem przybyła do Australii. W miasteczku Coleraine, oddalonym o 100 kilometrów od Melbourne, pomagała wujostwu w domu, pracując jednocześnie jako sprzedawczyni w miejscowym sklepie. Po trzech latach takiego życia ambitna Helena nie wytrzymała: zostawiła ciotkę z rodziną i wyruszyła na podbój Melbourne. Rozpoczęła pracę jako sprzedawczyni w aptece. Ta niepozorna dziewczyna (miała niespełna 1,5 metra wzrostu) zwróciła uwagę ogorzałych Australijek mlecznobiałą cerą, pielęgnowaną wieczorami za pomocą kremu przywiezionego z Polski. Wtedy to Helena wpadła na pomysł, który zmienił jej życie i sprawił, że stała się jedną z najbardziej znanych w historii bizneswoman i prekursorką współczesnej kosmetyki – a gdyby tak sprzedawać ten krem, który przecież testuje na sobie od tylu lat i wie, że jest skuteczny? Tak! To jest myśl! Jednak kremu było tylko 12 słoików i szybko się skończył, a klientki chciały więcej i więcej!

Helena poprosiła o recepturę chemika, doktora Lukyskego, który bywał u nich w domu na Kazimierzu. Dostała z Polski list, a w nim skład kremu. Zgodnie ze wskazówkami samodzielnie przygotowywała go w kuchni swojego mieszkania w Melbourne. Całymi dniami siedziała w swoim domowym laboratorium, mieszając składniki i testując. Żmudna praca i setki godzin doświadczeń zaprocentowały. Produkt był świetnej jakości. W kremie, jaki wypuściła na rynek, znalazły się między innymi „esencja migdałowa i sproszkowana kora pewnego drzewa iglastego rosnącego w Karpatach" – tak reklamowała swój kosmetyk sprytna Helena, nazywając go Valaze. „Dlaczego tak? Bo to nieźle brzmi" – mówiła, gdy ją o to pytano.

Dzisiaj powiedzielibyśmy, że Helena była świetną specjalistką od marketingu. Chwytliwa nazwa kremu oraz... bardzo wysoka cena okazały się magnesami przyciągającymi klientki, które za słoiczek kremu płaciły średnią miesięczną pensję. Helena znała dobrze psychikę swoich klientek. „Kobiety nie zaufają czemuś, co jest bardzo tanie" – mówiła. W 1902 roku uruchomiła w Melbourne swój pierwszy salon piękności o nazwie... Valaze. Otworzyła go, pożyczywszy 250 dolarów od kobiety, z którą podróżowała statkiem i której obiecała w czasie rejsu, że nauczy jej dzieci języka niemieckiego. Zatem pobyt w Wiedniu i szlifowanie języka miały sens! Tak to drobne, zdawałoby się, decyzje i sploty okoliczności pomogły jej w realizacji wielkich marzeń. A marzenia Heleny sięgały daleko. Wiedziała, że ma znakomity produkt, za który kobiety są w stanie zapłacić majątek, potrzebowała więc nowych rynków zbytu. Skierowała swoją uwagę na największe europejskie stolice i na Stany Zjednoczone.

Zanim jednak wyruszyła na podbój świata, poznała Edwarda Titusa, Amerykanina o polskich (i żydowskich!) korzeniach, podróżnika, dziennikarza i pisarza. Zakochali się w sobie i w 1907 roku pobrali. Rok później przyszedł na świat ich pierwszy syn Roy, a w 1912 roku drugi – Horacy. Titus już jako szef marketingu w firmie Rubinstein napisał teksty reklamowe kremu do największych gazet australijskich. Efektem tej kampanii było 15 tysięcy zamówień. Helena zarobiła w ten sposób pierwsze poważne pieniądze – sto tysięcy dolarów. Za nie postanowiła rozkręcić biznes w Europie, ale najpierw musiała zapewnić dopilnowanie swoich spraw w Australii. Ściągnęła więc swoją młodszą siostrę Ceśkę, która poprowadziła dalej interesy w kraju kangurów, a ona sama ruszyła na podbój Europy.

Pierwszy wybór padł na purytański Londyn. Tu musiała zmierzyć się przede wszystkim z mentalnością kobiet, które nie były nauczone dbania o siebie za pomocą kosmetyków i uważały, że szminka, krem oraz puder przeznaczone są jedynie dla prostytutek i aktorek. W 1908 roku w Londynie ruszył pierwszy salon piękności Valaze. Przy jego otwarciu Helena znowu wykazała się znajomością ludzkiej psychiki. Nie tylko reklamowała się w prasie, ale także stosowała, jakbyśmy dzisiaj powiedzieli, marketing szeptany. Zadowolone klientki, które na przykład pozbyły się trądziku czy rozszerzonych naczyń krwionośnych, reklamowały żarliwie usługi Heleny Rubinstein, stając się ambasadorkami jej marki na londyńskich salonach. Po roku na w Londynie Helena miała tysiąc klientek i mogła wyruszyć dalej, do Paryża.

W stolicy Francji nie trzeba było przekonywać pań do stosowania kosmetyków, jednak przed Rubinstein pojawiło się inne wyzwanie – walka z konkurencją, działały bowiem już tam pierwsze salony piękności. W 1909 roku w paryskim Maison de Beaute Valaze pojawiły się nowe usługi, między innymi elektroliza oraz hydroterapia. W ten sposób Helena Rubinstein wymyśliła pierwsze w historii spa! Na tym nie koniec innowacji. Polska Żydówka z Kazimierza wprowadziła kurację antystresową, a dodatkowo kursy dobrych manier i elegancji. Stworzyła więc pakiety usług i pokonała nimi konkurencję. Otworzyła także fabrykę w podparyskiej dzielnicy Saint Cloud, gdzie wraz z grupą naukowców – chemików, biologów, lekarzy – pracowała nad ulepszeniem receptur swoich produktów.

Gdy wybuchła I wojny światowa, Helena opuściła Europę, by przekonać Amerykanki, że życie bez kosmetyków i luksusowych zabiegów nie ma sensu. Rubinstein dobrze rozumiała, że nie sprzedaje wyłącznie kremów, szminek i zabiegów w spa, ale coś więcej – styl życia, jaki chciałyby wieść przeciętne Amerykanki. Dlatego najpierw postanowiła zdobyć bardzo ważną grupę klientek – dziewczyny z show biznesu: tancerki, aktorki z Brodwayu i gwiazdy kina niemego, a także kobiety nowojorskich mafiozów. Po zdobyciu Nowego Jorku Helena otworzyła sklepy i salony w Bostonie, Chicago oraz San Francisco. Jej kremy, pudry i szminki kosztowały majątek, ale kobiety płaciły za nie bez oporów, gdyż mając w torebce kosmetyki z logo HR, czuły się jak gwiazdy filmowe. W 1923 roku w katalogu reklamowym wydanym przez Helenę Rubinstein znalazło się 80 produktów do pielęgnacji skóry, 160 produktów do makijażu oraz kremy wyszczuplające. Przedsiębiorstwo małej Żydówki z Kazimierza stało się firmą ogólnoświatową.

Na początku Wielkiego Kryzysu w 1928 roku zdecydowała się niespodziewanie na sprzedaż części udziałów w firmie spółce Lehman Brothers za blisko 8 milionów dolarów. Powodem tej trudnej decyzji była próba ratowania małżeństwa z Edwardem Titusem. Helena będąca pracoholiczką cały swój czas poświęcała firmie. Działo się to kosztem nastoletnich wtedy synów i męża. Niestety, sprzedaż firmy nie pomogła. Małżonkowie już zbyt się od siebie oddalili i nie było czego ratować. Po kilku latach, w roku 1936, nastąpił rozwód. Dodatkowym ciosem dla Heleny był fakt, że jej mąż odszedł do właścicielki firmy, z którą konkurowała – Elizabeth Arden. Najpierw został jej pracownikiem, szefem marketingu, a potem mężem. Zrozpaczona Helena rzuciła się w wir pracy, odkupując swoją firmę od braci Lehman w najgłębszym kryzysie gospodarczym za… niespełna dwa miliony dolarów! W ten sposób zarobiła 6 milionów. W 1938 roku w Paryżu wyszła za mąż za 15 lat młodszego od niej księcia gruzińskiego Achilę Gourielliego. Związek przetrwał do jego śmierci w 1956 roku.

Czas II wojny światowej Helena spędziła w USA, by po jej zakończeniu wrócić do Paryża jako 70-letnia kobieta.

Zaawansowany wiek absolutnie nie przeszkadzał jej w ponownym rozkręcaniu biznesu. Z energią zabrała się do pracy – tak jak przed laty opracowywała nowe receptury kremów i sprzedawała paryżankom. Helena Rubinstein wykazywała się niesamowitym zmysłem i intuicją, potrafiła metodą prób i błędów oraz ogromnym nakładem czasu i pracy tworzyć bardzo dobre jakościowo produkty, które pomagały milionom kobiet na całym świecie. Do dzisiaj zachowały się zdjęcia, na których widzimy Helenę siedzącą w swoim laboratorium i pracującą nad fiolkami, menzurkami na tle regałów zastawionych kremami i składnikami do ich produkcji. Nie miała ani wykształcenia dermatologicznego, ani kosmetologicznego. Wszystko, czego się nauczyła o ludzkiej skórze, zawdzięczała samodzielnemu studiowaniu artykułów w prasie medycznej oraz książkach, i oczywiście własnym, długoletnim doświadczeniom wyniesionym ze współpracy z najlepszymi specjalistami na świecie. W 1950 roku zaproponowała klientkom nowatorski preparat oczyszczający pory skóry, a wkrótce po nim pierwszy w historii preparat ujędrniający. W roku 1955 roku firma Helena Rubinstein była numerem jeden w Europie. Posiadała 150 fabryk oraz 32 instytuty urody na całym świecie.

Helena była pełna sprzeczności. Z jednej strony otaczała się luksusem, a z drugiej spała w piżamie za 4 dolary i kupowała najtańsze rajstopy za 90 centów. Lunch nosiła do pracy w papierowej torebce. Wydawała miliony na obrazy, a swoich pracowników pouczała, jak oszczędnie korzystać z elektryczności. Bezwzględna i wymagająca dla wszystkich i siebie samej. W środku krucha i samotna, niezrozumiana nawet przez najbliższych. Praca była dla niej wszystkim. Jak mawiała, „praca jest najlepszym lekarstwem na zmarszczki, zarówno na twarzy jak i na umyśle". Zmarła w wieku 93 lat, pracując w swoim gabinecie w Paryżu.

Helena Rubinstein obdarzona była odwagą, inteligencją i wolą osiągnięcia sukcesu na przekór wszystkiemu. Nie dość, że była kobietą, to jeszcze Żydówką i to biedną. Była też cudzoziemką, co nie ułatwiało jej życia. Dzięki swojemu uporowi pokonała wszelkie przeszkody na drodze do sukcesu. Była geniuszem marketingu, już w 1904 roku korzystała z reklam prasowych. W swoich sklepach i salonach piękności wprowadzała innowacyjne zmiany w sposobie sprzedaży produktów kosmetycznych i usług. Kosmetyki istniały od czasów starożytnych jednak ona jako pierwsza zdefiniowała nowe pojęcie kosmetyki popartej naukowym podejściem. Tym bardziej jest to godne podkreślenia, że nie posiadała naukowych, teoretycznych podstaw a wszystko osiągnęła dzięki samodzielnej nauce i ciężkiej pracy. Pomogły jej przy tym wyniesione z domu umiejętności i naturalne talenty, z których mądrze korzystała.

KALENDARIUM:

24 grudnia 1872 – narodziny Heleny (Chai) Rubinstein na krakowskim Kazimierzu (niektóre źródła jako rok jej narodzin podają w roku 1870)

1884 – jako 12-letnia dziewczynka przejmuje w domu obowiązki zaopatrzeniowca i opiekunki młodszego rodzeństwa

1888 – Helena zmuszona jest zakończyć swoją edukację zgodnie z żydowską tradycją; pomaga ojcu w prowadzeniu sklepu i to bardzo skutecznie

1889 – wyjazd do Wiednia, do wujostwa prowadzącego sklepy z luksusową odzieżą; tam uczy się sprzedaży drogich towarów

1896 – wyjazd do Australii do małego miasteczka Caloreine, do wujka farmera; ma pomagać w prowadzeniu domu i wychowaniu trójki kuzynostwa

1899 – przeprowadzka do Melbourne i rozpoczęcie sprzedaży kremu Valaze, który przywiozła z Polski i następnie sama produkowała według receptory otrzymanej od przyjaciela domu, chemika doktora Lukyskego

1902 – otwarcie pierwszego salonu piękności Valaze w Melbourne

1904 – pierwsza reklama produktów i salonu Heleny Rubinstein w prasie australijskiej; dzięki niej otrzymuje 15 tysięcy zamówień na krem i zarabia 100 tys. dolarów

1907 – wychodzi za mąż za Edwarda Titusa, Amerykanina polskiego pochodzenia, podróżnika i pisarza

1908 – wyjazd do Europy, do Londynu i narodziny pierwszego syna Roya

1909 – Helena rusza na podbój Paryża, gdzie wymyśla pierwszy w historii branży kosmetycznej salon spa

1912 – narodziny drugiego syna ze związku z Titusem – Horacego

1914 – wyjazd do Stanów Zjednoczonych i uruchomienie biznesu w Nowym Jorku, Bostonie i San Francisco

1923 – w katalogu firmy Helena Rubinstein znajduje się ponad 200 produktów kosmetycznych!

1928 – Helena sprzedaje swoje udziały firmie Lehman Brothers; robi to, by ratować swoje małżeństwo z Titusem (przez pracoholizm zaniedbuje dwóch synów i męża – wolna od obowiązków zawodowych chce im poświęcać więcej czasu)

1936 – próby ratowania związku nie udają się; Helena i Edward rozwodzą się

1937 – cesarzowa piękna odkupuje swoją firmę od braci Lehman za... niespełna dwa mln dolarów – 6 mln poniżej ceny sprzedaży

1938 – wychodzi powtórnie za mąż; jej wybrankiem jest o 15 lat młodszy książę gruziński Achila Gourielli

1939 – przez wybuch II wojny światowej Helena traci cały europejski biznes; zawieruchę wojenną przeczekuje w USA, by po wojnie powrócić do Paryża i jako 70-letnia kobieta zacząć wszystko od nowa

1950 – na rynku pojawia się pierwszy w historii nowatorski preparat autorstwa Heleny oczyszczający pory skóry, a trzy lata później pierwszy krem ujędrniający skórę

1955 – firma z logo HR jest numerem pierwszym w branży kosmetycznej w Europie

1 kwietnia 1965 – pracując w swoim gabinecie w Paryżu, Helena doznaje udaru; odwieziona do szpitala umiera w wieku 93 lat

CIEKAWOSTKI:

- Gdy Helena Rubinstein umierała, jej firma była warta sto milionów dolarów. Pierwszy milion zarobiła od roku 1902 do 1910. Od czasu, kiedy otworzyła pierwszy salon piękności Valaze w Melbourne, do roku 1965, gdy zmarła na wylew w Paryżu, stworzyła: 62 kremy, 78 rodzajów pudru, 46 odmian perfum, wód kolońskich i wód toaletowych, 69 emulsji do skóry oraz 115 szminek. Do jej najbardziej innowacyjnych kosmetyków należą: wodoodporny tusz do rzęs oraz krem z filtrem przeciwsłonecznym. Jako pierwsza rozpoczęła tworzenie kremów dedykowanych do rodzaju skóry, a już w 1934 roku w swoim laboratorium w fabryce w podparyskim Saint Cloud wraz ze sztabem naukowców – chemików, biologów, lekarzy – stworzyła krem hormonalny przeciwko starzeniu skóry. Jej produkty obecne były na trzech kontynentach: w Australii, Europie, Ameryce Północnej. Po II wojnie światowej odbudowała swoje imperium, by w roku 1955 stać się numerem jeden w Europie. W latach 60. posiadała 150 fabryk oraz 32 instytuty piękności na całym świecie. Zatrudniała w nich 30 tysięcy pracowników. Kilka lat po jej śmierci, w 1973 roku, spadkobiercy sprzedali markę Helena Rubinstein firmie Colgate Palmolive, a obecnie kosmetyki z sygnaturą HR należą do światowego potentata L'Oreal.

- Helena Rubinstein była pracoholiczką. Do końca samodzielnie kierowała swoim imperium. Ostatnie instrukcje wydawała ze swojej sypialni, gdzie odpoczywała w łożu z przejrzystego plastiku w kształcie sań. Sędziwej madame zdarzało się przysypiać podczas zebrań. Wystarczyło jednak słowo „dolar" albo „cent", aby od razu się budziła. Ku rozczarowaniu spadkobierców utworzyła rodzinny zarząd powierniczy, zmuszając potomków do dalszej pracy.
- Kochała piękne rzeczy, a luksus wpisywała w koszty firmy. Swoje piękne stroje uznawała za „ubrania robocze" i tak też przedstawiała je w rozliczeniach z urzędem podatkowym. Zwroty dostawała z dwóch urzędów: w Nowym Jorku i w Paryżu. Jej piękny apartament w Nowym Jorku liczył 26 sypialni, które wypełniały warte miliony dzieła najwybitniejszych malarzy: Picassa, Chagalla, Matisse'a, Miro, Modiglianiego. Helena była natchnieniem dla największych malarzy jej czasów. W sumie powstało 27 jej portretów namalowanych między innymi przez Salvadora Dali, Pablo Picasso czy Helen Dufy.
- Przez całe życie wstydziła się swojego ubogiego żydowskiego pochodzenia i tworzyła o sobie zmyślone „piękne historie". Opowiadała, że pochodzi z zamożnej polskiej rodziny, a dzieciństwo i młodość spędziła w szczęśliwej atmosferze

w wielkim, starym domostwie. Pokoje były zapełnione zbiorami ojca, który kolekcjonował bibeloty, antyki i książki. Mając około 20 lat zmieniła imię na Helena. Konsekwentnie przez całe życie odejmowała sobie kilka lat, gdyż jak twierdziła, „kobieta powinna ambiwalentnie podchodzić do kwestii swojego wieku".

- W swoim paryskim salonie piękności już w 1909 roku Helena proponowała klientkom nie tylko masaże, ale także kurację antystresową za pomocą... wibratora! Na przełomie XIX i XX wieku lekarze zalecali wibratory kobietom cierpiącym na histerię powodowaną seksualnym niespełnieniem. Helena postanowiła z tego pomysłu skorzystać i w taki nietypowy sposób, urozmaicając swoje usługi pokonała konkurencję w stolicy Francji.

CYTATY:

„Ludzie domagają się krótszego czasu pracy. Myślą, że mają potem coś ważniejszego do roboty. A to praca jest najważniejsza".

„Niektóre kobiety nie kupią niczego, jeśli to będzie za tanie".

„Zawsze myślałam, że kobieta powinna ambiwalentnie traktować kwestię swojego wieku".

„Nic tak jak praca nie likwiduje zmarszczek na twarzy i umyśle".

„Nie ma brzydkich kobiet, są tylko leniwe".

„Mężczyźni są tak samo próżni jak kobiety, a czasami nawet bardziej".

„Zawsze odchodź od stołu, kiedy jeszcze czujesz, że możesz zjeść więcej".

„Praca jest najlepszym antidotum na zmartwienia".

„Piękno jest potęgą".

„Chociaż doba ma 24 godziny, ja w tym czasie pracuję 50 godzin".

ŹRÓDŁA I INSPIRACJE:

Historia wielkiej Heleny Rubinstein, „Gazeta Krakowska", http://www.gazetakrakowska.pl/artykul/397471,historia-wielkiej-heleny-rubinstein,1,id,t,sa.html.

Helena Rubinstein – skąpa cesarzowa piękna, „Newsweek", http://www.newsweek.pl/styl-zycia/zycie-heleny-rubinstein,69756,1,1.html.

Katarzyna Modzelewska, *Rubinstein – ładna historia*, vumag.pl, http://vumag.pl/ludzie-uroda/rubinstein-ladna-historia/pkccc.

Michelle Fitoussi, *Helena Rubinstein. Kobieta, która wymyśliła piękno*, Bernard Grasset, 2010.

Sonia Rykiel

(1930-2016)

francuska aktorka, pisarka, piosenkarka
i przede wszystkim projektantka, ikona światowej mody
drugiej połowy XX wieku, założycielka domu mody
Sonia Rykiel, który prowadziła przez blisko pół wieku

Rudowłosa i ubrana zawsze na czarno. Projektantka „najwygodniejszych sukienek na świecie", królowa dzianiny. Jedna z najbardziej rozpoznawalnych postaci świata mody. Artystka głęboko wierząca w siebie i w swoje nieograniczone możliwości. Uważała, że nic jej nie może stanąć na przeszkodzie w realizacji marzeń. Swój sukces i odważny styl przypisywała… brakowi formalnego wykształcenia. „Na niczym się nie znałam, więc robiłam wszystko, co chciałam. Nie słuchałam nikogo. Byłam autorytarna, liczyło się dla mnie tylko moje własne zdanie. Ludzie mnie kochali albo nienawidzili" – wyjaśniała w jednym z wywiadów prasowych w 2008 roku. Do wszystkiego doszła samodzielnie, ucząc się i ciężko pracując przez całe życie. Z butiku otwartego w 1968 roku w Paryżu stworzyła w ciągu 40 lat sieć blisko dwóch tysięcy współpracujących z nią salonów w 30 krajach Europy, Azji i Stanów Zjednoczonych. Marka Sonia Rykiel wyceniana jest na 2,2 miliarda dolarów (dane z 2016 roku).

Sonia Rykiel, z domu Flis, była córką żydowskich emigrantów z Polski, którzy w okresie między I a II wojną światową wyjechali do Francji. Była najstarszą z pięciu córek. Jej ojciec Alfred Flis z pochodzenia był Rumunem, a z zawodu zegarmistrzem, zaś pochodząca z Rosji matka Funny zajmowała się domem i wychowaniem pięciu córek. Od najmłodszych lat Sonia pomagała w domu oraz opiekowała się młodszymi siostrami. W związku z tym brakowało jej czasu na naukę. Gdy miała 9 lat, wybuchła II wojna światowa i Sonia nie zdobyła żadnego wykształcenia. Nie przeszkodziło jej to jednak w osiągnięciu sukcesów na wielu polach artystycznych. Już jako nastolatka interesowała się kulturą i sztuką. W późniejszych wywiadach prasowych wspominała, że rodzice byli prostymi ludźmi, lecz często przy posiłkach, gdy cała rodzina spotykała się przy stole, rozmawiano o sztuce, literaturze i… polityce. Sonia posiadała szeroką wiedzę ogólną o świecie. Jej matka przywiązywała bardzo dużą wagę do ubioru. Udało jej się wyrobić dobry smak u swoich córek. W roku 1948 siedemnastoletnia Sonia znalazła dla siebie pracę dekoratorki wystaw w sklepie odzieżowym Grande Maison de Blanc w Paryżu. Jednym z powodów wyboru właśnie tego zajęcia był fakt, że, dekorując wystawy, mogła realizować swoje artystyczne pasje i zdolności. I realizowała je naprawdę skutecznie. Pewnego razu przechodzący obok sklepu malarz Henri Matisse zachwycił się sposobem ułożenia szali na wystawie oraz doborem kolorów i kupił wszystkie! Jej styl prezentowania towarów zwrócił uwagę Sama Rykiela, właściciela znanego paryskiego butiku z ekskluzywną odzieżą o nazwie Laura. Najpierw zatrudnił Sonię u siebie, a następnie, w roku 1953, ożenił się z nią. Para miała dwoje dzieci: córkę Nathalie i syna Jean-Philippe'a. Ich związek trwał 15 lat. W roku 1968 małżonkowie rozstali się w zgodzie. Po rozwodzie Sonia nie wyszła już powtórnie za mąż.

W początkach małżeństwa z Samem Sonia nie myślała o pracy projektantki. Chciała mieć natomiast dziesięcioro dzieci i poświęcić się ich wychowaniu i prowadzeniu domu. Jednak gdy była w ciąży z drugim dzieckiem, nie mogła znaleźć ubrań, które by jej się podobały. Wszystkie były jej zdaniem smutne i nijakie. Na początku lat 60. sukienki ciążowe miały tylko jedno zadanie: ukryć rosnący brzuch, tak jakby ciąża była czymś wstydliwym i wprawiającym w zakłopotanie. Natomiast nastrój Sonii był przeciwieństwem takiego podejścia. „Chciałam pokazać światu, jaka jestem szczęśliwa" – wspomina Sonia. Po raz kolejny okazało się, że potrzeba jest matką wynalazku. A jeśli matką wynalazku zostaje przyszła matka, to sukces przedsięwzięcia jest niemal pewny. „Zaprojektowałam wtedy dla siebie kostium z dopasowaną górą i opływającą sylwetkę spódnicą" – opowiadała. To była prawdziwa rewolucja w podejściu do mody dla kobiet spodziewających się dziecka. Najpierw szał ogarnął znajome Sonii, które domagały się kolejnych projektów, a gdy te pokazały się na wystawie butiku Laura, szaleństwo dopadło całe młodsze pokolenie paryżanek!

Zainteresowanie odzieżą projektowaną przez Sonię było tak duże, że w 1968 roku postanowiła otworzyć swój pierwszy własny butik, gdzie sprzedawała nie tylko rzeczy dla kobiet w ciąży, lecz także inne ubrania o nowatorskiej linii. Wśród nich największym przebojem był tak zwany *poor boy sweter* (sweter biednego chłopca). Sweter o trzy rozmiary z mały wyglądał, jakby zbiegł się w praniu. Zwężał ramiona i tors, a wydłużał nogi, co bardzo podobało się kobietom. Na przełomie lat 60. i 70. nosiły go największe gwiazdy kina: Audrey Hepburn, Lauren Bacall, Catherine Deneuve. To one w dużej mierze pomogły wtedy mało znanej projektantce wejść na szczyt popularności, lecz nie byłoby to możliwe, gdyby nie fakt, że ta mało znana projektantka miała znakomity zmysł obserwacji i była świetnym psychologiem rozumiejącym, czego potrzeba kobietom. Dała im... swobodę ruchów. Czy stało się to dzięki wyniesionej z domu i tak cenionej przez Sonię wolności? Pewnie tak. „Jesteśmy kobietami pracującymi, ale też mamy problemy z dziećmi, mężczyznami, musimy troszczyć się o dom, mamy tyle na głowie" – mówiła, prezentując swoje prace na pokazach. „Jesteśmy zbyt zagonione, by zaprzątać sobie głowę zmieniającymi się trendami". Osoby, które chciały świetnie wyglądać, ale nie zamierzały poświęcać na to wiele czasu, mogły odetchnąć z ulgą. By nie musiały przebierać się w ciągu dnia, Sonia stworzyła nawet dwustronne sukienki i marynarki. Lansowała też kuloty, czyli spódnico-spodnie – eleganckie jak spódnica, a wygodne jak spodnie.

Sonia z kolejnymi latami samodzielnej nauki i pracy zdobywała nowe doświadczenia, udoskonalała projekty i samodzielnie uczyła się swojego zawodu. To, że odnosiła sukcesy, nie sprawiało, że czuła się spełniona. Ciągle szukała nowych wrażeń i pomysłów. Chciała się rozwijać. Pracując, zawsze miała na celu zaspokojenie potrzeb klientek. Potrafiła bardzo dobrze wczuć się w ich oczekiwania, a następnie je spełnić. Kiedy rozpoznała dokładnie potrzeby klientek, przychodził czas, by do akcji wkroczyła artystyczna dusza Sonii, która praktyczne pomysły zamykała w nowatorskiej, niekonwencjonalnej modzie. To była jej siła i znak firmowy – artystyczne podejście do mody. Jak wspominała, moda zawsze kojarzyła się jej z kulturą i wolnością. Wraz z artyzmem pojawiało się nowatorstwo. Sonia była bardzo pomysłowa i odważna w swoich projektach. Jako pierwsza zastosowała szwy na prawej stronie ubrań. Pozwoliła również na to, aby otwory na ręce i głowę pozostały bez wykończenia, co nadawało jej projektom buntowniczego charakteru i pozwalało od razu zidentyfikować autora projektu. Na jej swetrach pojawiały się napisy i różne sentencje, także polityczne, co w tamtych czasach było nowością. Wiedziała, że ludzie podążają za odważnymi liderami.

Takie genialne i jednocześnie proste pomysły nie spadały z nieba. Sonia spędzała długie godziny w swojej pracowni, rysując i szyjąc prototypy. Pracowała nad swoją innowacyjnością. Wiedziała, że jest ona gdzieś w niej, tylko trzeba jej pomóc się ujawnić. Czuła, że sposobem na to jest ciężka praca i wnikliwa obserwacja różnych aspektów i dziedzin życia. Te obserwacje i wyciągane z nich wnioski dawały jej inspirację do kolejnych projektów. Nawet jej pokazy mody były czymś nowym w branży. Do tej pory na wybiegach paradowały nadęte, smutne modelki, Sonia zaś przekształciła nudne pokazy w wesołą imprezę towarzyską. Jej modelki wychodziły na scenę grupami. Rozbawione, rozgadane i uśmiechnięte wprawiały widzów w dobry nastrój. Sonia wykazała się znajomością ludzkiej psychiki: zadowolony i uśmiechnięty klient chętniej sięgał do portfela! Aby ułatwić klientkom w całej Europie to sięganie do portfela, Sonia Rykiel jako pierwsza projektantka podjęła współpracę z firmą wysyłkową 3 Suisses i zaprojektowała specjalnie dla niej linię ubrań. Seria stała się w ten sposób ekskluzywna. Można było ją dostać tylko na zamówienie, bezpośrednio do domu. To z kolei budziło pożądanie fanek marki. Sonia nie poprzestawała na tylko na pracy projektantki ubrań. Cały czas rozwijała się, szukając pomysłów na siebie w innych dziedzinach. Zagrała w kilku filmach, między innymi w *Prêt-à-porter* w reżyserii Roberta Altmana, który postanowił nakręcić film o świecie mody zainspirowany jednym z pokazów jej kolekcji! Podobnie jak Coco Channel, z którą bardzo często ją porównywano, wypuściła własną serię perfum o nazwie Seventh Sense, która okazała się sukcesem. Sonia próbowała sił jako piosenkarka, a jej najbardziej znana piosenka to wykonana wspólnie z Malcolmem Mclarenem *Who the Hell is Sonia Rykiel?* Pisała książki dla dzieci, poradniki modowe, felietony do gazet i czasopism. Napisała też powieść wspólnie z francuską pisarką Regine Deforges. O niej samej też powstała książka. Pozycja zatytułowana *Don't forget i'ts a game*, która ukazała się w 2012 roku, ujawniła, że Sonia Rykiel od 1997 roku zmagała się z chorobą Parkinsona. Wiadomość o samotnej walce artystki z chorobą była szokiem dla świata mody i fanów projektantki. Dla niej samej choroba była już tylko „codziennym zmaganiem". Sonię cechowała wewnętrzna siła, która pozwalała jej przeciwstawiać się ciosom, jakie otrzymywała od życia. Jej syn Jean Philippe był od urodzenia niewidomy z powodu zaniedbań lekarskich tuż po porodzie. Obcowanie z niepełnosprawnym synem pozwoliło Sonii wykształcić wielką wrażliwość. Dzięki matce Jean Philippe zdobył wykształcenie muzyczne i obecnie jest znanym kompozytorem i aranżerem. Jego starsza siostra Nathalie przejęła w 1995 roku kierownictwo firmy Sonia Rykiel. Matka i córka współpracowały zgodnie przez dwadzieścia lat, a w pamięci fanów pozostaną zdjęcia obu pań, które podczas pokazów mody wychodziły uśmiechnięte na scenę, trzymając się za ręce. Sonia Rykiel zmarła w sierpniu 2016 roku. Powodem śmierci były powikłania spowodowane chorobą Parkinsona. Miała 86 lat.

Gdybyśmy mieli opisać ją jednym słowem, to najodpowiedniejszym byłoby: Artystka. Ubogi dom rodzinny i brak wykształcenia nie przeszkodziły jej w samorealizacji. Wykorzystała w życiu swoje atuty: wyniesioną z domu miłość do kultury i sztuki, umiłowanie wolności artystycznej, odwagę, pracowitość. Ciężko pracując i osiągając kolejne szczeble kariery zawodowej, nigdy nie przestała się rozwijać. Szukała zawsze innowacyjnych rozwiązań i chodziła swoimi ścieżkami, często na przekór obowiązującym trendom. Realizowała projekty w różnych, artystycznych dziedzinach. Do cech, które zadecydowały o jej szeroko rozumianym sukcesie, musimy dołożyć jeszcze jedną: wiarę w siebie. Wiarę w to, że człowiek sam, jeśli włoży wystarczającą ilość pracy w swój rozwój, może osiągnąć wielkie rzeczy. Zawsze powtarzała: „Dokładnie wiem, czego chcę i nic nie stanie mi na przeszkodzie".

KALENDARIUM:

25 maja 1930 – narodziny Sonii Flis w rodzinie żydowskich emigrantów w Paryżu

1947 – pierwsza praca jako dekoratorka wystaw w jednym ze sklepów odzieżowych w Paryżu

1954 – ślub z Samem Rykielem, właścicielem ekskluzywnego butiku Laura

1955 – na świat przychodzi Nathalie, córka Sonii i Sama

1961 – narodziny syna Jeana Philippe'a

1962 – Sonia prezentuje swoją nowatorską sukienkę dla kobiet w ciąży, która staje się hitem

1967 – Sonię Rykiel okrzyknięto królową dzianiny po tym, jak jej " pokazał na okładce magazyn „Elle"; ponoć Audrey Hepburn kupiła u niej 14 takich swetrów!

1968 – Sonia i Sam podejmują decyzję o rozwodzie; Sonia otwiera swój pierwszy sklep odzieżowy w dzielnicy Saint Germain w Paryżu

1977 – jako pierwsza projektantka modowa Sonia nawiązuje współpracę z firmą wysyłkową 3 Suisses i tworzy dla niej na wyłączność nową kolekcję

1978 – Sonia Rykiel wkracza z sukcesem na rynek perfum ze swoją kolekcją Seventh Sense

1994 – Sonia gra niewielką rolę w filmie Roberta Altmanna *Prêt-à-porter*; reżysera do nakręcenia filmu o świecie mody zainspirował jeden z pokazów Sonii

1995 – szefostwo domu mody Sonia Rykiel przejmuje Nathalie Rykiel, a Sonia nagrywa wraz z Malcolmem McLarenem piosenkę pod tytułem *Who the Hell is Sonia Rykiel?*

1997 – u Sonii wykryta zostaje choroba Parkinsona; przez 15 lat artystka trzyma tę informację w tajemnicy przed mediami i fanami

2010 – rozpoczyna się współpraca SR z siecią marketów odzieżowych H&M

2012 – ukazuje się biografia Sonii Rykiel *Don't forget it's a game*, w której po raz pierwszy ujawnia kulisy swojej walki z chorobą

2012 – 80% udziałów w firmie Sonia Rykiel kupuje grupa inwestycyjna z Hongkongu Fung Brands

2013 – Sonia Rykiel zostaje odznaczona przez francuski rząd medalem Legii Honorowej w uznaniu jej zasług w dziedzinie mody

25 sierpnia 2016 – Sonia umiera w wieku 86 lat z powodu komplikacji związanych z chorobą Parkinsona

LICZBY:

Salony mody sygnowane logo Sonia Rykiel na świecie: 65
Pracownicy: 365 osób
Sklepów, gdzie można kupić produkty francuskiej marki: około 2000 w 30 krajach
Kontynentów, gdzie sprzedawane są ubrania Sonii Rykiel: Europa, Azja, Ameryka Północna (USA)
Roczne przychody firmy: ponad 120 mln dolarów

Rynkowa wartość marki Sonia Rykiel: 2,2 mld dolarów

Linie produktów: 4 (ekskluzywna Sonia Rykiel, młodzieżowa Sonia, dziecięca Rykiel Enfant oraz produkty wyposażenia wnętrz Sonia Rykiel Maison)

Struktura właścicielska: 80% udziałów jest własnością koncernu Fung Brands z Hongkongu, a 20% pozostało w rękach rodziny Rykiel

CIEKAWOSTKI:

- Jak powstał słynny *poor boy sweater* Sonii? Gdy jeszcze nie zajmowała się modą, przychodziła do sklepu męża i szukała czegoś dla siebie. W 1962 roku trafiła na dostawę swetrów. Wypatrzyła model, który jej się spodobał i poprosiła producentów, żeby zrobili podobny, tyle że dużo mniejszy. Zaczęły się poprawki (ponoć było ich siedem), aż w końcu dostała to, o czym marzyła. Akurat do butiku przyszła dziennikarka „Elle". Sonia tak jej się spodobała w tym swetrze, że trafiła na okładkę pisma. Stała się królową dzianin, nie wiedząc nawet, jak robi się sweter!
- Niechętna obowiązującym trendom łamała reguły. Gdy wszyscy lansowali stylowe spódnice, ona na pierwszy plan wysuwała spodnie. W czasie mody na mroczne klimaty szalała z kolorami. Szydzono z niej nieraz, że powtarza te same wzory, na przykład biało-czerwono-niebieskie pasy. Ale nowych pomysłów nigdy jej nie brakowało – to ona pierwsza na przykład rozrzuciła na ubraniach słowa, takie jak „Amour" czy „Mode".
- W swoim pierwszym butiku, jaki otworzyła w Paryżu w 1968 roku w czasie rewolty studenckiej, na wystawie oprócz ubrań znalazły się książki znanych francuskich

pisarzy. W ten sposób Sonia podkreślała swój związek z kulturą i sztuką oraz manifestowała poparcie dla ruchów studenckich. Do dziś wystrój wnętrza butiku w dzielnicy Saint Germain zdobi pięćdziesiąt tysięcy książek ustawionych na półkach aż po sufit!
- Projektantka słynąca z ubrań w kolorowe paski sama przez pół wieku pozostała wierna czarnym spodniom i czarnym bluzkom. „Nie lubię męczyć się dla mody. Narzucam na siebie gotowe stylizacje i wychodzę z domu" – mówiła wielokrotnie w wywiadach.

CYTATY:

„Myślę, że czarny tak naprawdę jest wesołym i jaskrawym kolorem. Wszystko zależy od tego, co z nim zrobisz".

„Luksus to stan duszy. Nie jest bogactwem, tylko pięknem; nie jest błyskotką, tylko blaskiem".

„Zawsze wiedziałam, co chcę osiągnąć. Kiedyś powiedziałam sobie: nie mam żadnych ograniczeń!".

„Kreatywność jest w każdym z nas. Musisz tylko ją uwolnić".

„To nieprawda, że ubrania wyglądają lepiej na chudych dziewczynach, wszystko jest kwestią nastawienia!".

„Kobieta Sonii Rykiel jest maksymalistką, woli kupić sobie nowe buty niż wystawny obiad, uwielbia uwodzić".

ŹRÓDŁA I INSPIRACJE:

Anna Zaleska, *10 rzeczy, które trzeba wiedzieć o Sonii Rykiel*, harpersbazaar.pl, http://www.harpersbazaar.pl/moda/1535/10-rzeczy-ktore-trzeba-wiedziec-o-soni-rykiel.

Anna Konieczyńska, *Sonia Rykiel. Królowa dzianiny nie żyje*, vumag.pl, http://vumag.pl/ludzie-moda/sonia-rykiel-nie-zyje-zmarla-w-wieku-86-lat/nq71s6.

Robert D. McFadden, *Sonia Rykiel Fashion Designer for the fregile but strong*, „New York Times", https://archive.is/Kc0Ch.

Lidia Pańków, *Kim do diabła jest Sonia Rykiel?*, styl.pl, http://www.styl.pl/magazyn/news-kim-do-diabla-jest-sonia-rykiel,nId,234461,nPack,1.

Judith Perrignon, *Noubliez pas que je joue*, Les Éditions de l'Iconoclaste, 2012.

Vidal Sassoon

(1928-2012)

amerykański fryzjer i stylista, biznesmen, miliarder, filantrop

Kiedy w słynnym filmie Romana Polańskiego *Dziecko Rosemary* podziwiamy delikatną urodę Mii Farrow, nie przychodzi nam na myśl Vidal Sassoon. Ale to właśnie on stworzył jej niezwykłą fryzurę na chłopczycę wyczarowaną specjalnie do tego filmu na prośbę reżysera. Dziś to już klasyczne cięcie często spotykane u wielu ceniących swobodę i nowoczesność kobiet, ale wtedy… To była rewolucja! Sassoon czesał także wiele innych słynnych aktorek, piosenkarek, modelek. Wymyślił irokeza i własną wersję boba. Dorobił się milionów, sprzedając nowatorskie produkty do pielęgnacji włosów. Był także filantropem. Pomagał dzieciom, ludziom, którzy doświadczyli klęsk żywiołowych, artystom. Założył akademię fryzjerstwa. Działał na rzecz walki z antysemityzmem. Swoje osiągniecia zawdzięczał talentowi, wizjonerstwu, energii i pracowitości.

Miał trudne i smutne dzieciństwo. Wychowywał się w skrajnej biedzie, w rodzinie imigrantów żydowskich w Londynie. Jego matka Betty pochodziła z rodziny, która uciekła przed pogromem z terenów Ukrainy. Jego ojciec Jack był Grekiem. Zajmował się sprzedażą dywanów. Szybko jednak porzucił rodzinę: żonę, Vidala i jego młodszego brata Ivora, dla innej kobiety. Po odejściu ojca rodzina popadła w ubóstwo i szybko stała się bezdomna. Betty i chłopców przygarnęła jej siostra, ale warunki życia w jej mieszkaniu były straszne. Wieczne zimno, toaleta na zewnętrznym korytarzu wspólna dla kilku rodzin, ciasnota (w dwóch małych pomieszczeniach mieszkało sześć osób).

Matka chłopców nie radziła sobie z utrzymaniem rodziny. Pięcioletni Vidal trafił do londyńskiego sierocińca, a jakiś czas później dołączył do niego brat. To przeżycie pozostawiło piętno na całym późniejszym życiu Sassoona. Będzie je wspominać nawet jako osiemdziesięcioletni mężczyzna. Jednak doświadczenie to dało mu jednocześnie niezwykłą siłę, nauczyło nie poddawać się, marzyć, działać, zmieniać swoje życie. Jego młodszy brat Ivor nie mógł zrozumieć, dlaczego mama ich oddała. Płakał z tęsknoty, bo widział ją tylko raz w miesiącu. Vidal pocieszał go, uczył patrzeć pozytywnie na rzeczy, snuł przed nim wizje przyszłego pięknego życia.

W sierocińcu chłopcy spędzili siedem lat. Matka zabrała ich stamtąd dopiero po ponownym wyjściu za mąż za Nathana Goldberga. Stał się on wspaniałym ojcem zastępczym dla chłopców. Wprowadzał Vidala w świat sztuki, muzyki, architektury. Rozbudzał jego wyobraźnię. Chłopiec poszedł do szkoły. Nie było to jednak dobre dla niego miejsce. Dzieci wyśmiewały go, przezywały, wytykały palcami. Nie radził też sobie z nauką. Wkrótce jego edukację przerwała wojna. Wszystkie dzieci ewakuowano z Londynu.

Po powrocie Vidal nie wrócił już do szkoły. Nadal trwała wojna. Codziennie niemieckie samoloty bombardowały miasto, a ludność musiała ukrywać się w schronach. Vidal miał 14 lat i zaczął pracować, żeby wspomóc rodzinę. Początkowo został gońcem. Matka wymyśliła jednak dla niego inny fach. Chciała, żeby został fryzjerem. Mimo że on sam marzył raczej o karierze piłkarza, pod jej wpływem rozpoczął praktykę w salonie Adolpha Cohena jako pomocnik. Zamiatał podłogę, mył głowy klientkom, nabywał doświadczenia i uczył się fachu. Oprócz tego słuchał kobiet, co w przyszłości miało zaowocować doskonałym zrozumieniem tego, czego potrzebują.

Ale zanim w pełni rozwinęła się jego fryzjerska kariera, zaangażował się w politykę. W wieku 17 lat, choć był zbyt młody, by służyć w wojsku w czasie II wojny światowej, stał się najmłodszym członkiem Grupy 43, podziemnej organizacji żydowskiej weteranów. W 1948 roku, gdy miał 20 lat, wstąpił do żydowskiej organizacji paramilitarnej Hagana i wyjechał do Palestyny, by wziąć udział w wojnie izraelsko-arabskiej. Później wspominał ten czas jako najpiękniejszy rok swojego życia. Uczestniczył bowiem w tworzeniu wyczekiwanego od setek lat kraju, by tacy jak on upokarzani żydowscy tułacze mieli swoje miejsce na ziemi.

Po powrocie do Londynu zaczął spełniać marzenie swojej mamy. Zawierzył jej intuicji. Zatrudnił się w salonie Raymonda Bessone'a już nie jako pomocnik fryzjera, ale prawdziwy fryzjer. Oczywiście niewiele jeszcze umiał. Owszem, miał wizję, ambicję, zapał. Powoli kiełkowały mu pomysły, jak powinna wyglądać nowoczesna kobieca głowa. Jednak, jak je zrealizować – tego jeszcze nie wiedział. Wszystkiego, czego potrzebował, czyli fachu, nauczył się od Bessone'a. Jak później sam przyznał, że bez niego nigdy nie osiągnąłby tak dużo.

W 1954 roku nadszedł wreszcie długo wyczekiwany moment. Vidal Sassoon był gotowy, by otworzyć w Londynie własny salon! Miał wówczas 26 lat. Mógł zastosować praktyce w swoje pomysły. I rozpoczął rewolucję. Przyświecało mu przekonanie, że kobiety stały się zbyt zapracowane i zajęte, by przesiadywać godzinami u fryzjera. A przecież nadal chciały wyglądać pięknie. Dlatego zerwał z modnym wówczas tapirowaniem i ondulowaniem włosów, a w zamian zaproponował nietypowe, proste fryzury niewymagające czasochłonnej pielęgnacji, same układające się na głowie dzięki doskonałemu cięciu. Wystarczyło potrząsnąć głową. „Kobiety nie mają czasu, aby siedzieć pod suszarką! Nigdy więcej!" – mówił. Inspirowały go geometryczne formy nowoczesnej architektury. „Miałem pomysł, by z włosów wycinać kształty, by używać ich jak tkaniny i odcinać, odrzucać wszystko, co było zbędne".

Jednak ten nowy styl czesania nie od razu spotkał się z uznaniem. To był przełom, coś całkowicie innego od obowiązujących wówczas fryzur aż sztywnych od lakieru. Choć był praktyczny i wygodny, to nowy styl onieśmielał swoim nowatorstwem. Trzeba było kogoś tak charyzmatycznego, silnego i zdecydowanego jak Vidal Sassoon, by przekonać kobiety do wprowadzenia odważnych zmian na swoich głowach. W ferworze pracy, emocji i wyjaśnień fryzjerowi zdarzało się nawet rzucać nożyczkami, a raz zrobił to z takim impetem, że utkwiły w suficie, jak sam wspominał. Wierzył jednak, że z pięknymi, naturalnymi, zdrowymi i prostymi włosami, o które mogą same zadbać, kobiety będą szczęśliwsze.

Pełna zaangażowania i pasji praca Sassoona zaczęła przynosić niezwykłe efekty. W krótkim czasie miał już sieć salonów w Anglii, a potem także w USA. Ale to wciąż było dla niego za mało. Marzył, by zrobić karierę, stać się znanym, podbić świat i... tak się stało. W latach 60. zdobył nie tylko ogromną popularność, ale i sławę. W jego autorskiej wersji boba zakochały się słynne modelki i aktorki, takie jak Mary Quant, Goldie Hawn, Nancy Kwan, Grace Coddington, Twiggy. Uczesanie to było ukoronowaniem wszystkiego, czego w ciągu praktyki fryzjerskiej dowiedział się o współczesnych kobietach. W dodatku było modyfikowane indywidualnie dla każdej klientki. Zawsze jednak krótkie, lekkie i naturalne. Od klasycznego boba odróżniało się kątowymi cięciami w płaszczyźnie poziomej.

Najbardziej dumny był Vidal z następnej wymyślonej przez siebie fryzury: *five point cut*, która najlepiej spełniała jego wizję geometrycznego stylu i ideę czesania. Było to stopniowe strzyżenie wzdłuż pięciu punktów wyznaczonych wokół głowy. Fryzura zaprezentowana na modelce Grace Coddington wywołała szok. Największy chyba z tego powodu, że kobiecie po takim strzyżeniu przestawał być potrzebny... fryzjer. Nie musiała już przychodzić do niego co tydzień na misterne czesanie. Wystarczyło, że umyła włosy, a one same, dzięki perfekcyjnemu obcięciu, układały się bez wysiłku z jej strony. Niejakim zaprzeczeniem tej idei okazała się następna słynna fryzura, którą trzeba już było układać na czubku głowy. Był to stworzony i wylansowany przez Vidala Sassoona... irokez.

„Co zrobić, by kobiece głowy były zadbane, błyszczące, piękne? Co zrobić, by kobiety mogły dbać o nie same?" – takie myśli nie dawały Sassoonowi spokoju i inspirowały go do wprowadzania kolejnych innowacji. Opracował całą linię szamponów i innych produktów do pielęgnacji oraz modelowania włosów, które sygnował własnym nazwiskiem. Wśród nich znalazł się Wash & Go, kosmetyk łączący szampon z odżywką. Wówczas była to technologia, która wyprzedzała epokę. Dziś marka Vidal Sassoon słynie nie tylko z linii kosmetyków pielęgnacyjnych, ale także z wysokiej klasy urządzeń fryzjerskich, które można stosować w domach lub zakładach fryzjerskich.

Praca nad fryzurami i środkami do ich pielęgnacji nie wyczerpywała jednak działań Sassoona. Korzystając ze zdobytej popularności, został gospodarzem programu telewizyjnego na temat urody i kondycji. Chciał sprawdzić się nowej roli, ale przede wszystkim przekazać swoją wiedzę i wizję jak największej liczbie osób. Telewizyjne doświadczenie trwało jednak krótko. Dużo istotniejszym, wyjątkowym przedsięwzięciem, które wyniknęło z chęci dzielenia się wiedzą, było założenie akademii dla przyszłych fryzjerów. Miało to miejsce w latach 60., kiedy nikt inny nawet nie myślał o podobnych działaniach. Sassoon wytyczył nowy szlak, którym podążyli inni – dziś przecież szkoły uczące zawodu fryzjera są czymś oczywistym. Akademia stopniowo rozrastała się. Posiadała filie nie tylko w USA, Kanadzie i Wielkiej Brytanii, a otwarcia planowano także w Niemczech i Chinach.

W latach 80. Vidal Sassoon postanowił wycofać się z biznesu. Sława, którą zdobył, zaowocowała podpisaniem kontraktu z firmą Procter & Gamble. Odtąd to ona dysponowała marką Vidal Sassoon, a sam Sasson poświęcił się filantropii. W 1982 roku założył Międzynarodowe Centrum Studiów nad Antysemityzmem im. Vidala Sassoona przy Uniwersytecie Hebrajskim w Jerozolimie. Zaangażował się w akcję budowania domów dla osób, które straciły je po przejściu huraganu Katrina w 2005 roku w Nowym Orleanie.

W 2010 roku nakręcono film o Vidalu. Miał wtedy 82 lata. Z niezwykłą pasją i energią opowiadał o swoim życiu i sukcesach. Dzięki ćwiczeniu jogi był we wspaniałej formie fizycznej. Tryskał radością. Rok później zdiagnozowano u niego leukemię, na którą umarł 9 maja 2012 roku. Na jego pogrzebie zjawiły się tłumy sław.

Jego życie wciąż nie przestaje zadziwiać. Choć zajmował się tylko fryzjerstwem, stał się prawdziwą gwiazdą rozpoznawalną przez zwykłych ludzi, posiadającą własny program w telewizji, z którą liczył się cały świat filmowy. W tamtym czasie było to ewenementem. Dzięki swojemu zmysłowi biznesowemu stał się miliarderem. Zawdzięczał to swoim cechom charakteru – pracowitości będącej wręcz pracoholizmem, uporowi, wizji, determinacji, kreatywności. Jednak sukces, jaki osiągnął, miał swoją ogromną cenę. Było nią nieudane życie rodzinne, na które nie miał czasu – trzy rozwody, śmierć córki na skutek przedawkowania narkotyków, zerwanie kontaktów z adoptowanym synem. I choć ostatnie małżeństwo Vidala Sassoona było trwałe i szczęśliwe, smutek wywołany wcześniejszymi doświadczeniami, a zwłaszcza kłopotami z dziećmi, do końca życia zalegał w jego sercu.

KALENDARIUM:

17 stycznia 1928 – narodziny Sassoona w Londynie
1948 – udział w wojnie o niepodległość Izraela
1954 – otwarcie pierwszego salonu w Londynie
1956 – ślub z pierwszą żoną Elaine Wood (rozwód w 1958 r.)
1963 – stworzenie autorskiej wersji boba (*bob cut*)
1965 – otwarcie pierwszego salonu w USA, w Nowym Jorku
1965 – stworzenie fryzury *five point cut*
1967 – ślub z drugą żoną Beverly Adams (rozwód w 1980 r.)
1968 – narodziny córki Catyi
1970 – narodziny syna Elana
1973 – narodziny córki Eden
1975 – adopcja trzyletniego chłopca Davida
1980 – sprzedaż interesów i poświęcenie się filantropii
1983 – ślub z trzecią żoną Janette Hartford-Davis (i rozwód)
1992 – ślub z czwartą żoną Ronnie Holbook
2002 – śmierć córki Catyi na skutek przedawkowania narkotyków
2009 – odznaczenie orderem brytyjskiego imperium za zasługi dla brytyjskiego świata fryzjerstwa
9 maja 2012 – Sassoon umiera w Los Angeles, w wieku 84 lat, na białaczkę

CIEKAWOSTKI:

- Za fryzurę Mii Farrow w filmie *Dziecko Rosemary* Vidal Sassoon zainkasował pięć tysięcy dolarów.
- Gdy Vidal Sassoon w 1984 roku sprzedał prawa do marki swoich produktów do pielęgnacji włosów, jego roczne obroty sięgały 110 milionów dolarów.
- W 1984 roku Vidal Sassoon przyznał firmie Procter & Gamble licencję, która pozwoliła jej zostać jedynym na całym świecie dystrybutorem produktów pod marką jego nazwiska. Zgodnie z jej ustaleniami był on zobowiązany do udzielania firmie konsultacji. Jednak w 2013 roku pozwał P&G, argumentując, że źle wywiązuje się z warunków licencji, bo faworyzuje inne linie produktów, na przykład Pantene. W tym czasie (lata 1984-2003) Sassoon w sumie otrzymał ponad 80 milionów dolarów (od miliona do 7,5 milionów rocznie) tantiem z opłat licencyjnych oraz dodatkowo 600-700 tysięcy rocznie za osobiste konsultacje. Warunki ugody nie zostały ujawnione. Wiadomo jedynie, że prawa do nazwy Vidal Sassoon, które stylista chciał odzyskać, pozostały przy P&G.
- Szampon Vidal Sassoon Wash & Go był jednym z pierwszych nowoczesnych produktów z Zachodu, które wprowadzano na polski rynek ze wsparciem intensywnej kampanii reklamowej. Jednocześnie była to jedna z pierwszych zachodnich reklam szamponów, która pojawiła się w polskiej telewizji w latach 90. Akcji telewizyjnej towarzyszyła kampania marketingu bezpośredniego. Rozdawano za darmo próbki szamponów i odżywek w jednym. W samej Warszawie rozdano ponad 600 tysięcy mini produktów. Wtedy to był szok. Początkowo ludzie dosłownie wykradali sobie szampony ze skrzynek pocztowych. Jednak ten entuzjazm

szybko opadł. Szampon nie przyjął się na polskim rynku, a po pewnym czasie został wycofany. Ta kampania zaś do dziś jest podawana jako przykład nieudanych działań promocyjnych. Jednak samo hasło „wash and go" wciąż jest żywe i stosowane w różnych znaczeniach.

- Kiedy Sassoon rozpoczął praktykę zawodu u Adolfa Cohena, jednym z jego obowiązków było przychodzenie do pracy schludnym. Musiał mieć czyste ubranie i buty, wyczyszczone paznokcie. To w czasie wojny, gdy wraz z rodziną spał w podziemiu w obawie przed nalotem, było trudne. „Pamiętam, jak wkładałem złożone spodnie w koc i spałem na nich, tak żeby miały ostre kanty" – wspominał po latach. Później w swoich salonach Sassoon wprowadził taką samą dyscyplinę. Jego pracownicy, także styliści, musieli nosić nieskazitelne trzyczęściowe garnitury, a pracownice były modnie ubrane, uczesane i umalowane.

- Dzieło Vidala Sassoona zostało uwieczniony dzięki filmom Romana Polańskiego. Na potrzeby filmu *Dziecko Rosemary* ściął długie blond włosy głównej bohaterce granej przez Mię Farrow. Zrobił to w studiu Paramount otoczony przez fotografów, ekipy filmowe i dziennikarzy obserwujących jego pracę, a o tym wydarzeniu mówił cały świat. W samym filmie Farrow wyjaśnia, że jej nowa fryzura to dzieło Vidala Sassoona. Tego Sassoona. Z kolei w innym obrazie Polańskiego *Wstręt* został pokazany salon fryzjerski Sassona. Bohaterka filmu grana przez Catherine Denevue pracuje w nim na początku.

CYTATY:

„Włosy są największym komplementem, jakim obdarzyła nas natura".

„Jeśli wszyscy mówią ci, że coś jest niemożliwe, nie wierz im – to nonsens. Jeśli uda ci się wejść w głąb siebie, to możesz tam odnaleźć coś, co cię zaskoczy".

„Jeśli ty nie wyglądasz dobrze, my też nie wyglądamy dobrze".

„Jedynym miejscem, w którym sukces pojawia się przed wysiłkiem, jest słownik".

ŹRÓDŁA I INSPIRACJE:

Vidal Sassoon na TEDx Oxford: https://www.youtube.com/watch?v=GQRgXsp1ZtE, https://www.youtube.com/watch?v=T36X1Yord4k.

Vidal Sassoon: The Movie, reż. Craig Teper, 2010, http://www.adweek.com/news/advertising/pg-retains-rights-sassoon-name-74587.

Vidal Sassoon, *Vidal: Autobiografia*, Pan Books, 2010.

Vidal Sassoon, *Cutting Hair the Vidal Sassoon Way*, wyd. popr., Routledge, 2013.

Życiorys Vidala Sassoona w Wikipedii: https://en.wikipedia.org/wiki/Vidal_Sassoon.

Dominika Łukoszek, *Ten facet od boba*, http://modologiablog.pl/2013/03/10/ten-facet-od-boba/.

Biografia Viadala Sassoona na biography.com: http://www.biography.com/people/vidal-sassoon-20888267.

Marcus Williamson, Vidal Sassoon: Hairdresser whose minimal, informal styles revolutionised his profession, „Independent", http://www.independent.co.uk/news/obituaries/vidal-sassoon-hairdresser-whose-minimal-informal-styles-revolutionised-his-profession-7734625.html

David Williamson, Peter Cooke, Wyn Jenkins, Keith Michael Moreton, *Strategic Management and Business Analysis*, 2008.

Richard M. Schulze

(ur. 1941)

jeden z najbogatszych Amerykanów, przedsiębiorca
i filantrop, twórca największej w USA sieci marketów
handlujących elektroniką użytkową Best Buy

Ukończył jedynie szkołę podstawową. Brak wyższego wykształcenia nie przeszkodził mu w zrewolucjonizowaniu sprzedaży elektroniki użytkowej w Stanach Zjednoczonych, stworzeniu nowego w tej branży pojęcia supermarket (ang. *superstore*), a po kilkudziesięciu latach ciężkiej pracy zostaniu jednym z najbogatszych przedsiębiorców w USA. Jest właścicielem sieci marketów elektronicznych Best Buy, która tylko w USA ma ponad tysiąc sklepów.

Richard Schulze urodził się i dorastał w Saint Paul w stanie Minnesota. Nie był zdolnym uczniem. Ukończenie szkoły podstawowej nie było dla niego problemem, lecz szkoły średniej już tak. Pewnie po części dlatego, że ucząc się, pracował. Trudno połączyć popołudniową pracę w lokalnym markecie oraz dzienną naukę w szkole średniej. Richard wracał wieczorem z pracy polegającej na sortowaniu towaru i siadał do lekcji. Kładł się spać około północy. Następnego dnia wstawał o 6.00, gdyż do Central High School w Saint Paul miał około pięciu mil i żadnego stałego środka transportu. Najczęściej jeździł autostopem, ale czasami zdarzało się, że szedł pieszo te osiem km... Nie zamierzał jednak zrezygnować z pracy, gdyż jak mówił w jednym z wywiadów, już będąc dzieckiem, chciał zarabiać.

Jako 11-latek z własnej inicjatywy zajął się roznoszeniem gazet. Robił to codziennie przez 4 lata. Rodzice godzili się na to, jednak ojciec nakazał, by 20 procent zarobku syna trafiało do rodzinnego budżetu. Nie odstraszyło to młodego przedsiębiorcy, który już na tym etapie „prowadzenia firmy" wykazał się nie lada pomysłowością. Zauważył bowiem dwie rzeczy: po pierwsze – im lepiej obsłuży klientów, tym większe napiwki dostanie, a po drugie – czasem ludzie wykazują się większą niż zwykle hojnością, na przykład w okresie pomiędzy Świętem Dziękczynienia a Bożym Narodzeniem. Przez te kilka tygodni w roku starał się jeszcze bardziej niż zazwyczaj, wkładając gazety za drzwi, a nie zostawiając jak zwykle na podjeździe. Tak dobra obsługa klienta skutkowała potrojeniem dochodów! Richard wyciągnął z tego doświadczenia wniosek, że „zawsze trzeba starać się bardziej i pracować mądrzej".

Zasadę tę chciał wykorzystać kilka lat później, gdy pracował jako magazynier w dużym markecie spożywczym. Pewnego dnia zwrócił uwagę managerowi, że należałoby zmienić miejsca układania warzyw, tak by klientom łatwiej było je znaleźć, a jemu, magazynierowi, wyłożyć towar. Usłyszał, że wszystko jest w porządku i ma zająć się swoją robotą. Po kilku tygodniach znowu poszedł do szefa w tej samej sprawie. Gdy po raz drugi usłyszał odmowę, postanowił zrezygnować. „Nie mogłem pracować w firmie, gdzie nie szanowano moich wartości i nie wdrażano nowych pomysłów" – mówił. Była to spontaniczna i odważna decyzja, która wpłynęła na całe życie Richarda.

Po rzuceniu pracy w markecie poszedł do wojska. Służył w Gwardii Powietrznej Stanu Minessota. Wybór wojsk lotniczych nie był przypadkowy. Richard od dziecka interesował się elektroniką, a w lotnictwie zaawansowanych urządzeń tego typu nie brakowało. Następnie rozpoczął pracę w firmie ojca handlującej akcesoriami elektronicznymi. Ucząc się zawodu handlowca, widział potencjał tego rynku. Jego zdaniem jednak przyszłością branży były duże sklepy oferujące ogromny wybór, a nie małe, lokalne sklepiki, zaś klucz do sukcesu leżał w poprawie obsługi klienta (nauczył się tego, roznosząc gazety). Jako ambitny młodzieniec widział swoją szansę w stworzeniu wielkopowierzchniowego sklepu, w którym klienci mogliby bez pośpiechu testować sprzęt i uczyć się jego obsługi przed dokonaniem zakupu.

Mając 25 lat, ku rozpaczy mamy i rozczarowaniu ojca podjął trudną decyzję o odejściu z firmy rodzinnej. Zainwestował wszystkie swoje oszczędności w uruchomienie pierwszego, własnego sklepu. Niestety, pieniędzy nie wystarczyło i Richard musiał dodatkowo zaciągnąć kredyt pod hipotekę domu. Wtedy, w roku 1966, rzucił na szalę całą swoją przyszłość i ze znajomym Garym Smoliakiem otworzyli sklep o nazwie Sound of Music w rodzinnym mieście Saint Paul. Sprzedawali w nim znakomitej jakości sprzęt hi-fi do odtwarzania muzyki. Nie mieli dużych zysków: w pierwszym roku wspólnicy zarobili 58 tysięcy dolarów. Kolejne dwa lata nie przyniosły poprawy i wtedy, w roku 1969, Gary Smoliak poddał się. Jego udziały odkupił Richard, któremu nawet nie zaświtała w głowie myśl o tym, aby odpuścić. Wierzył w swój sukces i dalej ciężko na niego pracował. Uruchomił kolejne placówki. Robił to mądrze – jego targetem byli młodzi mężczyźni w wieku 18-25 lat lubiący słuchać głośnej muzyki dobrej jakości. Dlatego otwierał swoje sklepy w okolicach akademików i wyższych uczelni. Tam głównie znajdowali się jego klienci.

Bacznie obserwował też dużych graczy operujących w innych branżach: Wal Mart, Home Depot, Toys'R Us. Był bowiem zdania, że dobrym sposobem na rozwój biznesu jest przenoszenie rozwiązań z jednej branży do drugiej i testowanie nowych pomysłów. Okazja pojawiła się niespodziewanie i to w tragicznych okolicznościach. W 1981 roku sklep w Roseville przynoszący Schulzowi największe zyski uległ zniszczeniu podczas tornada, jakie przeszło nad miastem. Zerwany został dach i zniszczona część budynku, w której wystawione były towary. Cudem natomiast uratował się cały magazyn! Schulze nie załamał się tym zdarzeniem. Wręcz przeciwnie – postanowił wykorzystać je do stworzenia, jak to określił, „tornada sprzedaży". Dał ogromne ogłoszenia w lokalnej prasie, że w najbliższych dniach na parkingu będzie sprzedawał w rewelacyjnie niskich cenach sprzęt ze zniszczonego sklepu. W ciągu czterech dni wyprzedaży sklep zarobił tyle, ile przez cały poprzedni miesiąc! Richard udowodnił, że przy odpowiednim podejściu, kreatywności i pozytywnym nastawieniu porażkę można zamienić w sukces. Trzeba mieć tylko otwarty umysł i szukać nowych możliwości. Po latach jeden z analityków rynkowych Barry Levin powiedział o nim: „To facet, który cały czas myśli. Nie oznacza to wcale, że jest pracoholikiem. Po prostu jego umysł zawsze działa".

Rzeczywiście działał na najwyższych obrotach. W roku 1983 Sound of Music przekształcił się w Best Buy. Pomysł na sieć wziął się właśnie ze słynnego „tornada sprzedaży". Schulze zauważył wtedy, że ludzie chcą korzystać z okazji, takich jak przeceny i wyprzedaże. „Podczas wyprzedaży w Roseville zablokowane zostały okoliczne drogi, a ludzie parkowali na ulicach, trawnikach i podwórkach" – wspomina. „Wtedy już wiedziałem, że muszę znaleźć jakiś sposób, by inicjować takie zachowania klientów". Za namową swojego mentora Zeke'a Landersa, właściciela salonów elektronicznych w Virginii, zdecydował się na wprowadzenie do sprzedaży telewizorów, magnetowidów oraz całej gamy sprzętu AGD, od mikserów po pralki i lodówki. Richard zwracał uwagę w wywiadach na to, jak ważny jest w życiu mentor, czyli osoba, która doradzi, pomoże, oceni i da wskazówki. Z tych ostatnich skorzystał, wprowadzając do sklepów nowy sposób prezentacji towaru. Jego sklepy były duże, miały bowiem co najmniej 18 tysięcy metrów kwadratowych, były też jasno oświetlone. Towar na dużych przestrzeniach na nowoczesnych regałach prezentował się nadzwyczaj atrakcyjnie.

Biznesmen z Minnesoty był znakomitych obserwatorem i znawcą ludzkiej psychiki. Przez lata pracy obserwował, kiedy klienci denerwują się i czują niekomfortowo. Działo się to wtedy, gdy sprzedawca chciał im wcisnąć konkretny produkt, nie dając czasu na spokojne zastanowienie. Bardzo często zdarzało się tak ze względu na prowizję, jaką sprzedawcom płacili producenci. Wtedy zdecydował, że jego pracownicy nie będą mieli tego typu prowizji. Te działania były podporządkowane jednemu celowi – stworzeniu w Best Buy „relaksującego doświadczenia zakupowego". Klient sam miał wybrać model, obejrzeć go w spokoju, w miarę możliwości przetestować, a następnie zdecydować o zakupie samodzielnie lub po dopytaniu sprzedawcy o szczegóły.

Klienci byli zachwyceni tym podejściem. Nie spodobało się ono jednak wielkim graczom, którzy postanowili wycofać swoje produkty z sieci Best Buy. Richard, pewny słuszności swojej decyzji, nie ugiął się pod naciskami światowych gigantów. Gdy okazało się, że ten model sprzedaży działa znakomicie, wielkie marki przeprosiły się z Best Buy i ich produkty wróciły na półki. W 1987 roku sieć Best Buy zadebiutowała na nowojorskiej giełdzie. 12 lat później znalazła się na liście 500 największych firm w USA według indeksu Standard

& Poor's. W 2012 roku Schulze zrezygnował z funkcji prezesa, zachowując stanowisko doradcy zarządu.

W ostatnich latach poświęcił się działalności charytatywnej. Prowadzi ją poprzez Schulze Family Fundation. Wspiera finansowo uczelnie. Przekazał między innymi 50 milionów dolarów na Uniwersytet Św. Tomasza w rodzinnym Saint Paul. W 2005 roku otworzył Szkołę Przedsiębiorczości (Schulze School of Entrepreneurship). Finansuje też służbę zdrowia, budując między innymi ośrodki dla chorych na raka, którzy mogą godnie dożyć swoich dni w gronie najbliższych i przy troskliwej opiece personelu. Powód? W 2001 roku na rzadki rodzaj raka – międzybłoniaka – zmarła żona Richarda Sandra, z którą byli małżeństwem przez blisko 40 lat i wychowali czwórkę wspaniałych dzieci. Richard bardzo mocno przeżył tę tragedię i postanowił, że na wszelkie możliwe sposoby będzie wspierać osoby chorujące na raka. W dziele budowy ośrodków dla nich wspiera go druga żona Maureene Schulze, która również przeżyła śmierć męża na międzybłoniaka. Podobne tragiczne doświadczenia bardzo zbliżyły Richarda i Maureen. Postanowienie, aby być razem, pozwoliło im przetrwać najcięższe chwile po śmierci współmałżonków. Richard Schulze w jednym z wywiadów stwierdził, że został biznesmenem ponieważ „chciał kontrolować swoje przeznaczenie". Wiedział, że będzie mógł to zrobić, jeśli weźmie pełną odpowiedzialność za swoje życie. Aby osiągnąć swoje ambitne cele, ciągle się uczył, był otwarty na zmiany, szukał nowych możliwości, podejmował czasami decyzje trudne, obarczone ryzykiem. Nie bał się powiedzieć „nie", jeśli coś było sprzeczne z wyznawanymi przez niego wartościami. Jego kluczem do sukcesu była zasada, aby zawsze wnosić wartość do życia innych ludzi. Aby tak się stało, trzeba było zastanawiać się, jak można coś zrobić jeszcze lepiej, w jaki sposób można się wyróżnić. Zadawał sobie takie pytania jako 11-latek roznoszący gazety, jako 25-latek uruchamiający swój pierwszy sklep ze sprzętem audio, a także jako właściciel firmy zatrudniającej 125 tysięcy osób i generującej przychody w wysokości 40 miliardów dolarów rocznie. „Całe życie próbowałem coś ulepszyć, poprawić. Nigdy nie stanąłem w miejscu. Taki mam charakter" – mówi.

KALENDARIUM

1941 – narodziny Richarda Schulze w Saint Paul w Minnesocie
1952 – pierwsza praca jako roznosiciel gazet, która trwała do 1956 r.
1962 – ślub z Sandrą J. Schulze, z którą doczekał się czwórki dzieci
1966 – otwarcie pierwszego sklepu Sound of Music ze sprzętem audio; w kolejnych latach sieć rozrasta się do kilkunastu placówek
1969 – Sound of Music debiutuje na giełdzie NASDAQ
1981 – tornado w Roseville niszczy jeden ze sklepów Richarda; on niezrażony ze swoimi pracownikami przez 4 dni sprzedaje towar na parkingu obok, uzyskując wyniki przekraczające miesięczny utarg sklepu przed katastrofą!
1983 – sieć sklepów Sound of Music przekształca się w Best Buy; Schulze tworzy w ten sposób nowy typ sklepu – supermarket z elektroniką użytkową, w którym sprzedaje szeroka gamę produktów RTV i AGD po bardzo atrakcyjnych cenach
1987 – Best Buy debiutuje na giełdzie nowojorskiej
1992 – przychody sieci przekraczają po raz pierwszy miliard dolarów; firma w kolejnej dekadzie uruchamia markety w Kanadzie, Meksyku i Chinach

1999 – firma doradcza Standard & Poor's umieszcza Best Buy wśród 500 największych firm w Stanach Zjednoczonych
2001 – umiera żona Richarda Sandra; powodem jest rzadka odmiana raka – międzybłoniak
2002 – Richard żeni się ponownie z Maureen, która także straciła męża przez raka; Maureen mocno angażuje się w działalność Fundacji Rodziny Schulze
2012 – Richard rezygnuje z funkcji prezesa zarządu Best Buy i poświęca się przede wszystkim działalności charytatywnej
2016 – Best Buy posiada 1400 sklepów w USA, Kanadzie, Meksyku i Chinach, zatrudnia 125 000 pracowników, a roczny przychód firmy to 40 mld dolarów

CYTATY:

„»Pracować mądrzej« jest ważniejsze od »pracować ciężko«".

„Wszystko zaczyna się od klienta i kończy na kliencie".

„Chodzi o to, by swoim działaniem wnosić wartość w życie innych ludzi".

„Nigdy nie bałem się zmian i zawsze słuchałem klientów".

ŹRÓDŁA I INSPIRACJE:

Delivering the Goods, Entrepreneur and Innovation Exchange, https://eiexchange.com/content/6-delivering-the-goods-an-interview-with-best-buy-and-eix-founder-dick-schulze.

Oficjalna strona internetowa sieci Best Buy: https://corporate.bestbuy.com.
Oficjalna strona internetowa Schulze Family Foundation: https://www.schulzefamilyfoundation.org.
Profil Richarda Schulze na stronie „Forbesa": http://www.forbes.com/profile/richard-schulze.
Sylwetka Richarda Schulze na Online Encyclopedia: http://encyclopedia.jrank.org/articles/pages/6353/Schulze-Richard.html.

Rex David „Dave" Thomas

(1932-2002)

amerykański przedsiębiorca i filantrop,
twórca marki Wendy's

Wendy's to trzecia pod względem wielkości sieć restauracji typu fast food w USA. Jej założyciel David „Dave" Thomas to postać, którą jeszcze parę lat temu rozpoznawało każde dziecko w Stanach Zjednoczonych, ponieważ pojawił się w ponad 800 reklamach swojej sieci. Jego celem było jednak coś więcej niż tylko reklamowanie charakterystycznych kwadratowych hamburgerów.

Dave był adoptowany, a jego adopcyjna matka zmarła, gdy miał 5 lat. Przez całe dzieciństwo doskwierała mu samotność i brak rodzinnego ciepła. Wraz z ojcem wielokrotnie się przeprowadzał, chodził do różnych szkół, do tego był bardzo nieśmiały i było mu trudno znaleźć przyjaciół. Marzył, że stworzy dla siebie lepszy świat niż ten, w którym żył.

Jego ojciec nie umiał gotować, więc jako dziecko Dave często jadał poza domem. Przyglądał się rodzinom siedzącym w restauracjach przy wspólnych posiłkach. Zrozumiał, że tego właśnie chce: mieć własną rodzinę i zabierać ją do własnej, przytulnej restauracji. Zaczął więc obserwować, czym się wyróżnia wystrój i klimat takich miejsc, w których przyjemnie spędza się czas. Podsłuchiwał, na co skarżyli się klienci i dowiadywał się, na czym im tak naprawdę zależy. Kiedy miał 9 lat, uznał, że jest już ekspertem od restauracji.

Szukał w swoim życiu mentorów. Pierwszą taką osobą była jego babcia Minnie. Ta odważna, ciężko pracująca kobieta dała mu prawdopodobnie najważniejszą lekcję w jego karierze: „Don't cut corners", czyli „Nie ścinaj rogów". To znaczy nie stosuj skrótów, na których ucierpi jakość tego, co robisz.

Jako dwunastolatek podjął pierwszą pracę w restauracji Regas Restaurant w centrum Knoxville w stanie Tennessee. Praca w Regas była bardzo ciężka – codziennie przewijały się przez nią setki klientów. Dave wreszcie miał okazję obserwować działanie restauracji z perspektywy pracownika. Nauczył się, że bardzo ważne jest zachowanie czystości i że najlepiej uczyć się na własnych błędach. Najbardziej jednak zapamiętał słowa, które usłyszał od swojego szefa: „Jeśli rzeczywiście próbujesz, możesz osiągnąć wszystko, co tylko sobie wymarzysz". Dave zachowywał się jak sportowiec przygotowujący się do zawodów. Każdy dzień traktował jak konieczny trening zbliżający go odrobinę do upragnionego celu: posiadania własnej restauracji. Niestety, kłótnia z szefem zakończyła się dla Dave'a utratą pracy.

W wieku 15 lat przeprowadził się wraz z ojcem do Fort Wayne w stanie Indiana, gdzie podjął pracę w restauracji Hobby House. Jednak, gdy ojciec planował kolejną zmianę miejsca zamieszkania, postanowił, że tym razem z nim nie pojedzie. Aby zarobić na życie, podjął pracę na pełen etat. Wtedy też porzucił naukę w szkole, czego żałował przez kolejne kilkadziesiąt lat.

Dave chciał poznać pracę na każdym stanowisku w restauracji, więc wkrótce został kucharzem w Hobby House. Związał się z tym miejscem na 10 lat i zyskał sobie przychylność szefa, który ufał mu i powierzał coraz bardziej odpowiedzialne zadania.

Gdy Dave w czasie wojny w Korei postanowił zaciągnąć się do armii, jego szef zapowiedział, że stanowisko będzie na niego czekać. Dave wykorzystał służbę wojskową, żeby rozwinąć się w zawodzie – ukończył kurs w Cook's and Baker's School i otrzymał stopień sierżanta sztabowego odpowiedzialnego za dostarczanie posiłków dla 2000 żołnierzy. Dwa lata później wrócił do pracy w Hobby House.

Pracując tam, poznał swoją przyszłą żonę – Lorraine Buskirk. Bardzo pragnął ożenić się i założyć rodzinę. Gdy na świat przyszły dzieci, musiał na zmierzyć się z nowym wyzwaniem: chciał dać swoim dzieciom wszystko to, czego nie dał mu ojciec. Był bardzo szczęśliwy, bo wreszcie doświadczał ciepła rodzinnego, o którym tak marzył; martwił się jednak o to, jak z pensji kucharza zapewnić swoim bliskim godny byt.

Gdy miał 25 lat, w jego życiu pojawiła się niezwykła postać: Colonel Sanders, który właśnie budował swoje imperium Kentucky Fried Chickien. Miał charakterystyczną kozią bródkę i biały frak, który nosił nawet podczas siarczystych mrozów. To od niego Dave poznał zupełnie nowe w biznesie restauracyjnym słowa, takie jak: franczyza, marketing czy budowanie marki. Zobaczył, jak ważne jest to, by się wyróżniać i zapadać w pamięć. Sanders miał obsesję na punkcie jakości swoich dań, ale zdaniem Dave'a nie potrafił należycie zadbać o zarządzanie. Gdy się poznali, Sanders szukał właśnie osoby, która pomogłaby mu uratować cztery podupadające restauracje KFC. To było wyzwanie, na które czekał Dave.

Musiał odpowiedzieć sobie na pytanie: co zrobić, by klienci na nowo pokochali te miejsca? Zaczął więc uważnie przyglądać się ich zwyczajom. Przychodzili głównie po firmowe danie – kurczaka – więc rozbudowane menu było dla nich tylko przeszkodą. Lubili brać jedzenie na wynos i zabierać je ze sobą na pikniki. Pojawiały się wówczas nowe zwyczaje w sposobie korzystania z restauracji, co było bardzo ważnym spostrzeżeniem, zbliżającym Dave'a do sukcesu. Dave skrócił menu do niezbędnego minimum i rozpoczął pracę nad projektem papierowego kubełka na kurczaka – tym, który wkrótce miał stać się symbolem KFC. Żeby sobie poradzić z zarządzaniem, sprowadził je do kontrolowania kilku wskaźników liczbowych. Nauka babci Minnie, która przestrzegała, by bardzo rozsądnie zarządzać swoim czasem i starannie wybierać problemy, którym poświęca się uwagę, bardzo się w tej sytuacji przydały. Restauracje zaczęły przynosić zyski.

Po 4 latach Dave odsprzedał udziały w KFC za kwotę 1,5 miliona dolarów. Miał 35 lat, z czego 23 przepracował w restauracjach. Teraz rzeczywiście mógł się nazwać ekspertem od restauracji. Znał ten biznes jak własną kieszeń. Wiedział, że chce sprzedawać hamburgery – tak jak znane już wówczas sieci McDonald's i Burger King – ale chciał to robić po swojemu. Rozpoczął pracę nad pierwszą restauracją Wendy's, którą otworzył w 1969 roku w Dublin w stanie Ohio.

Popularne w wystroju sieci fast food plastik i metal zastąpił drewnem. Zaprojektował „miękkie" światło wpływające na przytulny nastrój, wytłumił dźwięki, kładąc dywan na podłodze. W krótkim menu zaproponował charakterystyczne kwadratowe hamburgery według przepisu babci Minnie, domowe frytki i bar sałatkowy. Chciał, żeby to było dokładnie takie miejsce, do jakiego zaprosiłby swoją rodzinę na wspólny, niedzielny obiad. Nazwa restauracji Wendy's pochodziła od nieformalnego imienia jego najmłodszej córki, której wizerunek znalazł się w firmowym logo. Dave trzymał ją na rękach, witając swoich pierwszych klientów. Po sześciu tygodniach restauracja już przynosiła zyski, a dzięki intensywnej sprzedaży franczyzy w ciągu kilku lat stała się trzecią największą siecią tej branży w USA.

Dave twierdził, że miał w życiu wielkie szczęście i podkreślał, jak wiele zawdzięcza swoim bliskim. Patrząc na swoje życie, uznał, że najlepszym, co go spotkało, była adopcja: to ona otworzyła przed nim wszystkie możliwości, a on dzięki swojej pracy je wykorzystał.

Wierzył, że dzieci, które znalazły adopcyjną rodzinę, mają o wiele większą szansę na to, by wykorzystać swój potencjał. W 1992 roku stworzył fundację, która między innymi pomagała w tworzeniu miejsc pracy przyjaznych adopcyjnym rodzicom. Dave wierzył, że dla takiej idei warto wykorzystać sławę i znajomości, więc zaangażował do współpracy wiele znanych twarzy, w tym prezydentów Busha i Clintona, a sam wystąpił w setkach reklam, z których zysk przeznaczył właśnie na promowanie adopcji.

Dave Thomas do sukcesu doszedł własną drogą i własną pracą. Do rad babci, które były jego pierwszymi naukami, dołożył własne obserwacje i pracę. Był rzetelny, myślący, zaangażowany. Nie bał się nowych wyzwań. Jeśli napotykał problemy, zastanawiał się, które z nich są naprawdę ważne, żeby nie tracić czasu na sprawy nieprzybliżające go do celu. Zrealizował dwa swoje wielkie marzenia z dzieciństwa: otworzył własną restaurację i założył rodzinę. Osiągnął jeszcze jedno: ponieważ całe życie żałował, że – mimo swych osiągnięć – nie ma formalnego wykształcenia, w wieku 61 lat zdał egzamin GED, który jest odpowiednikiem matury.

KALENDARIUM:

2 lipca 1932 – rodzi się Dave Thomas, 6 tygodni później zostaje adoptowany przez małżeństwo Rexa i Aulevę Thomas

1937 – ma 5 lat, umiera jego adopcyjna matka, a on wraz z ojcem rozpoczyna tułaczkę po kraju, uczęszcza w tym czasie do 12 różnych szkół

1947 – ma 15 lat, rozpoczyna pracę w Hobby House

1950 – ma 18 lat, sam zaciąga się do armii

1953 – ma 21 lat, kończy służbę wojskową, wraca do pracy w Hobby House Restaurant na stanowisku kucharza

1954 – ma 22 lata, poznaje Lorraine Buskirk, która pracuje jako kelnerka w Hobby House, niebawem biorą ślub

1956 – ma 24 lata, poznaje Harlanda Sandlersa, założyciela KFC

1962 – ma 30 lat, dostaje do zarządzania 4 podupadające restauracje KFC w zamian w zamian za 45% zysków

1968 – ma 36 lat, sprzedaje udziały w restauracjach KFC za 1,5 miliona dolarów

1969 – ma 37 lat, otwiera pierwszą restaurację Wendy's; w ciągu pierwszych 6 tygodni Wendy's już przynosi zyski

1973 – ma 41 lat, zaczyna oferować franczyzę; w ciągu 4 lat Wendy's sprzedaje franczyzę dla ponad 1000 restauracji i staje się trzecią co do wielkości siecią typu fast food w USA

1982 – ma 50 lat, przechodzi z pozycji CEO na Senior Chairman, by mieć więcej czasu na życie prywatne

1985 – ma 53 lata, zyski Wendy's spadają, więc wraca do pracy jako Quality Control Inspector

1989-2001 – pojawia się ponad 800 razy w reklamach telewizyjnych, stając się jedną z najbardziej rozpoznawanych postaci w USA

1992 – zakłada fundację wspierającą adopcje Dave Thomas Foundation for Adoption

1993 – ma 61 lat, zdaje egzamin GED poświadczający średnie wykształcenie, odpowiednik matury

8 stycznia 2002 – śmierć; do tego roku zdążył ofiarować na cele charytatywne, głównie na rzecz wspierania adopcji, 20 milionów dolarów

O FIRMIE WENDY'S:

6151 restauracji
2,06 miliarda dolarów przychodu (2014)
zysk z działalności operacyjnej: 0,25 miliarda dolarów (2014)
zysk netto: 0,12 miliarda dolarów (2014)
31 200 pracowników (2014)

ŻYCIOWY MORAŁ:

Znajdź w swojej rzeczywistości to, co ci się nie podoba i zmień to, korzystając z tego, co dał ci los.

CIEKAWOSTKI:

- Dave Thomas dostał się do księgi rekordów Guinnessa jako przedstawiciel firmy, który najwięcej razy pojawił się w reklamie stworzonej przez siebie marki.
- Wendy to przezwisko najmłodszej córki Dave'a. Tak naprawdę miała na imię Mellinda, ale jako dziecko nie umiała prawidłowo wymówić swojego imienia, dlatego wszyscy wołali na nią Wendy.

- Dave otrzymał wyróżnienie od prezydentów Busha i Clintona za działalność na rzecz adopcji.
- Dave bardzo nie chciał być stawiany jako przykład człowieka, który rzucił szkołę i odniósł sukces. Podkreślał, że porzucenie edukacji było decyzją, której najbardziej w życiu żałował, dlatego mając 61 lat, przystąpił do matury. Wraz z małżonką zostali wybrani „królem i królową balu maturalnego", a koledzy i koleżanki z klasy wybrali go uczniem, który ma największe szanse odnieść sukces w życiu.
- Wystąpił w reklamie motywującej do tego, żeby zdawać GED (odpowiednik matury), głosząc hasło: „If I can do it, you can do it" („Jeśli ja mogę, to ty też").

CYTATY:

„Don't quit school".

Główna zasada działania Wendy's: „Don't cut corners".

ŹRÓDŁA I INSPIRACJE:

Dave's Five Values, http://www.rowlandhs.org/ourpages/auto/2013/10/29/50831042/Dave_s%20Five%20Values.pdf.

David R. Thomas, *Dave's Way: A New Approach to Old-Fashioned Success*, Putnam Pub Group, 1991.

David R. Thomas, *Dave Says... Well Done! The Common Guy's Guide to Everyday Success*, Zondervan, 1994.

Michael H. Seid, Dave Thomas, *Franchising for Dummies!*, For Dummies, 2006.

Scott Hume, *Thomas Shines as Wendy's Col. Sanders*, „Advertising Age" 1990, 6 VIII.

Linda Killian, *Hamburger Helper*, „Forbes" 1991, 5 VIII.

Marilyn Achiron, *Dave Thomas, Putting His Money Where His Heart Is*, „People Weekly" 1993, 2 VIII.

Toddi L. Gunther, *Dave's World*, „Forbes" 1994, 3 I.

Carrie Shook, *Dave's Way*, „Forbes" 1998, 9 III.

Erik Calonius, *Their Wildest Dreams*, „Fortune" 1999, 16 VIII.

Biografia na stronie Dave Thomas Foundation for Adoption: https://davethomasfoundation.org/learn/the-thomas-family.

Biografia Dave'a Thomasa w Wikipedii: https://en.wikipedia.org/wiki/Dave_Thomas_(businessman).

Mini biografia Dave'a: https://www.youtube.com/watch?v=q8caQCaC8tc.

Reklama z udziałem Dave'a: https://www.youtube.com/watch?v=ijdcyyLcUok.

Wywiad z Davem na temat Colonela Sandersa: https://www.youtube.com/watch?v=f7u8HjdvUpk.

Motivation Bio's, https://www.youtube.com/watch?v=ZP1pHkEnwLM.

Hans Otto Wilhelm Wilsdorf

(1881-1960)

niemiecki biznesmen, twórca marek Rolex i Tudor

Jak zmierzyć czas? Jedno z pierwszych pytań ludzkości doczekało się wielu odpowiedzi. W odliczaniu czasu wykorzystywano Słońce, układ gwiazd oraz różne pomysłowe przyrządy. Obok zegara słonecznego, klepsydry czy monumentalnych budowli, bardzo ważne miejsce zajmuje mały zegarek noszony na nadgarstku. Komu należy zawdzięczać niezwykłą popularność tego, wydawałoby się, niepozornego urządzenia? Czy dwunastoletni Hans Wilsdorf po śmierci ojca – właściciela sklepu żelaznego – czekający w niemieckim miasteczku Kulmbach na przyjazd wuja mógł przeczuwać, że wniesie swój wkład w historię rozwoju sztuki zegarmistrzowskiej?

Osierocony chłopiec wraz z dwójką rodzeństwa musiał zamieszkać u wujostwa. Jednak długo nie zagrzał tam miejsca. Szybko nauczył się samodzielności. Został oddany do szkoły z internatem w Coburgu. Tam ujawniły się jego wrodzone zdolności do matematyki i języków obcych, zwłaszcza angielskiego.

Po kilku latach nauki Hans opuścił szkołę i przeniósł się do Genewy, gdzie znalazł pracę jako pomocnik w firmie zajmującej się skupem pereł sprzedawanych następnie zakładom jubilerskim. Tu zdobywał pierwsze doświadczenia kształtujące w jego charakterze takie cechy, jak zmysł handlowy, dokładność, wnikliwość, a przede wszystkim przedsiębiorczość. Były to czasy szybkiego rozwoju przemysłu zegarmistrzowskiego. Na skalę światową zapoczątkowała go szwajcarska firma Cuno Korten w La Chaux-de-Fonds. To tam w 1900 roku otrzymał pracę Hans Wilsdorf. Dziewiętnastolatkowi pomogła wówczas znajomość języka angielskiego. Dla firmy bowiem niezwykle ważne były kontakty z Imperium Brytyjskim i Ameryką – najbogatszymi rynkami zbytu w owym czasie. Hans zajmował się prowadzeniem korespondencji i kontrolą produkcji. Mimo że monitorował dokładność kilkuset zegarków na dobę, otrzymywał miesięcznie nieduże wynagrodzenie.

Zdobył tam jednak bogactwo nieporównywalne z żadnymi pieniędzmi. Firma słynęła z wysokiej jakości produktów, a Hans był pełen podziwu dla pasji, z jaką produkowało się tam zegarki. Nie od razu jednak został kontrolerem jakości. Żeby móc to robić, musiał najpierw sam poznać zasady działania zegarka i jego konstrukcję. Z entuzjazmem, krok po kroku odkrywał tajniki wytwarzania niewielkich mechanizmów odmierzających czas. Podobno udało mu się pozyskać po jednej sztuce zegarka kieszonkowego od każdego z trzech najlepszych zegarmistrzów szwajcarskich. Rozbierając i na powrót składając malutkie trybiki i łożyska, mógł analizować zasady działania niewielkich mechanizmów. W ten sposób niestrudzenie uczył się i zdobywał kolejne doświadczenia w tej trudnej dziedzinie. Po latach wspominał, że to właśnie młodzieńcza praktyka w szwajcarskiej firmie dała mu niezwykłą możliwość studiowania przemysłu zegarmistrzowskiego. Zachwycony dokładnością i zasadami działania zegarków Wilsdorf odkrył sens swojego życia.

Fascynacja sztuką zegarmistrzowską i chęć zdobywania wiedzy miała niebawem zaowocować nieporównywalną z niczym pasją. Odwaga oraz niestrudzone dążenie do doskonałości sprawiły, że Hans Wilsdorf postanowił stworzyć zegarek będący połączeniem piękna i perfekcji – symbol osiągnięć człowieka, który dzięki pracy wykraczającej poza przeciętne zatrudnienie przedstawiciela klasy średniej może sobie pozwolić na jego kupno; świadectwo nie tylko statusu społecznego, ale i poziomu intelektualnego. Swoje śmiałe plany uzasadniał wnioskiem wynikającym z obserwacji dotychczasowych pracodawców. Oni także, podobnie jak Wilsdorf, nie mieli formalnego wykształcenia specjalistycznego. Ich znajomość fachu i kompetencje w tej dziedzinie pochodziły z samodzielnego zdobywania wiedzy i pomnażania doświadczeń. To umocniło młodego entuzjastę w przekonaniu, że warto kroczyć wyznaczoną drogą. Drogą naznaczoną trudem samodzielnego kształcenia się w obranej branży, a dodatkowo wysiłkiem przekraczania dotychczasowych osiągnięć sztuki zegarmistrzowskiej i dążenia do doskonałości. Wydawać by się mogło, że to zbyt odważne plany jak na człowieka, który przecież nie był ani przedsiębiorcą, ani zegarmistrzem. Otóż nie! Już niebawem miały się one urzeczywistnić.

W 1903 roku Wilsdorf zamieszkał w Londynie. Tam również zatrudnił się w firmie produkującej zegarki, ale pamiętając o marzeniach, już dwa lata później otworzył własną działalność. Czuł, że dzięki wiedzy o produkcji czasomierzy, którą nieustannie zgłębiał, jest już na to gotowy. Mógł podjąć taką decyzję także dzięki znalezieniu odpowiedniego partnera biznesowego. Był nim jego szwagier Alfred James Dawis, z którym założył spółkę Wilsdorf&Dawis. Jeszcze w 1902 roku w La Chaux-de-Fons Hans poznał Hermanna Aeglera z Bienne, właściciela firmy zegarmistrzowskiej wytwarzającej niewielkie mechanizmy do zegarków. Zachwycił się precyzyjnym wykonaniem podzespołów. To właśnie stamtąd dostarczano później najlepsze jakościowo części do produkcji zegarków pomysłu Wilsdorfa.

Początkowo firma W&D produkowała dwa rodzaje zegarków: kieszonkowe i noszone na nadgarstku, jednak tych drugich odbiorcy nie traktowali poważnie ze względu na ich awaryjność i niedokładność. Intuicja i od lat zgłębiana wiedza podpowiadały Wilsdorfowi, że gdyby skupił się na technicznej wartości produktu połączonej z wygodą użytkowania, mógłby przekonać świat do zegarka na rękę. Hans okazał się nie tylko sprawnym biznesmenem, lecz także wizjonerem. Przewidział, że zegarki kieszonkowe odchodzą w przeszłość, a przyszłość zegarmistrzostwa leży w zegarkach osobistych noszonych na nadgarstku, których nie trzeba co chwilę wyjmować z kieszeni, rozpinając płaszcz w wietrzną lub deszczową pogodę; można też je traktować jak biżuterię osobistą, symbol prestiżu i elegancji. Realizacja tego pomysłu uzależniona była od ciągłej pracy nad udoskonalaniem produktu, jednak Wilsdorf był na to przygotowany. Siła tego niezwykłego człowieka tkwiła w czerpaniu satysfakcji z pokonywania kolejnych problemów. Osobiście nadzorował produkcję wchodzących na rynek egzemplarzy, badał rynek zbytu i poznawał kolejne potrzeby odbiorców, by łatwiej eliminować wszelkie niedoskonałości zegarka noszonego na nadgarstku. To myślenie na miarę współczesnego dyrektora marketingu marki przyniosło efekty.

W 1905 roku firma Aegler zgodziła się produkować dla W&D mechanizmy tak małe, by zmieściły się w zegarku noszonym na nadgarstku. Wilsdorf z charakterystyczną dla niego wnikliwością sprawdził niezawodność podzespołów, po czym złożył ogromne zamówienie. Zaczął od srebrnych zegarków damskich i męskich. Od początku znakiem rozpoznawczym produktów firmy stała się jakość. Nawet paski do zegarków wykonane były z delikatnej, miękkiej skóry, a później bransolety ze złota i srebra.

Od 1 czerwca 1907 roku na złote i srebrne zegarki importowane nałożono obowiązek kontrolowania i cechowania w brytyjskim Urzędzie Probierczym, więc Wilsdorf był zmuszony zarejestrować nazwę marki. Ale jaka miałaby być to nazwa? Obdarzony niezwykłym zmysłem marketingowym przedsiębiorca wiedział, że powinna przede wszystkim wpadać w ucho... i zapadać w pamięć. Sam Wilsdorf w swojej krótkiej autobiografii dołączonej do *Rolex Jubliee Vademecum* wydanego w 1946 roku tak wspomina powstanie nazwy: „Próbowałem łączyć litery alfabetu w każdy możliwy sposób. To dało kilkaset nazw, ale żadna z nich nie wydawała się wystarczająco dobra. Pewnego ranka, gdy jechałem na górnym pokładzie tramwaju konnego wzdłuż Cheapside w Londynie, usłyszałem w głowie: Rolex!". To było to! Nazwa nieoznaczająca absolutnie nic, ale łatwa w zapamiętaniu, wymawiana ta samo w każdym języku europejskim i mieszcząca się na kopercie zegarka. Ostatecznie 2 lipca 1908 roku firma Wilsdorf&Dawis zarejestrowała nazwę Rolex dla zegarów, zegarków i części zamiennych do zegarków.

Perfekcjonizm Wilsdorfa sprawił, że produkowane przez niego zegarki musiały spełniać bardzo wysokie standardy jakości. W 1910 roku zegarek marki Rolex został poddany wyszukanym próbom i otrzymał certyfikat chromometru jako pierwszy zegarek osobisty w Szwajcarii. Cztery lata później niewielki rolex (o średnicy 25 mm) przeszedł pomyślnie 45-dniowe próby w pięciu pozycjach i trzech temperaturach typowe dla zegarów okrętowych i otrzymał certyfikat klasy A w prestiżowej Kew Obserwatory w Anglii. Po raz pierwszy zdarzyło się, żeby *Kew A Certyficate* otrzymał zegarek osobisty. Wilsdorf uznał ten dzień za kolejny moment przełomowy w rozwoju swojej pasji i swojego produktu. W dalszym ciągu jednak analizował stopień doskonałości stworzonego przez siebie produktu. Wychodził z założenia, że siła zegarka tkwi w jego najsłabszym punkcie. Studiował z ogromnym zainteresowaniem wszelkie nowinki techniczne branży zegarmistrzowskiej i na bazie nowej wiedzy doskonalił swoje produkty, by marka Rolex stała się synonimem niezawodności. Przed I wojną światową zegarki W&D eksportowano już z Londynu na cały świat.

Hans Wilsdorf spełnił swoje marzenie – stworzył zegarek piękny, a równocześnie kojarzący się z efektywnością i precyzją. Stworzył nie tylko idealny produkt, lecz także, a raczej przede wszystkim zaufanie do produktu. Pasmo sukcesów przerwała w 1944 roku śmierć żony Wilsdorfa. Strata najbliższej osoby była tak bolesna, iż Hans podjął decyzję o założeniu fundacji i przekazaniu jej wszystkich udziałów firmy Rolex. Do dzisiaj Fundacja Hansa Wilsdorfa sprawuje nadzór nad kapitałem firmy, a także wspiera nowatorskie rozwiązania w zakresie edukacji, kultury, ochrony przyrody i opieki nad zwierzętami.

Jednak sam Wilsdorf nie spoczął na laurach. Do końca życia wymyślał kolejne serie zegarków wyposażone w nowe udogodnienia, na przykład hermetyczny zegarek wodoodporny Oyster, samonakręcający się Rolex Oyster Perpetual czy Datejust z funkcjonalnym kalendarzem, który natychmiast stał się bestsellerem. Rolex przechodził jeszcze wiele prób, ale jedno było pewne – to już nie Wilsdorf zabiegał o klientów, a klienci o jego produkt.

Rolex nadal należy do światowej czołówki. Produkty sygnowane tym znakiem słyną z klasycznego wyglądu i niezawodności. Stało się tak dzięki jednemu człowiekowi – Hansowi Wilsdorfowi, którego fascynacja niewielkim przedmiotem odmierzającym czas skłoniła do samodzielnego wgłębienia się w zasady działania zegarka, a praca w szwajcarskich i brytyjskich firmach zapoczątkowała pragnienie nie tylko poznania wszelkich tajników sztuki zegarmistrzowskiej, lecz także jej rozwoju. Droga, którą wtedy rozpoczął, zaprowadziła go na sam szczyt tej branży. Dzisiaj mówi się, że w każdym zegarku marki Rolex zamknięta jest cząstka duszy Wilsdorfa. Cząstka, w której dokładność, wnikliwość i nieustępliwość w dążeniu do celu łączą się z entuzjazmem, zmysłem marketingowym oraz nieustanną chęcią uczenia się i doświadczania nowego.

KALENDARIUM:

22 marca 1881 – narodziny w Kulmbach, w Bawarii
1893 – śmierć ojca, przejście pod opiekę rodziny
1905 – założenie w Londynie firmy zegarmistrzowskiej Wilsdorf&Dawis
1908 – zarejestrowanie nazwy Rolex
1912 – otwarcie biura Wilsdorf&Dawis w Bienne w Szwajcarii, zacieśnienie współpracy z Hermannem Aeglerem
1914 – przyznanie zegarkowi Rolex 25 mm certyfikatu pierwszej klasy A, tzw. *Kew A Certyficate* przez Kew Observatory w Anglii (przeznaczonego dotąd dla chromometrów okrętowych)
1915 – zmiana nazwy z Wilsdorf&Dawis Ltd. na Rolex Watch Co.
1919 – zmiana głównej siedziby firmy na Genewę w Szwajcarii
1925 – wprowadzenie do logo firmy symbolu korony, otrzymanie *Kew A Certyficate* dla zegarka damskiego
1926 – Rolex Oyster
1927 – próba przepłynięcia wpław kanału La Manche przez Mercedes Gleitze z Rolex Oyster na szyi

1928 – Rolex Prince Curvex
1931 – samonakręcający się Rolex Perpetual
1937 – chronograf Rolex Zerograph
1944 – śmierć żony Hansa Wilsdorfa i powołanie fundacji
1946 – powołanie spółki zależnej od firmy Rolex: The Tudor Watch Company
1949 – nagroda Obserwatorium Genewskiego dla chromometru Rolex za dokładność
1953 – pierwszy rolex głębinowy, Rolex Explorer, Turn-O-Graph
1954 – Rolex Submariner, Watch Basel Fair Trade Show, Rolex Lady Data
1955 – pierwszy antymagnetyczny zegarek w historii – Rolex Milgauss
1957 – Rolex Lady-Datejust
1960 – druga generacja rolexa głębinowego – zamocowany do batyskafu Trieste nie uległ ciśnieniu 110 MPa panującemu 11 kilometrów poniżej poziomu morza na dnie Głębi Challengera
6 lipca 1960 – śmierć Hansa Wilsdorfa w Genewie w Szwajcarii
1963 – Rolex Daytona
1971 – Rolex Explorer II
1992 – Rolex Yacht-Master
2007 – Rolex Yacht-Master II, pierwszy zegarek z ceramicznym bezelem
2008 – Rolex Day-Date II
2009 – Rolex 41 mm Datejust II
2010 – Rolex Data Submariner z ceramicznym bezelem
2012 – Rolex 42 mm Sky
2013 – Platinum Rolex Daytona

O FIRMIE ROLEX:

Rocznie zakłady produkcyjne w Genewie i Bienne wypuszczają na rynek około 1 000 000 luksusowych zegarków Rolex. Oficjalna produkcja sięga 2000 sztuk dziennie. Rolex oferuje 170 modeli zegarków dostępnych w 3200 wariantach. Jest to najbardziej rozpoznawalna marka spośród wszystkich brandów skupionych w segmencie biżuterii i zegarków. W 2007 roku „Bloomberg Businessweek" sklasyfikował firmę Rolex na 71. pozycji wśród najbardziej wartościowych marek świata. Natomiast w opublikowanym w kwietniu 2015 roku raporcie „The Global RepTrak 100" prezentującym listę 100 najbardziej renomowanych firm Rolex znalazł się już na 4. miejscu.

CIEKAWOSTKI:

- Pierwszym ambasadorem marki Rolex był kierowca rajdowy Malcolm Cambell w 1935 roku. Jeszcze w tym samym roku zegarek Rolex towarzyszył pilotom Airborne podczas lotu nad Mount Everest. Hans Wilsdorf skutecznie sprawiał, by marka kojarzyła się ludziom z pokonywaniem niemożliwego, a przy okazji potwierdzał odporność produktu na różnorodne niekorzystne warunki. W 1947 roku Chuck Yeager z rolexem na ręku pokonał barierę dźwięku, a 1953 roku Edmund Hillary, Tenzing Norgay i zegarek Rolex zdobyli Mount Everest.
- I wojna światowa wzmogła zapotrzebowanie na dobrej jakości zegarki dla żołnierzy, ale przyniosła też kłopoty producentom. W 1915 roku rząd angielski nałożył wysokie cło (33,3%) na wszystkie importowane towary luksusowe,

w tym także zegary i zegarki. Wilsdorf, aby go uniknąć, rozpoczął sprzedaż bezpośrednio ze Szwajcarii. W 1919 roku zdecydował się przenieść główną siedzibę firmy do Genewy.

- Dla branży zegarmistrzowskiej czasy po zakończeniu I wojny światowej były trudne, ale zegarki Rolex cieszyły się powodzeniem i docierały do najdalszych części Imperium Brytyjskiego, gdzie panował często bardzo wilgotny klimat. Wilsdorf postanowił zmierzyć się z tym problemem. W 1925 roku wykupił patent złożony przez Paula Perregaux i Georga Pereta, by wkrótce potem wypuścić na rynek niewielką linię zegarków szczególnie odpornych na wilgoć, ponieważ poszczególne części ich obudowy były łączone podobnie do mechanizmu zakręcania słoika. Boczna objemka tarczy zegarka tworzyła pewnego rodzaju gwint, który wkręcało się w pozostałą część obudowy.
- Do początków II wojny światowej znacznie wzrósł prestiż zegarków Rolex, między innymi dzięki pilotom sił lotniczych Wielkiej Brytanii Royal Air Force, którzy wymieniali swoje gorsze jakościowo zegarki na niezawodne Rolexy. Gdy trafiali do obozów jenieckich, w pierwszej kolejności konfiskowano im właśnie zegarki. Hans Wilsdorf usłyszawszy o tym, zdecydował, że tym pilotom, którzy napiszą do firmy, wyjaśniając okoliczności utraty zegarka podczas wojny, podaruje nowe rolexy, chociaż częściowo rekompensując w ten sposób przeżyte w czasie wojny cierpienia.
- Rolex niezmiennie podkreśla kunszt i jakość staroświeckiego rzemiosła. Obecnie mechanizm niedrogiego zegarka kwarcowego składa się z 50 do 100 elementów. Rolex Oyster ma 220 elementów. Ponadto dba o czystość marki, pozostając firmą niezależną i zwalczając fałszerzy, produkujących tańsze podróbki zegarków.

- Hans Wilsdorf zdawał sobie sprawę z tego, że najważniejsza obok jakości jest odpowiednia reklama produktu. Jako jeden z pierwszych wpadł na pomysł wykorzystania w reklamie produktu wizerunku znanej postaci. Wpadł na pomysł, by Mercedes Gleitz – pierwsza Brytyjka, która przepłynęła wpław kanał La Manche z Francji do Anglii w czasie 15 godzin i 15 minut, podczas powtórnego bicia rekordu miała przy sobie wodoszczelnego rolexa oystera. Wilsdorf gwarantował, że po wyjściu dziewczyny z wody zegarek nadal będzie punktualnie odmierzał czas. Warunki podczas bicia drugiego rekordu 21 października 1927 roku były znacznie trudniejsze niż za pierwszym razem. Pływaczce nie udało się zakończyć przeprawy przez kanał, wyciągnięto ją zziębniętą z wody po 10 godzinach i 24 minutach, ale złoty zegarek zawieszony na jej szyi po takiej próbie działał bez zarzutu. Mercedes Gleitze „The Times" okrzyknął bohaterką, a wraz z nią bohaterem stał się zegarek, który po takiej kąpieli był nadal w idealnym stanie. Ta wiadomość obiegła cały świat, a marka Rolex stała się synonimem niezawodności. Kampania reklamowa trwała do 24 listopada 1927 roku, gdy za cenę 1600 dolarów Wilsdorf wykupił pierwszą stronę „Daily Mail", na której widnieje zdjęcie rolexa z podpisem: „cudowny zegarek Rolex – najlepszy na świecie w każdym teście".
- Firmy powstałe na początku XX wieku podejmowały symboliczne działania promocyjne. Ale nie firma Hansa Wilsdorfa, który był arcymistrzem reklamy swoich czasów, między innymi wpadł na genialny pomysł, by w sklepach autoryzowanych dealerów pokazywać model Rolex Oyster umieszczony w akwariach z prawdziwymi pływającymi wokół niego rybami, co budziło podziw i niedowierzanie klientów. Po śmierci Wilsdorfa kontynuowano zaskakujące

strategie reklamowe. W latach 70. Rolex, jak i wiele innych prestiżowych manufaktur, znalazł się na skraju bankructwa, ponieważ wynalazek mechanizmu kwarcowego obniżył ceny zegarków. Szwajcarskiemu przedsiębiorstwu z pomocą przyszli producenci filmu o przygodach Jamesa Bonda, zakładając agentowi 007 na rękę rolexa submarinera. To spowodowało w krótkim czasie znaczny wzrost zainteresowania marką.
- Do dziś Rolex jest oficjalnym czasomierzem najważniejszych turniejów tenisowych, takich jak Australian Open czy Wimbledon.

CYTATY:

O Rolexie: „Dusza w maszynie".

O Hansie Wilsdorfie: „Wachmann [strażnik czasu] swoich czasów".

„Człowiek, który nie kupił sobie zegarka marki Rolex przed 50. urodzinami, zmarnował życie" – słowa Dalajlamy na plakacie kampanii społecznej belgijskiego oddziału Amnesty International przeprowadzonej w 2014 roku.

ŹRÓDŁA I INSPIRACJE:

Dawid Boettcher, *Rolex*, http://www.vintagewatchstraps.com/myrolexpage.php&prev=search.
Norbert Oruba, *Działania marketingowe firm na rynku dóbr luksusowych w segmencie biżuterii i zegarków na przykładzie*

marki Rolex, http://marketerplus.pl/teksty/artykuly/dzialania-marketingowe-firm-na-rynku-dobr-luksusowych-w-segmencie-bizuterii-i-zegarkow-na-przykladzie-marki-rolex.

Rolex Story – Hans Wilsdorf and his Amazing Watch, http://www.watchmasters.net/the-rolex-story-hans-wilsdorf.html.

The Hans Wilsdorf Story (Founder of Rolex), http://rolexblog.blogspot.com/2010/07/we-want-to-be-first-in-field-and-rolex.html.

World of Rolex: http://www.rolex.com.

Norbert Oruba, *Historia zegarków Rolex*, http://luxtime.pl/pl/i/Historia-Zegark%C3%B3w-Rolex/94.

The Rolex History & Timeline, https://beckertime.com/the-evolution-history-of-rolex/ [3 I 2016].

Charles Kemmons Wilson

(1913-2003)

amerykański biznesmen i przedsiębiorca, założyciel sieci hoteli Holiday Inn

Kemmons Wilson – oto człowiek legenda, który spełnił amerykański sen o karierze od pucybuta do milionera. Nazywany jest ojcem współczesnego hotelarstwa. Jego sieć hoteli Holiday Inn na zawsze zmieniła amerykańską kulturę podróżowania. W 1969 roku został uznany przez „The Sunday Times" za jedną z tysiąca osób, które wpłynęły na obraz XX wieku. Jak wyglądała jego droga do sukcesu? W czym tkwi tajemnica jego powodzenia?

Wilson pochodził z niezamożnej rodziny. Jego ojciec był agentem ubezpieczeniowym. Zmarł, kiedy Kemmons miał dziewięć miesięcy. Wtedy młoda wdowa, niespełna osiemnastoletnia Doll Winson, przeniosła się z malutkim Charliem do Memphis, gdzie znalazła pracę jako asystentka w gabinecie dentystycznym. Wiedli bardzo skromne życie, ale pełne miłości i oddania. Kemmons był bardzo związany z matką, która odegrała ważną rolę w jego życiu. Jak często później wspominał, nauczyła go, że może zrobić wszystko, co zechce, i powtarzała mu to tak często, że w to uwierzył. Ta pewność i poczucie bezwarunkowej akceptacji dały mu energię i wiarę, które wciąż go motywowały.

Jednak jego dzieciństwo nie było różowe. Od najmłodszych lat poznawał wartość pieniądza. Ze skromnej pensji matki trudno było im się utrzymać, a on bardzo chciał jej pomóc! Wymyślał więc, jak mógłby zarobić dużo pieniędzy i marzył, że zbuduje mamie dom. Ale nie poprzestał na marzeniach – miał 6 lat, kiedy został roznosicielem gazety „The Saturday Evening Post". Już w pierwszej pracy okazał się bardzo operatywny i zaradny. Szło mu tak dobrze, że kilka lat później (w wieku kilkunastu lat!) kierował już dwunastoma roznosicielami.

Jako nastolatek szukał różnych sposobów zarabiania pieniędzy, niemal od rana do wieczora. Składał i sprzedawał bujane fotele, pakował i roznosił zakupy, pracował jako sprzedawca wody sodowej… Wykorzystywał też już wtedy swój zmysł obserwacji – zbierał dane, analizował i wyciągał wnioski. Tę metodę zresztą stosował we wszystkich swoich kolejnych przedsięwzięciach. A przy tym wszystkim chodził do szkoły i się uczył, czego bardzo pilnowała Doll. Kiedy miał 14 lat, podczas pracy potrącił go samochód. Poważne złamał prawą nogę i długo leżał w gipsie. Był zdeterminowany, aby szybko wrócić do zdrowia. W tym czasie jego zarobki stanowiły już sporą część dochodów rodziny, a choroba spowodowała, że znowu zaczęło brakować pieniędzy. Mimo prognoz lekarzy, że będzie kulał, już po 11 miesiącach zaczął chodzić i mógł wrócić do szkoły oraz do swoich interesów. Ta pierwsza, dramatyczna sytuacja bardzo go zahartowała i nauczyła, jak sobie radzić z przeciwnościami losu. A tych przybywało…

Nadchodził Wielki Kryzys lat trzydziestych XX wieku. Doll Wilson poważnie zachorowała, a po powrocie ze szpitala została zwolniona z pracy. Siedemnastoletni Kemmons wbrew woli matki porzucił naukę w szkole średniej na dwa miesiące przed jej ukończeniem. To na pewno była trudna decyzja, ale rodzina liczyła się dla niego najbardziej. Aby zapewnić utrzymanie matce i sobie, poszedł do pracy. Bardzo się starał i wkrótce poprosił o podwyżkę, ale jej nie otrzymał. To był jeden z przełomowych momentów, w których Kemmons zrozumiał, że aby posuwać się naprzód, aby coś osiągnąć, czasami trzeba zaryzykować i pójść pod prąd. Zrezygnować z zajęcia bezpiecznego, ale bez perspektyw, na rzecz czegoś nowego, rozwijającego. Rzucił pracę i na pewien czas powrócił do roznoszenia gazet i sprzedawania zimnych napojów. Jednak nie na długo...

Wpadł bowiem na pomysł, który miał po raz pierwszy przynieść mu spore pieniądze. Za pożyczone od kolegi 50 dolarów kupił maszynę do robienia popcornu i sprzedawał prażoną kukurydzę w miejscowym kinie. Zarabiał 30-40 dolarów tygodniowo, a właścicielowi kina płacił... 2,5 dolara za energię i wynajem powierzchni. Ten szybko zorientował się, że Kemmons zarabia kilkakrotnie więcej niż on na sprzedaży biletów! Wściekły wypowiedział mu umowę, jednak Wilson zadbał o to, żeby odkupił od niego maszynę do popcornu. To pokazuje, że Kemmons nawet w trudnej sytuacji potrafił zachować zimną krew i kalkulować tak, żeby jak najmniej stracić na interesie, z którego musiał się wycofać.

Dzięki swojej determinacji i umiejętności wykorzystywania każdej nadarzającej się okazji szybko znalazł pomysł na kolejny biznes. Za pieniądze ze sprzedaży maszyny do popcornu kupił kilka flipperów (automatów do gry). Rozliczne interesy szły mu tak dobrze, że w 1933 roku spełnił marzenie swojego dzieciństwa – wybudował dom dla siebie i matki. Był młody, zamożny i właśnie się zakochał w Dorothy Lee, swojej przyszłej żonie. Wtedy też zainteresował się lataniem, które stało się jego wielką pasją. Wiódł dostatnie życie, mógł poprzestać na tym, co osiągnął, jednak tego nie zrobił.

Wewnętrzne poczucie, że stać go na znacznie więcej, ogromna pracowitość i entuzjazm odczuwany z każdym kolejnym przedsięwzięciem motywowały go do dalszej pracy. Znowu podjął niezbędne ryzyko, aby się rozwijać – wziął swój pierwszy kredyt (pod hipotekę domu) i zainwestował 3000 dolarów, kupując więcej automatów do gry, szafy grające i dozowniki papierosów. Dobrze na tym zarabiał i inwestował pieniądze, więc pod koniec lat trzydziestych był już właścicielem siedmiu kin w Memphis oraz współwłaścicielem samolotu, który nauczył się pilotować.

W 1941 roku Kemmons ożenił się z ukochaną Dorothy i planował założenie rodziny, ale przeszkodziło mu w tym przystąpienie USA do II wojny światowej. Zanim zaciągnął się do wojska, sprzedał swoją firmę, aby zapewnić matce i żonie stabilność finansową, gdyby coś mu się stało. Podczas wojny służył jako pilot bojowy. Jeden z kolegów wspominał, że na pytanie, dlaczego wciąż zgłasza się do akcji na ochotnika (odbył w sumie 65 misji), odpowiedział: „Nie sądzę, żebyśmy wygrali tę wojnę beze mnie". Oto cały Wilson – w pełni oddany i zaangażowany w sprawę, w którą wierzył.

Po zakończeniu wojny Kemmons wrócił do domu i żony. Rodzina się powiększała, rodziły mu się kolejne dzieci, których miał w sumie pięcioro (trzech synów i dwie córki). Nadal jednak pozostał aktywny i przedsiębiorczy. Jako przykład jego doskonałej biznesowej intuicji oraz wielokrotnie podkreślanej umiejętności wykorzystywania okazji niech posłuży jego kolejne przedsięwzięcie. Otóż przewidział on, że po wojnie rozpocznie się boom mieszkaniowy i zainwestował w branżę budowlaną. Wybudował dziewięć domów typu bliźniak, które potem wynajmował byłym żołnierzom i ich rodzinom. Wkrótce potem założył przedsiębiorstwo budowlane i zajął się sprzedażą mieszkań i domów na większą skalę. Próbował również swoich sił w innych branżach, w których jednak poniósł pewne straty. Niemniej szybko uczył się na błędach i w 1950 roku był już milionerem.

W sierpniu 1951 roku Wilson wybrał się wraz z rodziną samochodem w podróż z Memphis do Waszyngtonu. Amerykański dziennikarz i laureat Pulitzera David Halberstam nazwał tę podróż „wakacjami, które zmieniły oblicze amerykańskich dróg". Jazda z małymi dziećmi okazała się dla Kemmonsa i Dorothy uciążliwa, a jakość pokoi, w których zatrzymywali się po drodze, pozostawiała wiele do życzenia, ponadto były bardzo drogie. Wtedy właśnie Wilson wpadł na pomysł, który przyniósł mu sławę i pieniądze. Postanowił stworzyć sieć tanich hoteli dla klasy średniej, które oferowałyby pewien jednolity standard. Był pełen entuzjazmu i zapału, chociaż zupełnie nie znał się na hotelarstwie. Już w czasie tej podróży dokładnie zweryfikował swój pomysł: w każdym hotelu, w którym się zatrzymywali, prowadził obliczenia, sprawdzał częstotliwość sprzątania, pytał o ceny wyżywienia, mierzył wielkość pokoi, a nawet szerokość łóżek! Uczył się też od innych, nawet od swoich dzieci, które zwróciły mu uwagę na to, że w hotelu przydałby się basen.

Projekt nowego hotelu na podstawie dokładnych wytycznych Wilsona przygotował architekt Eddie Bluestein. Pierwszy zielono-żółty hotel Holiday Inn otwarto w Memphis w 1952 roku. Miał on 120 wygodnych pokoi z klimatyzacją, telefonem i telewizorem. W hotelu znajdowała się restauracja serwująca smaczne jedzenie w rozsądnych cenach, ponadto były tam darmowy basen i parking, a nawet maszyna do robienia lodu. Dzieci mieszkające w pokoju wraz z rodzicami nie płaciły za zakwaterowanie. Można też było trzymać psy w hotelu. To była całkowita rewolucja w branży hotelarskiej.

Wilson od początku myślał o rozwinięciu sieci hoteli, ale nie miał na ten cel odpowiednich funduszy. Wpadł więc na genialny pomysł – postanowił zarejestrować prawnie markę Holiday Inn, a następnie oferować budowę hoteli na prawach franczyzy. Jak później wspominał, kiedy realizował ten plan, nie wiedział nawet, że ten mechanizm biznesowy nazywa się franczyzą. Na czym polegała jego innowacyjność? Do tej pory sieci franczyzowe, począwszy od pierwszego tego rodzaju przedsięwzięcia – systemu sprzedaży i obsługi maszyny do szycia Singera, opierały się na sprzedaży i obsłudze produktów (na przykład cukiernie Bliklego w Polsce sprzedawały pączki i inne słodycze, restauracje McDonald's w USA – jedzenie typu fast food). Wilson jako jeden z pierwszych wprowadził do systemu franczyzowego usługi – ofertę taniego noclegu dla rodziny w dobrej jakości miejscu. To był strzał w dziesiątkę.

Wkrótce wraz ze znanym przedsiębiorcą budowlanym Wallacem E. Johnsonem Wilson założył firmę Holiday Inn of America Incorporated, której prezesem został. Tymczasem hotele tej marki rosły jak grzyby po deszczu w całych Stanach Zjednoczonych. Pod koniec lat pięćdziesiątych firma weszła na giełdę, a w 1960 roku otwarto pierwszy hotel za granicą: w Montrealu w Kanadzie. Sieć Holiday Inn słynęła z jakości obsługi i standaryzacji produktu – gość każdego hotelu mógł oczekiwać jednakowej obsługi i podobnych udogodnień. Wilson chętnie wprowadzał też innowacje, takie jak elektroniczny system rezerwacji czy program lojalnościowy dla gości często podróżujących. Dbał także o swoich pracowników, co uważał za swój obowiązek, oferując im udziały w hotelach, pakiety pracownicze, bezpłatne noclegi w różnych hotelach sieci na świecie i inne korzyści.

Chociaż Wilson był już wtedy multimilionerem, jego życie nie zmieniło się znacząco. Mieszkał z rodziną w wygodnym, ale nie ostentacyjnie bogatym domu. Pracował po kilkanaście godzin dziennie, jednak znajdował czas na życie rodzinne. Starał się wpoić dzieciom zasady, które go ukształtowały: szacunek do pieniądza (którego wartość poznawały, pracując w wakacje), poczucie odpowiedzialności za siebie i rodzinę, umiejętność dostrzegania i wykorzystywania możliwości, etos pracy, entuzjazm i ciągłe dążenie do rozwoju. Rodzina była bardzo ważna w jego życiu. To właśnie ona była motorem jego działań, odegrała też kluczową rolę w kształtowaniu innowacyjnych pomysłów, które uczyniły go wielkim. Pozostał za to wdzięczny, pracując wiele na rzecz społeczności, w której mieszkał. Chciał dać innym możliwości, których on nie miał. Prowadził działalność filantropijną i charytatywną. Wspierał muzea, szkoły, organizacje młodzieżowe i uniwersytet.

W 1979 roku po rozległym zawale serca Wilson wycofał się z Holiday Inn, ale nie spoczął na laurach. Szybko zareagował na kryzys w branży turystycznej z początku lat osiemdziesiątych, zakładając nową sieć moteli biznesowych Wilson World, przeznaczonych dla osób podróżujących w interesach. Miał też pomysł, aby wykorzystać infrastrukturę hotelową do organizowania szkoleń i konferencji biznesowych, który realizował w nowej sieci hoteli (dzisiaj to standard, ale wtedy – całkowita nowość). Po sprzedaży praw do Holiday Inn w 1990 roku pozostało aktywnych ponad 60 firm w Memphis, zarządzanych przez Wilsona i jego rodzinę w grupie Kemmons Wilson Companies (firma prężnie działa do dzisiaj). Były to między innymi drukarnia, dom opieki i fabryka cukierków.

Kemmons Wilson zmarł w 2003 roku w Memphis w wyniku nieudanej operacji. Pozostawił po sobie ciekawą autobiografię, w której zawarł słynne 20 kroków do osiągnięcia sukcesu, oraz szkołę hotelarską nazwaną jego imieniem, którą ufundował na Uniwersytecie w Memphis, a także ogromną spuściznę biznesową: sieć hoteli Holiday Inn, Wilson World, Kemmons Wilson Companies zarządzającą ponad 60 przedsiębiorstwami w Memphis i wiele mniejszych inwestycji. Jego dzieci i wnuki do dzisiaj prowadzą liczne firmy rodzinne, które założył.

W swoich kolejnych przedsięwzięciach Wilson wykorzystywał metodę, której nauczył się jako młody człowiek: najpierw zbierał informacje i obserwował, następnie weryfikował swój pomysł, opierając się na badaniach (własnych oraz innych osób), wreszcie zabierał się za jego realizację. Umiejętnie też potrafił delegować obowiązki, wykorzystując wiedzę i zdolności swoich współpracowników. Mawiał, że nie musimy umieć wszystkiego, ważne, abyśmy znaleźli osobę, która to umie i zrobi to dla nas. Szybko reagował na zmiany i wyciągał wnioski ze swoich niepowodzeń, a każde kolejne jego przedsięwzięcie miało większy rozmach i było lepiej przemyślane, co świadczy o jego ciągłym rozwoju i dążeniu do doskonałości. W swojej autobiografii często podkreślał, że bardzo ważne w procesie samorozwoju jest popełnianie błędów i umiejętność wyciągania wniosków na ich podstawie. „Człowiek, który nigdy nie popełnia błędów, jest równy człowiekowi, który nic nie robi" – twierdził.

Można powiedzieć, że Wilson miał w życiu dużo szczęścia i świetne pomysły, kiedy spełniał swój amerykański sen. Ale on budował swój sukces przez całe życie, od dziecka. U jego podstaw leżały cechy charakteru, takie jak ogromna pracowitość, otwartość na nowe możliwości, dostrzeganie i wykorzystywanie nadarzających się okazji, umiejętność podjęcia niezbędnego ryzyka, dążenie do doskonalenia i rozwoju, wytrwałość i determinacja, a przy tym niespożyta energia, którą daje tylko prawdziwy entuzjazm we wszystkim, co robił – od roznoszenia gazet, przez sprzedaż popcornu, latanie, wychowywanie dzieci, budowanie domów, po zarządzanie największą siecią hoteli na świecie.

KALENDARIUM:

1913 – Kemmons Wilson urodził się 5 stycznia w Osceoli, w stanie Arkansas
1914 – matka Kemmonsa po śmierci męża przeniosła się z synkiem do Memphis
1933 – Kemmons kupił pierwszy dom dla siebie i matki
1941 – ślub Wilsona z Dorothy Lee
1943-1945 – Wilson służył jako pilot bojowy w Air Transport Command podczas II wojny światowej, odbył w sumie 65 misji
1946 – powstało Kemmons Wilson Incorporated
1948 – powstało Kemmons Realty Company
1951 – Wilson został milionerem
1951 – słynna podróż z Memphis do Waszyngtonu, w czasie której Wilson wpadł na pomysł założenia sieci hoteli
1952 – wybudowano pierwszy hotel Holiday Inn w Memphis przy Summer Avenue
1953 – rozbudowa sieci i współpraca z Walalcem E. Johnsonem
1954 – powstała firma Holiday Inn of America Incorporated
1960 – otwarto pierwszy hotel Holiday Inn poza USA, w Montrealu w Kanadzie
1965 – w Holiday Inn powstał pierwszy na świecie elektroniczny system rezerwacji noclegów w hotelach (Holidex)
1976 – w Krakowie otwarto pierwszy hotel Holiday Inn w Polsce
1979 – Wilson po rozległym zawale serca wycofał się z Holiday Inn
1984 – Wilson założył nową sieć tanich hoteli biznesowych Wilson World

1990 – Wilson sprzedał prawa do Holiday Inn, sieć stała się ostatecznie częścią Intel Continental Group
1996 – Wilson napisał autobiografię
2003 – Kemmons Wilson zmarł 12 lutego w Memphis

DANE LICZBOWE:

Pierwszy hotel Holiday Inn otwarto w 1952 roku. W 1958 roku było ich już 50, rok później – 100, a w 1968 roku – 500. Kiedy Wilson wycofał się z firmy w 1979 roku, wybudowano już 1759 hoteli tej sieci w 50 krajach na świecie.

CIEKAWOSTKI:

- Nazwa Holiday Inn pochodzi od tytułu musicalu z 1942 roku (polska nazwa *Gospoda świąteczna*) z Bingiem Crosbym, Fredem Astaire'em i Virginią Dale.
- Motto Holiday Inn brzmiało: „Najlepszą niespodzianką jest brak niespodzianek".
- Holiday Inn było pierwszą marką usług zarejestrowaną w urzędzie patentowym Stanów Zjednoczonych.
- W szczytowym okresie, na początku lat siedemdziesiątych, nowy hotel tej sieci był otwierany co trzy dni!
- W 1998 roku podczas ceremonii otwarcia szkoły hotelarskiej przy Uniwersytecie w Memphis noszącej jego imię Wilson powiedział: „Naprawdę nie wiem, dlaczego tu jestem. Nigdy nie otrzymałem dyplomu, a pracowałem tylko przez pół dnia przez całe życie. To moja rada dla was: pracujcie tylko pół dnia. Nie ma znaczenia, która to połowa: albo pierwsze 12, albo ostatnie 12 godzin dnia".

CYTATY:

„Są dwa sposoby na to, żeby znaleźć się na wierzchołku dębu. Jeden to usiąść na żołędziu i czekać. Drugi to wspiąć się na drzewo".

„Okazje zdarzają się często. Pukają do drzwi zawsze, kiedy potrafisz je usłyszeć, dostrzec, pochwycić i wykorzystać".

„Nie zamartwiaj się. Nie możesz zmienić przeszłości, ale na pewno możesz zniszczyć teraźniejszość, lękając się o przyszłość. Pamiętaj, że połowa zdarzeń, których się boimy, nigdy nie nastąpi, a druga połowa wydarzy się niezależnie od nas. Więc po co się martwić?"

„Szczęście nie polega na robieniu tego, co się lubi, ale na lubieniu tego, co się robi".

ŹRÓDŁA I INSPIRACJE:

Biografia Charles'a Kemmonsa Wilsona w: Encyclopedia of Arkansas History and Culture, http://www.encyclopediaofarkansas.net/encyclopedia/entry-detail.aspx?entryID=2765.
Hasło: *Holiday Inn*, Wikipedia, https://en.wikipedia.org/wiki/Holiday_Inn.
Kemmons Wilson Companies: http://kwilson.com.
Kemmons Wilson, Robert Kerr, *Half Luck and Half Brains. The Kemmons Wilson Holiday Inn Story*, Hambleton Hill Publishing, 1996.
Biografia Charles'a Kemmons Wilson w Wikipedii: https://pl.wikipedia.org/wiki/Kemmons_Wilson.

Wystąpienie Kemmonsa Wilsona podczas otwarcia Tennessee Governor's School For Hospitality and Tourism, 8 czerwca 1998 roku, http://kwilson.com/our-story/holiday-inns/kw-speech-1998.

Kemmons Wilson: America's Inkeeper, Business Week, Bloomberg, http://www.bloomberg.com/bw/stories/2004-10-10/kemmons-wilson-americas-innkeeper.

Robert Woliński, *Rewolucyjna podróż, czyli historia Kemmonsa Wilsona i sieci Holiday Inn*, „Hotelarz" 2003, nr 9-10.

Stanley Turkel, *Great American Hoteliers: Pioneers of the Hotel Industry*, Bloomington Author House, 2009.

Tadeusz Tubalicki, *Organizacja pracy*, cz. 1: *Technik hotelarstwa*, WSiP, 2009.

Wilson Hotel Management, http://www.wilsonhotels.com/historylinks/history.html.

Anna Wintour

(ur. 1949)

brytyjska dyrektor artystyczna wydawnictwa
Conde Nast, redaktor naczelna amerykańskiej
edycji czasopisma „Vogue"

Mówi się o niej, że ona nie tworzy mody, ale „jest modą". Anna Wintour jest uważana za najbardziej wpływową osobę świata mody, dzięki której rozkwitają lub upadają kariery ludzi, marki i całe gałęzie przemysłu. Żartobliwie mówi o sobie, że być może osiągnęła to wszystko, by zrekompensować braki w formalnym wykształceniu.

Anna Wintour urodziła się w akademickiej rodzinie – jej dziadek wykładał prawo na Harvardzie, a rodzice ukończyli studia na prestiżowym uniwersytecie w Cambridge. Jej ojciec Charles Wintour był redaktorem naczelnym gazety „London's Evening Standard". Cieszył się wielkim szacunkiem i posiadał kontakty wśród elit całego Londynu. W domu Wintourów bywali ważni ludzie ze świata mediów, więc Anna od dziecka mogła przysłuchiwać się ich dyskusjom i uczyć się, jak działa ten biznes. Jej matka Eleanor Wintour pochodziła z bogatej amerykańskiej rodziny i zajmowała się głównie pracą charytatywną. Anna chodziła do prestiżowej szkoły i dostawała pieniądze na wszystko, czego sobie zażyczyła. Miała własnego konia, a od 15 roku życia wydzielony fragment domu z osobnym wejściem. Jednak w jej życiu panował chłód. Jej brat Gerald zginął w wypadku, gdy Anna miała 2 lata. Rodzice nigdy nie pogodzili się z tą stratą, oboje uciekli w pracę i stopniowo oddalali się od siebie. Rozwiedli się, zanim Anna skończyła 30 lat.

W wieku około 12 lat Anna musiała wypełnić formularz szkolny i określić, co chce robić w życiu. Gdy nie umiała tego zrobić, jej ojciec w rubryce „kariera" wpisał: „redaktor naczelna Vogue". Annie bardzo spodobał się ten plan i postanowiła przy nim pozostać. Zaczęła interesować się modą, śledzić brytyjskie i amerykańskie czasopisma modowe, żeby wypracować własny styl i wyrobić sobie własną wrażliwość estetyczną.

W roku, w którym urodziła się Anna, w Anglii zniesiono odzież na kartki. Brytyjczycy zachłysnęli się możliwościami, jakie dawała moda. W latach 60. na ulicach panowały mini spódniczki i fryzury typu bob – podobne do tych, które nosili członkowie zespołu The Beatles. Anna chciała w tym wszystkim uczestniczyć – stanowczo odmawiała noszenia brązowego beretu jako elementu mundurka, nosiła najkrótszą minispódniczkę w szkole i jako pierwsza pobiegła do najdroższego fryzjera w mieście, żeby zrobić sobie modną fryzurę.

Ojciec nieraz potrzebował jej rady, gdy jego gazeta mierzyła się z tematem ówczesnej młodzieży. Pytał Annę między innymi o to, czy The Beatles są znani i czy warto z nimi przeprowadzić wywiad. Dostrzegał w swojej córce nadzieję na kontynuację rodzinnej tradycji dziennikarskiej, ale miał nadzieję, że jej zainteresowanie modą to tylko młodzieńcza fascynacja. Widząc jednak upór Anny, zatelefonował w kilka miejsc, by pomóc jej zdobyć pracę w modnym butiku Biba. Każdy chciał tam pracować, bo bywały w nim wszystkie znane postacie ówczesnych elit, aktorki i piosenkarki, więc szansa na karierę w branży modowej była większa niż gdzie indziej.

Szesnastoletnia wówczas Anna zrobiła w Bibie bardzo dobre wrażenie – była wyjątkowo dojrzała jak na swój wiek, bardzo spokojna i skupiona na pracy.

Już wtedy, w swojej pierwszej pracy, miała jeden konkretny cel: zostać redaktor naczelną amerykańskiego „Vogue", i temu podporządkowała całe swoje życie. Obsesyjnie dbała o swój wygląd, każdą wolną chwilę spędzała na zakupach, ściśle przestrzegała diety i unikała słońca, żeby nie zniszczyć swojej porcelanowej cery. Choć jej życie towarzyskie toczyło się w klubach nocnych, unikała wszelkich używek. Nawet gdy zamawiała kawę z pianką, wyjadała łyżeczką piankę, ale zostawiała kawę. Przede wszystkim jednak bardzo pilnowała tego, z kim się przyjaźni. Była bardzo oschła i niemiła dla większości ludzi, za to oczarowywała i uwodziła tych, którzy byli znani, wpływowi lub związani ze światem mody. Zawsze wyglądała zjawiskowo, a przy tym była córką bardzo wpływowego redaktora, więc wielu mężczyzn zabiegało o jej względy. Rodzice nie pochwalali tego, że dawali Annie dużo swobody i nie próbowali kontrolować jej życia, mimo że o tym, co się w nim dzieje, nieraz dowiadywali się z prasy plotkarskiej.

Wreszcie władze szkoły postanowiły skreślić ją z listy uczniów za noszenie wyzywających strojów. Anna w wieku 16 lat zrezygnowała z nauki i zaangażowała się w pracę. Rodzice mieli nadzieję, że jej fascynacja modą minie, a Anna wróci do nauki i pójdzie na studia. Znaleźli dla niej nawet szkołę o profilu modowym, jednak Anna szybko z niej zrezygnowała, bo wolała zajmować się modą w praktyce.

Wysiłek, który włożyła w budowanie kontaktów w świecie mody, zaczął owocować już w jej pierwszej pracy związanej z dziennikarstwem. Mając 21 lat, bez pomocy ojca zdobyła stanowisko asystentki redakcji w „Harper's & Queen" (późniejszym „Harper's Bazaar"). W odróżnieniu od innych osób na tym stanowisku od początku orientowała się w pracy fotografów i modelek, wiedziała, z kim się skontaktować, by zorganizować ciekawe lokalizacje na sesje zdjęciowe, umiała sama znaleźć nowe modelki. Miała też świetne pomysły na sesje modowe. Już wtedy manifestowała swój własny gust, co bywało kłopotliwe. Zdarzało jej się wejść do domu mody współpracującego z magazynem i głośno powiedzieć: „nie ma tu nic ciekawego" – takie słowa z ust początkującej asystentki były bardzo źle widziane. W „Harper's & Queen" Anna musiała zajmować się wszystkim, od rozmów z reklamodawcami, poprzez organizowanie sesji zdjęciowych, po pisanie i redagowanie tekstów. Niska pensja nie była dla niej problemem, bo cały czas korzystała ze wsparcia rodziców. Gdy jej zespół jeździł na pokazy mody do Mediolanu, ona jako jedyna kupowała kreacje bezpośrednio od projektantów. Wkładała w tę pracę całe swoje serce i była bardzo zawiedziona, że przez kilka lat nie dostała awansu.

Zniechęcona przeniosła się do Nowego Jorku. Jej pierwsza praca w amerykańskim „Harper's Bazaar" była dla niej wielkim wyzwaniem – jej silna osobowość i ambitne pomysły powodowały ciągłe konflikty z przełożonymi. Anna chciała wyznaczać trendy. Na przykład w odpowiedzi na popularność Boba Marleya, którego miała okazję poznać osobiście, przygotowała kolekcję mody, w której modelki miały włosy zaplecione w dredy, gdy tymczasem „Harper's Bazaar" miał lansować klasyczne kobiece loki. Pomysły Anny, choć innowacyjne i doskonale zrealizowane, nie spotykały się ze zrozumieniem, więc musiała pożegnać się z redakcją.

Jej kolejna praca była związana z nowo powstałym magazynem „Viva". Pod wieloma względami był to dla niej krok do przodu, bo redagowała dział mody, odpowiadając bezpośrednio przed wydawcą. Jednak był to wydawca kojarzony przede wszystkim z czasopismem erotycznym „Penthouse". To powiązanie stanowiło doskonałą pożywkę dla prasy brukowej. Choć Anna prowadziła dobrej jakości dział modowy w czasopiśmie dla kobiet, do Anglii docierały plotki, że pracuje w piśmie pornograficznym. Jej silna osobowość jak zawsze powodowała zgrzyty i konflikty w redakcji. Do tego rozpadł się jej wieloletni związek i musiała na krótko zamieszkać w lokalu w Chinatown o bardzo niskim standardzie, pełnym karaluchów. Dla damy ubierającej się u najlepszych projektantów i jedzącej w najdroższych restauracjach to było zbyt wiele. Rzuciła wszystko i zniknęła z Nowego Jorku i z życia publicznego na ponad dwa lata. Widywano ją w tym czasie w Paryżu, Londynie i na Jamajce.

Wróciła z nowymi siłami do Ameryki, gdy dostała propozycję pracy w nowo powstałym magazynie „Savvy". Był to nowy magazyn, który jeszcze nie wyrobił sobie marki, więc Anna otrzymywała w nim wyjątkowo niską pensję, ale i tak była gotowa włożyć w tę pracę całe serce, a nawet dopłacać do strojów i organizacji sesji zdjęciowych. Jej praca zaczęła wreszcie cieszyć się uznaniem i przyciągać uwagę wpływowych wydawców. Niedługo po przygodzie z „Savvy" Anna dostała propozycję redagowania działu mody w znanym magazynie „New York".

Sprawiała na ludziach wielkie wrażenie i zawsze wyglądała perfekcyjnie. Przy organizacji sesji zdjęciowych zatrudniała najlepszych fotografów i znajdowała niezwykłe lokalizacje. Zaobserwowała, że prasa modowa miała wówczas zupełnie inną grupę docelową niż wcześniej – nie kobiety z bogatych domów spędzające całe dnie na zakupach, ale kobiety robiące karierę, które mają mało czasu i potrzebują szybkiej i konkretnej informacji. W Ameryce też stało się dla niej jasne, że to udział celebrytów najlepiej podnosi sprzedaż czasopism.

Jednocześnie prasa plotkarska śledziła jej każdy krok, donosząc o kolejnych romansach, zaś w świecie mody rosło przekonanie, że Anna Wintour to zimna i agresywna szefowa.

Tymczasem Anna tworzyła sesje modowe, które wychodziły poza konwencje, znajdowała ludzi z wyjątkowymi talentami i zmuszała ich, by dawali z siebie wszystko. Była szalenie wymagająca wobec innych, ale przede wszystkim wobec siebie. Wreszcie do grona ludzi podziwiających jej pracę dołączył Alex Liberman z Conde Nast – wydawcy „Vogue". Dzięki niemu w 1983 roku Anna trafiła po raz pierwszy do swojej wymarzonej redakcji amerykańskiego „Vogue".

Na rozmowie kwalifikacyjnej ówczesna redaktor naczelna Grace Mirabella zapytała ją, na jakim stanowisku chciałaby pracować. Anna odparła: „na pani". Rozmowa skończyła się po 10 minutach, a Mirabella nie chciała słyszeć o zatrudnianiu kogoś takiego.

Po długich negocjacjach w wydawnictwie – bez konsultacji z Mirabellą – stworzono dla Anny zupełnie nowe stanowisko dyrektora kreatywnego „Vogue". Życie osobiste Anny wreszcie zaczęło się układać, gdyż zaręczyła się z lekarzem Davidem Shafferem – najspokojniejszym człowiekiem, jakiego widywano w jej otoczeniu.

Od początku napięte relacje między nią a Grace Mirabellą z czasem stawały się coraz gorsze. Anna pracowała tak, jakby nie miała przełożonej. Samodzielnie podejmowała decyzje, ignorując albo wręcz działając wbrew poleceniom Grace. Było jasne, że redakcja nie funkcjonuje dobrze, gdy ścierają się w niej dwie tak silne i odmienne osobowości. By uspokoić sytuację, wydawcy Conde Nast postanowili przenieść Annę do Londynu do czasu, aż Mirabella przejdzie na emeryturę.

Przeprowadzając się do Wielkiej Brytanii, Anna była w zaawansowanej ciąży, jednak ani na moment nie przestała angażować się w pracę. Aż do porodu nosiła bardzo wysokie szpilki, krótkie spódniczki i modne płaszcze. Zamiast spędzać czas, kupując wózki i łóżeczka dla dziecka, zaprowadzała nowe porządki w brytyjskiej redakcji „Vogue". Kazała zespołowi pojawiać się w pracy dwie godziny wcześniej niż dotąd, zwolniła część ludzi, zmieniła grupę docelową czasopisma i cały jego styl. Wymieniła nawet meble w redakcji – po raz pierwszy w jej gabinecie pojawiło się ogromne, onieśmielające innych białe biurko, które później stało się swoistym symbolem w popkulturze. Wydawcy byli zachwyceni zmianami, a wzrost sprzedaży magazynu nabrał tempa. Pracownicy byli jednak przerażeni. Zaczęli o niej mówić Nuclear Wintour (Nuklearna Wintour). Gdy 2 lata później do Londynu dotarła wieść, że Conde Nast ma zamiar przenieść Annę z powrotem do USA, w brytyjskiej redakcji „Vogue" dosłownie otworzono szampana.

Ku zaskoczeniu wszystkich w Ameryce nie czekała na nią posada redaktor naczelnej „Vogue", lecz magazynu o architekturze wnętrz „Home & Garden". Anna zaczęła zmieniać czasopismo zgodnie ze swoją intuicją – odrzuciła materiały do druku warte miliony dolarów, wymieniła część załogi, zmieniła nazwę czasopisma na „HG" i zaangażowała do udziału w sesjach zdjęciowych wielu celebrytów. „Home & Garden" zmienił się nie do poznania. Gdy czytelnicy nieoczekiwanie dostali pocztą „HG", sądzili, że to zupełnie inny magazyn i czekali aż przyjdzie prenumerowany „Home & Garden". Wielu wycofało się z prenumeraty i reklamodawcy też zaczęli rezygnować ze współpracy. Jednocześnie widać było, że serce Anny bije zupełnie gdzie indziej – w czasie ważnych targów wnętrzarskich ją widziano na pokazach mody. Opuściła „HG" po zaledwie 9 miesiącach.

W tym czasie jednak sporo zdążyło się zmienić w samym „Vogue". Po długich rozmowach Grace Mirabella odeszła na emeryturę i na Annę wreszcie czekało stanowisko, do otrzymania którego dążyła od 26 lat: redaktor naczelnej „Vogue".

W 1988 gdy przejęła stery, pozycja blisko stuletniego magazynu była zagrożona. Prawie tyle samo co „Vogue" zarabiał założony zaledwie trzy lata wcześniej magazyn „Elle". „Vogue" nie nadążał za szybko zmieniającą się modą, ale najgroźniejsze było to, że w swoim dążeniu do perfekcji stawał się nudny dla czytelników.

Pierwszą rzeczą, jaka rzuciła się Annie w oczy, gdy przeniosła się do nowojorskiej redakcji, było rozczłonkowanie zespołu. Dla kobiety, która w swoim doświadczeniu miała tworzenie wszystkich aspektów magazynu, było szokiem to, że w amerykańskim „Vogue" każdy specjalista od tkanin, od butów czy od dodatków miał osobne biuro. Ci wszyscy ludzie spotykali się tylko na zebraniach i Anna widziała w tym ogromną stratę potencjału. Wymieniła część zespołu, ale tym razem postanowiła też na nowo zbudować całą strukturę pracy w redakcji.

Żeby uratować „Vogue" trzeba było zmienić treści, styl, grupę docelową i sam wizerunek magazynu. Nie dysponując badaniami rynkowymi, które pomogłyby jej w wyznaczeniu kierunku zmian, Anna musiała wybiec myślą w przyszłość i zdać się na swoją intuicję. Pierwsza okładka pod jej kierownictwem była zapowiedzią rewolucyjnych zmian.

Wcześniejsze okładki „Vogue" były do złudzenia podobne: wszystkie przedstawiały supermodelki o nierealnych standardach urody w bardzo drogich ubraniach fotografowane w studiu. Anna nie zamierzała iść tą samą drogą. Jak zawsze nowatorska i pomysłowa, dokonała zasadniczej zmiany stylu czasopisma. Na pierwszej okładce Anny widać było modelkę na ulicy, w świetle dziennym, ubraną w bardzo drogi t-shirt zestawiony z dżinsami z sieciówki. Wszystko w tej okładce było kontrowersyjne – od zestawienia drogich ubrań z tanimi, przez światło, po fakt, że widać było fragment brzucha modelki. To była moda znana z ulicy, a nie z salonów i wybiegów. To był zarazem manifest, że „Vogue" interesuje się tym, co robią zwykli ludzie w codziennym życiu. Było to tak radykalne odejście od konwencji, że drukarnia kilka razy upewniała się, czy nie zaszła pomyłka, czy rzeczywiście „Vogue" z taką okładką ma trafić do druku.

Na tym jednak zmiany się nie skończyły. Na okładkach „Vogue" zaczęli się pojawiać celebryci. Od gwiazd sportu jak LeBron James, po polityków jak Hillary Clinton. Praca z celebrytami była wyzwaniem dla fotografów i stylistów, ponieważ nie tylko nie wyglądają oni jak supermodelki, ale też nie posiadają umiejętności pozowania. Dla Anny zaś wejście w świat gwiazd filmu, sportu czy polityki oznaczało zbudowanie całej sieci nowych relacji biznesowych. To wymagało lat pracy – umawiania się na spotkania, dowiadywania się, kogo można poznać dzięki komu, planowania, oddawania przysług, które mogą w przyszłości zaowocować ciekawą współpracą. Przyniosło to jednak oczekiwane rezultaty i już w 1992 roku „Vogue" zaczął bić rekordy sprzedaży.

Współcześnie amerykański „Vogue" ma blisko 11,5 miliona czytelników wersji papierowej i około 1,3 miliona czytelników on-line. Pod wodzą Anny Wintour czasopismo odniosło największy komercyjny sukces w swojej historii i mocno wyprzedziło konkurencyjne magazyny, takie jak „Elle" czy „Harper's Bazaar". Stało się też dosłownie jednym z największych magazynów świata – wrześniowy numer z 2004 roku liczył 832 strony.

Sukces komercyjny to jednak tylko jeden z efektów pracy Anny Wintour. „Vogue" pod jej redakcją stał się symbolem swoich czasów, a pojawienie się na jego okładce jest wielkim wyróżnieniem. Gwiazdy pracują latami, by się tam znaleźć, a jeśli Anna zażąda od nich radykalnej zmiany wagi albo zrobienia operacji plastycznej, liczą się z jej zdaniem. Bo też dla wielu jest to jeden z najważniejszych punktów w karierze, a także coś, co wpływa na ich wizerunek na całym świecie. Pojawienie się na okładce magazynu Hillary Clinton rozbudziło ogólnokrajową dyskusję o tym, czy Amerykanie są gotowi zobaczyć w tej samej osobie silnego polityka i elegancką kobietę.

Tworząc magazyn, który aktywnie kształtuje popkulturę, Anna sama stała się jej częścią. Była pierwowzorem bohaterki książki i filmu *Diabeł ubiera się u Prady*, granej w filmie przez z Meryl Streep. Jej charakterystyczna fryzura zestawiona z ogromnymi okularami jest symbolem, który pojawia się na wybiegach, sesjach zdjęciowych, w filmach, a nawet w kreskówkach.

Dla Anny Wintour jej pozycja zawodowa to przede wszystkim narzędzie do tego, by tchnąć nowego ducha w świat mody. Od początku pracy w „Vogue" robiła miejsce dla nowych twarzy i talentów. To dzięki jej wsparciu znani stali się twórcy, tacy jak Marc Jacobs czy Alexander McQueen, dzięki niej John Galliano dostał stanowisko głównego projektanta domu mody Dior. Szukając sposobów na to, by nowe osobowości miały szansę zaistnieć dla szerokiego grona odbiorców, Anna zaangażowała się w program CFDA/Vogue Fashion Fund – coroczny konkurs przyznający stypendia i promujący młodych, nieznanych projektantów. Dzięki niemu objawili się między innymi Thom Browne czy Adam Selman.

Anna miała od bardzo wczesnego wieku jasną wizję, co chce osiągnąć i temu podporządkowała wszystkie aspekty swojego życia. Nie interesowało jej to, co jest łatwe – nie wybrała kariery, w której pomogłyby jej wpływy rodziców. Nie poszła na studia, mimo że miała do tego dość inteligencji i uporu. Jej sposób pracy sprawił, że zyskała wielu wrogów, a duża część ludzi ze świata mody nie lubi jej lub się jej boi. Trudno też pochwalać jej instrumentalne podejście do ludzi. Jednak wystarczy spojrzeć na prace wybitnych artystów, którzy dzięki niej rozpoczęli wielkie kariery, by zrozumieć, że lata jej ciężkiej pracy i uporu miały sens.

KALENDARIUM:

1949 – urodziła się Anna Wintour
1964 – w wieku 15 lat zaczyna pracę w modnym butiku Biba
1970 – Wintour dostaje pracę w „Harper's & Queen" („Harper's Bazaar") w Londynie jako asystentka redakcji; dzięki swoim znajomościom odkrywa dla czasopisma modelkę Annabel Hodin i załatwia jej sesje fotograficzne z wpływowymi fotografami
1975 – Zaczyna pracę w „Harper's Bazaar" w Nowym Jorku; jej innowacyjny styl nie znajduje uznania i traci pracę po 9 miesiącach; uprawia intensywny networking w Nowym Jorku, poznając między innymi Boba Marleya
1975/1976 – przez krótki czas pracuje w magazynie „Viva", gdzie po raz pierwszy ma osobistą asystentkę – już wtedy jest dla niej bardzo wymagająca
1980 – zostaje redaktorką działu mody w nowo powstałym magazynie „Savvy"; po raz pierwszy jej grupą docelową są kobiety skupione na karierze, wydające własne pieniądze
1981 – zostaje redaktorką działu mody w magazynie „New York"; kontrowersyjny styl jej sesji zdjęciowych wreszcie zaczyna przyciągać uwagę

1983 – zostaje dyrektor kreatywną w amerykańskim „Vogue"; rozpoczyna długoletnią współpracę z wydawnictwem Conde Nast
1985 – otrzymuje stanowisko redaktor naczelnej w brytyjskim „Vogue"
1987 – wraca do Nowego Jorku i zostaje redaktor naczelną magazynu „House & Garden"
1988 – zostaje redaktor naczelną amerykańskiego „Vogue"
1990-2000 – „Vogue" staje się najsilniejszym magazynem modowym na rynku, wyprzedza „Elle" i „Harper's Bazaar"
2003 – pojawia się książka inspirowana postacią Anny *Devil wears Prada*
2004-2007 – powstają spin-offy czasopisma: „Teen Vogue", „Vogue Living" oraz „Men's Vogue"
2006 – film *Devil wears Prada* z Meryl Streep w roli postaci wzorowanej na Annie Wintour
2008 – Anna otrzymuje tytuł OBE od królowej Elżbiety II
2008 – kryzys ekonomiczny negatywnie odbija się na czasopiśmie, jednocześnie kilka niezależnych wydarzeń nadwyręża wizerunek czasopisma i samej Anny
2013 – wydawnictwo poszerza jej kompetencje, nadając jej stanowisko dyrektora artystycznego Conde Nast
2014 – instytut strojów w Metropolitan Museum of Art zostaje nazwanym imieniem Anny Wintour

CIEKAWOSTKI:

- Anna Wintour codziennie wstaje o 5:45 i przed rozpoczęciem dnia pracy znajduje czas na sport i stylizację z pomocą fryzjera i makijażysty.

- Anna angażuje się w kampanie polityczne – zebrała jedną z największych sum na kampanię Baracka Obamy w 2008 i 2012 roku, a także czuwała nad strojami Hillary Clinton podczas kampanii prezydenckiej 2016 roku.
- Dzięki jej inicjatywie zebrano ponad 10 milionów dolarów na walkę z AIDS.
- Anna zaangażowała się w zbieranie funduszy na instytut mody w Metropolitan Museum of Art – dzięki niej zebrano 125 milionów dolarów, zaś instytut został nazwany The Anna Wintour Costume Center.
- Gdy w latach 90. Anna zaczęła promować na łamach „Vogue" i w życiu prywatnym noszenie futer, odrodził się dzięki temu cały przemysł futrzarski. Od tej pory Anna stała się celem licznych ataków ze strony obrońców praw zwierząt.
- W 2003 roku była asystentka Anny Lauren Weisberger napisała książkę *Diabeł ubiera się u Prady*, w której główna postać była inspirowana osobą Anny Wintour. W 2006 roku powstał film pod tym samym tytułem, w którym główną rolę zagrała Meryl Streep. Na nowojorską premierę filmu Anna Wintour przyszła ubrana w strój od Prady.

MYŚLI NA PODSTAWIE ŻYCIORYSU:

Potraktuj poważnie networking jako istotną część pracy.

Pozwól sobie na to, żeby mieć swój własny gust i go wyrażać.

Miej wizję tego, do czego dążysz, i staraj się ją konsekwentnie realizować.

Obserwuj uważnie to, co się dzieje wokół ciebie, jak wygląda życie zwykłych ludzi i na tej podstawie próbuj przewidywać trendy.

Bądź ambitny.

CYTATY:

„Kiedy żyjesz, koncentrując się na swoim celu, tworzysz przestrzeń do tego, by osiągnąć coś wybitnego w każdym sensie".

„Moda nie polega na patrzeniu za siebie. Zawsze polega na patrzeniu w przyszłość".

„Bardzo ważne jest podejmowanie ryzyka. Uważam, że badania są bardzo ważne, ale ostatecznie trzeba pracować na podstawie własnego instynktu i uczuć, brać na siebie to ryzyko i nie bać się".

ŹRÓDŁA I INSPIRACJE:

Magazyn „Vogue": http://www.vogue.com.
Biografia Anny Wintour na stronach „Vogue": http://www.vogue.co.uk/article/anna-wintour-biography.
Rozmowa z Anną Wintour: http://nymag.com/thecut/2015/05/anna-wintour-amy-larocca-in-conversation.html.
Wypowiedź z Oxford Union, kwiecień 2015: https://www.youtube.com/watch?v=WxlrjalADs8.

Filmy:
The September Issue, 2009.
The First Monday in May, 2016.
Devil wears Prada, 2006.

Książki:
Jerry Oppenheimer, *Front Row: The Cool Life and Hot Times of Vogue's Editor In Chief*, St. Martin's Press, 2005.
Lauren Weisberger, *The Devil Wears Prada*, Broadway Books, 2003.

Reinhold Wurth

(ur. 1935)

niemiecki przedsiębiorca i kolekcjoner dzieł sztuki,
właściciel firmy Wurth – światowego giganta
w dziedzinie mocowań dla przemysłu

Z małej firmy, w której pracował wraz z ojcem, w ciągu kilku dekad stworzył obecny na pięciu kontynentach koncern, zatrudniający blisko 70 tysięcy osób i posiadający miliardowe obroty. Reinhold jest jednym z najbogatszych Niemców, a najbardziej charakterystyczną cechą jego charakteru jest skromność. To człowiek z wizją. Ambitny i kreatywny samouk. Jego współpracownicy i najbliżsi mówią, że posiada niewyczerpane pokłady optymizmu. Dzięki temu nie poddawał się, nawet gdy było ciężko.

Reinhold Wurth był starszym z dwóch synów Almy i Adolfa Wurtha. Urodził się w Ohringen w Westfalii. W czasie II wojny światowej jego ojciec był dyrektorem handlowym jednej z fabryk w okupowanej przez Niemców Francji. Latem 1945 roku Adolf Wurth wykorzystując swoje doświadczenia, otworzył niewielką hurtownię śrub i wkrętów do drewna w miejscowości Kunzelsau w Badenii-Wirtembergii. Gdy Reinhold miał 14 lat, rozpoczął pracę u ojca, jednocześnie ucząc się w Szkole Handlowej. Wymagało to od niego ogromnej dyscypliny, bo pracy w rozwijającej się firmie było coraz więcej, a nauki w szkole nie ubywało. Jako 17-latek ukończył szkołę i zdał pomyślnie egzaminy w Izbie Przemysłowo-Handlowej ze specjalności sprzedaży hurtowej i detalicznej.

Wiedza teoretyczna to jedno, a praktyka to zupełnie inna sprawa. Reinhold przekonał się o tym wkrótce na własnej skórze. W 1954 roku nagle i niespodziewanie, zaledwie w wieku 45 lat umarł na zawał serca jego ojciec. Reinhold jako 19-latek stanął przed pierwszym ważnym wyzwaniem, jakim dla młodego chłopaka było samodzielne prowadzenie firmy. Na szczęście pierwsze lata pracy spędził u boku ojca, bacznie go obserwując, jak również samodzielnie rozwiązując codzienne problemy w biznesie. Uzbrojony w pięcioletnie doświadczenie i… młodzieńczy entuzjazm, podjął odważną i słuszną decyzję o kontynuowaniu dzieła ojca. Po latach podczas uroczystości z okazji setnej rocznicy urodzin swojego ojca powiedział: „Bez miłości i determinacji mojej matki oraz wskazówek mojego ojca, które chłonąłem jako młodzieniec, nie byłbym w stanie doprowadzić firmy do miejsca, w którym obecnie się znajduje". Reinhold zawsze wypowiada się z wielkim szacunkiem o swoich rodzicach. Zdaje sobie sprawę, ile im zawdzięcza jako człowiek i przedsiębiorca.

Prowadząc samodzielnie firmę, wykazywał się pracowitością i determinacją. Miał jeden cel: utrzymać się na rynku. Konsekwentnie go realizował – zarabiał pieniądze i był wypłacalny. Jeszcze gdy żył jego ojciec, rozmawiali dużo o strategicznym planowaniu. Po przejęciu firmy Reinhold wdrożył te nauki. Planował cele i działania w cyklu pięcioletnim. Wymagało to od niego szerokiego spojrzenia na rynek i umiejętności przewidywania tego, co może się wydarzyć. Od samego początku wykazywał się znakomitym zmysłem obserwacji, analitycznym umysłem oraz kreatywnym podejściem do rozwiązywania problemów. Obserwując rynek dostawców mocowań, wpadł na innowacyjny pomysł. Zauważył, że przytłaczająca większość hurtowni czeka na to, by klienci do nich przyjechali i dokonali zakupu. On nie chciał czekać na klientów, chciał ich aktywnie pozyskiwać. Postanowił działać i zatrudnił pierwszych trzech przedstawicieli handlowych, których zadaniem było odwiedzanie rzemieślników i proponowanie im zaopatrzenia w śruby i wkręty. Na dodatek klienci nie musieli przyjeżdżać do siedziby firmy po odbiór towaru, bo zamówienia dostarczano bezpośrednio na budowy lub do ich zakładów. Okazało się to strzałem w dziesiątkę i dało solidne podwaliny pod rozwój biznesu. Do dziś cała sprzedaż firmy oparta jest na działaniach w terenie. W 2016 roku 40% z 70 000 pracowników Wurth-a to przedstawiciele handlowi. 30 000 sprzedawców spotyka się każdego dnia z trzystoma tysiącami klientów!

Kolejnym przykładem innowacyjnego podejścia Wurtha było rozpoczęcie samodzielnej produkcji śrub. Ta decyzja była efektem samodzielnej nauki, jaką wyciągnął po kilku latach obecności w branży narzędziowej. Zauważył bowiem, iż samodzielna produkcja pozwoli jego firmie na większą elastyczność i szybsze reagowanie na zamówienia klientów, a w tym upatrywał możliwości zdobycia przewagi na rynku. W 1958 roku młody szef na zebraniu z pracownikami powiedział: „Od teraz będziemy produkować śruby u siebie". W listopadzie tego samego roku ruszyła produkcja w piwnicy budynku w Künzelsau. To początek nowej ery w historii firmy, ery ogromnego wzrostu sprzedaży.

Reinhold nie skupiał się wyłącznie na procesach produkcyjnych i handlowych, lecz przede wszystkim obserwował ludzi i zastanawiał się, w jaki sposób zwiększyć ich wydajność oraz motywację do pracy. Zawsze interesowała go psychologia. Jego celem było stworzenie swoim robotnikom jak najlepszych warunków do pracy i rozwoju. Zauważył między innymi, że pracownicy bardzo dobrze reagują na pozytywne wzmocnienia, zatem uczył się, jak być szefem wspierającym swoich ludzi. Tak właśnie rozumiał swoją rolę – jako pomocnika w codziennej pracy, a nie jako zarządcę. Wykazał się nie lada mądrością. Wiedział, że ludzie lubią być doceniani i w różny sposób nagradzani. Jeszcze jako młodziutki szef zabierał swoich pięciu pracowników na wycieczki samochodem po okolicy. Jeden z nich wspomina na stronie internetowej firmy Wurth wyjazd z 1957 roku żółtym mercedesem szefa przez Baden Baden do Szwarcwaldu. „To było dla mnie nie lada przeżycie, bo nigdy nie byłem tak daleko od domu!" – opowiada. Takie – wydawałoby się – drobne gesty bardzo mocno budowały lojalność pracowników i związywały ich z Wurthem na całe lata.

W późniejszym czasie, gdy firma obecna była na wszystkich kontynentach, Reinhold zawsze bardzo dbał o to, aby kultura organizacji Wurtha w danym kraju była zbieżna z tamtejszymi tradycjami i mentalnością ludzi. Przez kolejne lata systematycznie i cierpliwie zdobywał pozycję na rynku niemieckim, decydując się w 1962 roku na otwarcie pierwszych firm córek za granicą. Wybór padł na Holandię. Lata sześćdziesiąte to czas ekspansji do krajów Europy Zachodniej, a w roku 1969 Wurth pojawił się w USA, otwierając tam swoją firmę – Wurth USA Inc.

Reinhold zawsze starał się być krok przed konkurencją, dlatego cały czas uczył się i obserwował trendy na rynku. Udoskonalał swoje patenty, aż na początku lat 70. wprowadził innowacyjne rozwiązania, tworząc nową generację wkrętów ze znakomitym napędem śrubowym. Jego podstawowym hasłem było: „Jesteśmy pracownikami naszych klientów". Takie stawianie sprawy powodowało, że przedstawiciele firmy byli bardzo wyczuleni na wszelkie sygnały od klientów. Orientowali się, co się klientom podoba i czego mogą potrzebować. Dzięki takiemu badaniu rynku Wurth był w stanie lepiej zaspokajać potrzeby klientów, zostawiając w tyle konkurencję. Firma uruchomiła wtedy produkcję i sprzedaż wierteł spiralnych, dozowników kablowych oraz zaawansowanych modeli śrub. Wszystko to pod swoją nową, ekskluzywną marką ZEBRA, co okazało się dobrym marketingowym posunięciem! Lata samodzielnej nauki biznesu przynosiły efekty. Firma pojawiała się na nowych rynkach. Kolejne przystanki na trasie ekspansji Wurtha to Azja i Australia. Dziś produkty firmy z Kunzelsau sprzedawane są w 80 krajach na całym świecie. W 1994 roku Reinhold odszedł na emeryturę. Zasiada jedynie w komitecie doradczym Grupy Wurth.

Od 1956 roku jest w związku małżeńskim z Carmen Wurth. Mają troje dzieci. Najstarszy syn Markus z powodu choroby, którą przeszedł w dzieciństwie i złego prowadzenia przez lekarzy jest niepełnosprawny umysłowo. Od 30 lat przebywa w luksusowym ośrodku dla osób umysłowo chorych. Jedna z córek Reinholda Bettine jest prezesem w koncernie ojca. Wurth ma obecnie 81 lat. Mieszka wraz z żoną na zamku Harmersberg w okolicach Stuttgartu. Prywatnie jest miłośnikiem awiacji – posiada licencję pilota. Uwielbia też jazdę swoim harleyem.

Reinhold dzięki swojej odwadze podjął się trudnej dla 19-latka misji – prowadzenia firmy po zmarłym ojcu. Nie tylko podołał temu zadaniu, ale znacznie przekroczył jego granice. Z malutkiej hurtowni z wkrętami dla stolarzy stworzył światowego potentata w branży narzędziowej, skupiającego 400 firm i zatrudniającego prawie 70 000 osób. Zrobił to, bo wierzył w siebie i miał wizję, którą konsekwentnie realizował. Samodzielnie poznawał zasady rządzące rynkiem i ciągle uczył się. Dzięki wprowadzaniu śmiałych innowacji odniósł wielki sukces. Ten sukces nie byłby możliwy bez ludzi, z którymi współpracował. Reinhold rozumiał, że to oni są podstawą jego biznesu, a dzięki zainteresowaniu psychologią wiedział, jak do nich trafić i jak z nimi rozmawiać. Posiadał zmotywowanych i oddanych pracowników. W trudnych momentach swojego życia zawsze patrzył w przyszłość z optymizmem. Jak sam przyznaje, ogromnym wsparciem zawsze była dla niego rodzina oraz matka Alma, która współtworzyła z synem kulturę organizacyjną i politykę firmy. Wurth odważnie inwestował w rozwój na nowych rynkach, co bez wyjątku kończyło się corocznym zwiększeniem sprzedaży. Niemiecki biznesmen nie ma wyższego wykształcenia, jednak legitymuje się tytułem profesora nadanym mu za zasługi dla niemieckiej gospodarki. Wie, jak ważna jest nauka i edukacja. Inwestuje w uczelnie wyższe, prowadzi wykłady, przekazując swoją bezcenną wiedzę młodym ludziom, którzy marzą o takiej drodze, jaką on przeszedł.

KALENDARIUM:

20 kwietnia 1935 – w Ohringen przychodzi na świat Reihold Wurth, jest pierwszym synem Adolfa i Almy

1945 – Adolf Wurth otwiera małą hurtownię śrub i wkrętów do drewna w miejscowości Kunzelsau

1950 – Reinhold rozpoczyna pracę u ojca, jednocześnie ucząc się w Szkole Handlowej

1952 – siedemnastoletni Wurth zdaje pomyślnie egzaminy w specjalnościach sprzedaż hurtowa i detaliczna przed komisją Izby Przemysłowo Handlowej

1954 – Reinhold przejmuje firmę po niespodziewanej śmierci swojego ojca Adolfa

1956 – ślub Reinholda z Carmen; obecnie mają trójkę dzieci, a córka Bettina jest jednym z prezesów w zarządzie grupy Wurth

1960 – zakup pierwszych obrazów autorstwa Emila Nolde do powstającej kolekcji dzieł sztuki współczesnej

1958 – Reinhold rozpoczyna samodzielną produkcję śrub i wkrętów, jest to przełom w historii firmy, który powoduje ogromny wzrost sprzedaży

1962 – firma otwiera swój pierwszy, zagraniczny oddział w Holandii; do końca 1969 roku otwiera swoje przedstawicielstwa w krajach Europy Zachodniej

1969 – Wurth uruchamia swoją pierwszą firmę w Stanach Zjednoczonych – Wurth USA Inc.

1970 – firma wprowadza na rynek innowacyjne wkręty z napędem śrubowym; odnotowuje ogromny wzrost sprzedaży; wchodzi także na rynek afrykański

1982 – firma pojawia się w Australii; gdy 5 lat później pojawia się też w Azji, obecna jest już na pięciu kontynentach

1987 – Reinhold wraz z żoną Carmen zakłada fundację, która wspiera rozwój utalentowanych młodych artystów: malarzy, muzyków i pisarzy; wspomaga finansowo prywatne wyższe uczelnie i finansuje działalność muzeów, teatrów i bibliotek

1990 – Wurth otwiera przedstawicielstwo w Polsce

1994 – Reinhold rezygnuje z kierowania koncernem i zasiada w komitecie doradczym grupy Wurth

1999 – Reinhold obejmuje Katedrę Przedsiębiorczości na Uniwersytecie w Karlsruhe, gdzie do 2003 roku prowadzi wykłady

2006 – umiera Alma Wurth, matka Reinholda – była dla niego wielkim wsparciem od samego początku funkcjonowania firmy

2007 – Wurth otrzymuje honorowy doktorat z historii sztuki i muzealnictwa na Uniwersytecie w Palermo

2015 – 80. urodziny Reinholda Wurtha

CIEKAWOSTKI:

- W 1987 roku Reinhold Wurth ogłosił swoją słynną „Wizję 2000", zgodnie z którą jego koncern miał zakończyć przełom wieków obrotami wysokości 10 miliardów marek niemieckich. Wurth zanotował w 2000 obroty wynoszące nieco ponad 5 miliardów… euro. W przeliczeniu na marki niemieckie to 10 miliardów!
- Reinhold Wurth jest posiadaczem około 17 000 dzieł sztuki. Pierwszymi, zakupionymi przez niego na początku lat 60. obrazami były prace Emila Nolde. W swoich zbiorach posiada obrazy między innymi: Pablo Picasso, Edwarda Muncha, Alfreda Hrdlicka, Christo. W Kunzelsau w 1991 roku Reinhold otworzył swoje pierwsze Muzeum Sztuki Nowoczesnej prezentujące dzieła sztuki z XX i XXI wieku. Gmach połączony jest z budynkiem fabryki Wurth, Reinhold jest bowiem zdania, że światy sztuki i biznesu powinny się przenikać. Według niego wystawy i koncerty muzyczne są nie tylko formą spędzania czasu wolnego, lecz również znakomitą motywacją dla pracowników. Wejście do jego muzeów i galerii jest bezpłatne. Podobne galerie uruchomił przy przedstawicielstwach swoich firm w Holandii, Francji, Danii, Austrii, Belgii, Włoszech, Norwegii, Hiszpanii i Szwajcarii.

- W 2015 roku rodzina Wurth przeżyła chwile grozy, gdy uprowadzono Markusa, najstarszego syna Reinholda i Carmen. Markus jako dziecko zachorował i z powodu błędu lekarskiego został trwale upośledzony umysłowo. Obecnie 50-letni mężczyzna od ponad 30 lat przebywa w luksusowym ośrodku dla osób niepełnosprawnych umysłowo w miejscowości Schlitz. Latem 2015 roku porywacze uprowadzili go i zażądali okupu w wysokości trzech milionów euro. Po kilkudziesięciu godzinach intensywnych poszukiwań Markusa odnaleziono w lesie przywiązanego do drzewa. Przestępcy najprawdopodobniej przestraszyli się zakrojonej na dużą skalę akcji policji i porzucili zakładnika.

CYTATY:

„Skromność i kompetencja to dwie kluczowe cechy, które powinien rozwijać każdy przedsiębiorca".

„Gdy odkręcimy wszystkie śruby, cały świat się zawali".

ŹRÓDŁA I INSPIRACJE:

Polska strona grupy Wurth: https://www.wurth.pl.
Strona internetowa koncernu Wurth: http://www.wuerth.com.
Ute Grau, Barbara Guttmann, *Reinhold Wurth*, Swiridoff Verlag, 2005.
Claus Detjen, *Der Patriarch in seiner Verantwortung*, Frankfurter Allgemeine Buch, 2015.

Zakończenie

Każdy z nas jest niepowtarzalny i wyjątkowy. Sylwetki 50 samouków przedsiębiorców pokazują, że człowiek jest w stanie osiągnąć niewiarygodne cele życiowe, jeśli będzie potrafił marzyć, wystarczy mu determinacji i twórczej radości z działania. Szkoda, że typowa szkoła, z którą najczęściej mamy do czynienia, do tego nie przygotowuje. Programy oderwane od rzeczywistości, dehumanizacja treści nauczania, założenie, że wszystkie dzieci w tym samym czasie muszą posiąść tę samą wiedzę i zdobyć te same umiejętności utrudniają tylko faktyczny rozwój. Kiedyś można było to uzasadnić brakiem innego powszechnego dostępu do wiedzy. Dziś jednak zapewnia go Internet. Postęp we wszystkich dziedzinach jest tak znaczny, że wiedza się dezaktualizuje, zanim trafi do programów szkolnych i podręczników. Ich twórcy nie bardzo potrafią odpowiedzieć na pytanie, dlaczego akurat taki, a nie inny fragment wiedzy mają poznawać uczniowie. I dlaczego nadal, mimo pozornych zmian, mają się uczyć metodami bardzo zbliżonymi do tych stosowanych w całym poprzednim stuleciu.

W niektórych krajach zrozumiano, że nauka powinna wyglądać zupełnie inaczej. Przykładem może być Finlandia. W tej chwili fińscy uczniowie wypadają najlepiej na świecie w pomiarach przyrostu wiedzy, mimo że na naukę poświęcają znacznie mniej czasu niż dzieci w innych krajach. Wdrożono tam siedem zasad wspomagających rozwój. Obowiązuje równość szkół, rodziców, nauczycieli, praw dorosłych i dzieci, przedmiotów, a przede wszystkim uczniów. Nie wolno porównywać żadnego ucznia z innym, bo porównywanie dzieli. Zasadą jest integracja. Każdy uczeń jest więc tak samo dobry, każdy ma tę samą wartość. Uczniom zapewnia się nie tylko bezpłatną naukę i transport do szkoły, ale i darmowe posiłki oraz wyposażenie. Do każdego ucznia podchodzi się indywidualnie. Program jest ten sam, podobny materiał, ale o różnym stopniu trudności. Oceniany jest w porównaniu do tego, co potrafił wczoraj, jednak jeśli nie zrobi postępu, nikomu to nie przeszkadza. Jest jednak coś jeszcze ważniejszego, coś, co zapewne pomogłoby opisywanym przez nas samoukom uniknąć wielu błędów. Szkoły fińskie przygotowują do życia (w przeciwieństwie do systemów, które przygotowują do zdawania egzaminów). Uczą wartości pieniądza, wiedzy na temat obowiązujących podatków czy praw obywatela. Uczniom się ufa, wierzy się, że każdy z nich potrafi dobrze wybrać, a więc jeśli nie chce czegoś zrobić, może wybrać temat, który interesuje go bardziej, albo na przykład czytać książkę. Ufa się też nauczycielom, którzy mają bardzo dużą swobodę w wyborze sposób nauczania. Czy uczeń w takich warunkach chce się uczyć, czy też nie – zostawia się jego wyborowi. Jeśli woli, zdobywa praktyczny zawód, nie musi tkwić latami w szkole, jeśli nie jest to zgodne z jego pomysłem na życie lub zdolnościami. Nie musi się też wstydzić powtarzania roku, bo nie jest to traktowane jak coś złego. Młodzi ludzie nie muszą wkuwać na pamięć regułek, mają się nauczyć rozwiązywania problemów na bazie wiedzy odnajdywanej w książkach lub Internecie. Najważniejszy jest cel: przygotować młodego człowieka do udanego życia, w którym nie będzie zależny od innych.

Trochę czuć w tym ducha szkół Montessori, których ideą jest podążanie za dzieckiem, tak by mogło rozwijać się zgodnie ze swymi potrzebami, by pozostało twórcze i radosne oraz przeniosło te cechy w dorosłe życie. To na razie brzmi utopijnie, ale skoro już są szkoły, a nawet całe państwa, które potrafią uczyć zgodnie z tymi zasadami, być może kiedyś powszechny będzie system szkolny, w którym każdy będzie „samoukiem", będzie rozwijał się na miarę swoich potrzeb, by w przyszłości realizować swoje własne cele, harmonijnie rozwijając wszystkie sfery życia: osobistą, rodzinną i zawodową, i pamiętając o tym, że najważniejsze są wartości duchowe. One bowiem pozwalają dostrzegać potrzeby drugiego człowieka, kształtować dobre relacje w rodzinie i prowadzić sprawiedliwy biznes.

O autorze

Andrzej Moszczyński od 30 lat aktywnie zajmuje się działalnością biznesową. Jego główną kompetencją jest tworzenie skutecznych strategii dla konkretnych obszarów biznesu.

W latach 90. zdobywał doświadczenie w branży reklamowej – był prezesem i założycielem dwóch spółek z o.o. Zatrudniał w nich ponad 40 osób. Spółki te były liderami w swoich branżach, głównie w reklamie zewnętrznej – tranzytowej (reklamy na tramwajach, autobusach i samochodach). W 2001 r. przejęciem pakietów kontrolnych w tych spółkach zainteresowały się dwie firmy: amerykańska spółka giełdowa działająca w ponad 30 krajach, skupiająca się na reklamie radiowej i reklamie zewnętrznej oraz największy w Europie fundusz inwestycyjny. W 2003 r. Andrzej sprzedał udziały w tych spółkach inwestorom strategicznym.

W latach 2005-2015 był prezesem i założycielem spółki, która zajmowała się kompleksową komercjalizacją liderów rynku deweloperskiego (firma w sumie sprzedała ponad 1000 mieszkań oraz 350 apartamentów hotelowych w systemie condo).

W latach 2009-2018 był akcjonariuszem strategicznym oraz przewodniczącym rady nadzorczej fabryki urządzeń okrętowych Expom SA. Spółka ta zasięgiem działania obejmuje cały świat, dostarczając urządzenia (w tym dźwigi i żurawie) dla branży morskiej. W 2018 r. sprzedał pakiet swoich akcji inwestorowi branżowemu.

W 2014 r. utworzył w USA spółkę LLC, która działa w branży wydawniczej. W ciągu 14 lat (poczynając od 2005 r.) napisał w sumie 22 kieszonkowe poradniki z dziedziny rozwoju kompetencji miękkich – obszaru, który ma między innymi znaczenie strategiczne dla budowania wartości niematerialnych i prawnych przedsiębiorstw. Poradniki napisane przez Andrzeja koncentrują się na przekazaniu wiedzy o wartościach i rozwoju osobowości – czynnikach odpowiedzialnych za prowadzenie dobrego życia, bycie spełnionym i szczęśliwym.

Andrzej zdobywał wiedzę z dziedziny budowania wartości firm oraz tworzenia skutecznych strategii przy udziale następujących instytucji: Ernst & Young, Gallup Institute, PricewaterhauseCoopers (PwC) oraz Harward Business Review. Jego kompetencje można przyrównać do pracy **stroiciela instrumentu.**

Kiedy miał 7 lat, mama zabrała go do szkoły muzycznej, aby sprawdzić, czy ma talent. Przeszedł test pozytywnie – okazało się, że może rozpocząć edukację muzyczną. Z różnych powodów to nie nastąpiło. Często jednak w jego książkach czy wykładach można usłyszeć bądź przeczytać przykłady związane ze światem muzyki.

Dlaczego można przyrównać jego kompetencje do pracy stroiciela na przykład fortepianu? Stroiciel udoskonala fortepian, aby jego dźwięk był idealny. Każdy fortepian ma swój określony potencjał mierzony jakością dźwięku – dźwięku, który urzeka i wprowadza ludzi w stan relaksu, a może nawet pozytywnego ukojenia. Podobnie jak stroiciel Andrzej udoskonala różne procesy – szczególnie te, które dotyczą relacji z innymi ludźmi. Wierzy, że ludzie posiadają mechanizm psychologiczny, który można symbolicznie przyrównać do **mentalnego żyroskopu** czy **mentalnego noktowizora**. Rola

Andrzeja polega na naprawieniu bądź wprowadzeniu w ruch tych „urządzeń".

Żyroskop jest urządzeniem, które niezależnie od komplikacji pokazuje określony kierunek. Tego typu urządzenie wykorzystywane jest na statkach i w samolotach. Andrzej jest przekonany, że rozwijanie **koncentracji i wyobraźni** prowadzi do włączenia naszego mentalnego żyroskopu. Dzięki temu możemy między innymi znajdować skuteczne rozwiązania skomplikowanych wyzwań.

Noktowizor to wyjątkowe urządzenie, które umożliwia widzenie w ciemności. Jest wykorzystywane przez wojsko, służby wywiadowcze czy myśliwych. Życie Andrzeja ukierunkowane jest na badanie tematu źródeł wewnętrznej motywacji – siły skłaniającej do działania, do przejawiania inicjatywy, do podejmowania wyzwań, do wchodzenia w obszary zupełnie nieznane. Andrzej ma przekonanie, że rozwijanie **poczucia własnej wartości** prowadzi do włączenia naszego mentalnego noktowizora. Bez optymalnego poczucia własnej wartości życie jest ciężarem.

W swojej pracy Andrzej koncentruje się na procesach podnoszących jakość następujących obszarów: właściwe interpretowanie zdarzeń, wyciąganie wniosków z analizy porażek oraz sukcesów, formułowanie właściwych pytań, a także korzystanie z wyobraźni w taki sposób, aby przewidywać swoją przyszłość, co łączy się bezpośrednio z umiejętnością strategicznego myślenia. Umiejętności te pomagają rozumieć mechanizmy wywierania wpływu przez inne osoby i umożliwiają niepoddawanie się wszechobecnej indoktrynacji. Kiedy mentalny noktowizor działa poprawnie, przekazuje w odpowiednim czasie sygnały ostrzegające, że ktoś posługuje się manipulacją, aby osiągnąć swoje cele.

Andrzej posiada również doświadczenie jako prelegent, co związane jest z jego zaangażowaniem w działania społeczne. W ostatnich 30 latach był zapraszany do udziału w różnych szkoleniach i seminariach, zgromadzeniach czy kongresach – w sumie jako mówca wystąpił ponad 700 razy. Jego przemówienia i wykłady znane są z inspirujących przykładów i zachęcających pytań, które mobilizują słuchaczy do działania.

Dodatek
Inspirujące cytaty

Wydaje mi się, że od dziecka miałem w sobie ciekawość świata i ludzi. Świadomie zacząłem prowadzić obserwacje i notować spostrzeżenia mniej więcej w piętnastym roku życia, kiedy wyprowadziłem się z domu rodzinnego do szkoły z internatem. Wtedy kupiłem pierwszy zeszyt do notowania moich przemyśleń. Teraz takich zeszytów mam całe mnóstwo. Często zapisywałem w nich inspirujące cytaty, których bogate źródło znalazłem w Biblii, a także w biografiach słynnych ludzi: odkrywców, wynalazców, naukowców i artystów. Najbliższe są mi te, które dotyczą sfery duchowej człowieka. Pomagały mi odkrywać prawdę o świecie i sensie życia. Wielokrotnie do nich wracam. Na tej podstawie wyciągam wnioski i stawiam kolejne pytania, by uzyskać pełniejszy obraz sytuacji i wytyczać dalsze kierunki rozwoju. Zachęcam Cię do zapoznania się z 179 wybranymi cytatami które moim zdaniem uczą bycia mądrym.

JOHN QUINCY ADAMS

Jeśli twoja aktywność inspiruje innych, by więcej marzyć, więcej się uczyć, więcej działać i stawać się kimś więcej, to jesteś liderem. Odwaga i wytrwałość są magicznymi talizmanami, przed którymi trudności znikają, a przeszkody rozpływają się w powietrzu.

JAKUB ALBERION

Znajdujesz to, czego szukasz, umyka Ci to, co zaniedbujesz.

ARCHIMEDES

Dajcie mi odpowiednio długą dźwignię i wystarczająco mocną podporę, a sam jeden poruszę cały glob.

ARYSTOTELES

Cnotę widać wyraźniej w czynach niż w ich braku. Przyjemność życia jest przyjemnością płynącą z ćwiczenia duszy; to jest bowiem prawdziwe życie. Staraj się żyć dobrze, czerp z życia zadowolenie. Jeśli jesteś mądry, a nie wątpię, że jesteś, nie goń za dobrami materialnymi. To marność! Dąż do doskonałości we wszystkim! Szczęśliwy jest ten, kto dobrze żyje i komu dobrze się dzieje.

MARY KAY ASH

Dasz sobie radę!

AUGUSTYN

Nie wychodź na świat, wróć do siebie samego: we wnętrzu człowieka mieszka prawda.

JANE AUSTEN

Taki powinien być młody człowiek. Obojętnie, czym by się nie zajmował, jego zapał nie powinien znać umiaru, a on sam zmęczenia.

KENNY AUSUBEL

Używaj swoich zdolności, jakiekolwiek są.

RICHARD BACH

Obstawaj przy swoich ograniczeniach, a z pewnością staną się częścią Ciebie samego.

ROBERT BADEN-POWELL

Nie chodzi o to, byśmy osiągnęli nasze najwyższe ideały, lecz o to, aby były one naprawdę wysokie.

HONORIUSZ BALZAK

Prawdziwe szczęście jest rzeczą wysiłku, odwagi i pracy.

TRISTAN BERNARD

Jeśli jesteś dobrą piłką, to im silniej Cię uderzą, tym wyżej się wzniesiesz.

Biblia (Dz 20:35):

Więcej szczęścia jest w dawaniu aniżeli w braniu.

Biblia (Flp 4:8):

W końcu, bracia, wszystko, co jest prawdziwe, co godne, co sprawiedliwe, co czyste, co miłe, co zasługuje na uznanie: jeśli jest jakąś cnotą i czynem chwalebnym – to miejcie na myśli.

Biblia (Ga 6:9):

W czynieniu dobra nie ustawajmy, bo gdy pora nadejdzie, będziemy zbierać plony, o ile w pracy nie ustaniemy.

Biblia (Hbr 11:1–10):

Wiara jest poręką tych dóbr, których się spodziewamy, dowodem tych rzeczywistości, których nie widzimy.

Biblia (Łk 14:28):

Kto z Was, chcąc zbudować wieżę, nie usiądzie wpierw i nie obliczy wydatków, czy ma na jej wykończenie.

Biblia (Mt 17:20):

Jeśli będziecie mieć wiarę jak ziarnko gorczycy, powiecie tej górze: „Przesuń się stąd tam!", a przesunie się. I nic niemożliwego nie będzie dla Was.

Biblia (Prz 12:18):

Język mądrych jest lekarstwem.

Biblia (Prz 16:23–24):

Od serca mądrego i usta mądrzeją, przezorność na wargach się mnoży. Dobre słowa są plastrem miodu, słodyczą dla gardła, lekiem dla ciała.

Biblia (Prz 17:22):

Radość serca wychodzi na zdrowie, duch przygnębiony wysusza kości.

Biblia (Psalm I ks. I Dwie drogi życia):

Szczęśliwy mąż, który nie idzie za radą występnych, nie wchodzi na drogę grzeszników i nie siada w kole szyderców, lecz ma upodobanie w prawie Pana, nad jego prawem rozmyśla dniem i nocą. Jest on jak drzewo zasadzone nad płynącą wodą, które wydaje owoc w swoim czasie, a liście jego nie więdną: co uczyni, pomyślnie wypada.

Biblia (Rz 12:15,16):

Weselcie się z tymi, którzy się weselą. Płaczcie z tymi, którzy płaczą. Bądźcie zgodni we wzajemnych uczuciach.

Biblia (Prz 15:14):

Serce rozważne szuka mądrości.

Napoleon Bonaparte

Tak samo jak pojedynczy krok nie tworzy ścieżki na ziemi, tak pojedyncza myśl nie stworzy ścieżki w Twoim umyśle. Prawdziwa ścieżka powstaje, gdy chodzimy po niej wielokrotnie. Aby stworzyć głęboką ścieżkę mentalną, potrzebne jest wielokrotne powtarzanie myśli, które mają zdominować nasze życie.

Phil Bosmans

Dziecko jest chodzącym cudem. Jedynym, wyjątkowym, niezastąpionym. Uzdrowić człowieka oznacza oddać mu utraconą odwagę.

Wykorzystaj dzień dzisiejszy. Obiema rękoma obejmij go. Przyjmij ochoczo, co niesie ze sobą: światło, powietrze i życie, jego uśmiech, płacz i cały cud tego dnia. Wyjdź mu naprzeciw.

Nathaniel Branden

Jeżeli żyjemy świadomie, nie wyobrażamy sobie, że nasze odczucia nieomylnie wskazują prawdę.

Pearl Buck

Są ludzie, którzy nie zauważają małego szczęścia, ponieważ daremnie czekają na duże.

Orson Scott Card

Co innego słyszeć, a co innego słuchać…

Dale Carnegie

Szczęście nie przychodzi z zewnątrz. Zależy od tego, co jest w nas samych. Większość rzeczy na tym świecie stworzona została przez ludzi, którzy wytrwali, gdy zdawało się, że nie ma już nadziei.

Winston Churchill

Ciągłe podejmowanie wysiłku, a nie siła czy inteligencja, jest kluczem do wyzwolenia naszego potencjału. Jestem optymistą. Bycie kimkolwiek innym nie wydaje się do czegokolwiek przydatne.

Nigdy, nigdy, nigdy się nie poddawaj.

Pesymista szuka przeciwności w każdej okazji. Optymista widzi okazję w każdej przeciwności.

Sukces polega na tym, by iść od porażki do porażki, nie tracąc entuzjazmu.

Arthur Charles Clarke

Jedyny sposób, by odkryć granice możliwości, to przekroczyć je i sięgnąć po niemożliwe.

Paulo Coelho

Emocje są jak dzikie konie i potrzeba wielkiej mądrości, by je okiełznać.

Świat należy do ludzi, którzy mają odwagę marzyć i ryzykować, aby spełniać swoje marzenia. I starają się robić to jak najlepiej.

Odważni są zawsze uparci.

To możliwość spełnienia marzeń sprawia, że życie jest tak fascynujące.

Tylko jedno może unicestwić marzenie. Strach przed porażką.

John Calvin Coolidge

Nic na świecie nie zastąpi wytrwałości. Nie zastąpi jej talent – nie ma nic powszechniejszego niż ludzie utalentowani, którzy nie odnoszą sukcesów. Nie uczyni niczego sam geniusz – nienagradzany geniusz to już prawie przysłowie. Nie uczyni niczego też samo wykształcenie – świat jest pełen ludzi wykształconych, o których zapomniano. Tylko wytrwałość i determinacja są wszechmocne.

John Cummuta

Kiedy poddasz się swojej wizji, sukces zaczyna Cię gonić.

Antoni Czechow

Człowiek jest tym, w co wierzy.

Chris Darimont

Duża część postępu w nauce była możliwa dzięki ludziom niezależnym lub myślącym nieco inaczej.

Maria Dąbrowska

Pismo i sztuka to jedyni świadkowie czasów.

Margaret Deland

Trzeba czegoś pragnąć, żeby żyć.

Benjamin Disraeli

Największym szczęściem jest poczucie sensu życia.

John Dryden

Najpierw sami tworzymy własne nawyki, potem nawyki tworzą nas.

Marie Ebner-Eschenbach

Zrozumienie sięga często dalej niż rozum.

Thomas Edison

Gdybyśmy robili wszystkie rzeczy, które jesteśmy w stanie zrobić, wprawilibyśmy się w ogromne zdumienie.

Największą słabością jest poddawanie się. Najpewniejszą drogą do sukcesu jest próbowanie po prostu jeszcze jeden raz.

Nie poniosłem porażki. Po prostu odkryłem dziesięć tysięcy błędnych rozwiązań!

Pewnego dnia zaprzęgniemy do pracy przypływy i odpływy, uwięzimy promienie słońca.

Albert Einstein

Dobro człowieka musi zawsze stanowić najważniejszy cel wszelkiego postępu technicznego.

Najpiękniejsza rzecz, jakiej możemy doświadczyć, to oczarowanie tajemnicą.

Nie staraj się być człowiekiem sukcesu, lecz człowiekiem wartościowym.

Nigdy nie trać świętej ciekawości. Kto nie potrafi pytać, nie potrafi żyć.

Osobowość kształtuje się nie poprzez piękne słowa, lecz pracą i własnym wysiłkiem.

Ważne jest, by nigdy nie przestać pytać. Ciekawość nie istnieje bez przyczyny.

Życie można przeżyć na dwa sposoby: albo tak, jakby nic nie było cudem, albo tak, jakby cudem było wszystko.

Ralph Waldo Emerson

Bohater nie jest odważniejszy od zwykłego człowieka, ale jest odważny pięć minut dłużej.

By nakreślić kurs działania i zrealizować go do końca, potrzeba Ci odwagi żołnierza.

Prawdziwa siła zrozumienia polega na niedopuszczeniu do tego, by coś, czego nie wiemy, krępowało to, co wiemy.

Epikur

Chcesz być szczęśliwy? Czytaj księgi! Poznawaj poglądy mądrych tego świata! Doceniaj piękno! Ciesz się każdą chwilą bez cierpienia!

Nie ma życia przyjemnego, które by nie było rozumne, moralnie podniosłe i sprawiedliwe, ani też życia rozumnego, moralnie podniosłego i sprawiedliwego, które by nie było przyjemne.

Nie można żyć szczęśliwie, nie żyjąc godnie, moralnie i uczciwie.

MICHAEL FARADAY

Nic nie jest zbyt piękne, aby mogło być prawdziwe.

ALEXANDER FLEMING

Narodziny nowego poprzedza zazwyczaj jakieś banalne wydarzenie. Newton spostrzegł spadające jabłko, James Watt zaobserwował, jak woda kipi w kociołku, Roentgenowi zmętniała klisza fotograficzna. Ale wszyscy ci ludzie mieli wiedzę tak rozległą, że umieli z banalnych zdarzeń wycią-gnąć rewelacyjne wnioski.

RAOUL FOLLEREAU

Na co się przydaje wiedza, jeśli nie służy człowiekowi?

HENRY FORD

Nie ma rzeczy niemożliwych, są tylko te trudniejsze do wykonania.

TERRY FOX

To drożdże, dzięki którym nadzieje wznoszą się do gwiazd. Entuzjazm jest błyskiem oka, sprężystością kroku, uściskiem dłoni, nieodpartym przepływem woli i energii potrzebnej do realizacji najśmielszych pomysłów. Entuzjaści to wojownicy, których cechuje hart ducha i trwałe wartości. Entuzjazm stanowi podstawę postępu. Dzięki niemu możliwe są osiągnięcia, bez niego pozostaje tylko alibi.

Anatol France

Marzenia możesz zrealizować, jeśli tylko spróbujesz to zrobić.

Aby osiągnąć wspaniałe rzeczy musimy marzyć tak samo dobrze, jak działać.

By dokonać wielkich dzieł, powinniśmy nie tylko planować, ale również wierzyć.

W miarę jak się starzejemy, odkrywamy, że najrzadsza jest odwaga myślenia.

Benjamin Franklin

Silny jest ten, kto potrafi przezwyciężyć swe szkodliwe przyzwyczajenia.

Anna Freud

Siły i wiary w siebie poszukiwałam zawsze gdzieś poza sobą, a one pochodzą z mojego wnętrza. Cały czas są we mnie.

Erich Fromm

Szczęście to coś, co każdy z nas musi wypracować dla samego siebie.

Gail Godwin

Nikt z nas nie staje się kimś nagle, w jeden dzień. Przygotowania do tego trwają przez całe nasze życie.

Johann Wolfgang Goethe

Biorąc pod uwagę wszystkie akty tworzenia, odkrywa się jedną elemen-tarną prawdę: gdy się czemuś prawdziwie poświęcamy, wspiera nas Opatrzność.

Człowiek, który zyska i zachowa władzę nad sobą, dokona rzeczy największych i najtrudniejszych.

Myślenie jest ważniejsze niż wiedza, ale nie ważniejsze niż obserwacja.

Potykając się, można zajść daleko, nie wolno tylko upaść i nie podnieść się.

Mikołaj Gogol

Trzeba mieć w sobie wiele miłości, aby nasza krytyka skierowana przeciwko innemu człowiekowi wyszła mu na dobre.

Władysław Grabski

Trzeba, by autorytet wypłynął z wartości moralnych i intelektualnych, wtedy tylko jest on trwałym i poważnym.

David Grayson

Jakże wielu ludzi, którzy wyprawiają się w poszukiwaniu szczęścia, nie zauważa, że ono czeka na ganku ich domu.

Trygve Gulbranssen

Pieniądz wiele żąda od swego właściciela – zabierze mu nawet duszę, jeśli nie będzie na siebie uważał.

Adolf Harnack

Nic bardziej nie wzmacnia człowieka niż okazane mu zaufanie.

Nic bardziej nie wzmacnia człowieka niż okazane mu zaufanie.

Hermann Hesse

Istnieją miliony oblicz prawdy, ale prawda jest tylko jedna.

Jaki sens miałoby pisanie, gdyby nie stała za nim wola prawdy.

Hi-cy-Czuan

Naucz się znajdować radość w życiu – to najlepszy sposób przyciągnięcia szczęścia.

Napoleon Hill

Wiara nakierowana na odniesienie sukcesu nada siłę każdej Twojej myśli.

Paul Holbach

Aby być szczęśliwym, trzeba pragnąć, działać i pracować, taki jest porządek przyrody, której życie polega na działaniu.

Ciesz się z podróży.

Oliver Holmes

Tylko wiara i entuzjazm sprawiają, że warto żyć.

Albert Jacquard

Zdolność myślenia nie zna granic.

Margo Jones

Odrobina wiary jest warunkiem powodzenia każdego przedsięwzięcia.

Erica Jong

Zaakceptowałam strach jako nieodłączną część życia – szczególnie strach przed zmianami. Idę naprzód mimo walenia serca, które mówi: zawróć.

Joseph Joubert

Dzieci potrzebują bardziej dobrego przykładu niż krytyki.

Kartezjusz

Myślę, więc jestem.

Erich Kästner

Można wyjść od jakiegoś punktu, ale nie można na nim spocząć.

Helen Keller

Gdy zamykają się jedne drzwi do szczęścia, otwierają się inne, ale my patrzymy na pierwsze drzwi tak długo, że nie widzimy tych drugich.

Możemy zrealizować każde zamierzenie, jeśli potrafimy trwać w nim wystarczająco długo.

Życie albo jest śmiałą przygodą, albo nie jest życiem. Nie lękać się zmian, a w obliczu kapryśności losu zachowywać hart ducha – oto siła nie do pokonania.

Johannes Kepler

Radość jest potrzebą, siłą i wartością życia.

Karol Kettering

Obchodzi mnie przyszłość, bo zamierzam spędzić w niej resztę życia.

Problem dobrze ujęty, to w połowie rozwiązany.

Antoni Kępiński

Dziecko, bawiąc się, doznaje po raz pierwszy w życiu radości twórcy i władcy.

W miarę dojrzewania uczuciowego wzrasta potrzeba dawania.

Jan Amos Komeński

Kto się o mądrość ubiega, ten księgi miłować winien nad srebro i złoto.

John Kotter

Większość ludzi nie prowadzi swojego życia. Oni je tylko akceptują.

Roger L'Estrange

To nie miejsce ani spełnienie jakiegoś warunku, ale sam umysł jest tym, co może uczynić każdego szczęśliwym lub nieszczęśliwym.

Leonardo da Vinci

Trzeba kontemplować i dużo myśleć. Kto mało myśli, ten dużo traci.

Abraham Lincoln

Ludzie są na tyle szczęśliwi, na ile sobie pozwolą nimi być.

Moim problemem nie jest, czy Bóg jest po naszej stronie. Moim największym zmartwieniem jest, czy my jesteśmy po stronie Boga. Bo Bóg ma zawsze rację!

Mike Litman

Człowiek rodzi się po to, by wieść nadzwyczajne życie, robić nadzwyczajne rzeczy i pomóc nadzwyczajnej liczbie ludzi.

Lope de Vega

Postęp to znaczy lepsze, a nie tylko nowe.

Tylko przykład jest zaraźliwy.

John Mansfield

Człowiek składa się z ciała, umysłu i wyobraźni. Jego ciało jest niedoskonałe, jego umysł zawodny, ale jego wyobraźnia czyni go znakomitym.

Marek Aureliusz

Najtrudniej jest dotrzeć do samego siebie.

Zawsze masz możność żyć szczęśliwie, jeśli pójdziesz dobrą drogą i zechcesz dobrze myśleć i czynić. A szczęśliwy to ten, kto los szczęśliwy sam sobie przygotował. A los szczęśliwy to dobre drganie duszy, dobre skłonności, dobre czyny.

John Mason

Potrzeba młotka wytrwałości, by wbić gwóźdź sukcesu.

John McCain

Zacznij od tego, żeby mieć odwagę. Reszta przyjdzie sama.

Anthony de Mello

Jeśli jesteś nieszczęśliwy, to dlatego, że cały czas myślisz raczej o tym, czego nie masz, zamiast koncentrować się na tym, co masz w danej chwili.

Leroy „Roy" Milburn

Wytrwałość jest tym dla ludzi, czym drożdże dla chleba i ciasta.

Monteskiusz

Im mniej ludzie mówią, tym więcej myślą.

Reinhold Niebuhr

Boże, daj mi tę łaskę, bym przyjął to, czego nie mogę zmienić. Daj odwagę, bym zmieniał to, co zmienić mogę. I mądrość, bym odróżnił jedno od drugiego.

Earl Nightingale

Nie pozwól, by obawa o to, ile czasu zajmie osiągnięcie czegoś, przeszkodziła Ci w zrobieniu tego. Czas i tak upłynie, można więc równie dobrze wykorzystać go w najlepszy możliwy sposób.

BORYS PASTERNAK

Nigdy w żadnym wypadku nie wolno wpadać w rozpacz. Mieć nadzieję i działać – oto nasz obowiązek w nieszczęściu.

Odwaga góry przenosi.

LUDWIK PASTEUR

Moja siła leży w nieustępliwości.

NORMAN VINCENT PEALE

Entuzjazm zmienia wszystko.

PLATON

Doświadczenie pozwala nam kierować własnym życiem wedle zasad sztuki, brak doświadczenia rzuca nas na igraszkę losu.

Myśleć to, co prawdziwe, czuć to, co piękne, i kochać, co dobre.

JULES HENRI POINCARÉ

Wiedzę buduje się z faktów, jak dom z kamienia; ale zbiór faktów nie jest wiedzą, jak stos kamieni nie jest domem.

ALEXANDER POPE

Najlepiej znoszą krytykę ci, którzy najbardziej zasługują na pochwałę.

Anthony Robbins

Determinacja jest wyzwaniem budzącym ludzką wolę.

Eleanor Roosevelt

Bez Twojego pozwolenia nikt nie może sprawić, że poczujesz się gorszy.

Jan Jakub Rousseau

Prawdziwa grzeczność polega na wyrażaniu życzliwości.

Rośliny uszlachetnia się przez uprawę, ludzi – przez wychowanie.

Joanne K. Rowling

Liczy się nie to, kim się ktoś urodził, ale kim wybrał, by być.

Bertrand Russell

Pewne rzeczy są dla większości ludzi niezbędnym warunkiem szczęścia, ale są to rzeczy proste: pożywienie, dach nad głową, zdrowie, miłość, powodzenie w pracy i szacunek otoczenia.

Życie szczęśliwe jest w niezwykłym stopniu identyczne z życiem wartościowym.

William Saroyan

Dziecko poszukuje dziecka w każdym, kogo spotka. Jeśli znajdzie je w dorosłym, podoba mu się ta osoba bardziej niż inne.

Antoine de Saint-Exupéry

Będziemy szczęśliwi dopiero wtedy, gdy uświadomimy sobie nasze zadanie, choćby najskromniejsze. Wtedy dopiero będziemy mogli spokojnie żyć i spokojnie umierać, gdyż to, co nadaje sens życiu, nadaje sens także śmierci.

Andrzej Sapkowski

Jeśli cel przyświeca, sposób musi się znaleźć.

José Saramago

Nigdy się nie dowiemy, do jakiego stopnia nasze życie uległoby zmianie, gdyby pewne usłyszane i niezrozumiane zdania zostały zrozumiane.

Jean-Paul Sartre

Każdy musi odkryć swoją własną drogę.

Éric-Emmanuel Schmitt

Każdy związek jest domem, do którego klucze znajdują się w rękach mieszkańców.

Albert Schweitzer

Ten, kto ma odwagę oceniać siebie samego, staje się coraz lepszy.

Seneka Młodszy

Najwyższym dobrem jest duch, gardzący przypadkowymi dobrami, rozradowany cnotą, albo ściślej, niepokonana siła ducha, doświadczona we wszystkim, łagodna w czynach, delikatna w obejściu z innymi.

Nie rozglądaj się za szczęściem, bo w ten sposób go nie zobaczysz. Ono jest w Tobie i tylko w Tobie samym!

Wierz mi, prawdziwa radość jest rzeczą poważną.

Seneka Starszy

Dwie rzeczy dają duszy największą siłę: wierność prawdzie i wiara w siebie.

Prawdę należy mówić tylko temu, kto chce jej słuchać.

George Bernard Shaw

Ideały są jak gwiazdy. Jeśli nawet nie możemy ich osiągnąć, to należy się według nich orientować.

Richard B. Sheridan

Najpewniejszym sposobem na uniknięcie porażki jest determinacja, by osiągnąć sukces.

Maria Skłodowska-Curie

Jeśli to zajmie sto lat, to trudno, ale nie przestanę pracować tak długo, jak żyję.

Sokrates

Mądrość zależy od trzech rzeczy: osobowości, wiedzy, samokontroli.

William Szekspir

O ileż lepiej płakać z radości niż znajdować radość w płaczu.

Amy Tan

Kiedy piszesz, musisz zebrać w jeden strumień wszystkie swobodne prądy serca.

Władysław Tatarkiewicz

Aby człowiek mógł być zadowolony z życia, jednym z najistotniejszych warunków jest, aby był przekonany, że ma ono jakiś sens, jakąś wartość.

Do szczęścia należą dwie rzeczy: wieść życie, z którego jest się zadowolonym, i być zadowolonym z życia, które się wiedzie.

Od człowieka zależy, czy przeszkody, jakie ma w życiu, będą mu dokuczać więcej czy mniej lub też wcale nie będą dlań przeszkodami.

Carol Anne Tavris, Elliot Aronson

Nasze dobre uczynki mogą tworzyć spiralę życzliwości i współczucia – „błędne koło dobroci".

Henry David Thoreau

Chciałbym, ażeby każdy z wielkim staraniem wybrał własną drogę i szedł naprzód właśnie nią, zamiast drogą ojca, matki czy sąsiada.

Nic nie dodaje odwagi bardziej niż niekwestionowana zdolność człowieka do podźwignięcia własnego życia poprzez świadome działanie.

Dodatek. Inspirujące cytaty

Paul Tillich

Męstwo, w połączeniu z mądrością, zawiera umiarkowanie człowieka w stosunku do siebie oraz sprawiedliwość w stosunku do innych.

Józef Tischner

Dzięki swoim wolnym decyzjom, dzięki odczuwanym wartościom, dzięki tysiącom podjętych czynności człowiek nieustannie tworzy samego siebie.

Brian Tracy

Twoje życie staje się lepsze, tylko kiedy Ty stajesz się lepszy.

Twój charakter jest Twoim najważniejszym atutem, dlatego powinieneś pracować nad sobą przez całe życie.

Mark Twain

Aby zerwać z nawykiem, wyrób sobie inny, który go wymaże.

Spraw, aby każdy dzień miał szansę stać się najpiękniejszym dniem Twego życia.

Jan Twardowski

Aby żyć w zgodzie z innymi, człowiek musi najpierw pogodzić się z samym sobą.

Wielkie dzieło nawrócenia świata rozpoczyna się od małych nieraz wysiłków, od budowania zgody w naszych rodzinach, parafiach, w środowi-skach pracy.

WERGILIUSZ

Ludzie potrafią, gdyż sądzą, że potrafią.

PAUL ZULEHNER

Kto nie ma odwagi do marzeń, nie będzie miał siły do walki.

Przysłowie angielskie:

Aby być szczęśliwym, trzeba pragnąć, działać i pracować, taki jest porządek przyrody, której życie polega na działaniu.

Przysłowie japońskie:

Ten jest ubogi, kto nie odczuwa zadowolenia.

Napis na budynku Williams College w Williamstown (USA):

Pnij się wysoko – Twoją metą niebo, Twoim celem gwiazda.

OFERTA WYDAWNICZA
Andrew Moszczynski Group sp. z o.o.

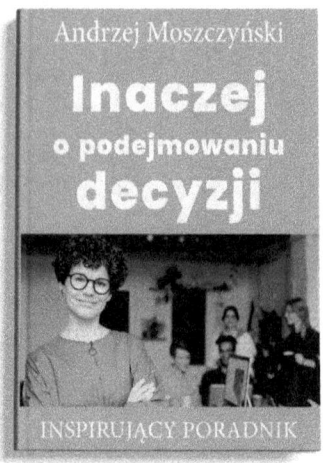

www.ingramcontent.com/pod-product-compliance
Lightning Source LLC
LaVergne TN
LVHW060134080526
838202LV00050B/4114